Z 35794

Paris
1861

Goethe, Johann Wolfgang von

Ouevres complètes

Tome 3

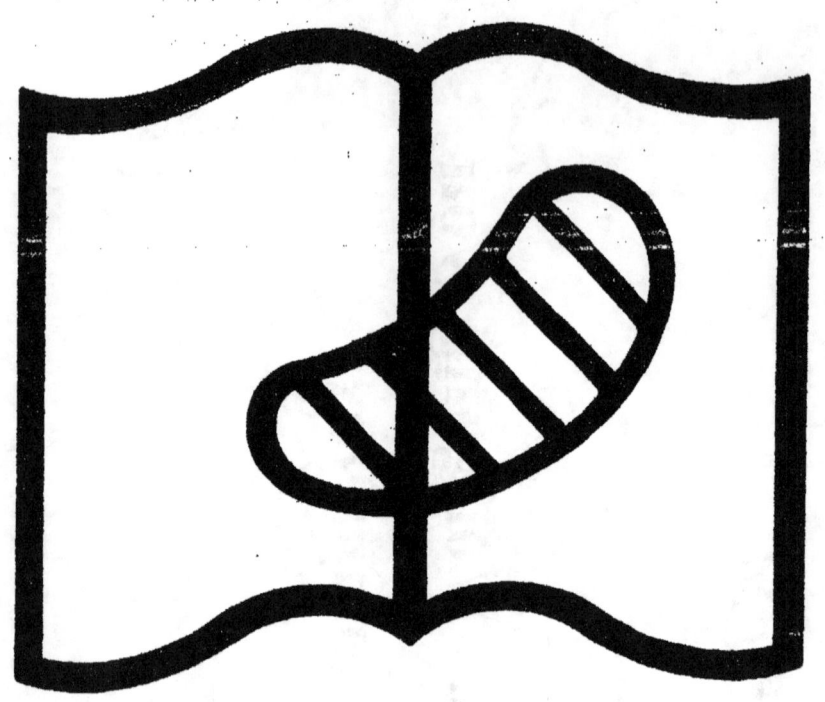

Symbole applicable
pour tout, ou partie
des documents microfilmés

Original illisible

NF Z 43-120-10

LE FRÈRE ET LA SŒUR

COMÉDIE EN UN ACTE

LE FRÈRE ET LA SŒUR.

COMÉDIE EN UN ACTE[1].

Le cabinet de Guillaume.

GUILLAUME, *seul. Il est à son bureau, des livres de compte et des papiers devant lui.*

Encore deux nouvelles pratiques cette semaine! Quand on se remue, on gagne toujours quelque chose; et, quand même ce serait peu, cela fait pourtant une somme à la fin; et qui joue petit jeu trouve toujours du plaisir même à un petit gain; et une petite perte, on s'en console. (*Entre un facteur.*) Qu'y a-t-il?

LE FACTEUR.

Une lettre chargée; vingt ducats; moitié du port franco.

GUILLAUME.

Bien, très-bien; portez le reste sur mon compte. (*Le Facteur sort. Guillaume considère la lettre.*) De tout le jour, je n'ai pas voulu m'avouer que je l'attendais. Maintenant je puis sur-le-champ payer Fabrice, et je n'abuserai pas plus longtemps de sa bonté. Hier il me dit : « J'irai demain chez toi. » Je n'étais pas à mon aise. Je savais qu'il ne me dirait pas un mot de l'affaire, et, comme cela, sa présence m'en dit deux fois autant. (*Il ouvre le paquet et compte.*) Autrefois, quand je tenais mon ménage un peu moins en ordre, les créanciers muets me gê-

[1] En prose, dans l'original.

naient plus que tous les autres. Contre celui qui me poursuit et m'assiége, j'ai recours à l'impudence et à tout ce qui y touche; l'autre, qui se tait, va droit au cœur, et demande avec le plus d'instance, parce qu'il m'abandonne son affaire. (*Il rassemble l'argent sur la table.*) Bon Dieu, combien je te remercie de m'avoir sorti de ces embarras et remis à couvert! (*Il soulève un registre.*) Ta bénédiction dans les petites choses, à moi qui, dans les grandes, abusai de tes bienfaits! Et pourtant.... le puis-je dire?... ce n'est pas pour moi que tu le fais, comme je ne fais non plus rien pour moi. N'était cette aimable et douce créature, serais-je assis à ce bureau, et compterais-je les sous et les deniers? O Marianne, si tu savais que celui que tu prends pour ton frère, que celui qui travaille pour toi, avec un tout autre cœur, avec de tout autres espérances.... Peut-être!... Ah!... C'est pourtant cruel.... Elle m'aime.... oui, comme un frère.... Non, fi! c'est encore de l'incrédulité, et elle n'a jamais rien produit de bon.... Marianne, je serai heureux; tu le seras, Marianne. (*Entre Marianne.*)

MARIANNE.

Que veux-tu, mon frère? Tu m'appelles!

GUILLAUME.

Moi? Non, Marianne.

MARIANNE.

Est-ce que la malice te pique, de me faire accourir de la cuisine?

GUILLAUME.

Tu as des visions.

MARIANNE.

D'autres fois peut-être. Mais, Guillaume, je connais trop bien ta voix!

GUILLAUME.

Eh bien, que fais-tu là dehors?

MARIANNE.

Rien que de plumer une paire de pigeons, parce que Fabrice soupera, je pense, avec nous aujourd'hui.

GUILLAUME.

Peut-être.

MARIANNE.

Ils sont bientôt prêts, tu n'auras qu'à dire. Il m'apprendra aussi sa nouvelle chansonnette.

GUILLAUME.

Tu apprends volontiers de lui ?

MARIANNE.

Il sait de très-jolies chansons. Et, lorsque ensuite tu es à table et que tu penches la tête, je commence d'abord; car je sais bien que tu souris, quand je commence une chansonnette qui te plaît.

GUILLAUME.

L'as-tu deviné ?

MARIANNE.

Oui; qui ne vous devinerait pas, vous autres hommes?... Si tu n'as rien d'autre à me dire, je m'en vais, car j'ai encore bien des choses à faire. Adieu!... Mais donne-moi encore un baiser.

GUILLAUME.

Si les pigeons sont bien rôtis, tu en auras un au dessert.

MARIANNE.

C'est pourtant odieux, comme les frères sont grossiers! Si Fabrice ou tout autre bon jeune homme avait permission de me prendre un baiser, il grimperait aux murs, et monsieur dédaigne celui que je veux lui donner.... A présent je laisse brûler les pigeons! (*Elle sort.*)

GUILLAUME.

Ange! cher ange! Que je puisse me contenir! ne pas lui sauter au cou, et lui tout découvrir!... Nous vois-tu des cieux, sainte femme, qui m'as donné ce trésor à garder?... Oui, ils savent là-haut ce que nous faisons! ils le savent!... Charlotte, tu ne pouvais plus magnifiquement, plus saintement récompenser mon amour pour toi, qu'en me confiant ta fille à ta mort! Tu me donnas tout ce dont j'avais besoin; tu m'attachas à la vie! Je l'aimais comme ton enfant.... et maintenant.... C'est encore pour moi une illusion. Je crois te revoir, je crois que le sort t'a rendue à moi rajeunie; que je puis aujourd'hui habiter et rester uni avec toi, comme cela ne pouvait ni ne devait se réaliser dans ce premier rêve de ma vie.... Heureux! heureux! Toutes ces faveurs me viennent de toi, Père céleste! (*Entre Fabrice.*)

FABRICE.

Bonsoir!

GUILLAUME.

Cher Fabrice, je suis bien heureux. Tous les biens fondent

sur moi ce soir. Mais ne parlons pas d'affaires à présent! Voilà les trois cents écus! Mets-les vite dans ta poche! Tu me rendras mon billet à loisir. Et maintenant jasons.

FABRICE.

Si tu en as encore besoin....

GUILLAUME.

Si j'en ai encore besoin, à la bonne heure! Je te suis toujours obligé; mais à présent emporte-les.... Écoute : le souvenir de Charlotte m'est revenu ce soir avec une vivacité et une force infinies.

FABRICE.

Cela t'arrive souvent.

GUILLAUME.

Si tu l'avais connue! Je te dis que c'était une des plus belles créatures!

FABRICE.

Elle était veuve, quand tu fis sa connaissance.

GUILLAUME.

Si noble et si pure! Hier encore je lisais une de ses lettres. Tu es le seul homme qui en ait jamais vu quelque chose.

(*Il va à la cassette.*)

FABRICE, *à part.*

S'il m'épargnait seulement aujourd'hui! J'ai déjà entendu cette histoire si souvent! En d'autres moments, je l'écoute aussi volontiers, car cela lui part toujours du cœur; mais aujourd'hui j'ai de tout autres choses en tête, et je voudrais justement le maintenir de bonne humeur.

GUILLAUME.

C'était dans les premiers jours de notre liaison. « Le monde me redevient cher, écrit-elle; je m'en étais fort détachée : il me redevient cher à cause de vous. Mon cœur me fait des reproches; je sens que je prépare à vous et à moi des tourments. Il y a six mois, j'étais bien préparée à mourir, et je ne le suis plus. »

FABRICE.

La belle âme!

GUILLAUME.

La terre n'en était pas digne. Fabrice, je t'ai déjà dit souvent comme j'étais devenu par elle un tout autre homme. Je ne puis te décrire ma douleur, quand je regardai ensuite en arrière, et que je vis mon patrimoine dissipé par ma faute! Je n'osais lui offrir ma main; je ne pouvais rendre sa situation plus douce. Je sentis, pour la première fois, le désir de gagner une honnête et suffisante fortune; de m'arracher à l'ennui, dans lequel j'avais tristement traîné mes jours.... Je travaillais.... mais qu'était cela?... Je persistai, et traversai de la sorte une pénible année; enfin j'eus un rayon d'espérance; mon petit bien augmentait à vue d'œil.... et elle mourut!... Je fus accablé.... Tu n'imagines pas ce que je souffris. Je ne pouvais plus voir la contrée où j'avais vécu avec elle, ni quitter le lieu où elle reposait. Elle m'écrivit peu de temps avant sa fin.

(*Il tire une lettre de la cassette.*)

FABRICE.

C'est une lettre admirable; tu m'en as fait lecture dernièrement.... Écoute, Guillaume....

GUILLAUME.

Je la sais par cœur et la lis toujours. Quand je vois son écriture, la feuille sur laquelle sa main s'est appuyée, il me semble encore qu'elle soit là..... Oui, elle est encore là.... (*On entend crier un enfant.*) Que Marianne ne puisse rester en repos! La voilà qui tient encore l'enfant de notre voisin; elle s'en amuse tous les jours et me trouble mal à propos. (*A la porte.*) Marianne, sois tranquille avec l'enfant, ou renvoie-le, s'il n'est pas sage: nous avons à parler. (*Il se recueille en lui-même.*)

FABRICE.

Tu devrais réveiller moins souvent ces souvenirs.

GUILLAUME.

Voilà ces lignes!... les dernières! le souffle d'adieu de l'ange mourant! (*Il replie la lettre.*) Tu as raison; c'est coupable. Que nous sommes rarement dignes de sentir encore ces moments célestes et douloureux par lesquels a passé notre vie!

FABRICE.

Ton sort me touche toujours le cœur. Elle avait laissé une fille, m'as-tu conté, qui, malheureusement, suivit bientôt sa mère. Si seulement elle avait vécu, tu aurais eu du moins quelque chose d'elle, quelque chose à quoi tes soins et ta douleur se seraient attachés.

GUILLAUME, *se tournant vivement vers lui.*

Sa fille? C'était une charmante petite fleur. Elle me la confia.... Ah! le sort a trop fait pour moi.... Fabrice, si je pouvais te dire tout....

FABRICE.

Si une fois le cœur t'y engage.

GUILLAUME.

Pourquoi ne devrais-je pas...?

(*Entre Marianne avec un petit garçon.*)

MARIANNE.

Frère, il veut te dire bonsoir! Ne va pas lui faire mauvais visage, non plus qu'à moi. Tu dis sans cesse que tu voudrais te marier, et que tu serais heureux d'avoir beaucoup d'enfants : mais on ne les a pas toujours si bien dressés, qu'ils ne crient qu'au moment où cela ne vous trouble pas.

GUILLAUME.

Quand ce seront mes enfants!...

MARIANNE.

Cela peut bien faire aussi une différence.

FABRICE.

Croyez-vous Marianne?

MARIANNE.

Ce doit être trop charmant! (*Elle se baisse vers l'enfant et l'embrasse.*) Je l'aime tant, le petit Chrétien! Si seulement il était à moi! Il sait déjà épeler; il apprend avec moi.

GUILLAUME.

Et tu crois que le tien saurait déjà lire?

MARIANNE.

Sans doute! car je ne m'occuperais à rien tout le jour qu'à l'habiller et le déshabiller, à l'instruire, et le faire manger, le laver, et ainsi de suite.

FABRICE.

Et le mari?

MARIANNE.

Il jouerait avec lui, et il l'aimerait sans doute autant que moi. Chrétien doit retourner chez lui et il vous salue. (*Elle le conduit à Guillaume.*) Ici, donne une belle main, une bonne menotte.

FABRICE, *à part.*

Elle est trop aimable, il faut me déclarer.

MARIANNE, *conduisant l'enfant à Fabrice.*

A ce monsieur aussi.

GUILLAUME, *à part.*

Elle sera tienne. Tu seras.... C'est trop ; je ne la mérite pas.... (*Haut.*) Marianne, emmène l'enfant. Entretiens M. Fabrice jusqu'au souper. Je veux seulement courir un peu les rues ; j'ai été assis tout le jour. (*Marianne sort.*) Que je respire seulement le grand air sous le ciel étoilé.... Mon cœur est plein.... Je reviens à l'instant (*Il sort.*)

FABRICE, *seul.*

Il faut en finir, Fabrice. Que tu diffères la chose encore et encore, elle n'en deviendra pas plus mûre. Tu l'as résolu. C'est bien, c'est parfait ! Tu aideras son frère à s'avancer, et elle.... elle ne m'aime pas comme je l'aime. Mais aussi elle ne peut aimer avec passion.... Chère jeune fille.... Elle ne soupçonne sans doute pas en moi d'autres sentiments que ceux de l'amitié.... Nous serons heureux, Marianne !... L'occasion tout à souhait et comme arrangée ! Il faut me déclarer à elle.... Et, si son cœur ne me dédaigne pas.... je suis sûr du cœur de son frère. (*Entre Marianne.*)

FABRICE.

Avez-vous emmené le petit ?

MARIANNE.

Je l'aurais gardé là volontiers, mais je sais que cela ne plaît pas à mon frère, et j'y renonce. Quelquefois le petit fripon lui-même lui arrache la permission de dormir avec moi.

FABRICE.

Ne vous est-il donc pas incommode ?

MARIANNE.

Ah! pas du tout. Il est si turbulent tout le jour, et, quand je me couche auprès de lui, il est aussi doux qu'un agneau! Un petit chat caressant ! Et il m'embrasse de toute sa force. Quelquefois je ne puis parvenir à l'endormir.

FABRICE, *à demi-voix.*

L'aimable naturel !

MARIANNE.

Aussi m'aime-t-il plus que sa mère.

FABRICE.

Vous êtes aussi une mère pour lui. (*Marianne devient pensive; Fabrice l'observe quelque temps.*) Le nom de mère vous rend triste ?

MARIANNE.

Non pas triste, mais je pense seulement....

FABRICE.

A quoi, douce Marianne ?

MARIANNE.

Je pense.... je ne pense à rien. Mais je me sens quelquefois toute je ne sais comment.

FABRICE.

N'auriez-vous jamais désiré ?...

MARIANNE.

Quelle question allez-vous me faire ?

FABRICE.

Fabrice l'osera-t-il ?

MARIANNE.

Désiré ! jamais, Fabrice. Et, lors même qu'une pareille pensée me passait par la tête, elle s'éloignait aussitôt. Quitter mon frère me serait insupportable.... impossible.... si séduisante que fût toute autre perspective.

FABRICE.

C'est pourtant singulier ! Si vous demeuriez près l'un de l'autre, dans la même ville, serait-ce le quitter ?

MARIANNE.

Oh ! jamais. Qui dirigerait son ménage ? Qui aurait soin de lui ?... Une servante ?... Ou même se marier ?... Non, ça ne se peut pas !

FABRICE.

Ne pourrait-il vous suivre ? Votre mari ne pourrait-il être son ami ? Ne pourriez-vous faire à vous trois un aussi heureux, un plus heureux ménage ? Votre frère ne pourrait-il en être soulagé dans ses pénibles occupations ? Quelle vie ce pourrait être !

MARIANNE.

Il y faudrait penser. Quand j'y réfléchis, c'est assez vrai. Et puis je reviens à croire que ça n'irait pas bien.

FABRICE.

Je ne vous comprends pas.

MARIANNE.

C'est pourtant ainsi.... Quand je m'éveille, j'écoute si mon frère est déjà levé; s'il ne bouge pas, crac, je saute de mon lit à la cuisine; j'allume le feu, afin que l'eau chauffe vivement, en attendant que la servante se lève, et pour qu'il ait son café au moment où il ouvre les yeux.

FABRICE.

Petite ménagère!

MARIANNE.

Ensuite je m'assieds, et je tricote des bas pour mon frère, et j'ai assez d'occupation, et les lui mesure dix fois, pour voir s'ils sont assez longs, si la jambe va bien, si le pied n'est pas trop court, tant qu'il s'impatiente quelquefois. Et moi, ce n'est pas non plus pour mesurer, c'est seulement afin d'avoir quelque chose à faire auprès de lui; afin qu'il soit forcé de me regarder une fois, après qu'il a écrit une couple d'heures, et pour qu'il n'engendre pas mélancolie. Car cela lui fait du bien de me regarder : je le vois dans ses yeux, quand même il ne veut pas me le laisser paraître. Je ris quelquefois en secret, de ce qu'il fait comme s'il était sérieux ou fâché. Il fait bien; autrement je le tourmenterais tout le jour.

FABRICE.

Il est heureux.

MARIANNE.

Non, c'est moi qui le suis. Si je ne l'avais pas, je ne saurais qu'entreprendre dans le monde. Je fais cependant tout pour moi, et il me semble que je fais tout pour lui, parce que, même dans ce que je fais pour moi, je pense toujours à lui.

FABRICE.

Et quand vous feriez tout cela pour un mari, combien il serait heureux! Combien il serait reconnaissant, et quelle vie de famille cela deviendrait!

MARIANNE.

Quelquefois aussi je me la représente, et, quand je suis assise à tricoter ou à coudre, je peux m'en conter bien long sur la manière dont tout pourrait aller et devrait aller. Mais, quand je reviens ensuite à la vérité, cela ne peut jamais s'arranger.

FABRICE.

Pourquoi ?

MARIANNE.

Où trouverais-je un mari qui fût content, si je disais : « Je veux vous aimer, » et devais aussitôt ajouter : « Je ne peux vous aimer plus que mon frère, pour lequel il faut que je puisse tout faire, comme jusqu'à présent.... » Ah! vous voyez que cela ne va pas.

FABRICE.

Vous feriez ensuite une part pour votre mari; vous reporteriez sur lui l'amour....

MARIANNE.

Voilà le nœud! Oui, si l'on pouvait trafiquer de l'amour comme de l'argent, ou s'il changeait de maître tous les quartiers, comme une mauvaise servante. Chez un mari, il faudrait d'abord tout ce qui déjà se trouve ici, ce qui ne pourra jamais être deux fois ainsi.

FABRICE.

Bien des choses s'arrangent.

MARIANNE.

Je ne sais, lorsqu'il est assis à table, et qu'il appuie la tête sur sa main, qu'il baisse les yeux et reste soucieux et rêveur, je puis être des heures assise à le regarder. « Il n'est pas beau, dis-je quelquefois en moi-même, et cela me fait tant de plaisir de le regarder! » Oui, je sens bien à présent que c'est aussi pour moi qu'il s'inquiète; oui, son premier regard me le dit, quand il relève les yeux, et cela c'est beaucoup.

FABRICE.

C'est tout Marianne. Et un mari qui aurait soin de vous!...

MARIANNE.

Encore une chose : vous avez vos caprices; Guillaume a aussi ses caprices : de lui, ils ne me fâchent point; de tout autre, ils me seraient insupportables. Il a de légères humeurs : je les sens pourtant quelquefois. Si, dans ces fâcheux moments, il repousse un sentiment amical, affectueux et tendre.... cela me blesse!.... mais ce n'est qu'un moment; et, quand même je le gronde, c'est plutôt parce qu'il ne reconnaît pas mon amour que parce que je l'aime moins.

FABRICE.

Mais, si quelqu'un se trouvait, qui, avec tout cela, voulût hasarder de vous offrir sa main?

MARIANNE.

Il ne se trouvera point! Et puis la question serait de savoir si je voudrais hasarder avec lui.

FABRICE.

Pourquoi pas?

MARIANNE.

Il ne se trouvera point!

FABRICE.

Marianne, vous l'avez!

MARIANNE.

Fabrice!

FABRICE.

Vous le voyez devant vous. Dois-je faire un long discours? Dois-je épancher dans votre cœur ce que le mien renferme depuis longtemps? Je vous aime : vous le savez de longue date; je vous offre ma main : cela, vous ne le soupçonniez pas. Je n'ai jamais vu de jeune fille qui pensât aussi peu que vous, qu'elle doit rendre sensible celui qui la voit.... Marianne, ce n'est pas un amant impétueux, inconsidéré, qui vous parle; je vous connais; je vous ai choisie; ma fortune est faite : voulez-vous être à moi?... J'ai eu des chances diverses en amour; et plus d'une fois j'ai été résolu à finir ma vie dans le célibat. Je suis à vous maintenant.... Ne résistez pas! Vous me connaissez; votre frère et moi nous ne sommes qu'un; vous ne pouvez imaginer un lien plus pur.... Ouvrez votre cœur.... Un mot, Marianne!

MARIANNE.

Cher Fabrice, laissez-moi du temps; je vous veux du bien.

FABRICE.

Dites que vous m'aimez! Je laisse à votre frère sa place; je veux être le frère de votre frère; ensemble nous prendrons soin de lui. Ma fortune, jointe à la sienne, lui épargnera quelques heures pénibles; il prendra courage; il.... Marianne, je voudrais n'avoir pas besoin de vous persuader....

(*Il lui prend la main.*)

MARIANNE.

Fabrice, je n'ai jamais imaginé.... Dans quel embarras me jetez-vous?

FABRICE.

Un mot seulement! Puis-je espérer?

MARIANNE.

Parlez à mon frère.

FABRICE, *à genoux.*

Mon ange! Ma bien-aimée!

MARIANNE, *après un moment de silence.*

Dieu! qu'ai-je dit? (*Elle sort.*)

FABRICE.

Elle est à toi!... Je puis permettre à la chère petite folle cet enfantillage au sujet de son frère : cela se passera peu à peu, quand nous aurons appris à nous mieux connaître, et il n'y perdra rien. Cela me charme d'aimer encore par hasard, d'être encore aimé. C'est une chose dont on ne perd jamais le goût.... Nous habiterons ensemble. J'aurais d'ailleurs, depuis longtemps, mis volontiers un peu plus au large la consciencieuse économie du bonhomme : comme beau-frère, cela ira de soi-même. Autrement il deviendrait tout à fait hypocondre avec ses éternels souvenirs, ses scrupules, ses soucis de ménage et ses secrets. Tout sera pour le mieux! Il respirera plus à l'aise, la jeune fille aura un mari.... ce qui n'est pas peu de chose; et toi, tu t'assures honorablement une compagne.... ce qui est beaucoup. (*Entre Guillaume.*)

FABRICE.

Ta promenade est-elle finie?

GUILLAUME.

Je suis allé par le marché et la rue des Prêtres et revenu par la Bourse. J'éprouve une singulière sensation, à me promener de nuit par la ville. Comme, après le travail du jour, tout jouit du repos ou se hâte d'y courir, tandis qu'on ne voit plus en mouvement que l'activité de la petite industrie! Je m'amusais à observer une vieille marchande de fromage, qui, les lunettes sur le nez, auprès d'un bout de chandelle, mettait sur la balance un morceau après l'autre, et rognait et ajoutait, jusqu'à ce que l'acheteuse eût son poids!

FABRICE.

Chacun observe à sa manière. Je crois que beaucoup de gens ont passé par cette rue, sans avoir pris garde à la vieille marchande de fromage et à ses lunettes.

GUILLAUME.

Ce qu'on pratique, on s'y intéresse ; et le gain en petit est respectable pour moi, depuis que je sais combien un écu est péniblement acheté, quand il faut le gagner sou à sou. (*Il reste quelques moments rêveur.*) Je me suis trouvé en chemin tout je ne sais comment. Tant de choses me sont venues à la fois et pêle-mêle dans l'esprit.... et ce qui m'occupe dans le plus profond de mon âme.... (*Il devient pensif.*)

FABRICE, *à part.*

Ce que j'éprouve est bizarre! Aussitôt qu'il est là, je n'ose avouer que j'aime Marianne.... Il faut pourtant que je lui rapporte ce qui s'est passé.... (*Haut.*) Guillaume, dis-moi, tu voulais déloger d'ici? Tu as peu de place et ton loyer est cher. As-tu en vue un autre logement?

GUILLAUME, *distrait.*

Non.

FABRICE.

Je pensais que nous pourrions nous aider l'un l'autre. J'ai là ma maison paternelle, et je n'occupe que l'étage supérieur : tu pourrais prendre l'autre. Tu ne veux pas, je crois, te marier de sitôt.... Tu auras la cour et un petit magasin pour ton entrepôt, et tu me payeras un modique loyer : nous y gagnerons tous les deux.

GUILLAUME.

Tu es bien bon. Véritablement, cela m'est venu quelquefois à la pensée, quand j'allais chez toi et que je voyais tant de place vide, tandis que j'ai tant de peine à m'arranger.... Mais il y a d'autres choses.... Il faut laisser cela : ça n'irait pas.

FABRICE.

Pourquoi pas?

GUILLAUME.

Si je me mariais?

FABRICE.

Il y aurait du remède. Garçon, tu aurais place avec ta sœur, et avec une femme cela irait aussi bien.

GUILLAUME, *souriant.*

Et ma sœur ?

FABRICE.

Au besoin, je la prendrais chez moi. (*Guillaume ne répond rien.*) Et même sans cela ! Parlons un peu raison.... J'aime Marianne : donne-la-moi pour femme !

GUILLAUME.

Comment ?...

FABRICE.

Pourquoi pas ? Donne ton consentement. Écoute-moi, frère : j'aime Marianne ! J'ai longtemps réfléchi à la chose : elle seule, toi seul, vous êtes en état de me rendre aussi heureux que je puis l'être encore dans ce monde. Donne-la-moi ! donne-la-moi !

GUILLAUME, *troublé.*

Tu ne sais pas ce que tu veux.

FABRICE.

Ah ! comme je le sais ! Faut-il te dire tout ce qui me manque et tout ce que j'aurai, si elle devient ma femme et toi mon beau-frère ?

GUILLAUME, *précipitamment, en sortant de sa rêverie.*

Jamais ! jamais !

FABRICE.

Qu'as-tu donc ?... Cela me fait mal.... Cette répugnance.... Si tu dois avoir un beau-frère, comme il arrivera tôt ou tard, pourquoi pas moi, que tu connais, que tu aimes ? Du moins je croyais....

GUILLAUME.

Laisse-moi !... Je n'ai pas mes idées.

FABRICE.

Je dois tout dire. Mon sort dépend de toi seul. Son cœur a de l'inclination pour moi : tu dois l'avoir observé. Elle t'aime plus que moi, je le veux bien : elle aimera son mari mieux que son frère. Je succéderai à tes droits, toi aux miens, et nous serons tous contents. Je n'ai pas encore vu de nœuds se former sous d'aussi beaux présages. (*Guillaume reste muet.*) Et, ce qui confirmera tout.... mon ami, donne seulement ta parole, ton consentement ! Dis-lui que cela te fait plaisir ; que cela te rend heureux. J'ai sa parole.

GUILLAUME.

Sa parole?

FABRICE.

Elle me l'a jetée comme un regard d'adieu, qui en disait plus que toute sa présence n'aurait pu dire. Son embarras et son amour, son désir et son émotion : c'était charmant !

GUILLAUME.

Non! non!

FABRICE.

Je ne te comprends pas. Je sens que tu n'as pour moi aucune répugnance, et tu m'es contraire? Ne le sois pas. Ne t'oppose pas à son bonheur, au mien! Et je crois toujours que tu seras heureux avec nous!... Ne refuse pas à mes vœux ta parole, ta parole amicale! (*Guillaume garde le silence; il est en proie à des combats intérieurs.*) Je ne te comprends pas....

GUILLAUME.

Elle?... Tu veux l'avoir?

FABRICE.

Qu'est-ce donc?

GUILLAUME.

Et elle toi?

FABRICE.

Elle a répondu comme il convient à une jeune fille.

GUILLAUME.

Va! va!... Marianne!... Je le prévoyais.... Je le sentais....

FABRICE.

Dis-moi seulement....

GUILLAUME.

Que dire?... C'était là ce qui pesait ce soir sur mon âme comme une nuée orageuse. Cela brille! cela frappe!... Prends-la!... Prends-la!... Mon unique bien.... mon tout! (*Fabrice le regarde en silence.*) Prends-la!... Et, afin que tu saches ce que tu me prends.... (*Une pause. Il rassemble ses forces.*) Je t'ai parlé de Charlotte, de cet ange, qui s'échappa de mes mains et me laissa son image.... une fille.... et cette fille.... je t'ai menti.... elle n'est pas morte : cette fille est Marianne!... Marianne n'est pas ma sœur!

FABRICE.

Je n'étais pas préparé à cela.

GUILLAUME.

Et j'aurais dû le craindre de toi!... Pourquoi n'ai-je pas écouté mon cœur, et ne t'ai-je pas fermé ma maison, comme à tout le monde, dès les premiers jours où je vins ici? A toi seul je permis l'entrée de ce sanctuaire, et tu sus m'endormir par ta bonté, ton amitié, ton support, ton apparente froideur pour les femmes. De même que j'étais son frère en apparence, je pris tes sentiments à son égard pour la véritable amitié fraternelle; et, si même un soupçon voulait se glisser parfois dans mon esprit, je le repoussais comme une bassesse; j'attribuais sa bonté pour toi à ce cœur angélique, qui jette sur le monde entier un regard d'amour.... Et toi!... et elle!...

FABRICE.

Je n'en puis écouter davantage, et je n'ai non plus rien à dire. Ainsi donc, adieu! (*Il sort.*)

GUILLAUME.

Va! va!... tu emportes avec toi tout mon bonheur. Ainsi traversés, brisés, tous mes plans.... les plus chers, tout d'un coup.... dans l'abîme! et renversé, le pont d'or, le pont magique, qui devait me faire passer dans les joies du ciel. C'en est fait! et par lui, le traître, qui abusait ainsi de la franchise, de la confiance.... O Guillaume! Guillaume! tu t'emportes jusqu'à être injuste envers cet honnête homme!... Quel crime a-t-il commis?... Tu pèses durement sur moi, et tu es juste, sort vengeur!... Pourquoi restes-tu là? Et toi? Juste en ce moment!... Pardonnez-moi! N'en ai-je pas souffert? Pardonnez!... Il y a longtemps!... J'ai souffert des maux infinis. Je paraissais vous aimer; je croyais vous aimer; par d'imprudentes complaisances, j'ouvrais votre cœur et vous rendais malheureux!... Pardonnez-moi! laissez-moi!... Dois-je être ainsi puni?... Dois-je perdre Marianne, la dernière de mes espérances, l'unique objet de mes soucis?... C'est impossible! c'est impossible! (*Il reste en silence. Entre Marianne.*)

MARIANNE. *Elle s'approche avec embarras.*

Mon frère!

GUILLAUME

Ah!

MARIANNE.

Cher frère, pardonne-moi. Je t'en prie par tout au monde. Tu es fâché : je le pensais bien. J'ai fait une sottise.... Je ne sais où j'en suis.

GUILLAUME. *Il se recueille.*

Qu'as-tu, ma fille ?

MARIANNE.

Je voudrais pouvoir te conter.... Cela est si confus dans ma tête.... Fabrice me veut pour femme, et moi....

GUILLAUME, *avec un peu d'amertume.*

Parle franchement : tu consens ?

MARIANNE.

Non! plutôt mourir! Jamais je ne l'épouserai. Je ne peux l'épouser.

GUILLAUME.

Voilà un langage bien différent !

MARIANNE.

Et assez étrange! Tu es bien peu gracieux, mon frère; je m'en irais volontiers, et j'attendrais une heure favorable, si je n'avais pas besoin de soulager mon cœur sur-le-champ. Une fois pour toutes, je ne puis épouser Fabrice.

GUILLAUME. *Il se lève et prend Marianne par la main.*

Comment, Marianne ?

MARIANNE.

Il était là, et il a tant parlé, et m'a représenté tant de choses, que je me suis imaginé que c'était possible. Il me pressait et je lui ai dit, dans mon étourderie, qu'il devait te parler.... Il a pris cela pour un consentement, et à l'instant j'ai senti que cela ne pouvait être.

GUILLAUME.

Il m'a parlé.

MARIANNE.

Je t'en prie de toutes mes forces, avec tout l'amour que j'ai pour toi, par tout l'amour que tu me portes, répare cela; fais-le-lui entendre.

GUILLAUME, *à part.*

Grand Dieu !

MARIANNE.

Ne sois pas fâché! Qu'il ne soit pas non plus fâché! Nous

recommencerons à vivre comme auparavant et toujours de même!... Car je ne peux vivre qu'avec toi; je ne veux vivre qu'avec toi seul. C'est là, depuis longtemps, dans le fond de mon âme, et ceci l'a fait échapper, échapper brusquement.... Je n'aime que toi.

GUILLAUME.

Marianne!

MARIANNE.

Bon frère! Pendant ce quart d'heure.... je ne puis te dire tout ce qui m'a traversé le cœur.... J'éprouve la même chose que l'autre jour, à l'incendie de la place du marché, que la vapeur et la fumée commencèrent par couvrir tout, jusqu'à ce que tout à coup le feu enleva le toit, et que toute la maison ne fut qu'une flamme.... Ne m'abandonne pas! Ne me repousse pas loin de toi, mon frère!

GUILLAUME.

Pourtant cela ne peut durer toujours ainsi.

MARIANNE.

C'est justement ce qui m'inquiète.... Je veux bien te promettre de ne pas me marier; je veux toujours prendre soin de toi, toujours, toujours de même.... Là-haut demeurent ainsi ensemble un vieux frère et sa vieille sœur; et je me dis quelquefois pour rire : « Que tu sois un jour aussi vieille et aussi ridée, et que seulement vous soyez ensemble!... »

GUILLAUME, *se contenant, à demi-voix.*

Si tu supportes cela, rien ne t'accablera jamais.

MARIANNE.

Il n'en n'est pas ainsi pour toi sans doute : avec le temps tu prendras bien une femme, et cela me ferait toujours de la peine, quand même je voudrais bien l'aimer aussi.... Personne ne t'aime autant que moi; personne ne peut t'aimer autant. (*Guillaume essaye de parler.*) Tu es toujours si réservé! Et j'ai toujours sur les lèvres de te dire tout ce que je sens, et je n'ose pas. Dieu soit loué, que l'occasion me délie la langue!

GUILLAUME.

Assez, Marianne!

MARIANNE.

Tu ne m'arrêteras point : laisse-moi tout dire! Ensuite je retournerai à la cuisine, et resterai des jours entiers assise à mon travail, et te regarderai seulement quelquefois, comme si je voulais dire : « Tu le sais ! » (*Guillaume reste muet, au comble de la joie.*) Tu pouvais le savoir depuis longtemps; tu sais aussi comme, après la mort de notre mère, je grandis dès l'enfance et fus toujours avec toi : vois-tu, je sens plus de plaisir à être auprès de toi que de reconnaissance pour tes soins plus que fraternels! Et peu à peu tu as pris tellement tout mon cœur, toute ma pensée, qu'autre chose a maintenant de la peine à s'y faire une petite place. Je sais bien encore que tu riais quelquefois, quand je lisais des romans. Cela arriva un jour avec Julie Mandeville, et je demandais si Henri (ou comme on l'appelle) ne te ressemblait pas.... Tu riais.... cela ne me plaisait point.... Et je gardai le silence une autre fois. Mais pour moi c'était tout à fait sérieux; car, tout ce qu'il y avait d'hommes les plus aimables et les meilleurs, je leur prêtais ta figure. Je te voyais te promener dans les grands jardins, et monter à cheval et voyager et te battre en duel.... (*Elle rit à la dérobée.*)

GUILLAUME.

Qu'as-tu donc?

MARIANNE.

Que je l'avoue encore! Si une dame était bien jolie, et bien bonne, et bien aimée.... et bien amoureuse.... c'était toujours moi-même. Seulement, à la fin, lorsqu'on en venait au dénoûment, et qu'après toutes les traverses ils se mariaient.... Je suis pourtant une bien naïve, bonne et bavarde petite fille!

GUILLAUME.

Poursuis! (*Il se détourne.*) Il faut que j'épuise la coupe de la joie. Soutiens mes forces, Dieu du ciel!

MARIANNE.

Ce que je pouvais le moins souffrir, c'est lorsque deux personnes s'aimaient, et qu'on découvrait enfin qu'ils étaient parents, ou frère et sœur.... Miss Fanny, je l'aurais brûlée! J'ai tant pleuré! C'est un sort si lamentable! (*Elle se détourne et pleure amèrement.*)

GUILLAUME, *se jetant à son cou.*

Marianne!... ma chère Marianne!

MARIANNE.

Guillaume! non! non! Je ne te laisserai jamais! Tu es à moi!... Je te tiens! je ne puis te quitter! (*Entre Fabrice.*) Ah! Fabrice, vous venez à propos! Mon cœur est assez ouvert et assez fort pour que je puisse vous le dire : je ne vous ai rien promis. Soyez notre ami. Je ne vous épouserai jamais.

FABRICE, *froidement et avec amertume.*

Je le pensais bien, Guillaume. Si tu mettais tout ton poids dans la balance, je devais être trouvé trop léger. Je reviens pour vous déclarer ce que j'avais sur le cœur. Je renonce à toutes prétentions, et je vois que les choses se sont déjà arrangées. Je suis du moins charmé d'en avoir été l'innocente occasion.

GUILLAUME.

Point de discours amers dans ce moment, et ne te dérobe pas un sentiment que tu chercherais en vain dans le monde entier!... Regarde cette jeune fille.... elle est toute à moi.... et ne sait pas....

FABRICE, *à moitié moqueur.*

Elle ne sait pas?

MARIANNE.

Que ne sais-je pas?

GUILLAUME.

Ici mentir, Fabrice?...

FABRICE, *confondu.*

Elle ne sait pas?...

GUILLAUME.

Je le dis.

FABRICE.

Restez ensemble. Vous êtes dignes l'un de l'autre.

MARIANNE.

Qu'est cela?

GUILLAUME, *se jetant à son cou.*

Tu es à moi, Marianne!

MARIANNE.

Dieu! qu'est cela? Oserai-je te rendre ce baiser?... Quel baiser était-ce là, mon frère?

GUILLAUME.

Ce n'est pas celui d'un frère qui se contient, qui semble froid;

c'est le baiser d'un amant, à jamais et uniquement heureux....
(*A ses pieds.*) Marianne, tu n'es pas ma sœur! Charlotte était ta mère et non la mienne.

MARIANNE.

Toi! toi!

GUILLAUME.

Ton amant!... Dès ce jour ton époux, si tu ne le dédaignes pas.

MARIANNE.

Dis-moi comment il était possible....

FABRICE.

Jouissez de ce que Dieu lui-même ne peut vous donner qu'une fois. Acceptez-le, Marianne, et point de questions.... Vous trouverez assez de temps pour vous expliquer.

MARIANNE, *regardant Guillaume.*

Non, ce n'est pas possible!

GUILLAUME.

Mon amante! ma femme!

MARIANNE, *à son cou.*

Guillaume, ce n'est pas possible!

FIN DU FRÈRE ET DE LA SŒUR

LE
GRAND COPHTE

COMÉDIE EN CINQ ACTES

PERSONNAGES.

LE CHANOINE.
LE COMTE.
LE CHEVALIER.
LE MARQUIS.
LA MARQUISE.
LEUR NIÈCE.
LE COMMANDANT de la garde suisse.
SAINT-JEAN, domestique du chanoine.
LAFLEUR, domestique du marquis.
JACK, jockey de la marquise.
SOCIÉTÉ D'HOMMES et de DAMES.
DEUX BIJOUTIERS de la cour.
JEUNES GENS.
ENFANTS.
UNE FEMME DE CHAMBRE.
SIX SOLDATS suisses.
DOMESTIQUES.

LE GRAND COPHTE.

COMÉDIE EN CINQ ACTES[1].

ACTE PREMIER.

Le théâtre représente une salle éclairée : au fond, une table, autour de laquelle soupe une société de douze à quinze personnes. Le chanoine est placé à droite ; à côté de lui, en arrière, la Marquise ; puis divers convives ; le dernier, à gauche, est le Chevalier. Le dessert est servi et les domestiques se retirent. Le chanoine se lève de table, et va et vient sur l'avant-scène d'un air pensif. La société paraît s'entretenir de lui. Enfin la Marquise se lève de table et s'approche du Chanoine. L'ouverture, qui a continué jusqu'à ce moment, cesse alors et le dialogue commence.

SCÈNE I.

LE CHANOINE, LA MARQUISE, LE CHEVALIER, société d'HOMMES et de DAMES.

LA MARQUISE.

Est-il permis d'être si préoccupé, de fuir la bonne compagnie, de troubler le plaisir de ses amis dans ces heures d'intimité ?

---

[1]. Gœthe a écrit cette pièce en prose. L'affaire du collier et les jongleries de Cagliostro (ici le comte Rostro) en forment le sujet.

Croyez-vous que nous puissions avoir goût au badinage et à la bonne chère, quand notre hôte quitte la table, qu'il a si obligeamment préparé? Toute la soirée, vous n'avez déjà semblé présent que de corps. Vers la fin du souper, les domestiques une fois retirés, nous espérions encore vous voir ouvert et serein; et vous sortez de table, vous nous quittez, et vous promenez ici tout pensif, à l'autre bout de la salle, comme s'il n'y avait rien auprès de vous qui pût vous occuper et vous plaire.

LE CHANOINE.

Vous demandez ce qui me préoccupe? Marquise, ma situation vous est connue.... Serait-ce étonnant que je perdisse la présence d'esprit? Est-il possible que l'esprit, que le cœur d'un homme reçoive plus d'assauts divers que le mien? De quel tempérament faut-il que je sois pour ne pas y succomber? Vous savez ce qui me met hors de moi-même, et vous me le demandez!

LA MARQUISE.

En vérité, je ne vois pas cela si clairement. Tout va cependant comme vous pouvez le désirer.

LE CHANOINE.

Et cette attente! cette incertitude!

LA MARQUISE.

Vous n'aurez à la supporter que peu de jours.... Le comte, notre grand instituteur et maître, n'a-t-il pas promis de nous faire pénétrer tous, et vous particulièrement, plus avant dans ces mystères? N'a-t-il pas promis d'apaiser la soif de la science secrète qui nous tourmente tous, et de satisfaire chacun de nous selon sa mesure? Et pouvons-nous douter qu'il tienne sa parole?

LE CHANOINE.

Bien! il l'a promis.... Mais n'a-t-il pas défendu en même temps toutes les réunions comme celle-ci, que nous risquons aujourd'hui à son insu? Ne nous a-t-il pas commandé le jeûne, la retraite, l'abstinence, l'exacte récapitulation et la méditation silencieuse des préceptes qu'il nous a déjà communiqués?... Et je suis assez imprudent pour assembler secrètement dans ce pavillon une société joyeuse; pour consacrer au plaisir cette nuit, dans laquelle je dois me préparer à une grande et sainte apparition!... Ma conscience suffit pour me troubler, quand même il n'en apprendrait rien. Et quand je viens à songer que ses esprits lui rapportent tout sans faute; qu'il est peut-être en chemin pour nous surprendre.... qui pourra tenir devant sa colère?... De honte, j'en serais atterré.... A chaque moment.... il me semble l'entendre, entendre le pas d'un cheval, le roulement d'une voiture. (*Il court à la porte.*)

LA MARQUISE, *à part.*

O comte, tu es un fripon inimitable! tu es un maître affronteur! Je t'observe sans cesse, et chaque jour je m'instruis avec toi. Comme il sait mettre à profit, comme il sait enflammer la passion de ce jeune homme! comme il s'est emparé de toute son âme et le domine absolument! Nous verrons si notre imitation réussira. (*Le Chanoine revient.*) Soyez sans inquiétude : le comte sait beaucoup de choses, mais il n'a pas la toute-science, et il n'apprendra pas cette fête.... Il y a quinze jours que je ne vous ai vu, que je n'ai vu nos amis; pendant quinze jours, je me suis tenue cachée dans une misérable maison des champs; j'ai dû passer bien des heures d'ennui, uniquement pour être dans le voisinage de notre princesse adorée, pour lui faire parfois ma cour en secret, pendant quelques moments, et l'entretenir des intérêts d'un homme chéri. Aujourd'hui, je retourne à la ville, et vous avez été fort aimable de m'avoir préparé un souper, à moitié chemin, dans cette agréable maison de campagne; d'être venu à ma rencontre, et d'avoir assemblé mes meilleurs amis pour me recevoir. Assurément, vous êtes digne des bonnes nouvelles que je vous apporte. Vous êtes un chaud et agréable ami. Vous êtes heureux; vous serez heureux. Je souhaiterais seulement que vous jouissiez aussi de votre bonheur.

LE CHANOINE.

Cela viendra bientôt! bientôt!

LA MARQUISE.

Venez, asseyez-vous. Le comte est absent, pour passer dans la solitude ses quarante jours de jeûne et se préparer au grand œuvre; il n'apprendra pas notre réunion, pas plus que notre grand secret. (*Avec mystère.*) Si l'on venait à découvrir, avant le temps, que la princesse pardonne, que vraisemblablement le prince se laissera bientôt fléchir par une fille chérie, comme tout ce bel édifice pourrait aisément s'écrouler par les efforts de l'envie! La princesse, qui connaît votre liaison avec le comte, m'a expressément ordonné de cacher à cet homme, qu'elle redoute, notre importante affaire.

LE CHANOINE.

Je dépends entièrement de sa volonté; cet ordre pénible, je le respecterai aussi, bien que, j'en ai la conviction, la crainte de la princesse ne soit pas fondée. Ce grand homme nous aiderait plutôt que de nous nuire. Devant lui, toutes les conditions sont égales. Unir deux cœurs qui s'aiment est son occupation la plus agréable : « Mes élèves, a-t-il coutume de dire, sont des rois; ils sont dignes de gouverner le monde et dignes de tous les bonheurs.... » Et si ses esprits l'avertissent, s'il voit que la défiance à son égard resserre nos cœurs, au moment qu'il nous ouvre les trésors de sa sagesse....

LA MARQUISE.

Tout ce que je puis dire, c'est que la princesse le demande expressément.

LE CHANOINE.

Soit! je lui obéirai, quand même je devrais me perdre.

LA MARQUISE.

Et nous garderons aisément notre secret; car nul ne peut soupçonner, même de loin, que la princesse vous est favorable.

LE CHANOINE.

En effet, chacun me croit en disgrâce, éloigné pour jamais de la cour. Les regards des personnes qui me rencontrent expriment la pitié et même le dédain. Je ne me soutiens que par une grande dépense, par le crédit de mes amis, par l'appui de quelques mécontents. Fasse le ciel que mes espérances ne soient pas trompeuses! que ta promesse s'accomplisse!

LA MARQUISE.

Ma promesse?... Ne parlez plus ainsi, mon cher ami. Jusqu'ici, c'était ma promesse; mais, depuis ce soir, depuis que je vous ai apporté une lettre, n'ai-je pas mis avec elle dans vos mains les plus belles assurances?

LE CHANOINE.

Je l'ai déjà baisée mille fois, cette lettre. (*Il tire la lettre de sa poche.*) Laissez-moi la baiser mille fois encore! Elle ne quittera pas mes lèvres, jusqu'au moment où ces lèvres brûlantes pourront s'attacher à sa belle main, à cette main qui me ravit d'une manière inexprimable, en m'assurant à jamais de mon bonheur.

LA MARQUISE.

Et lorsque le voile de ce secret tombera, lorsque, avec tout l'éclat de votre première fortune, et même dans une situation bien plus belle encore, vous paraîtrez aux yeux des hommes, à côté d'un prince qui vous reconnaît de nouveau, d'une princesse qui ne vous a pas méconnu, combien cette nouvelle, cette éclatante fortune n'éblouira-t-elle pas les yeux de l'envie! et avec quelle joie vous verrai-je à la place que vous méritez si bien!...

LE CHANOINE.

Et avec quelle reconnaissance récompenserai-je une amie à qui je dois tout!

LA MARQUISE.

Ne parlez pas de cela. Qui peut vous connaître, et n'être pas aussitôt vivement entraîné vers vous? Qui ne désire vous servir, même avec dévouement?

LE CHANOINE.

Écoutez! une voiture est arrivée. Qu'est cela?

LA MARQUISE.

Soyez tranquille, elle passe plus loin. Les portes, les volets sont fermés; j'ai fait couvrir les fenêtres avec le plus grand soin, afin que personne ne puisse remarquer la clarté d'une lumière. Nul ne croira qu'il y ait une société dans cette maison.

LE CHANOINE.

Quel bruit! quel vacarme! (*Entre un Domestique.*)

LE DOMESTIQUE.

Une voiture vient d'arriver. On frappe à la porte, comme si on voulait l'enfoncer. J'entends la voix du comte; il menace et veut entrer.

LA MARQUISE.

La porte est-elle fermée aux verrous?... Ne lui ouvrez pas! ne remuez pas! ne répondez pas! Lorsqu'il aura assez tempêté, il s'en ira.

LE CHANOINE.

Vous ne songez pas à qui nous avons affaire.... Ouvrez-lui! Nous résistons en vain.

DOMESTIQUES, *accourant avec précipitation.*

Le comte! le comte!

LA MARQUISE.

Comment est-il entré?

UN DOMESTIQUE.

Les portes se sont ouvertes d'elles-mêmes à deux battants.

LE CHANOINE.

Où fuir?

LES FEMMES.

Qui nous sauvera?

LE CHEVALIER.

Courage!

LES FEMMES.

Il vient! il vient!

SCÈNE II.

LES PRÉCÉDENTS, LE COMTE.

LE COMTE, *à l'entrée. Il parle en tournant le dos aux spectateurs.*

Assaraton! Pantassaraton! esprits familiers, demeurez à la porte; ne laissez personne s'échapper; ne souffrez pas que personne franchisse le seuil sans être désigné par moi.

LES FEMMES.

Malheur à nous!

LES HOMMES.

Que va-t-il arriver?

LE COMTE.

Uriel, à ma droite; Ithruriel, à ma gauche: entrez! Punissez les coupables, auxquels, cette fois, je ne pardonnerai pas.

LES FEMMES.

Où me cacher?

LE CHANOINE.

Tout est perdu!

LE COMTE.

Uriel!... (*Une pause, comme s'il écoutait la réponse.*) Bien!... « Me voici! » C'est ton langage ordinaire, esprit docile!... Uriel, prends ces femmes! (*Les femmes poussent un grand cri.*) Emmèneles bien loin par monts et par vaux ; dépose-les dans un carrefour ; car elles ne croiront pas, elles n'obéiront pas avant d'avoir subi l'épreuve. Prends-les.

LES FEMMES.

Aïe! aïe! il me tient!... Grand maître, au nom de Dieu!

LA MARQUISE.

Monsieur le comte!

LES FEMMES.

Nous demandons grâce à genoux!

LE COMTE.

Uriel, tu pries pour elles : dois-je me laisser fléchir?

LES FEMMES.

Uriel, prie pour nous!

LA MARQUISE.

Est-il permis de tourmenter ainsi ces pauvres femmes?

LE COMTE.

Quoi? quoi? A genoux, madame! à genoux! non pas devant moi : devant les puissances invisibles qui sont à mes côtés. Pouvez-vous tourner un cœur innocent, un regard assuré vers ces figures célestes?

UNE JEUNE FILLE.

Vois-tu quelque chose?

SECONDE JEUNE FILLE.

Une ombre, tout près de lui.

LE COMTE.

Que sentez-vous dans votre cœur?

LA MARQUISE.

Grand maître, épargne le sexe faible.

LE COMTE.

Je suis touché, mais non vaincu. Ithuriel, prends ces hommes! conduis-les dans mon plus profond caveau!

LE CHANOINE.

Mon seigneur et maître!

LE CHEVALIER.

Pas un mot de plus! Vos esprits ne nous effrayent pas, et voici une épée contre vous-même. Ne croyez-vous pas que nous ayons encore assez de force et de courage pour nous défendre, nous et ces femmes?

LE COMTE.

Jeune insensé! mets l'épée à la main! frappe ici, frappe cette poitrine nue et sans défense! frappe, afin qu'un signe s'accomplisse pour toi et pour tous. Une triple armure de loyauté, de sagesse, de vertu magique, protége cette poitrine. Frappe, et cherche à mes pieds, avec confusion, les tronçons de ton arme brisée.

LES HOMMES.

Quelle majesté!

LES FEMMES.

Quelle puissance!

LES HOMMES.

Quelle voix!

LES FEMMES.

Quel homme!

LE CHEVALIER.

Que dois-je faire?

LE CHANOINE.

Où allons-nous?

LA MARQUISE.

Que dire?

LE COMTE.

Levez-vous! Je fais grâce à l'imprudence humaine. Je ne veux pas rejeter tout à fait mes enfants égarés. Cependant je ne vous quitte pas de tout châtiment. *(Aux hommes:)* Éloignez-vous! *(Les hommes se retirent dans le fond. Aux femmes:)* Et vous, calmez-vous et vous recueillez. *(Comme s'il parlait confidentiellement aux esprits:)* Uriel, Ithruriel, rejoignez vos frères. *(Aux femmes:)* Voyons maintenant si vous avez retenu mes leçons.... Quelles sont les vertus essentielles de la femme?

PREMIÈRE JEUNE FILLE.

La patience et l'obéissance.

LE COMTE.

Quel est leur emblème?

DEUXIÈME JEUNE FILLE.

La lune.

LE COMTE, *à la Marquise.*

Pourquoi?

LA MARQUISE.

Parce qu'elle leur rappelle qu'elles n'ont aucune lumière propre, et qu'elles empruntent tout leur éclat de l'homme.

LE COMTE.

Bien! Ne l'oubliez pas.... Et maintenant, quand vous retournerez chez vous, vous verrez, à votre main gauche, dans le ciel pur, le premier quartier. Dites-vous alors l'une à l'autre : « Voyez comme elle est élégante! Quelle douce lumière! quelle jolie taille! quelle modestie! C'est la véritable image d'une aimable, adolescente jeune fille. » Quand vous verrez ensuite la pleine lune, avertissez-vous l'une l'autre, et dites-vous : « Qu'elle est brillante et belle, l'image d'une heureuse mère de famille! Elle tourne son visage vers son époux; elle reçoit les rayons de sa lumière, qu'elle reflète charmante et douce. » Songez-y bien, et réalisez entre vous cet emblème aussi bien que vous pourrez. Poursuivez vos méditations aussi loin qu'il vous sera possible; formez votre esprit; élevez votre cœur; car c'est seulement ainsi que vous deviendrez dignes de contempler le visage du grand cophte.... Allez maintenant; ne transgressez aucun de mes commandements, et que le ciel vous préserve de la lumière décroissante et du triste veuvage!.. Vous partirez sur-le-champ, toutes ensemble, pour la ville. Une sévère pénitence pourra seule vous mériter le pardon et hâter l'arrivée du grand cophte. Adieu.

LA MARQUISE, *à part.*

Le maudit fripon! C'est un visionnaire, un menteur, un trompeur; je le sais, j'en suis convaincue.... et cependant il m'impose! (*Les femmes s'inclinent et se retirent.*)

SCÈNE III.

LES PRÉCÉDENTS, *excepté les dames.*

LE COMTE.

Maintenant, chevalier, et vous autres, approchez! Je vous ai pardonné; je vous vois confus, et ma générosité abandonne à votre propre cœur la punition et l'amendement.

LE CHEVALIER.

Nous reconnaissons ta grâce, ô bon maître!

LE COMTE.

Mais si, dans la suite, vous transgressez mes ordres, si vous ne faites pas tout pour réparer la faute commise, n'espérez pas de voir jamais le visage du grand cophte, de rafraîchir jamais à la source de la sagesse vos lèvres altérées.... Maintenant, répondez : avez-vous compris ce que je vous ai enseigné?... Quand un disciple doit-il se livrer à ses méditations?

LE CHEVALIER.

Pendant la nuit.

LE COMTE.

Pourquoi?

PREMIER DISCIPLE.

Pour qu'il sente plus vivement qu'il marche dans les ténèbres.

LE COMTE.

Quelles nuits doit-il préférer?

DEUXIÈME DISCIPLE.

Les nuits où le ciel est clair et où les étoiles étincellent.

LE COMTE.

Pourquoi?

LE CHEVALIER.

Pour qu'il reconnaisse que des milliers de flambeaux ne suffisent pas à répandre la clarté, et qu'il désire d'autant plus vivement l'unique soleil qui donne la lumière.

LE COMTE.

Quelle étoile doit-il surtout contempler?

PREMIER DISCIPLE.

L'étoile polaire.

LE COMTE.

Que doit-elle lui représenter?

DEUXIÈME DISCIPLE.

L'amour du prochain.

LE COMTE.

Comment s'appelle l'autre pôle?

PREMIER DISCIPLE.

L'amour de la sagesse.

LE COMTE.

Ces deux pôles ont-ils un axe?

LE CHEVALIER.

Sans doute; car, autrement, ils ne seraient pas des pôles. Cet axe passe par notre cœur, quand nous sommes de vrais disciples de la sagesse, et l'univers tourne autour de nous.

LE COMTE.

Dites-moi la maxime du premier degré.

LE CHEVALIER.

Ce que tu veux que les hommes fassent pour toi, tu le feras aussi pour eux.

LE COMTE.

Expliquez-moi cette sentence.

LE CHEVALIER.

Elle est claire; elle n'a besoin d'aucune explication.

LE COMTE.

Bien!... Maintenant, allez au jardin, et fixez vos regards sur l'étoile polaire.

LE CHEVALIER.

Il fait très-sombre, grand docteur; à peine voit-on briller çà et là une petite étoile.

LE COMTE.

Tant mieux!... Déplorez votre désobéissance, votre légèreté, votre frivolité : ce sont des nuages qui obscurcissent les clartés célestes.

LE CHEVALIER.

Il fait froid; il souffle un vent désagréable; nous sommes légèrement vêtus.

LE COMTE.

Descendez! descendez!... Un disciple de la sagesse doit-il avoir froid?... Vous devriez jeter vos habits avec délices; et les brûlants désirs de votre cœur, la soif de la science secrète, devraient fondre la neige et la glace. Sortez! sortez! (*Le Chevalier et les autres s'inclinent et sortent.*)

SCÈNE IV.

LE COMTE, LE CHANOINE.

LE COMTE.

A vous maintenant, chanoine! à vous! Un jugement sévère vous attend.... Je n'aurais pas cru cela de vous. Le disciple auquel je tends la main plus qu'à tous les autres, que je m'efforce d'élever jusqu'à moi, auquel j'ai déjà dévoilé les mystères du deuxième degré,... soutient si mal une faible épreuve!... Ni les menaces de son maître, ni l'espérance de voir le grand cophte, ne peuvent le décider à renvoyer ses festins de quelques nuits! Fi! Cela est-il d'un homme? Cela est-il sage? Les leçons du plus grand des mortels, l'assistance des esprits, la révélation de tous les secrets de la nature, une éternelle jeunesse, une santé toujours égale, une force inébranlable, une impérissable beauté.... tu aspires à ces trésors, les plus grands du monde, et tu ne peux renoncer à un souper!

LE CHANOINE, *à genoux.*

Tu m'as vu souvent à tes pieds : j'y suis encore. Pardonne-moi! ne me retire pas ta faveur!... Le charme.... les amorces.... l'occasion.... la séduction.... Jamais tu ne me retrouveras désobéissant! Commande, impose-moi ce que tu voudras!

LE COMTE.

Comment pourrais-je me fâcher avec toi, avec toi, mon favori? Comment pourrais-je te repousser, toi, l'élu du destin? Lève-toi; viens sur mon cœur, dont tu ne peux t'arracher, même par violence.

LE CHANOINE.

Comme tu me ravis!... Mais oserai-je, dans ce moment où je devrais m'affliger et faire pénitence, oserai-je implorer de toi une grâce, en signe de réconciliation?

LE COMTE.

Parle, mon cher disciple.

LE CHANOINE.

Ne me laisse pas plus longtemps dans l'incertitude; donne-moi des lumières plus claires sur l'homme étonnant que tu nommes le grand cophte, que tu veux nous montrer, dont tu nous promets tant de choses. Dis-moi, qui est-il? où est-il? Est-il déjà proche? Le verrai-je? Me jugera-t-il digne de cet honneur? M'accueillera-t-il? Me fera-t-il part des connaissances auxquelles mon cœur aspire si vivement?

LE COMTE.

Doucement, doucement, mon fils! Si je diffère de te révéler tout, c'est en vue de ton plus grand bien.... Éveiller ta curiosité, exercer ton esprit, animer ta science, voilà ce que je désire. C'est ainsi que je voudrais bien mériter de toi.... Tout enfant peut écouter et apprendre : mes disciples doivent observer et deviner. Quand j'ai prononcé le nom de cophte, n'as-tu rien imaginé?

LE CHANOINE.

Cophte! cophte!... Si je dois te l'avouer, si j'ose parler sans gêne devant toi, mon imagination quitta aussitôt cette partie du monde froide et bornée; elle se transporta dans cette chaude région où le soleil couve encore d'ineffables mystères. Je vis tout à coup l'Égypte se présenter devant moi; une sainte obscurité m'environna; je m'égarai parmi les pyramides, les obélisques, les énormes sphinx, les hiéroglyphes; un frisson me saisit.... Là, je voyais errer le grand cophte; je le voyais entouré de disciples, qui étaient liés, comme par des chaînes, à sa bouche inspirée.

LE COMTE.

Cette fois, ton imagination ne t'a pas égaré. Oui, ce grand, ce sublime, et, j'ose bien dire, cet immortel vieillard, est celui dont je vous parlais, que vous pouvez espérer de voir un jour. Dans une éternelle jeunesse, il voyage depuis des siècles sur cette terre. Les Indes, l'Égypte, sont sa résidence préférée. Il parcourt nu les déserts de Libye; il y recherche en paix les secrets de la nature. Qu'il étende son bras impérieux, le lion affamé s'arrête; le tigre furieux s'enfuit devant sa voix menaçante, pour que la main du sage puisse chercher en paix les racines salutaires, et distinguer les pierres qui, par leurs vertus secrètes, sont plus précieuses que l'or et les diamants.

LE CHANOINE.

Et cet homme admirable, nous le verrons? Donne-moi un signe qui me montre comment cela est possible.

LE COMTE.

Oh! que ta vue est bornée! Quels signes te donnerais-je, à toi dont les yeux sont fermés?

LE CHANOINE.

Un mot seulement!

LE COMTE.

Il suffit!... J'ai coutume de ne jamais dire ce que l'auditeur doit savoir.

LE CHANOINE.

Je brûle d'impatience, surtout depuis que tu m'as élevé au deuxième degré des mystères. Oh! s'il était possible que tu m'accordasses tout de suite le troisième!

LE COMTE.

C'est impossible.

LE CHANOINE.

Pourquoi?

LE COMTE.

Parce que je ne sais pas encore comment tu as compris les préceptes du deuxième degré, et comment tu les pratiqueras.

LE CHANOINE.

Éprouve-moi sur-le-champ.

LE COMTE.

Il n'est pas temps encore.

LE CHANOINE.

Il n'est pas temps?

LE COMTE.

As-tu déjà oublié que les disciples du deuxième degré doivent se livrer à leurs méditations pendant le jour, et surtout le matin?

LE CHANOINE.

Que ce soit donc demain, au moment convenable.

LE COMTE.

Bien! Mais maintenant, qu'avant tout, la pénitence ne soit pas négligée.... Descends, et va rejoindre les autres personnes dans le jardin.... Mais tu auras sur elles un grand avantage.... Tourne-leur le dos!... Regarde vers le Midi. C'est du Midi que vient le grand cophte. Je te révèle à toi seul ce secret. Découvre-lui tous les vœux de ton cœur. Parle aussi bas que tu veux, il t'entendra.

LE CHANOINE.

J'obéis avec joie. (*Il baise la main du Comte et s'éloigne.*)

SCÈNE V.

LE COMTE, SAINT-JEAN.

SAINT-JEAN, *entrant avec précaution.*

N'ai-je pas bien fait ma besogne?

LE COMTE.

Tu as rempli ton devoir.

SAINT-JEAN.

Les portes ne se sont-elles pas ouvertes, comme si des esprits les avaient enfoncées? Mes camarades ont eu peur et ont pris la fuite; aucun n'a rien vu ni remarqué.

LE COMTE.

C'est bien! Je les aurais aussi ouvertes sans toi; seulement une opération de ce genre demande plus de façons. Je n'ai quelquefois recours aux moyens ordinaires que pour ne pas importuner toujours les nobles esprits. (*Ouvrant une bourse.*) Voici pour ta peine. Ne dépense pas cet or étourdiment : c'est de l'or philosophique; il porte bonheur.... Si on le garde dans sa poche, elle n'est jamais vide.

SAINT-JEAN.

Vraiment! Alors je veux bien le garder.

LE COMTE.

Bien! Ajoutes-y incessamment deux ou trois pièces, et tu verras des merveilles.

SAINT-JEAN.

Avez-vous fait cet or vous-même, monsieur le comte?

LE COMTE.

Je n'en donne point d'autre.

SAINT-JEAN.

Que vous êtes heureux!

LE COMTE.

Parce que je fais des heureux.

SAINT-JEAN.

Je vous suis dévoué de corps et d'âme.

LE COMTE.

Cela ne pourra te nuire. Va et tais-toi, afin que les autres n'apprennent pas à connaître cette source. Dans peu de temps, tu auras la place que tu as sollicitée. (*Le Domestique sort.*)

SCÈNE VI.

LE COMTE, seul.

Heureusement je trouve ici une table bien servie, un dessert exquis, des vins excellents. Le chanoine y pourvoit. Bien. Je puis restaurer ici mon estomac, tandis que les gens croient que je fais mon jeûne de quarante jours. Je leur parais déjà un demi-dieu, parce que je sais leur cacher mes besoins.

ACTE DEUXIÈME.

SCÈNE I.

La maison du Marquis

LE MARQUIS, *puis* LAFLEUR.

LE MARQUIS, *en frac élégant, et se regardant au miroir.*
Naissance, rang, beauté, que sont toutes ces choses auprès de l'argent? Combien je suis obligé à l'audacieuse industrie de ma femme, qui me procure tant de richesses! Comme j'ai une autre tournure, maintenant que, pour la première fois, je suis habillé selon ma condition! Je ne puis attendre le moment de me montrer en public. (*Il sonne.*)

LAFLEUR.
Que commande monsieur le marquis?

LE MARQUIS.
Donne-moi la cassette.

LAFLEUR, *apportant la cassette.*
Je n'en ai pas encore porté d'aussi pesante.

LE MARQUIS, *ouvrant la cassette.*
Qu'en dis-tu? Ne sont-elles pas belles, ces deux montres que j'achetai hier?

LAFLEUR.
Très-belles.

LE MARQUIS.
Et cette tabatière?

LAFLEUR.
Riche et élégante.

LE MARQUIS.
Cette bague?

LAFLEUR.

Appartient aussi à monsieur le marquis ?

LE MARQUIS.

Ces boucles ? ces boutons d'acier ? enfin tout cela ?... Ne me trouves-tu pas habillé avec élégance et distinction ?

LAFLEUR.

Vous effacerez certainement bien du monde à la promenade.

LE MARQUIS.

Que cela me fait plaisir !... Par nécessité, toujours se montrer en uniforme ! toujours être perdu dans la foule ! n'attirer l'attention de personne ! J'aurais mieux aimé mourir que de vivre ainsi plus longtemps.... Ma nièce est-elle déjà levée ?

LAFLEUR.

A peine, je crois ; du moins elle n'a pas encore demandé son déjeuner. Il me semble qu'elle ne s'est endormie qu'après que vous vous êtes échappé ce matin de chez elle.

LE MARQUIS.

Impudent !... Silence !

LAFLEUR.

Entre nous, je dois pourtant être sincère.

LE MARQUIS.

Si un mot pareil t'échappait en présence de ma femme !

LAFLEUR.

Ne croyez-vous pas que je suis maître de ma langue ?

LE MARQUIS.

La marquise ne peut absolument rien soupçonner encore. Elle regarde notre nièce comme une enfant : depuis trois ans elles ne se sont pas vues. Je crains, si elle observe bien cette enfant....

LAFLEUR.

Tout cela pourrait aller encore, si seulement elle n'avait pas fait la connaissance de ce vieux sorcier, qui me fait peur. Cet homme est prodigieux. Il sait tout ; ses esprits lui découvrent tout. Que s'est-il passé dans la maison du chanoine ? Le sorcier a découvert un secret important, et l'on voulait ensuite que le valet de chambre eût jasé.

LE MARQUIS.

Il n'est pas, que je sache, très-grand ami de ma femme ?

LAFLEUR.

Ah! il se mêle de tout, et, lorsqu'il interroge ses esprits, rien ne lui reste caché.

LE MARQUIS.

Serait-ce donc vrai, tout ce qu'on raconte de lui?

LAFLEUR.

Personne n'en doute. Rien que les prodiges que je connais certainement....

LE MARQUIS.

C'est pourtant singulier!... Vois, j'entends une voiture. (*Le domestique sort.*) Si ma femme allait apprendre ma liaison avec notre belle nièce!... Tout dépendrait du premier moment. Si elle vient à bout de son dessein, si je lui sers d'instrument, ne me laissera-t-elle pas faire ce que je veux?... C'est elle-même.

SCÈNE II.

LE MARQUIS, LA MARQUISE.

LA MARQUISE.

Je reviens plus tôt que je ne pensais.

LE MARQUIS.

Je me réjouis de te revoir enfin.

LA MARQUISE.

Pourquoi n'es-tu pas aussi venu au-devant de moi? Le chanoine t'avait invité.

LE MARQUIS.

Pardonne-moi. J'avais justement hier beaucoup de choses à régler. Tu m'avais écrit que je devais me préparer à un voyage.

LA MARQUISE.

Tu n'as pas beaucoup perdu. Le chanoine était insupportable et la société de mauvaise humeur. De plus, le comte a fini par nous surprendre et nous a dispersés. Il faut décidément souffrir les extravagances de cet homme!

LE MARQUIS, *souriant.*

Comment donc marche ta négociation? (*Ironiquement.*) T'es-tu bien insinuée à la cour?

LA MARQUISE.

C'est vrai, il y a longtemps que nous ne nous sommes vus.

Tu étais absent quand je partis. Aussitôt que le prince et la princesse se furent retirés dans leur château de plaisance, je louai dans le voisinage une petite maison de campagne, et j'y demeurai tranquille, tandis que le chanoine se figurait que je voyais la princesse tous les jours. Je lui envoyais des messages, je recevais de lui des lettres, et son espérance était excitée au plus haut point; car de savoir combien cet homme est malheureux, depuis que sa folle conduite l'a éloigné de la cour; combien il est crédule, quand on flatte ses espérances, c'est ce qu'on ne peut imaginer. Je n'avais pas besoin d'y mettre autant de finesse que j'ai fait, et je l'aurais néanmoins persuadé.

LE MARQUIS.

Mais, à la longue, cette fable ne peut se soutenir.

LA MARQUISE.

Laisse-m'en le soin. Il touche maintenant au comble de la félicité. Cette nuit, qu'il m'a reçue dans sa maison de campagne, je lui ai remis une lettre de la princesse....

LE MARQUIS.

De la princesse ?...

LA MARQUISE.

Que j'avais écrite moi-même. Elle était conçue en termes généraux; la messagère, ajoutait-elle, en dirait davantage.

LE MARQUIS.

Et puis?

LA MARQUISE.

Je lui annonçai la grâce de la princesse; je l'assurai qu'elle s'emploierait auprès de son père, et qu'elle obtiendrait certainement pour lui la grâce du prince.

LE MARQUIS.

Bon! mais quel avantage te promets-tu de tout cela?

LA MARQUISE.

D'abord une bagatelle, que nous allons partager sur-le-champ. (*Elle tire une bourse.*)

LE MARQUIS.

Excellente femme!

LA MARQUISE.

J'ai reçu cela du chanoine, pour mettre dans nos intérêts la garde-robe de la princesse. Prends-en d'abord ta moitié (*Le mar-*

quis *s'approche d'une table et compte les espèces, sans prendre garde à ce que dit la Marquise.*) Mais, comme je disais, c'est une bagatelle.... Si seulement mon projet réussit, nous sommes en fonds pour toujours.... Les joailliers de la cour ont depuis longtemps dans leurs mains un riche collier, qu'ils désirent vendre ; le chanoine a tant de crédit, qu'ils le mettront aisément dans ses mains, s'il leur garantit un payement à terme, et je....

LE MARQUIS, *se tournant du côté de la Marquise.*

Que dis-tu de termes?... de payement ?

LA MARQUISE.

Tu n'écoutes donc pas ? Tu es tout à l'argent ?

LE MARQUIS.

Voici ta moitié. La mienne sera bien employée. Vois donc comme je me suis ajusté. (*Il se montre à la Marquise, et va se regarder au miroir.*)

LA MARQUISE, *à part.*

Quel homme vain et petit!

LE MARQUIS, *se retournant.*

Que voulais-tu dire ?

LA MARQUISE.

Tu aurais été plus attentif, si tu avais pu soupçonner de quelle importante affaire je parlais. Il ne s'agit de rien moins que de faire notre fortune d'un seul coup.

LE MARQUIS.

Et comment?

LA MARQUISE.

Te souviens-tu d'avoir entendu parler du riche collier que les joailliers de la cour ont fait monter, dans l'espérance que le prince en ferait cadeau à sa fille ?

LE MARQUIS.

Parfaitement. Je l'ai même vu chez eux cette semaine, comme j'achetais cette bague. Il est d'une incroyable beauté. On ne sait ce qu'on doit le plus admirer de la grosseur des pierres, de leur égalité, leur eau, leur nombre, ou du goût avec lequel elles sont assemblées. Je ne pouvais le quitter des yeux ; cette bague ne paraissait plus rien auprès. Je m'en allai fort mécontent, et, pendant quelques jours, ce collier ne pouvait me sortir de la mémoire.

LA MARQUISE.

Et ce collier nous appartiendra.

LE MARQUIS.

Ce collier? à nous ? Tu m'effrayes ! Quelle étrange pensée !

LA MARQUISE.

Crois-tu que mes vues se réduisent à te fournir de montres, de bagues et de boutons d'acier? Je suis accoutumée à vivre pauvrement, mais non à penser pauvrement.... Assez longtemps nous avons mené une existence misérable, nous avons dû vivre au-dessous de notre condition, au-dessous de la dignité de mes illustres ancêtres : maintenant qu'une occasion se présente, je ne veux certes pas être pusillanime et la laisser échapper.

LE MARQUIS.

Mais, au nom du ciel, quel est ton dessein? Comment est-il possible de l'exécuter?

LA MARQUISE.

Écoute-moi ! Je fais accroire au chanoine que la princesse désire posséder le collier, et en cela je ne dis pas, tant s'en faut, un mensonge ; car on sait qu'il lui a plu extraordinairement, et qu'elle aurait été charmée de le posséder. Je dis ensuite au chanoine que la princesse désire acheter le collier, et lui demande seulement de prêter son nom pour cela, de conclure le marché avec les joailliers, de fixer les termes et de payer d'abord le premier ; qu'elle le dédommagera entièrement, et regardera ce service comme un gage de sa fidélité, de son dévouement.

LE MARQUIS.

Comme il doit être aveuglé pour risquer autant !

LA MARQUISE.

Il croit aller à coup sûr. Et puis je lui ai déjà remis un écrit, dans lequel la princesse paraît lui promettre sûreté.

LE MARQUIS.

Chère femme, cela devient dangereux !

LA MARQUISE.

Fi donc ! Avec moi, tu peux tout risquer. Je me suis tenue sur mes gardes pour les expressions et la signature. Sois tranquille.... Et quand tout serait découvert, ne suis-je pas, en quelque façon, reconnue comme une branche collatérale de la famille du prince?... Écoute, le chanoine est à présent au comble de la joie, à cause de cette confiance; il y voit un signe certain de son retour à la faveur; il voudrait, de toute son âme, avoir fait l'emplette, et que le collier fût déjà dans les mains de la princesse.

LE MARQUIS.

Et ce collier, tu songes à l'intercepter?

LA MARQUISE.

Naturellement. Tiens-toi toujours prêt à partir. Aussitôt que le trésor sera dans nos mains, nous le mettrons à profit. Nous démontons le joyau; tu passes en Angleterre; tu vends, tu échanges d'abord avec prudence les petites pierres; je te suis aussitôt que ma sûreté ne me permet plus de rester ici; en attendant, je mènerai et embrouillerai si bien l'affaire, que le chanoine restera seul dans l'embarras.

LE MARQUIS.

C'est une grande entreprise. Mais, dis-moi, ne crains-tu pas de former un tel dessein dans le voisinage du comte, ce grand magicien?

LA MARQUISE.

C'est un grand fripon. Sa magie consiste dans son habileté, dans son impudence. Il sent bien que je le connais. Nous nous comportons l'un envers l'autre comme il convient; nous savons nous comprendre sans paroles, et nous aider l'un l'autre sans nous être concertés.

LE MARQUIS.

Mais les esprits qu'il a à son service?

LA MARQUISE.

Plaisanteries!

LE MARQUIS.

Les miracles qu'il fait?

LA MARQUISE.

Fables!

LE MARQUIS.

Tant de gens ont vu pourtant....

LA MARQUISE.

Aveugles!

LE MARQUIS.

Tant de gens croient....

LA MARQUISE.

Imbéciles !

LE MARQUIS.

C'est trop général. Tout le monde en est convaincu.

LA MARQUISE.

Parce qu'on est absurde !

LE MARQUIS.

Ces cures merveilleuses?...

LA MARQUISE.

Charlatanerie !

LE MARQUIS.

Tout cet argent qu'il possède ?...

LA MARQUISE.

Il peut l'avoir gagné de la même façon que nous songeons à gagner le collier.

LE MARQUIS.

Tu crois donc qu'il n'en sait pas plus qu'un autre ?

LA MARQUISE.

Il faut distinguer.... si tu peux. Ce n'est point un fripon ordinaire. Il est aussi entreprenant et impétueux que sage, aussi effronté que prévoyant; il parle avec autant de raison que de folie ; la plus pure vérité et la plus grande imposture sortent fraternellement de sa bouche. Lorsqu'il fait le hâbleur, il est impossible de distinguer s'il se moque des gens ou s'il est fou.... Et il faut bien moins que cela pour tromper les hommes.

JACK, *accourant à la Marquise.*

Votre nièce demande si elle peut se présenter.... Elle est jolie, votre nièce !

LA MARQUISE.

Te plaît-elle ?... Dis-lui de venir. (*Jack sort.*) Je voulais justement te demander comment tu t'en es tiré; si tu l'as amenée heureusement à la ville ?... Qu'est-elle devenue ? Crois-tu qu'elle sera heureuse ?

LE MARQUIS.

Elle est belle, aimable, très-agréable, et plus formée que je ne croyais, pour une personne élevée à la campagne.

LA MARQUISE.

Sa mère était une femme sensée, et il ne manquait pas dans son pays de bonne société.... La voici.

SCÈNE III.

LES PRÉCÉDENTS, LA NIÈCE.

LA NIÈCE.
Que je suis heureuse de vous revoir, très-chère tante!

LA MARQUISE.
Ma chère nièce, soyez la très-bien venue!

LE MARQUIS.
Bonjour, petite nièce! Comment avez-vous reposé?

LA NIÈCE, *avec confusion.*
Très-bien.

LA MARQUISE.
Qu'elle est grandie, depuis que je ne l'ai vue!

LA NIÈCE.
Il y a bientôt trois ans.

LE MARQUIS.
Grande, belle, aimable! Elle est devenue tout ce que son enfance nous promettait.

LA MARQUISE, *au Marquis.*
N'admires-tu pas comme elle ressemble à notre princesse?

LE MARQUIS.
Oui, légèrement. Dans la figure, dans la tournure, dans la taille, il y a peut-être une ressemblance générale; mais cette physionomie n'appartient qu'à elle seule, et je pense qu'elle ne voudra pas l'échanger.

LA MARQUISE.
Vous avez perdu une bonne mère.

LA NIÈCE.
Je la retrouve en vous.

LA MARQUISE.
Votre frère est allé aux îles.

LA NIÈCE.
Je souhaite qu'il y fasse fortune.

LE MARQUIS.
Ce frère, je le remplacerai.

LA MARQUISE, *au Marquis.*

C'est un poste dangereux, marquis.

LE MARQUIS.

Nous avons du courage.

JACK.

Le chevalier!... Il n'est pas encore devenu plus gracieux.

LA MARQUISE.

Il est le bienvenu! (*Jack sort. La Marquise, à la Nièce:*) Vous ferez la connaissance d'un homme aimable.

LE MARQUIS.

Il me semble qu'elle en a pu connaître déjà beaucoup qui le valent.

SCÈNE IV.

LES PRÉCÉDENTS, LE CHEVALIER.

LA MARQUISE.

Il paraît que vous avez aussi peu dormi que moi.

LE CHEVALIER.

Certes, cette fois le comte a bien éprouvé notre patience, la mienne surtout : il nous a fait rester une heure entière dans le jardin, puis il nous a ordonné de monter en voiture et de nous retirer. Lui-même il a ramené le chanoine chez lui.

LA MARQUISE.

Nous voilà donc tous heureusement revenus à la ville!

LE CHEVALIER.

Est-ce là Mlle votre nièce, que vous nous avez annoncée?

LA MARQUISE.

C'est elle.

LE CHEVALIER.

Je vous prie de me présenter.

LA MARQUISE.

Voilà le chevalier Greville, mon digne ami.

LA NIÈCE.

Je me félicite de faire une si agréable connaissance.

LE CHEVALIER, *après l'avoir considérée avec attention.*

Votre tante n'en a pas trop dit : assurément vous serez le plus bel ornement de notre cercle.

ACTE II, SCÈNE IV.

LA NIÈCE.

Je vois bien que, dans le grand monde, on doit s'accoutumer à entendre ces paroles flatteuses. Je sens mon indignité et suis véritablement confuse. Il y a peu de temps, de pareils compliments m'auraient fort embarrassée.

LE CHEVALIER.

Comme elle parle bien !

LA MARQUISE, *s'asseyant.*

Ne vous ai-je pas annoncé qu'elle pourrait devenir dangereuse pour vous ?

LE CHEVALIER, *s'asseyant près de la Marquise.*

Vous plaisantez, marquise ! (*Le Marquis demande par gestes à la Nièce d'arranger quelque chose à la cocarde de son chapeau, au cordon de sa canne; elle le fait, en s'asseyant à une petite table, vis-à-vis de la Marquise. Le Marquis reste debout près de la Nièce.*)

LA MARQUISE.

Comment avez-vous laissé le chanoine ?

LE CHEVALIER.

Il paraissait chagrin et embarrassé. Je ne lui en fais pas un reproche : le comte nous a surpris, et, je puis bien le dire, il est venu à contre-temps pour tout le monde.

LA MARQUISE.

Et vous vouliez résister aux esprits, l'épée à la main ?

LE CHEVALIER.

Je vous assure que depuis longtemps l'arrogance du comte m'était insupportable. Je lui aurais déjà résisté quelquefois en face, si son rang, son âge, son expérience, ses autres grandes qualités, plus que sa bonté pour moi, ne m'inspiraient pas le plus grand respect. Je ne le nie pas, il m'est souvent suspect. Parfois il me semble un menteur, un imposteur ; et tout à coup je me sens de nouveau attaché à lui et comme enchaîné par le pouvoir de sa présence.

LA MARQUISE.

A qui n'en arrive-t-il pas autant ?

LE CHEVALIER.

A vous aussi ?

LA MARQUISE.

A moi aussi.

LE CHEVALIER.

Et ses prodiges? ses esprits?

LA MARQUISE.

Nous avons des preuves si grandes, si certaines, de sa puissance surnaturelle, que, si mon cœur est choqué de sa conduite, je lui soumets toutefois sans balancer ma raison.

LE CHEVALIER.

Je suis dans le même cas, quoique mes doutes soient plus forts. Mais il faut maintenant que la chose se décide bientôt, aujourd'hui même; car je ne sais comment il pourra l'éviter.... Ce matin, lorsqu'il nous tira du jardin (car je dois avouer que nous lui avons obéi ponctuellement, et que nul n'osait faire un seul pas), il vint à nous enfin et s'écria : « Soyez bénis, vous qui reconnaissez et respectez la main d'un père qui vous châtie. Soyez assurés pour cela de la plus belle récompense. J'ai lu au fond de vos cœurs. Je vous ai trouvés sincères. Aussi, aujourd'hui même, vous verrez le grand cophte. »

LA MARQUISE.

Aujourd'hui même?

LE CHEVALIER.

Il l'a promis.

LA MARQUISE.

A-t-il déclaré comment il le ferait voir? Dans quel lieu?

LE CHEVALIER.

Dans la maison du chanoine, dans la loge égyptienne, où il nous a initiés. Ce soir.....

LA MARQUISE.

Je ne comprends pas. Le grand cophte serait-il arrivé?

LE CHEVALIER.

C'est incompréhensible pour moi.

LA MARQUISE.

Le chanoine le connaîtrait-il déjà, et l'aurait-il nié jusqu'à présent?

LE CHEVALIER.

Je ne sais que penser, mais, quoi qu'il arrive, je suis résolu à démasquer l'imposteur, aussitôt que je l'aurai pénétré.

LA MARQUISE.

En amie, je ne puis vous conseiller une si héroïque entreprise. Croyez-vous que ce soit une chose si facile?

LE CHEVALIER.

Quel miracle a-t-il donc fait devant nos yeux? Et, s'il continue à se moquer de nous avec le grand cophte; si cela aboutit enfin à une momerie, où il nous produise un vagabond de son espèce, comme le grand maître de son art : avec quelle facilité le chanoine et toute l'école ouvriront les yeux!

LA MARQUISE.

Ne le croyez pas, chevalier. Les hommes préfèrent l'obscurité au grand jour, et c'est justement dans l'obscurité que les fantômes apparaissent. Et puis songez à quel péril vous vous exposez, si vous offensez un tel homme par une action brusque et précipitée. Je le révère toujours comme un être surnaturel.... Et sa magnanimité, sa libéralité, sa bienveillance pour vous!... Ne vous a-t-il pas ouvert la maison du chanoine? Ne vous favorise-t-il pas de toute manière? Ne pouvez-vous pas espérer de faire par lui votre fortune, dont vous êtes fort éloigné, comme troisième fils?... Mais vous êtes distrait.... Me trompé-je, chevalier, ou vos yeux ne sont-ils pas plus occupés de ma nièce que votre esprit de mes paroles?

LE CHEVALIER.

Excusez ma curiosité : un nouvel objet attire toujours.

LA MARQUISE.

Surtout quand il est attrayant.

LE MARQUIS. *Il s'est entretenu jusqu'alors à voix basse avec la Nièce.*

Vous êtes distraite et vos regards semblent dirigés de l'autre côté.

LA NIÈCE.

Je regardais ma tante. Elle n'est pas changée depuis que je l'ai vue.

LE MARQUIS.

Et moi, je vous trouve fort changée, depuis que le chevalier est entré.

LA NIÈCE.

Depuis ce peu d'instants?

LE MARQUIS.

O femmes! femmes!

LA NIÈCE.

Calmez-vous, marquis. Quelle fantaisie vous prend?

LA MARQUISE.

Ne faisons-nous pas une promenade ce matin, petite nièce?

LA NIÈCE.

Comme il vous plaira.

LE CHEVALIER.

Oserai-je m'offrir pour vous accompagner?

LA MARQUISE.

Non pas cette fois. Le temps vous semblerait long. Notre voiture nous mènera de boutique en boutique. Nous avons beaucoup d'emplettes à faire; car il ne faut pas que cette jolie tournure manque d'aucun ajustement. Ce soir, nous nous retrouverons à la loge égyptienne.

SCÈNE V.

LES PRÉCÉDENTS, LE COMTE, JACK.

JACK.

Le comte....

LE COMTE, *entrant aussitôt*.

N'est annoncé nulle part. Aucune porte ne lui est fermée; il entre partout à l'improviste, et, dût-il, inattendu, importun, tomber comme un coup de tonnerre, jamais il ne s'en ira sans laisser derrière lui, comme un orage bienfaisant, la bénédiction et la fertilité. (*Jack, qui est resté immobile, observant le Comte et l'écoutant, secoue la tête et s'en va. Le Comte s'assied; et, dans cette scène, comme dans celles qui ont précédé et dans les suivantes, il garde son chapeau sur la tête, et, tout au plus, le lève un peu pour saluer.*) Je vous retrouve ici, chevalier? Allez-vous-en, livrez-vous à la méditation; et, ce soir, à l'heure fixée, trouvez-vous dans l'antichambre du chanoine.

LE CHEVALIER.

J'obéis, et je présente mes civilités à toute la compagnie. (*Le Chevalier sort.*)

LA NIÈCE.

Qui est monsieur?

LE MARQUIS.

Le comte Rostro, le plus grand et le plus admirable de tous les mortels.

ACTE II, SCÈNE V.

LE COMTE.

Marquise, marquise, si j'étais moins indulgent, que deviendriez-vous?

LA MARQUISE.

Que voulez-vous dire, monsieur le comte?

LE COMTE.

Si j'étais moins indulgent et moins puissant tout ensemble! Vous êtes un peuple léger! Que de fois ne m'avez-vous pas supplié à genoux de vous introduire plus avant dans les mystères! N'avez-vous pas promis de vous soumettre à toutes les épreuves, si je vous faisais voir le grand cophte; si je vous faisais voir et toucher au doigt sa puissance sur les esprits?... Et qu'avez-vous tenu?

LA MARQUISE.

Point de reproches, excellent comte! Vous nous avez assez punis.

LE COMTE.

Je me laisse fléchir. (*Après un moment de réflexion.*) Je vois bien que je dois m'y prendre autrement, et, par une consécration toute particulière, par l'emploi le plus énergique de mes dons merveilleux, vous rendre, en peu d'instants, purs et capables de paraître devant cet homme prodigieux. C'est une opération qui, si elle ne réussit pas, peut être dangereuse pour chacun de nous : je préfère toujours que mes disciples se préparent d'eux-mêmes, afin que je puisse les introduire, paisiblement et sûrement, hommes transformés, dans la société des esprits.

LA MARQUISE.

Ne nous faites pas attendre plus longtemps. Rendez-nous heureux dès aujourd'hui, s'il est possible. J'aime mieux m'exposer au plus grand péril, qui ne dure qu'un instant, que de me soumettre à l'ordre sévère, qui, durant des mois, me dérobe mes jours et mes nuits.

LE COMTE.

Vous voulez tout obtenir aisément, aisément et sans gêne, et vous ne demandez pas combien le travail me deviendra difficile!

LA MARQUISE.

Difficile pour vous!... Je ne sache pas ce qui pourrait vous devenir difficile.

LE COMTE.

Difficile, pénible et dangereux!... Croyez-vous que le commerce avec les esprits soit une chose agréable? On ne les dompte pas, comme vous autres hommes, avec un regard, un serrement de main. Vous ne songez pas qu'ils me résistent, qu'ils me donnent de l'occupation, qu'ils s'efforcent de me subjuguer, qu'ils épient chacune de mes fautes, pour me surprendre. Déjà deux fois dans ma vie j'ai craint d'y succomber. C'est pourquoi je porte toujours cette arme sur moi (*il tire de sa poche un pistolet.*) pour m'ôter la vie, si j'avais à craindre de devenir leur sujet.

LA NIÈCE, *au Marquis.*

Quel homme! La frayeur fait trembler mes genoux! Je n'entendis jamais parler de la sorte, jamais parler de choses pareilles! Je n'ai jamais rêvé à rien de semblable!

LE MARQUIS.

Si vous connaissiez une fois les lumières, la puissance de cet homme, vous seriez confondue.

LA NIÈCE.

Il est dangereux! Je suis saisie de frayeur et d'angoisse!... (*Pendant ce temps, le Comte est assis immobile, et regarde fixement devant lui.*)

LA MARQUISE.

Où êtes-vous, comte? Vous semblez absent!... Écoutez donc! (*Elle le saisit et le secoue.*) Qu'est cela? Il ne remue pas! Écoutez-moi donc!

LE MARQUIS, *s'approchant.*

Vous êtes connaisseur en pierreries : combien estimez-vous cette bague?... Il a les yeux ouverts et ne me regarde pas.

LA MARQUISE, *le tenant encore par la main.*

Aussi roide que le bois, comme s'il n'y avait en lui aucune vie!

LA NIÈCE.

Serait-il évanoui? Il parlait avec tant de véhémence! Voici des sels à respirer.

ACTE II, SCÈNE V.

LE MARQUIS.

Non pas! Il est ferme sur son siége. Il n'y a pas trace de faiblesse chez lui.

LA MARQUISE.

Silence! Il remue. (*Le Marquis et la Nièce s'éloignent de lui.*)

LE COMTE, *d'une voix forte et animée, en se levant brusquement de son siége.*

Ici! arrête, cocher! Je veux descendre ici!

LA MARQUISE.

Où êtes-vous, comte?

LE COMTE, *après un profond soupir.*

Ah!... Voyez-vous ce qui m'arrive? (*Après une pause.*) Vous en avez un exemple. (*Une pause.*) Je puis bien vous le confier.... Un ami, qui vit maintenant en Amérique, s'est trouvé, à l'improviste, dans un grand danger; il a prononcé la formule que je lui ai révélée : alors je n'ai pu résister! Mon âme s'est séparée de mon corps, et j'ai couru dans ces contrées. En peu de mots, il m'a découvert sa peine; je lui ai donné un prompt avis : maintenant mon esprit est de retour, réuni à cette enveloppe terrestre, qui, dans l'intervalle, est restée comme une masse inanimée.... (*Une pause.*) Le plus singulier, c'est qu'une pareille absence se termine toujours par ceci, qu'il me semble aller en voiture effroyablement vite, voir ma demeure et appeler le postillon, qui est sur le point de passer outre.... N'ai-je pas fait quelque cri de ce genre?

LA MARQUISE.

Sans doute, et vous nous avez effrayés.... Chose étrange et bizarre! (*A part.*) Quelle impudence!

LE COMTE.

Mais vous ne sauriez croire combien je suis fatigué. Toutes mes jointures sont comme brisées; il me faut des heures pour me remettre. Vous n'en soupçonnez rien; vous imaginez qu'on fait tout à son aise avec la baguette magique.

LE MARQUIS.

Homme prodigieux et vénérable! (*A part.*) Quel audacieux menteur!

LA NIÈCE, *s'approchant.*

Vous m'avez bien alarmée, monsieur le comte.

LE COMTE.

Bonne et naïve enfant! (*A la Marquise.*) C'est votre nièce?

LA MARQUISE.

Oui, monsieur le comte. Elle a perdu dernièrement sa mère. Elle a été élevée à la campagne, et n'est à la ville que depuis trois jours.

LE COMTE, *regardant la Nièce avec une vive attention.*

Ainsi donc Uriel ne m'a pas trompé.

LA MARQUISE.

Uriel vous a-t-il dit quelque chose de ma nièce?

LE COMTE.

Pas directement: il m'a seulement préparé à la voir.

LA NIÈCE, *bas au Marquis.*

Au nom du ciel, il sait tout : il va tout découvrir.

LE MARQUIS, *bas à la Nièce.*

Restez tranquille; écoutons.

LE COMTE.

J'étais ces jours-ci fort embarrassé, en réfléchissant à l'importante affaire qui doit s'accomplir aujourd'hui même.... Aussitôt que le grand cophte se sera manifesté à vous, il jettera les yeux autour de lui et dira : « Où est l'innocente? où est la colombe? » Il faut que je présente à ses yeux une jeune fille innocente. Je me demandais quelquefois où je pourrais la trouver, comment je l'introduirais parmi nous. Alors Uriel sourit et dit : « Sois tranquille, tu la trouveras sans la chercher. Quand tu reviendras d'un grand voyage, la plus belle, la plus pure colombe se trouvera devant toi. » Tout est accompli, comme je ne pouvais du tout l'imaginer. Je reviens d'Amérique, et cette innocente enfant est là devant moi.

LE MARQUIS, *à voix basse.*

Cette fois Uriel s'est grossièrement trompé.

LA NIÈCE, *de même.*

Je tremble et je frémis.

LE MARQUIS, *de même.*

Écoutez donc jusqu'au bout.

LA MARQUISE.

Il faut présenter au grand cophte une jeune fille innocente? Le grand cophte vient de l'Orient? Je n'espère pas....

LE COMTE, *à la Marquise.*

Éloignez toute pensée étrangère et malicieuse. (*A la Nièce, avec douceur et bienveillance.*) Approchez, mon enfant; approchez sans crainte.... Bien!... Montrez-vous précisément comme cela au grand cophte. Ses yeux perçants vous observeront; il vous conduira devant une glace brillante, éblouissante; vous y verrez les esprits qu'il évoque; vous jouirez du bonheur auquel d'autres aspirent en vain; vous instruirez vos amis, et vous prendrez aussitôt un rang élevé dans la société où vous entrez, vous, la plus jeune, mais aussi la plus pure.... Gageons, marquise, que cette enfant verra des choses qui rendront le chanoine souverainement heureux? Gageons-nous, marquise?

LA MARQUISE.

Gager? Avec vous, qui savez tout?

LA NIÈCE, *qui, jusqu'alors, s'est efforcée de dissimuler son embarras.*

Épargnez-moi, monsieur le comte! Je vous en prie, épargnez-moi.

LE COMTE.

Soyez tranquille, chère enfant! L'innocence n'a rien à craindre.

LA NIÈCE, *dans une extrême agitation.*

Je ne puis voir les esprits! J'en mourrai!

LE COMTE, *d'un ton caressant.*

Prenez courage! Cette crainte même, cette humilité vous sied bien, et vous rend digne de vous produire devant nos maîtres. Veuillez l'encourager, marquise. (*La Marquise parle bas avec la Nièce.*)

LE MARQUIS.

Ne puis-je être aussi témoin de ces merveilles?

LE COMTE.

A peine! Vous êtes encore plus mal préparé que ces dames. Vous avez constamment évité nos assemblées.

LE MARQUIS.

Pardonnez-moi : j'étais occupé.

LE COMTE.

A vous parer!... ce que vous devriez abandonner aux femmes.

LE MARQUIS.

Vous êtes trop sévère.

LE COMTE.

Pas assez sévère pour exclure celui qui me donne encore de l'espérance. Venez, venez! Promenons-nous un quart d'heure ensemble. Au moins faut-il que je vous examine et vous prépare. Adieu! au revoir, toutes deux.

LA NIÈCE, *retenant le comte.*

Je vous prie! je vous conjure!

LE COMTE.

Encore une fois, mon enfant, croyez, sur ma parole, que rien d'effrayant ne vous menace, que vous trouverez les immortels doux et propices. Marquise, donnez-lui une idée de nos réunions; instruisez l'aimable enfant. Notre ami le chanoine interrogera certainement le grand cophte sur ce qui lui tient le plus au cœur; je suis persuadé que cette apparition fortifiera ses espérances. Il mérite d'être content, il mérite d'être heureux; et combien ne vous appréciera-t-il pas, ma colombe, si les esprits lui annoncent par vous son bonheur! Adieu! Venez, marquis.

LA NIÈCE, *courant sur les pas du Comte.*

Monsieur le comte! monsieur le comte!

SCÈNE VI.

LA MARQUISE, LA NIÈCE. *Après que le Comte et le Marquis sont sortis, la Nièce reste debout au fond du théâtre, dans l'attitude du désespoir.*

LA MARQUISE, *à part, sur l'avant-scène.*

Je comprends ce signe. Je te remercie, comte, de me tenir pour ton égale. Il ne faut pas qu'il t'en coûte de m'être utile.... Il remarque depuis longtemps que j'amuse le chanoine avec l'espérance de lui gagner la faveur de la princesse. Il ne soupçonne rien de mon grand dessein; il le croit dirigé vers de petites fourberies. Maintenant il songe à m'être utile, en se servant de moi; il me met en mesure de faire accroire au chanoine, par le moyen de ma nièce, ce que je voudrai, et je ne puis le faire, sans fortifier la croyance du chanoine aux esprits.... Bien, monsieur le comte! C'est ainsi que les habiles doivent s'entendre, pour s'assujettir les hommes imbéciles et crédules. (*Se retournant.*) Petite nièce, où êtes-vous? que faites-vous?

LA NIÈCE.

Je suis perdue! (*Elle avance vers sa tante, d'un pas mal assuré, et s'arrête à moitié chemin.*)

LA MARQUISE.

Remettez-vous, ma chère!

LA NIÈCE.

Je ne puis.... je ne verrai pas les esprits!

LA MARQUISE.

Chère enfant, laissez-moi ce soin. Je vous conseillerai, je vous aiderai.

LA NIÈCE.

Les conseils, les secours sont inutiles. Sauvez-moi, sauvez une infortunée d'un affront public. Le magicien me rejettera; je ne verrai pas les esprits; je me trouverai confondue devant tout le monde.

LA MARQUISE, *à part*.

Que peut signifier cela?

LA NIÈCE.

Je vous en prie à genoux, je vous en supplie : sauvez-moi! J'avouerai tout. Ah! ma tante! ah! ma chère tante!... si j'ose encore vous donner ce nom.... Vous ne voyez point devant vous une jeune fille innocente. Ne me méprisez pas! ne me repoussez pas!

LA MARQUISE, *à part*.

Quelle surprise! (*A sa Nièce.*) Levez-vous, mon enfant!

LA NIÈCE.

Je ne pourrais pas, quand je le voudrais : mes genoux ne peuvent me soutenir. Cela me fait du bien d'être ainsi à vos pieds. C'est dans cette position seulement que j'ose vous dire : Peut-être suis-je excusable.... Ma jeunesse, mon inexpérience, ma situation, ma crédulité!...

LA MARQUISE.

Je vous croyais plus en sûreté sous les yeux de votre mère que dans un couvent. Levez-vous. (*Elle relève sa Nièce.*)

LA NIÈCE.

Ah! dois-je dire? dois-je avouer?

LA MARQUISE.

Eh bien?

LA NIÈCE.

Dès la mort de ma mère, le repos et le bonheur ont fui loin de moi.

LA MARQUISE.

Comment? (*Se détournant.*) Serait-ce possible? (*Haut.*) Continuez.

LA NIÈCE.

Oh! vous me haïrez; vous me rejetterez. Malheureux jour, où votre bonté même m'a perdue!

LA MARQUISE.

Expliquez-vous.

LA NIÈCE.

O Dieu, qu'il est pénible d'exprimer ce que l'erreur d'un instant funeste nous fit croire si doux!... Pardonnez-moi de l'avoir trouvé aimable! Ah! comme il était aimable! Le premier homme qui m'eût pressé la main avec ardeur, qui eût arrêté ses yeux sur les miens et juré qu'il m'aimait! Et dans quel temps? Dans les moments où mon cœur, longtemps oppressé, d'une manière inexprimable, par la perte la plus cruelle, s'épanchait enfin en larmes brûlantes, se fondait de tendresse!... lorsque, dans le monde désert, je ne voyais autour de moi, à travers les nuages de la douleur, que dénûment et chagrin.... Oh! il me parut alors comme un ange; l'homme que j'avais déjà respecté dans mon enfance parut comme mon consolateur. Il pressa son cœur contre le mien.... J'oubliai qu'il ne pourrait jamais être à moi.... qu'il vous appartenait.... J'ai tout dit!... Vous ne détournez pas le visage? Haïssez-moi, je le mérite! Repoussez-moi! Laissez-moi mourir! (*Elle se jette sur un siège.*)

LA MARQUISE, *à part.*

Séduite ... par mon mari!... L'un et l'autre me surprennent; l'un et l'autre viennent mal à propos.... Remettons-nous.... Loin de moi toute petitesse, tous sentiments étroits! La question est de savoir si je ne puis mettre encore à profit cette circonstance?... Certainement!... Oh! elle n'en sera que plus docile, et plus disposée à m'obéir aveuglément!... Et cette découverte me donne aussi sur mon mari de nouveaux avantages. Pourvu que j'atteigne mon but, tout le reste m'est indifférent.... (*Haut.*) Venez, ma nièce, remettez-vous. Vous êtes une bonne et honnête enfant! Je pardonne tout. Venez, baissez votre voile ; nous sortirons en voiture : vous avez besoin de vous distraire.

LA NIÈCE. *Elle se lève et se jette au cou de la Marquise.*

Chère tante, bonne tante, comme vous me faites rougir!

LA MARQUISE.

Vous trouverez en moi une amie, une confidente. Seulement, il ne faut pas que le marquis en soit informé : épargnons-lui cette confusion.

LA NIÈCE.

Quelle générosité !

LA MARQUISE.

Vous l'éviterez adroitement ; je vous aiderai.

LA NIÈCE.

Je me remets entièrement à vous.

LA MARQUISE.

Et, pour ce qui regarde les esprits, je vous découvrirai les plus merveilleux secrets, et vous trouverez assez amusante cette épouvantable société. Venez, venez seulement.

ACTE TROISIÈME.

SCÈNE I.

La chambre du Chanoine : au fond, une cheminée, aux deux côtés de laquelle sont deux portraits de grandeur naturelle, l'un d'un homme âgé, l'autre d'une jeune dame.

LE CHANOINE, *seul. Il tient des papiers à la main.*

Princesse adorée, dois-je reparaître une fois encore devant tes beaux yeux, le cœur plein de joie et d'espérance? L'amour, qui ose élever jusqu'à toi ses regards, peut-il enfin attendre de tes lèvres quelque consolation?... Je flotte encore dans l'incertitude. *(Montrant les papiers.)* Les voilà devant moi ces lignes précieuses; je reconnais ta main; je devine tes sentiments : mais ce n'est encore qu'une politesse générale; sur ces feuilles, pas encore une syllabe de ce que je désire si passionnément.... Insensé, et que veux-tu donc?... N'est-ce pas assez qu'elle t'écrive? qu'elle t'en écrive autant?... Son chiffre tout seul ne serait-il pas déjà un témoignage de ses sentiments heureusement changés?... Changés?... Non, elle n'a jamais changé. Elle s'est tue lorsqu'on m'a écarté; elle a dissimulé pour me servir. Elle me récompense maintenant en redoublant de confiance, et trouvera bientôt l'occasion de me relever.... Elle désire le riche collier; elle me donne la commission de lui procurer ce joyau à l'insu de son père; elle m'envoie sa garantie; elle restera toujours en rapport avec moi pour les payements : j'avancerai volontiers le premier terme, pour l'attacher à moi plus fermement encore.... Oui, tu seras.... tu seras.... Osé-je le dire en présence de ton image?... Tu seras à moi!... Quelle parole!... Quelle pensée!... Déjà la joie la plus pure remplit de nouveau mon cœur. Oui, cette image semble se ranimer, me sourire, m'adresser des signes d'amitié.... Déjà le front du prince a perdu sa sévérité : il me regarde d'un air gracieux, comme au temps où, par une faveur inattendue, il me fit présent de ces précieux tableaux. Et toi!... Descends, divinité, descends!... ou élève-moi jusqu'à toi, si tu ne veux pas que j'expire à tes yeux!

SCÈNE II.

LE CHANOINE, UN DOMESTIQUE, puis LES BIJOUTIERS DE LA COUR.

LE DOMESTIQUE.

Monseigneur a demandé les bijoutiers de la cour : ils sont à la porte.

LE CHANOINE.

Fais-les entrer. (*Aux Bijoutiers.*) Eh bien, êtes-vous satisfaits du projet de contrat que je vous ai envoyé ?

UN BIJOUTIER.

Nous aurions encore quelques observations à faire au sujet de la somme.

LE CHANOINE.

Je croyais pourtant que la parure était bien payée. Vous ne trouverez pas facilement un acheteur. N'y a-t-il pas un an déjà que le collier vous reste ?

LE BIJOUTIER.

Hélas!... Et puis.... Pardonnez, monseigneur....

LE CHANOINE.

Qu'y a-t-il encore ?

LE BIJOUTIER.

Quand même nous nous contenterions de la somme offerte, et quand nous accepterions les termes fixés, vous ne seriez pas offensé, si nous hésitions à livrer ce précieux joyau sur votre simple signature. Ce n'est certes pas méfiance ; mais notre sûreté, dans une affaire si importante....

LE CHANOINE.

Je ne trouve pas mauvais que vous ne vouliez pas me confier sans autre garantie une somme si forte; mais je vous ai déjà dit que je n'achète pas ce collier pour moi ; je l'achète pour une dame qui devrait assurément avoir tout crédit auprès de vous.

LE BIJOUTIER.

Nous avons une entière confiance en votre parole, et nous souhaiterions seulement voir une ligne de la main de cette gracieuse dame.

LE CHANOINE.

Je vous ai déjà dit que cela n'est pas faisable, et je vous recommande encore une fois le secret. Il suffit que je sois votre débiteur. Mais, pour que vous ne croyiez pas que j'agis précipitamment, et que je n'ai pas su nous mettre à couvert vous et moi, lisez ceci. (*Il leur donne à lire un papier, et il se parle à lui-même, pendant que les Bijoutiers lisent.*) La marquise m'a demandé, il est vrai, expressément, de ne montrer le papier à personne, et de le garder uniquement pour ma propre sûreté.... Mais, si ces gens pensent aussi à leur sûreté, s'ils veulent aussi savoir qui est notre garant à eux et à moi pour une si forte somme !... (*Haut.*) Qu'en dites-vous, messieurs ?

LE BIJOUTIER, *rendant le papier.*

Pardon, monseigneur : nous n'hésitons pas un instant.... Même sans cela nous aurions livré le collier. Le voici. Vous plairait-il de signer le contrat ?

LE CHANOINE.

Très-volontiers. (*Il signe et il échange le papier contre l'écrin.*) Adieu, messieurs ! Les termes seront exactement payés, et, à l'avenir, nous aurons encore affaire ensemble. (*Les Bijoutiers se retirent en faisant de profondes révérences.*)

SCÈNE III.

LE CHANOINE, puis UN DOMESTIQUE, *et ensuite* JACK.

LE CHANOINE, *considérant le collier.*

Magnifique ! très-magnifique !... et digne du col blanc et délicat qui doit te porter ; digne du sein adorable que tu dois toucher ! Vole chez elle, brillante parure, afin qu'elle sourie un moment, et qu'elle pense avec plaisir à l'homme qui hasarde beaucoup pour lui procurer cette joie. Va, sois-lui témoin que je suis

ACTE III, SCÈNE III.

prêt à tout faire pour elle. (*Considérant le collier.*) Si j'étais roi, tu lui serais un cadeau, une surprise, et bientôt tu serais éclipsé par des cadeaux plus précieux.... Ah! que je suis affligé, humilié, de ne pouvoir faire aujourd'hui que le courtier!

UN DOMESTIQUE, *apportant un billet.*

Un messager de la marquise

LE CHANOINE.

Qu'il attende. (*Le Domestique sort. Le Chanoine lit.*)

« Si le joyau est dans vos mains, remettez-le sur-le-champ au porteur. J'ai la plus belle occasion de l'envoyer. Une femme de chambre est à la ville : j'envoie par elle à notre divinité différents articles de toilette, et j'y joindrai les bijoux. La récompense de ce petit service vous attend dès cette nuit. Dans un quart d'heure je serai chez vous. Qu'est-ce qui ne nous attend pas aujourd'hui? La vue du grand cophte et la vue d'un ange! Adieu, heureux élu! Brûlez cette lettre.... » En croirai-je mes yeux? Cette nuit même? Vite! vite! Sois le précurseur du plus heureux des mortels! (*Il écrit quelques mots et cachette l'écrin.*) Pourquoi donc tout se presse-t-il aujourd'hui? Une seule soirée doit-elle me dédommager de tant d'ennuis, de tant d'impatience et de douleurs? Paraissez, heures fortunées, avec ardeur attendues! Esprits, conduisez-moi dans le sanctuaire des connaissances secrètes! Amour, conduis-moi dans ton sanctuaire! (*Il sonne. Entre un Domestique.*) Qui est là de chez la marquise?

LE DOMESTIQUE.

Jack, son laquais.

LE CHANOINE.

Fais-le entrer. (*Le Domestique sort.*) Je n'aurai point de repos que je ne sache ce bijou dans ses mains.

JACK.

Que commande monseigneur?

LE CHANOINE.

Porte ce paquet à ta gracieuse maîtresse. Cours, tiens-le ferme, et ne va pas le perdre.

JACK.

Aussi peu que ma tête.

LE CHANOINE.

Tu es si étourdi!

JACK.

Non pas dans les commissions.

LE CHANOINE.

Va donc.

JACK.

Monseigneur, vous gâtez les messagers.

LE CHANOINE.

Je comprends. (*Il lui donne de l'argent.*) Tiens : fais-en un bon emploi.

JACK.

Je vais le dépenser tout de suite, de peur de le perdre. Merci très-humblement. (*A demi-voix, comme pour lui-même, mais de façon que le Chanoine puisse l'entendre.*) Quel maître ! Il mérite d'être prince ! (*Il se retire, après plusieurs révérences folâtres.*)

LE CHANOINE.

Vite ! vite !... Quel bonheur d'avoir pu exécuter sitôt cette commission !... La seule chose qui m'inquiète, c'est d'être obligé de cacher cela au comte.... C'était la volonté formelle de la princesse.... O bons génies, qui m'avez assisté si visiblement, restez de mon côté, et cachez, du moins pour quelque temps, l'histoire à votre maître !

SCÈNE IV.

LE CHANOINE, LE CHEVALIER, UN DOMESTIQUE.

SAINT-JEAN.

Le chevalier.

LE CHANOINE.

Trois siéges.   (*Saint-Jean place les siéges.*)

LE CHEVALIER.

Me voici ! Je pouvais à peine attendre ce moment. Depuis longtemps je me promène çà et là avec impatience. L'heure sonne et j'accours.

LE CHANOINE.

Soyez le bienvenu.

LE CHEVALIER.

J'ai trouvé le comte dans l'escalier. Il m'a parlé avec une affabilité, une douceur, à laquelle il ne m'a pas accoutumé. Il sera ici tout à l'heure.

LE CHANOINE.

Est-il passé de l'autre côté, dans la loge ?

LE CHEVALIER.

C'est ce que j'ai cru voir.

LE CHANOINE.

Il se prépare à des actes solennels ; il veut d'abord vous recevoir dans la deuxième classe, puis m'élever dans la troisième, et nous présenter au grand cophte.

LE CHEVALIER.

Oui, il avait le visage d'un bienfaiteur, d'un père. Ce visage m'a donné beaucoup d'espérance. Oh! comme la bonté brille avec charme sur la figure de cet homme puissant!

SCÈNE V.

LES PRÉCÉDENTS, LE COMTE.

LE COMTE, *ôtant son chapeau et le remettant aussitôt.*

Je vous salue, hommes du deuxième degré !

LE CHANOINE.

Nous te remercions.

LE CHEVALIER.

Me donnes-tu aussi ce nom dès à présent ?

LE COMTE.

Celui que je salue ainsi est élu par là même. (*Il s'assied sur le siège du milieu.*) Couvrez-vous.

LE CHANOINE.

Tu l'ordonnes. (*Il se couvre.*)

LE COMTE.

Je n'ordonne pas : vous usez de votre droit ; je ne fais que vous le rappeler.

LE CHEVALIER, *à part, en mettant son chapeau.*

Quelle douceur! Quelle indulgence! Je brûle du désir d'apprendre les secrets du deuxième degré.

LE COMTE.

Asseyez-vous, mes amis ; asseyez-vous, mes compagnons !

LE CHANOINE.

Les compagnons doivent rester debout devant le maître, pour exécuter promptement ses ordres, comme des esprits familiers.

LE COMTE.

Bien parlé! Mais ils s'asseyent auprès de lui, parce qu'ils sont ses conseillers plus que ses serviteurs. (*Ils s'asseyent tous deux. Au Chevalier.*) Comment appelle-t-on les hommes de la deuxième classe?

LE CHEVALIER.

Compagnons, si j'ai bien entendu.

LE COMTE.

Pourquoi peuvent-ils porter ce nom?

LE CHEVALIER.

Vraisemblablement parce que le maître les trouve assez éclairés et assez actifs pour concourir à ses vues et accomplir ses desseins.

LE COMTE.

Que penses-tu des fins de ce degré?

LE CHEVALIER

Je ne puis imaginer autre chose, sinon que nous devons commencer à mettre en pratique ce que le premier degré nous a enseigné. On montre de loin à l'écolier ce qui est à faire; on fournit au compagnon les moyens d'atteindre le but.

LE COMTE.

Quel est le but que l'on propose aux écoliers?

LE CHEVALIER.

Chercher son plus grand bien dans le plus grand bien d'autrui.

LE COMTE.

Le nouveau compagnon qu'attend-il donc?

LE CHEVALIER.

Que le maître lui indique les moyens d'avancer le bien général.

LE COMTE.

Explique-toi plus clairement.

LE CHEVALIER.

Tu sais mieux que moi-même ce que j'ai à dire. Dans tout bon cœur est placé par la nature le noble sentiment, qu'il ne peut être heureux pour lui seul, qu'il doit chercher son bonheur dans le bien-être des autres. Ce beau sentiment tu sais l'éveiller, le fortifier, le vivifier, dans les disciples de la première classe.... Et comme il est nécessaire de nous encourager au bien !... Notre cœur, qui, dès l'enfance, ne trouve son bonheur que dans la sociabilité ; qui se donne si volontiers, et qui ne goûte ses jouissances les plus élevées et les plus pures que lorsqu'il peut se sacrifier pour un objet aimé.... ah ! ce cœur est malheureusement arraché par le tourbillon du monde à ses rêves les plus doux ! Ce que nous pouvons donner, personne ne veut le prendre ; si nous nous efforçons d'agir, nul ne veut nous aider ; nous cherchons, nous essayons, et nous nous trouvons bientôt dans la solitude.

LE COMTE, *après une pause.*

Poursuis, mon fils.

LE CHEVALIER.

Et, ce qui est pire encore, nous sommes petits et découragés. Qui décrira les douleurs d'un cœur aimant, qui est méconnu, repoussé de toutes parts ? Qui exprimera les lentes et longues tortures d'une âme qui, née pour une bienfaisante sympathie, abandonne à regret ses vœux et ses espérances, et doit enfin y renoncer pour jamais ? Heureuse encore, si elle réussit à trouver une épouse, un ami, auxquels elle puisse consacrer isolément ce qui était destiné à tout le genre humain ; heureuse, si elle peut faire éprouver à des enfants, même à des animaux, son assistance et ses bienfaits !

LE COMTE.

Vous avez d'autres choses à dire encore : poursuivez.

LE CHEVALIER.

Oui, ce beau sentiment, vous le ranimez dans vos disciples ; vous leur donnez l'espérance que les obstacles qui s'opposent à l'homme vertueux ne sont pas insurmontables ; qu'il est possible, non-seulement de se connaître, mais aussi de se perfectionner ; qu'il est possible, non-seulement de reconnaître les droits des hommes, mais aussi de les faire valoir, et, en travaillant pour les autres, de s'assurer en même temps la seule belle récompense....

LE COMTE, *au Chanoine, qui s'est jusqu'alors agité sur sa chaise.*

Que dites-vous de ces déclarations de notre chevalier?

LE CHANOINE, *souriant.*

Qu'elles sont d'un disciple, et non pas d'un compagnon.

LE CHEVALIER.

Comment?

LE CHANOINE.

Il ne faut pas l'interroger, il faut l'instruire.

LE CHEVALIER.

De quoi?

LE CHANOINE.

Dis-moi la maxime du premier degré.

LE CHEVALIER.

Ce que tu veux que les hommes fassent pour toi, fais-le pour eux!

LE CHANOINE.

Apprends, en revanche, la maxime du deuxième degré : Ce que tu veux que les hommes fassent pour toi, ne le fais pas pour eux!

LE CHEVALIER, *bondissant.*

Ne le fais pas! Se moque-t-on de moi?... Un homme raisonnable, généreux, doit-il parler ainsi?

LE COMTE.

Assieds-toi : écoute. (*Au Chanoine.*) Où est le centre du monde, auquel tout doit se rapporter?

LE CHANOINE.

Dans notre cœur.

LE COMTE.

Quelle est notre loi suprême?

LE CHANOINE.

Notre intérêt propre.

LE COMTE.

Que nous apprend le second degré?

LE CHANOINE.

A être sages et prudents.

LE COMTE.

Quel est l'homme le plus sage?

LE CHANOINE.

Celui qui ne sait et ne veut rien d'autre que ce qui arrive

LE COMTE.

Quel est le plus prudent ?

LE CHANOINE.

Celui qui trouve son avantage dans tout ce qui lui arrive.

LE CHEVALIER, *se levant de nouveau brusquement.*

Laissez-moi partir ! Il m'est impossible, il m'est insupportable d'entendre de pareils discours !

LE CHANOINE, *avec un demi-sourire.*

J'ai éprouvé presque la même chose que vous. (*Au Comte.*) Il faut lui pardonner de se montrer si récalcitrant. (*Au Chevalier.*) Calmez-vous ; vous rirez bientôt de vous-même, et vous nous pardonnerez le rire qui vous fâche en ce moment. En quittant le champ du jeune enthousiasme, où le maître mène ses disciples à la lisière, on croit passer par un pont d'or dans un charmant pays de fées ; et certes l'attente est bien trompée, lorsqu'on est ramené brusquement dans le monde réel, d'où l'on croyait s'éloigner.

LE CHEVALIER.

Messieurs, vous permettez que je me retire, que je me remette de mon étonnement.

LE CHANOINE.

Allez seulement, allez, et observez le monde, observez votre propre cœur. Plaignez, je le veux bien, les fous, mais tirez parti de la folie. Voyez comme chacun cherche à tirer d'autrui tout ce qu'il peut et à lui rendre le moins possible. Chacun aime mieux commander que servir, aime mieux qu'on le porte que de porter. Chacun demande largement l'estime et le respect, et les rend aussi maigrement qu'il peut. Tous les hommes sont égoïstes : un écolier, un fou, peuvent seuls vouloir les changer. Celui qui ne se connaît pas lui-même niera seul que les choses se passent ainsi dans son propre cœur.

LE CHEVALIER.

Où suis-je tombé ?

LE CHANOINE.

C'est ce cours du monde que le maître vous développera entièrement dans le deuxième degré. Il vous montrera qu'on ne peut rien demander aux hommes sans se jouer d'eux et sans flatter leur caprice ; qu'on se fait des ennemis implacables, si l'on veut éclairer les sots, réveiller les somnambules et ramener les égarés ; que tous les hommes éminents ne furent et ne sont que des charlatans.... assez habiles pour fonder leur autorité et leur revenu sur les vices de l'humanité.

LE CHEVALIER.

Abominable! abominable!

LE COMTE.

Il suffit. Qu'il réfléchisse lui-même à présent. Encore un mot avant de nous séparer. Comment appelle-t-on le premier degré ?

LE CHANOINE.

La science.

LE COMTE.

Pourquoi ?

LE CHANOINE.

Afin que les disciples croient qu'ils savent quelque chose.

LE COMTE.

Comment appelle-t-on le second degré ?

LE CHANOINE.

L'épreuve.

LE COMTE.

Et pourquoi ?

LE CHANOINE.

Parce qu'elle éprouve l'esprit de l'homme, et qu'on voit à quoi il est propre.

LE COMTE.

Parfaitement. (*Bas au Chanoine.*) Laisse-nous seuls : il faut que je tâche de calmer cette mauvaise tête.

LE CHANOINE.

J'espérais que tu exaucerais mes vœux, et que tu m'élèverais au troisième degré.

LE COMTE.

Je n'ose pas prévenir le grand cophte. Attends son apparition. Dans peu de temps tous tes désirs seront comblés.

SCÈNE VI.

LE COMTE, LE CHEVALIER.

LE COMTE.

Jeune homme!

LE CHEVALIER, *qui, dans l'intervalle, est demeuré pensif et immobile.*

Adieu, monsieur le comte....

LE COMTE.

Où allez-vous? Je ne vous laisse point partir.

LE CHEVALIER.

Ne me retenez pas! Je ne souffrirai pas qu'on me retienne!

LE COMTE.

Restez!

LE CHEVALIER.

Seulement le temps nécessaire pour vous remercier du bien que vous m'avez fait, des connaissances que vous m'avez procurées, de la bienveillance que vous m'avez témoignée. Et maintenant, adieu, adieu pour jamais; car je ne voudrais pas me montrer ingrat envers mon bienfaiteur. Adieu! et laissez-moi seulement vous dire encore que vos bienfaits ne me faisaient point rougir, parce que je croyais les devoir à un homme noble et grand.

LE COMTE.

Poursuivez, poursuivez; osez tout dire : vous ne quitterez pas la place auparavant.

LE CHEVALIER.

Vous le voulez, vous l'ordonnez, soit!... O comte, comment avez-vous, en ce quart d'heure, anéanti mon bonheur, mes espérances? Ne m'avez-vous pas mieux connu, mieux jugé?

LE COMTE.

En quoi me suis-je donc si fort trompé? J'appris à vous connaître, comme un jeune homme qui désirait faire fortune, qui recherchait avec ardeur, même avec passion, le rang, la richesse, et d'autant plus passionnément, que sa position lui permettait moins de grandes espérances.

LE CHEVALIER.

Fort bien! Mais ne me suis-je pas aussi montré avec un cœur qui dédaignait les moyens bas et vulgaires? Ne désirais-je pas fonder mes meilleurs titres sur ma loyauté, ma droiture, ma fidélité, sur toutes les qualités enfin qui décorent un homme noble, un soldat?... Et maintenant?...

LE COMTE.

Et maintenant vous avez peur de la peau du renard, dont il vous faudrait couvrir votre crinière de lion?

LE CHEVALIER.

Raillez, si cela vous plaît! Je veux parler sérieusement, pour la dernière fois, avec un homme que je croyais mon ami. Oui, je vous le confesse, votre conduite m'a été longtemps suspecte. Ces connaissances secrètes, dans le vestibule desquelles je trouvais une nuit plus sombre qu'auparavant dans le vaste monde; ces forces merveilleuses, qui nous étaient affirmées comme articles de foi; cette parenté avec les esprits, ces stériles cérémonies, tout cela ne me présageait rien de bon : mais la grandeur de vos sentiments, que j'appris à connaître dans beaucoup de circonstances, l'éloignement de tout égoïsme, votre sympathie, votre obligeance, votre libéralité, tout cela m'annonçait au contraire le fonds inépuisable d'un noble cœur. J'étais suspendu à vos lèvres; je suçai vos doctrines jusqu'à ce moment, qui a ruiné toutes mes espérances. Adieu!... Pour devenir un misérable et bas coquin, pour suivre le torrent et m'assurer seulement, au préjudice des autres, un éphémère et misérable avantage, il n'était pas besoin de ces préparations, de cet appareil, qui me font rougir et m'humilient. Je vous quitte. Arrive de moi ce qu'il pourra!

LE COMTE.

Regardez-moi, chevalier.

LE CHEVALIER.

Que désirez-vous de moi?

LE COMTE.

Ce que vous me voyez faire, faites-le aussi. (*Il ôte son chapeau.*)

LE CHEVALIER.

Faut-il nous quitter avec cérémonie?

ACTE III, SCÈNE VI.

LE COMTE.

La simple politesse vous ordonne de m'imiter.

LE CHEVALIER, *ôtant son chapeau.*

Eh bien, j'ai l'honneur de vous saluer.

LE COMTE, *jetant de côté son chapeau.*

Allons, chevalier !

LE CHEVALIER.

Que signifie cela ?

LE COMTE.

Je demande que vous fassiez comme moi.

LE CHEVALIER, *jetant aussi son chapeau.*

Que je fasse donc, pour la dernière fois, quelque chose de fou et d'incompréhensible !

LE COMTE.

Pas aussi fou que tu crois ! (*Il marche à lui, les bras ouverts.*) Regarde-moi face à face, mon élu ! Viens dans mes bras, presse-toi sur mon cœur, maître sublime !

LE CHEVALIER.

Que veut dire cela ? Laissez-moi aller !

LE COMTE.

Jamais ! si je ne devais pas te laisser avant que fût épuisée la joie que me cause mon excellent ami !

LE CHEVALIER.

Expliquez-vous, vous me troublez.

LE COMTE.

Te rappelles-tu comment le chanoine nommait le second degré ?

LE CHEVALIER.

L'épreuve, ce me semble.

LE COMTE.

Bien ! Tu l'as surmontée.

LE CHEVALIER.

Expliquez-vous !

LE COMTE.

Laisse-moi d'abord t'exprimer toute la vivacité de ma joie par ces embrassements.

LE CHEVALIER.

Je reste muet.

LE COMTE.

Que je l'ai rarement goûtée! Je félicite et vous et moi.

LE CHEVALIER.

Ne me laisse pas plus longtemps dans l'incertitude.

LE COMTE.

Tu as mis à fin la plus étrange aventure; tu t'es donné toi-même la dignité de maître; tu as enlevé, comme d'assaut, les priviléges du troisième degré.

LE CHEVALIER.

Je suis encore dans le doute et l'incertitude.

LE COMTE.

Je souhaiterais maintenant que ta raison t'expliquât ce que ton cœur a mis en pratique. Avec un peu d'attention, tu en viendras à bout facilement. Quelles étaient tes espérances comme disciple du premier degré?

LE CHEVALIER.

De devenir meilleur que je ne suis, et de réaliser, par votre secours, le bien que je reconnais.

LE COMTE.

Et qu'as-tu appris, quand tu as entendu de la bouche du chanoine les maximes du second degré?

LE CHEVALIER.

J'ai appris avec horreur que vous n'aviez fait jusqu'alors que dissimuler et vous jouer de vos disciples; que ceux que vous appelez compagnons, l'on voulait en faire des politiques, les façonner en égoïstes, arracher de leur sein les plus tendres sentiments de l'amitié, de l'amour, de la fidélité et de tout noble élan qui rend notre cœur irrésistible; et que l'on voulait, j'ose le dire, en faire des hommes vulgaires, absolument vulgaires, mauvais, absolument mauvais. Tu sais avec quelle horreur j'ai rejeté cette transformation. Je n'ai rien à dire de plus; je ne changerai pas de sentiments, et.... laisse-moi partir.

LE COMTE.

C'est justement pour cela que je te presse sur mon cœur; qu'en ta présence je jette mon chapeau loin de moi, et te salue comme maître. Tu as surmonté l'épreuve, tu as échappé à la tentation, tu t'es montré l'homme que je cherche. Tout ce que tu as entendu de la bouche du chanoine, ce que cet infortuné prend, hélas! avec beaucoup d'autres, pour la vérité, n'est qu'une épreuve, une tentation. Quand les maîtres supérieurs, grands, désintéressés, veulent faire avancer un élève qui donne de belles espérances, ils l'éprouvent d'abord, et l'épreuve la plus sûre est de lui présenter les avantages apparents d'une conduite intéressée. S'il les saisit, il fait un pas en arrière, lorsqu'il croit en faire un en avant. Nous le laissons longtemps dans ses sentiments, et il est heureux, lorsque, peu à peu et par de longs détours, nous le conduisons à la lumière.

LE CHEVALIER.

Je ne sais que dire. Le chanoine croit-il donc que les maximes qu'il m'a exposées avec tant de calme soient les justes, les véritables?

LE COMTE.

Assurément il le croit, le malheureux!

LE CHEVALIER.

Et toi, son ami fidèle, tu ne l'arraches pas à cette erreur?

LE COMTE.

J'y travaille, mais c'est plus difficile que tu ne penses. La présomption d'un égoïste demi-sage l'élève au-dessus de tous les hommes; en croyant les surpasser, il se permet tout, et donne, par là même, aux autres occasion de le surpasser, de le dominer.

LE CHEVALIER.

Vous ne devriez point avoir de repos qu'il n'eût les yeux ouverts.

LE COMTE.

Pour que tu apprennes combien cela est difficile, il faut que tu m'aides à l'amener dans le bon chemin.

LE CHEVALIER, *après une pause.*

Il serait donc vrai que je ne me suis pas trompé sur votre compte; que, plus longtemps je t'observe, plus je trouve toujours en toi le meilleur, le plus grand, l'incompréhensible! Ma reconnaissance est sans bornes; ma joie reste muette dans cet embrassement.

LE COMTE.

Va maintenant, mon fils. De l'autre côté, sont disposés, dans la chambre, les habits sous lesquels seulement on doit se montrer au grand cophte. Si tous ceux qui se présentent à lui dans ce jour étaient purs comme toi, il éprouverait lui-même une grande joie de son apparition. Tu verras de grandes merveilles, et tu les comprendras bientôt; bientôt même tu apprendras à les produire. Va, admire et garde le silence.

LE CHEVALIER.

Je suis entièrement, je suis pour jamais à toi!

SCÈNE VII.

LE COMTE, puis un DOMESTIQUE.

LE COMTE.

Encore un qui serait donc aussi mis à sa place, selon son caractère. Il faut proportionner les hameçons et les filets aux poissons que l'on se propose de prendre, et, quand c'est une baleine, on l'attaque avec les harpons. On tend des trébuchets pour les souris, des piéges en fer pour les renards; on creuse des fosses pour les loups, et l'on écarte les lions avec des flambeaux. J'ai aussi réduit au repos ce jeune lion avec un flambeau, et je peux risquer le coup de maître qui doit affermir chez tous mon autorité. La décoration est prête, la marquise m'a compris, et tout ira bien.

UN DOMESTIQUE, en longue robe blanche.

Tout est prêt, monsieur le comte. Le chanoine, le chevalier, les dames, tout le monde est habillé. Voulez-vous mettre ici vos habits? Dois-je vous les apporter?

LE COMTE.

Non, je vais. Suis-moi et remplis ton office.

SCÈNE VIII.

Vestibule et entrée de la loge égyptienne. On entend de la musique. Six enfants, vêtus de longues robes blanches, avancent deux à deux, les cheveux flottants et couronnés de roses. Ils portent des encensoirs. Six jeunes gens les suivent; leurs habits sont blancs, mais courts; ils sont aussi couronnés de roses; chacun tient deux flambeaux en croix sur la poitrine. Ils traversent le théâtre en cérémonie et se placent des deux côtés.

LE CHOEUR.

CHOEUR DES ENFANTS.

Déjà le temple, déjà les portiques, les caveaux sont ouverts; encens, purifie l'air qui circule autour de ces colonnes.

CHOEUR DES JEUNES GENS.

Aimables enfants, tendres rejetons, demeurez dans le vestibule, et vous, sages, vous, adeptes, hâtez-vous d'entrer dans le sanctuaire. (*Musique. Les membres de la loge s'avancent deux à deux par les coulisses opposées; chaque fois paraissent un homme et une dame. Ils se rencontrent, se saluent et marchent vers la porte de la loge.*)

CHOEUR DES ENFANTS ET DES JEUNES GENS.

Petits et misérables comme les nains, profondément enveloppés de fumée et d'erreurs, nous sommes debout devant la sainte montagne.... Esprits, oserons-nous y monter?

CHOEUR, *partant de l'intérieur*.

Apportez des sentiments sérieux à une affaire sérieuse; venez à la lumière du sein des ténèbres et de l'erreur! De peur que le cophte ne s'éveille, approchez doucement, doucement. (*La porte s'ouvre; il entre un couple d'adeptes et la porte se ferme; puis survient un nouveau couple, et ainsi de suite. La cérémonie et le chant sont répétés. Il se trouve que le Chanoine et la Nièce se rencontrent et entrent ensemble dans le sanctuaire. Ils sont les derniers. La musique se perd dans le pianissimo; les enfants se retirent dans les coulisses; les jeunes gens tombent à genoux aux deux côtés de l'avant-scène.*)

SCÈNE IX.

Le rideau se lève et l'on voit une salle décorée d'images et d'ornements égyptiens. Au milieu est un grand fauteuil, où est assis et couché un personnage vêtu de drap d'or, la tête couverte d'un voile blanc. A droite, le Chanoine est à genoux, à gauche, le Chevalier; en avant, près du Chanoine, la Marquise; près du Chevalier, le Marquis, puis la Nièce. La musique cesse peu à peu.

LE CHANOINE, LE CHEVALIER, LE MARQUIS, LA MARQUISE, LA NIÈCE, LE GRAND COPHTE.

LE CHANOINE.

Sublime, immortel vieillard, tu permets à des indignes d'approcher de tes pieds pour implorer ta grâce et ton secours. Tu dors ou plutôt tu sembles dormir; car nous savons que, même dans ton repos, tu es attentif et agissant, et tu avances le bonheur des hommes. Donne-nous un signe auquel nous reconnaissions que tu nous entends, que tu nous es favorable! (*La musique fait entendre quelques sons; la personne voilée lève la main droite.*)

LE CHEVALIER.

Tu vois ici devant toi des personnes, qui, animées par la promesse de ton plus digne élève, s'approchent de toi pleins de confiance, et espèrent que tu satisferas leurs besoins. A la vérité, ces besoins sont très-divers; mais même ce qu'il y a de plus divers devient simple devant ton regard universel, devant ta vaste puissance. Nous exauceras-tu, quoique indignes? (*La musique recommence, en rapport avec la situation; la personne voilée se redresse sur son siège.*)

LA MARQUISE.

Pardonne à l'impatience d'une femme : laisse-nous voir ton visage. Il y a des mois que nous soupirons après ta présence. *La musique recommence. La personne voilée se lève, et demeure immobile devant le fauteuil.*)

LE MARQUIS.

Permets-nous d'approcher de toi, afin de baiser le bord de ton vêtement. Les vœux qui si longtemps dormirent dans nos cœurs sont maintenant éveillés : en ta présence, ils deviennent d'une insupportable vivacité. (*La musique recommence. La personne voilée descend lentement les degrés.*)

LA NIÈCE, *à part.*

Je tremble de tous mes membres.

LE CHANOINE.

Ne nous refuse pas plus longtemps la lumière de ton visage.

TOUS.

Grand cophte, nous t'implorons! (*La musique fait entendre quelques sons rapides. Le voile tombe.*)

TOUS, *en se levant et s'approchant à la fois.*

Le comte! (*Les jeunes gens se lèvent.*)

LE COMTE, *s'avançant.*

Oui, le comte! L'homme que vous appeliez jusqu'à présent d'un nom sous lequel le monde le connaît dans ce moment. O aveugles! ô cœurs endurcis! Voici près d'une année que je vis avec vous, que j'instruis votre ignorance, que j'anime votre intelligence morte : je vous signale le grand cophte, je vous donne les marques les plus décisives, et vos yeux ne s'ouvrent pas pour reconnaître que vous l'avez continuellement devant vous, l'homme que vous cherchez; que vous recevez journellement de ses mains les biens après lesquels vous soupirez; que vous avez plus sujet de rendre grâces que de prier! Cependant j'ai compassion de votre intelligence terrestre; je m'accommode à votre faiblesse. Voyez-moi donc dans ma magnificence. Vos yeux peuvent me reconnaître, si votre cœur m'a méconnu. Et, si le pouvoir que j'ai exercé sur vos âmes a laissé votre foi chancelante, croyez maintenant aux prodiges que j'accomplis hors de vous, mais en votre présence.

LE CHANOINE, *à part.*

Je suis confondu!

LE CHEVALIER, *à part.*

Je reste muet.

LA MARQUISE, *à part.*

Son effronterie passe mon attente.

LE MARQUIS, *à part.*

Je suis curieux de voir où ceci aboutira.

LE COMTE.

Vous êtes troublés? Vous baissez les yeux? Vous osez à peine jeter sur moi un regard oblique? Tournez vers moi vos visages; fixez avec joie et confiance vos yeux sur les miens; éloignez toute crainte; élevez vos cœurs!... Oui, vous voyez devant vous l'homme qui, aussi vieux que les prêtres égyptiens, aussi sublime que les sages indiens, s'est formé dans le commerce des plus grands hommes que vous admirez depuis des siècles; qui est au-dessus de tous les rangs, qui n'a besoin d'aucune richesse; qui fait en secret le bien que le monde attribue tantôt à une cause, tantôt à une autre; qui vit dans une société secrète d'hommes répandus sur toute la terre, plus ou moins semblables entre eux, se révélant rarement eux-mêmes mais très-souvent par leurs œuvres.

LE CHANOINE.

Est-il possible qu'il y ait d'autres hommes pareils à toi?

LE COMTE.

Chaque être trouve son semblable, un seul excepté! (*Il montre le ciel.*)

LE CHEVALIER

Quelle sublime pensée!

LA MARQUISE, à part.

Quel vaurien! Mêler à ses mensonges la chose la plus sainte!

LE COMTE.

Oui, regardez. Le soleil brûlant, la neige mordante, ne peuvent rien sur cette tête. Avec ce bras étendu et désarmé, j'arrêtai dans les déserts de Libye un lion affamé et rugissant; de cette voix, qui vous parle, je le menaçai jusqu'à ce qu'il vint ramper à mes pieds. Il reconnut son maître, et je pus ensuite l'envoyer à la chasse, non pour moi, qui ne mange point de chair, et qui à peine ai besoin d'une nourriture terrestre, mais pour mes disciples, pour le peuple, qui se rassemblait souvent autour de moi dans le désert. Ce lion, je l'ai laissé à Alexandrie; à mon retour, je trouverai en lui un fidèle compagnon.

LE CHANOINE.

Les autres maîtres de ta société ont-ils d'aussi grands pouvoirs que toi?

LE COMTE.

Les dons sont diversement répartis; aucun de nous ne peut dire qu'il soit le plus grand.

LE CHEVALIER.

Le cercle de ces grands hommes est-il fermé, ou est-il possible d'être admis dans le nombre?

LE COMTE.

Cela serait possible à beaucoup de personnes; cela ne réussit qu'à un bien petit nombre : les obstacles sont trop grands.

LE CHANOINE.

Pour que ton apparition ne nous rende pas plus malheureux que nous n'étions auparavant, donne-nous du moins un signe, sur lequel nous puissions diriger notre attention, nos efforts.

LE COMTE.

C'est mon dessein.... Après toutes les épreuves que vous avez soutenues, il est juste que je vous fasse avancer d'un pas; que je vous mette, pour ainsi dire, à la main une boussole, qui vous montre où vous devez diriger votre course. Écoutez!...

LE CHANOINE.

Je suis tout oreilles!

LE CHEVALIER.

Mon attention ne saurait être plus vive.

LE MARQUIS, à part.

Ma curiosité est extrême.

LA MARQUISE, à part.

Que va-t-il dire?

LE COMTE.

Quand l'homme, non content de ses forces naturelles, rêve quelque chose de meilleur, désire quelque chose de plus élevé; quand il songe à s'assurer par degrés une santé inaltérable, une vie permanente, une richesse inépuisable, l'affection des hommes, l'obéissance des animaux, même l'empire sur les éléments et les esprits : cela ne se peut faire sans une profonde connaissance de la nature. Je vous en ouvre la porte.... Les secrets, les vertus et les effets les plus grands sont cachés.... *in verbis, herbis et lapidibus*[1].

TOUS.

Comment?

---

[1]. Lorsque Lavater, qui fut curieux de voir et d'entendre Cagliostro, lui demanda en quoi consistait sa science, il lui répondit : *In verbis et in herbis*.

LE COMTE.

Dans les paroles, les herbes et les pierres. (*Une pause.*)

LA MARQUISE, *à part.*

Dans les pierres? S'il entend par là celles que j'ai dans ma poche, il a parfaitement raison.

LE MARQUIS.

Dans les herbes? On dit qu'il ne croît point d'herbe qui puisse reculer le terme fixé à notre vie; et pourtant une herbe pareille doit vous être connue, puisque vous avez non-seulement prolongé beaucoup votre vie, mais encore conservé si longtemps vos forces et votre extérieur.

LE COMTE.

L'immortalité n'est pas l'affaire de chacun.

LE CHANOINE.

Dans les paroles? C'est de là que j'attends le plus, sublime docteur. Assurément vous avez une écriture, un langage, par lesquels sont exprimés de tout autres choses qu'avec nos misérables sons, à l'aide desquels nous ne pouvons rendre que les choses les plus communes. Sans doute tu possèdes les caractères secrets avec lesquels Salomon évoquait les esprits?

LE COMTE.

Je les possède tous, et même les caractères les plus étranges qu'on ait jamais vus; des paroles que des lèvres humaines peuvent à peine prononcer.

LE CHEVALIER.

Oh! apprends-nous à les épeler peu à peu!

LE COMTE.

Avant toutes choses, il vous faut reconnaître que l'important ce ne sont pas les lèvres, ni les syllabes articulées, mais le cœur qui envoie ces mots sur nos lèvres. Vous allez apprendre le pouvoir qu'une âme innocente exerce sur les esprits.

LA NIÈCE, *à part.*

Ah! Dieu, il va m'appeler. Je tremble et je frémis! Que je jouerai mal mon rôle! Je voudrais être bien loin d'ici et n'avoir jamais vu cet homme.

LE COMTE.

Approche, belle et innocente enfant; approche sans crainte.

sans inquiétude, avec une douce joie d'avoir été choisie pour le bonheur après lequel tant de monde soupire.

LE CHANOINE.

A quoi cela va-t-il aboutir?

LE CHEVALIER.

Quel est votre dessein?

LE COMTE.

Patience et soyez attentifs! (*La musique joue. Le Comte fait un signe. Il sort de terre un trépied, sur lequel est fixé un globe illuminé. Le Comte fait un signe à la Nièce, et place sur elle le voile qui l'a couvert lui-même auparavant; mais le visage reste libre. Elle se place derrière le trépied. Pendant cette pantomime, le Comte quitte son air impérieux, il se montre fort gracieux et prévenant, et presque respectueux avec la Nièce. Les enfants, portant les encensoirs, s'approchent du trépied. Le Comte se tient auprès de la Nièce; les autres personnes se groupent avec intelligence. Les jeunes gens sont à l'avant-scène. La Nièce a les yeux fixés sur le globe, la société sur elle, avec la plus grande attention. La jeune fille semble articuler quelques mots, regarde encore le globe, se courbe ensuite en arrière, avec l'air étonné d'une personne qui voit quelque chose d'inattendu, et demeure dans cette position. La musique cesse.*)

LE COMTE.

Que vois-tu, chère fille? Ne t'effraye pas; courage! Nous sommes près de toi, mon enfant.

LE CHEVALIER.

Que peut-elle voir? Que dira-t-elle?

LE CHANOINE.

Silence! elle parle. (*La Nièce dit quelques mots, mais si bas qu'on ne peut les comprendre.*)

LE COMTE.

Distinctement, ma fille, plus distinctement, afin que tous comprennent.

LA NIÈCE.

Je vois des bougies brillantes, des bougies qui brûlent dans une chambre magnifique. Maintenant je distingue des tapis de Chine, des sculptures dorées, un lustre. Beaucoup de lumières m'éblouissent.

LE COMTE.

Accoutume tes yeux; regarde fixement. Que vois-tu encore? N'y a-t-il personne dans la chambre?

LA NIÈCE.

Ici!... Laissez-moi le temps.... Ici, dans cette clarté, près d'une bougie.... assise à la table.... je vois une dame.... Elle écrit; elle lit....

LE CHANOINE.

Parle, peux-tu la reconnaître? Quel air a-t-elle? Qui est-elle? Ne cache rien.

LA NIÈCE.

Je ne puis voir son visage; toute la figure flotte devant mes yeux, comme une image sur une eau agitée.

LA MARQUISE, *à part*.

La bonne enfant nous répète sa leçon à merveille.

LE MARQUIS, *à part*.

J'admire sa dissimulation. Bonne nature, de quoi n'es-tu pas capable!

LA NIÈCE.

A présent! à présent!... Je puis voir sa robe plus distinctement; elle est d'un bleu céleste, et tombe autour de son siége, et, comme le ciel, elle est semée d'étoiles d'argent.

LE CHANOINE, *à la Marquise*.

Je suis au comble du bonheur! C'est ma chère princesse. On m'a parlé de cette robe bleue avec des mouches d'argent, qui, aux yeux de cette enfant, paraissent des étoiles! Écoutons.

LA NIÈCE.

Que vois-je? Grand maître, sublime cophte, laisse-moi aller! Je vois des choses effrayantes.

LE COMTE.

Demeure sans crainte et parle. Que vois-tu?

LA NIÈCE.

Je vois deux esprits derrière le fauteuil. Ils parlent tour à tour à l'oreille de la dame.

LE COMTE.

Sont-ils d'un aspect repoussant?

LA NIÈCE.

Non pas, mais je frissonne....

LE COMTE, *au Chanoine.*

Ces esprits parlent dans l'intérêt d'un ami. Peux-tu reconnaître la dame ? Connais-tu l'ami ?

LE CHANOINE, *baisant la main du Comte.*

Sois assuré de mon éternelle reconnaissance !

LA NIÈCE.

Elle est inquiète ; le chuchotement des esprits l'empêche de lire, l'empêche d'écrire. Elle se lève avec impatience.... les esprits ont disparu. (*Elle détourne le visage.*) Laissez-moi un moment !

LE COMTE.

Sois tranquille, ma fille. Si tu savais sous quelle protection tu te trouves ! (*Il la soutient.*)

LE CHEVALIER, *à part.*

Oh ! qu'elle est aimable ! Qu'elle a d'attraits dans son innocence ! Jamais une jeune fille ne m'a tant ému ! Jamais je n'ai éprouvé une pareille inclination ! Que cette aimable enfant m'inspire d'intérêt ! Certainement le chanoine, la tante, la céleste créature, ne soupçonnent pas dans quel péril elle se trouve. Oh ! que je voudrais l'en avertir, la sauver, dussé-je m'oublier moi-même tout à fait !

LE COMTE.

Recueille-toi, ma colombe ; regarde. Certainement tu as encore d'autres choses à nous révéler.

LA NIÈCE, *regardant le globe.*

Elle s'avance vers la cheminée ; elle regarde au miroir.... Ahi !

LE COMTE.

Que t'arrive-t-il ?

LA NIÈCE.

Ahi !

LA MARQUISE.

Qu'as-tu donc ?

LA NIÈCE.

Ah ! dans le miroir.... je vois le chanoine.

LE CHANOINE

O bonheur! Maître.... je.... comment dois-je te remercier ? Tu fais tout pour moi!

LA NIÈCE.

Elle regarde au miroir ; elle sourit.... Le chanoine a disparu ; elle se voit elle-même.

LE CHEVALIER.

Quelle puissance merveilleuse! Quels dons!

LA NIÈCE, *avec joie et sentiment.*

Oui, à présent.... Je vois tout cela clairement; je vois cette beauté ravissante, cet aimable visage. Comme lui sied bien la tristesse qui est répandue sur tous ses traits!

LE CHANOINE, *qui a tenu jusque-là les mains du Comte et les a souvent baisées.*

Tu procures à ton serviteur un bonheur indescriptible, inexprimable!

LA NIÈCE.

Elle est inquiète; la chambre lui semble trop étroite; elle s'avance vers la porte vitrée ; elle veut sortir. Ah! ah!...

LE COMTE.

Courage! Encore un moment! Regarde encore une fois!

LA NIÈCE, *troublée.*

Les esprits sont à ses côtés. Ils ouvrent la porte : dehors il fait sombre....

LA MARQUISE, *au Chanoine.*

Elle va au-devant de toi.

LE CHANOINE.

Est-ce possible?

LA MARQUISE.

Tu l'apprendras.

LA NIÈCE.

Ah! (*Elle tombe évanouie.*)

LE CHEVALIER.

O Dieu! secourez-la! épargnez-la! C'est impardonnable de ne l'avoir pas laissée libre plus tôt.

LA MARQUISE.

Voici des sels. (*Les personnages principaux se pressent autour* d'elle ; les jeunes gens accourent de l'avant-scène au milieu du théâtre; les enfants s'approchent timidement. L'ensemble forme un beau groupe, mais d'un aspect tumultueux.)

LE COMTE.

Laissez-la à mes soins. Un baume céleste lui peut seul rendre les sens. (*Le rideau tombe.*)

ACTE QUATRIÈME.

SCÈNE I.

La chambre de la Nièce.

LA NIÈCE, une FEMME DE CHAMBRE.

La Nièce est à sa toilette. La Femme de chambre l'aide à s'habiller, et passe ensuite dans un cabinet; elle revient avec un paquet et traverse le théâtre.

LA NIÈCE.

Que portes-tu là? Qu'y a-t-il dans ce paquet?

LA FEMME DE CHAMBRE.

C'est l'habit que vous m'avez ordonné de porter au tailleur.

LA NIÈCE.

Bien. Que je l'aie, s'il est possible, demain ou après-demain. (*La Femme de chambre sort.*) Maintenant je suis habillée comme ma tante l'a ordonné.... Que peut signifier cette nouvelle mascarade?... Quand je songe à ce qui m'est arrivé aujourd'hui, j'ai tout à craindre. A peine suis-je remise de cette affreuse scène, qu'on exige que je me déguise, et, si je m'observe bien, c'est à peu près comme j'ai décrit la princesse. Le chanoine l'aime et je dois peut-être la représenter? Dans quelles mains suis-je tombée? Que puis-je attendre? Quel cruel usage fait ma tante de la confiance que je lui ai trop tôt témoignée! Malheur à moi! Je ne vois personne à qui je puisse recourir. Les sentiments du marquis se montrent à moi plus clairement. C'est un homme vain, impudent, léger, qui m'a rendue malheureuse, et qui consentira bientôt à ma perte, pour se délivrer de moi. Le chanoine est tout aussi dangereux. Le comte est un imposteur.... Ah! le chevalier serait le seul homme vers lequel je pourrais

me tourner. Sa figure, sa conduite, ses sentiments, me l'ont signalé, dans le premier instant, comme un jeune homme honnête, actif et loyal, et, si je ne me trompe, je ne lui étais pas indifférente.... Mais hélas! trompé par l'impudente momerie de la scène des esprits, il me tient pour une créature digne du plus grand respect. Que lui dois-je déclarer? Que lui dois-je confier? Arrive ce qu'il pourra, je veux le risquer! Qu'ai-je à perdre? Et ne suis-je pas déjà, en quelques heures, presque réduite au désespoir?... Quel qu'en soit le résultat, il faut que je lui écrive. Je le verrai, je me confierai à lui : cet homme généreux peut me condamner, mais non me repousser. Il me trouvera un asile. Un couvent, une pension, n'importe, sera pour moi un séjour agréable. (*Elle parle et écrit.*) « Une malheu-
« reuse jeune fille, qui a besoin de votre secours, et dont vous
« ne devez pas avoir une plus mauvaise opinion, parce qu'elle
« se fie à vous, vous demande demain matin un quart d'heure
« d'entretien. Tenez-vous dans le voisinage : je vous ferai dire
« si je suis seule. La triste position dans laquelle je me trouve
« me force à cette démarche équivoque.... » C'est résolu.... Le petit Jack me sera, j'espère, un messager fidèle. (*Elle s'approche de la porte et appelle.*) Jack!

SCÈNE II.

LA NIÈCE, JACK.

LA NIÈCE.

Petit garçon, connais-tu la demeure du chevalier Greville?

JACK.

J'y suis allé souvent.

LA NIÈCE.

Veux-tu bien lui porter tout de suite un billet? Mais sans que personne en sache rien.

JACK.

Très-volontiers. Que me donnerez-vous pour cela?

LA NIÈCE, *en lui donnant de l'argent.*

Un écu de six livres.

JACK, *pirouettant plusieurs fois sur un pied.*

J'ai des ailes.

LA NIÈCE, *lui remettant le billet.*

Tiens.

JACK.

L'argent sera bientôt gagné. Probablement il est dans le voisinage. A cette heure, il a coutume de se rendre au café du coin.

LA NIÈCE.

Ce serait heureux. Mais de la précaution!

JACK.

Donnez seulement; reposez-vous sur moi.

LA NIÈCE.

Tu es un rusé fripon.

JACK.

Bon à mettre en œuvre : votre tante le sait bien.

SCÈNE III.

LA NIÈCE, *seule.*

Que cet enfant est effronté! comme il est stylé! Voilà ce que je deviendrais moi-même; et, si ma tante y fût allée plus doucement, elle m'aurait conduite pas à pas à ma perte. Heureusement, j'ouvre les yeux, et je me sens encore assez de force pour me sauver. Ombre de ma mère, assiste-moi! Une faute m'a arrachée à l'état d'indifférence dans lequel je sommeillais jusqu'ici entre la vertu et le vice. Oh! puisse cette faute me ramener à la vertu!

SCÈNE IV.

LA NIÈCE, LA MARQUISE.

LA MARQUISE.

Voyons, ma nièce, comment vous trouvez-vous dans ce nouvel habit?

LA NIÈCE.

Pas tout à fait aussi bien que si ce fût le mien propre.

LA MARQUISE.

Allons, allons, il ne va pas mal. Tout ne vous sied-il pas?

LA NIÈCE.

Même la tromperie, comme vous l'avez vu aujourd'hui.

LA MARQUISE.

Qui tiendra ce langage? (*Arrangeant quelque chose à la toilette de sa Nièce.*) Là! Ceci doit être plus juste à la taille, et ce pli doit tomber plus richement. La voiture viendra bientôt, et nous irons aujourd'hui même à la campagne.

LA NIÈCE.

Aujourd'hui même?

LA MARQUISE.

Oui, et vous avez aujourd'hui même un nouveau rôle à jouer.

LA NIÈCE.

Un nouveau rôle? Vous êtes impitoyable, ma tante. Le premier m'a déjà coûté tant de peine, que vous devriez m'épargner le second.

LA MARQUISE.

C'est précisément à cause de cela, mon enfant. Encore celui-ci, et puis le troisième et le quatrième, et cela ne vous coûtera plus de peine.

LA NIÈCE.

Je crains que vous ne me trouviez pas de moitié aussi habile que vous le croyez.

LA MARQUISE.

Il s'agit d'un essai. Cette nuit, vous aurez un très-petit rôle à remplir.

LA NIÈCE.

Sous cet habit magnifique?

LA MARQUISE.

Je veux dire pour le fond. Vous avez à représenter une amante à moitié muette.

LA NIÈCE.

Comment l'entendez-vous?

LA MARQUISE.

Je vous mène dans un jardin; je vous conduis sous une treille; je vous donne une rose, et vous attendez un instant. Un cavalier vient à vous; il se jette à vos pieds; il vous demande pardon; vous laissez échapper un mot insaisissable : « Monsieur!... » ou ce que vous voudrez.... Il continue à demander pardon : « Levez-vous! » répondrez-vous tout bas. Il demandera votre main comme un gage de paix. Vous lui donnerez votre main; il la couvrira de mille baisers. « Levez-vous! direz-vous alors; éloignez-vous! On pourrait nous surprendre. » Il hésitera. Vous vous lèverez de votre siége. « Éloignez-vous! » direz-vous avec instance, et vous lui glisserez la rose dans la main. Il voudra vous retenir. « Quelqu'un vient, » direz-vous en chuchotant, et vous fuirez du berceau. Il voudra, pour adieu, risquer un baiser. Vous l'arrêtez, lui pressez la main, et lui dites doucement : « Nous nous reverrons, » et vous lui échappez.

LA NIÈCE.

Chère tante, pardonnez-moi, c'est une commission difficile, dangereuse. Qui est cet homme? Qui dois-je représenter? La nuit, les circonstances ne le rendront-elles pas plus entreprenant? Pouvez-vous m'exposer ainsi?

LA MARQUISE.

Tu ne risques rien, mon enfant. Je serai près de là, et ne tarderai pas un moment, quand j'entendrai ces derniers mots. Je m'approcherai et le ferai fuir.

LA NIÈCE.

Comment puis-je bien jouer mon rôle, ne sachant pas qui je représente?

LA MARQUISE.

Prenez des manières nobles, parlez bas : la nuit fera le reste.

LA NIÈCE.

Quel soupçon éveillent chez moi cette robe bleue, ces mouches d'argent!

LA MARQUISE.

A la bonne heure, si vous le soupçonnez, si vous le devinez! Vous représentez la princesse, et le cavalier sera le chanoine.

LA NIÈCE.

Chère tante, comment pouvez-vous imposer à une malheureuse jeune fille abandonnée une si étrange entreprise? Je ne comprends pas la liaison; je ne vois pas en quoi cela peut vous être utile : mais songez que ce n'est pas une plaisanterie. Avec quelle sévérité ne serait pas puni celui qui imiterait, dans quelque signature, la main du prince; qui se permettrait de graver l'image de son roi sur un faux métal! Et moi, misérable que je suis, je devrai me donner sciemment pour la personne sacrée d'une princesse; je devrai, avec des traits menteurs, avec des habits empruntés, contrefaire l'extérieur de cette auguste personne, et, dans le même instant, déshonorer par ma conduite la noble modestie qui fait le caractère de cette grande princesse! Je me blâme moi-même; je mérite d'être condamnée, d'être punie. Ayez pitié de moi, car vous ne me sauverez pas si l'on me condamne. Voulez-vous faire de moi une criminelle, parce que je vous ai confessé une faute?

LA MARQUISE.

On n'y peut rien changer.

LA NIÈCE, *d'un ton suppliant.*

Ma tante!

LA MARQUISE, *impérieusement.*

Ma nièce!... Aussitôt que la voiture sera arrivée, vous serez avertie. Enveloppez-vous alors de votre manteau et suivez-moi.

LA NIÈCE.

Je souhaiterais....

LA MARQUISE.

Vous savez ce que vous avez à faire : on n'y peut rien changer.

SCÈNE V.

LA NIÈCE, *puis* JACK.

LA NIÈCE.

Ainsi mes soupçons étaient fondés. C'est justement ce que je craignais. Elle veut, d'une manière ou d'une autre, me livrer aux mains du chanoine, et peut-être le marquis lui-même est-il d'accord avec elle. De telles personnes, il faut tout attendre, et j'ai fait d'autant mieux de me tourner vers le chevalier. Je saurai bien me conduire aujourd'hui; et demain, si je ne me suis pas trompée sur son compte....

JACK, *à la porte.*

Est-elle sortie?

LA NIÈCE.

Entre.

JACK.

Aussitôt dit aussitôt fait.

LA NIÈCE.

Quelle réponse m'apportes-tu?

JACK.

Voici une petite lettre! (*Pendant qu'il lui remet le billet et qu'il tourne en sautant.*) Et encore un gros écu du chevalier pour ma peine! Employez-moi toujours, mademoiselle!

LA NIÈCE.

Où l'as-tu trouvé?

JACK.

Au café vis-à-vis, comme je disais.

LA NIÈCE.

T'a-t-il dit quelque chose?

JACK.

Il m'a demandé si vous étiez à la maison, si vous étiez seule.... Je vais voir ce que c'est : j'entends madame qui sort en voiture.

SCÈNE VI.

LA NIÈCE, *puis* LE CHEVALIER.

LA NIÈCE, *lisant le billet.*

« Je sais apprécier votre confiance et je m'en réjouis infini-
« ment. Je vous ai déjà plainte en silence. Dans quelques mi-
« nutes je suis chez vous. » O Dieu! que veut dire cela? « Je ne
« puis commander à mon impatience jusqu'à demain matin. J'ai
« demeuré quelque temps dans votre appartement, et, par ha-
« sard, j'en possède encore le passe partout. Je cours à votre
« cabinet de toilette. Soyez sans inquiétude; je ne serai vu de
« personne, et, de toute manière, fiez-vous à ma discrétion. »
Je suis dans le plus horrible embarras! Il me trouvera sous ces
habits! Que dirai-je?

LE CHEVALIER, *sortant du cabinet.*

Excusez mon empressement. Comment aurais-je pu dormir tranquille cette nuit!

LA NIÈCE.

Monsieur.....

LE CHEVALIER, *l'observant avec attention.*

Comme je vous trouve changée! Quelle toilette! quel étrange habillement! Que dois-je en penser?

LA NIÈCE.

O monsieur, je ne vous attendais pas à présent. Éloignez-vous; hâtez-vous. La marquise m'attend à cette heure. Demain matin....

LE CHEVALIER.

Vous voulez vous confier à moi demain matin et pas aujourd'hui?

LA NIÈCE.

J'entends quelqu'un venir : on va m'appeler.

LE CHEVALIER.

Je m'en vais. Dites-moi seulement ce que signifie cet habit?

LA NIÈCE.

O Dieu!

LE CHEVALIER.

Qu'est-ce donc que votre confiance, si vous me taisez cette bagatelle?

LA NIÈCE.

J'ai toute confiance en vous, mais.... ce n'est pas mon secret. Cet habit....

LE CHEVALIER.

Cet habit est assez remarquable pour moi : la princesse s'est produite quelquefois sous ce costume. Aujourd'hui même les esprits vous l'ont montrée ainsi vêtue, et maintenant je vous trouve.... .

LA NIÈCE.

Ne m'imputez pas cette mascarade.

LE CHEVALIER.

Quels affreux soupçons!

LA NIÈCE.

Ils sont fondés.

LE CHEVALIER.

La scène des esprits?

LA NIÈCE.

Était une tromperie.

LE CHEVALIER.

Les apparitions?

LA NIÈCE.

Convenues.

LE CHEVALIER.

Oh! malheureux que je suis! Oh! que n'avez-vous gardé avec moi un éternel silence! Que ne m'avez-vous laissé cette douce erreur! Vous détruisez la plus agréable illusion de ma vie!

LA NIÈCE.

Je ne vous ai pas appelé pour vous flatter, mais pour vous supplier, comme un homme généreux, de me secourir et me sauver. Hâtez-vous; éloignez-vous!... Nous nous reverrons demain. Ne dédaignez pas une infortunée créature, qui lève les yeux vers vous comme vers un Dieu sauveur.

LE CHEVALIER.

Je suis perdu, perdu pour jamais! Si vous saviez ce que vous m'avez ravi dans ce moment, vous trembleriez, vous n'imploreriez pas ma pitié. Je n'ai plus de pitié! Vous m'avez arraché la foi à moi-même et aux autres, à la vertu, à l'innocence, à tout ce qui est grand et digne d'amour. Plus rien ne m'intéresse, et vous demandez que je m'intéresse à vous! Ma confiance a été trompée de la manière la plus infâme, et vous voulez que je me fie à vous, à vous, double et triple comédienne! Quel bonheur que je sois venu ici ce soir, et ne vous aie pas laissé le temps de vous préparer, de mettre le masque, avec lequel vous songiez aussi à m'abuser!

LA NIÈCE.

Mon malheur est au comble. Hâtez-vous! Éloignez-vous! On vient.

LE CHEVALIER.

Je m'en vais pour ne jamais vous revoir.

SCÈNE VII.

LA NIÈCE, LE MARQUIS.

LE MARQUIS, *entr'ouvrant la porte.*

Êtes-vous seule, ma nièce? Un mot seulement!

LA NIÈCE. *Pendant que le Marquis regarde encore au dehors, elle jette, à la dérobée, un coup d'œil au miroir.*

Je suis tout éplorée, toute troublée! Que dirai-je?

LE MARQUIS, *l'embrassant et la pressant avec force sur son cœur.*
Douce, délicieuse enfant!
LA NIÈCE, *le repoussant.*
Au nom du ciel, monsieur le marquis!
LE MARQUIS.
Nous sommes seuls : ne craignez rien!
LA NIÈCE, *s'arrachant de ses bras.*
La marquise m'attend. (*A part.*) Si le chevalier était encore là!
LE MARQUIS.
Qu'avez-vous? Vous semblez toute bouleversée.
LA NIÈCE.
Ah Dieu! les exigences de ma tante....
LE MARQUIS.
Tu m'affliges, chère enfant; mais je veux te sauver.
LA NIÈCE.
Vous savez pourtant que cette nuit je dois jouer le rôle de la princesse. C'est épouvantable! Venez! (*Dans l'intervalle, elle regarde avec crainte du côté du cabinet.*)
LE MARQUIS.
Restez, restez : c'est précisément pourquoi je suis ici. Jouez bien votre rôle cette nuit : vous n'avez rien à craindre.
LA NIÈCE.
Eh bien, allons.
LE MARQUIS.
Non pas; je voulais vous dire....
LA NIÈCE.
Nous aurons le temps demain.
LE MARQUIS.
Nullement. Vous semblez ne pas craindre ces aventures autant qu'il conviendrait.
LA NIÈCE. *Même jeu.*
Je suis dans la plus grande perplexité.
LE MARQUIS.
Cette nuit vous réserve encore quelque chose d'étrange, à quoi vous ne pensez pas.
LA NIÈCE.
Quoi donc? Vous m'effrayez!

LE MARQUIS.

Vous partirez avec moi.

LA NIÈCE.

Avec vous?

LE MARQUIS.

Et vous dites cela avec une sorte de répugnance?

LA NIÈCE. *Même jeu que plus haut.*

Je ne sais ce que je dois dire.

LE MARQUIS.

Je vous instruirai aisément. La mascarade pour laquelle vous êtes équipée est une simple plaisanterie. Ma femme a demandé au chanoine, au nom de la princesse, un service important, et vous devez exprimer à cet homme abusé la reconnaissance de la princesse.

LA NIÈCE. *Même jeu.*

Je dois lui donner une rose.

LE MARQUIS.

Digne récompense d'un tel service! Car l'aveugle passion du chanoine ne s'est laissé persuader rien moins que d'acheter aux joailliers de la cour le beau collier.

LA NIÈCE.

Le collier?...

LE MARQUIS.

Que nous admirâmes tant hier, quand nous achetâmes cette bague.

LA NIÈCE.

Ce n'est pas possible!

LE MARQUIS.

Tellement possible, que j'en ai déjà une partie dans ma poche.

LA NIÈCE.

Vous? Que signifie cela?... On pourrait écouter....

LE MARQUIS.

Eh bien, venez de ce côté. (*Il s'approche du cabinet.*) Oui, mon enfant! Le chanoine l'a possédé à peine un quart d'heure; il a d'abord passé dans les mains de ma femme, pour être remis ce soir même à la princesse. Que ma femme fut heureuse à ce moment! Et moi, pas moins! Elle brisa impitoyablement ce beau travail. Cela me faisait mal au cœur de voir mis en pièces ce précieux joyau, et je n'ai pu être consolé que par le magnifique petit coffret qu'elle a préparé pour mon voyage. J'ai au moins pour cent mille livres de pierreries dans ma poche. Je pars aujourd'hui même pour l'Angleterre; je vends tout, j'achète de la vaisselle d'argent et mille raretés.

LA NIÈCE, *qui a dissimulé jusqu'alors le plus grand embarras.*
Quelle dangereuse entreprise!

LE MARQUIS.
Il ne faut pas nous inquiéter maintenant, mais oser!

LA NIÈCE.
Je vous souhaite du bonheur.

LE MARQUIS.
Non, tu me l'apporteras avec toi. Tu seras, tu dois être ma compagne de voyage.

LA NIÈCE.
Vous voulez m'exposer à ce danger?

LE MARQUIS.
Le danger est bien plus grand si tu restes. Ma femme est assez hardie pour soutenir cette fable aussi longtemps qu'il se pourra.... Jusqu'au premier terme de payement, même plus tard encore, elle est assez en sûreté : cependant je ne peux te laisser ici.

LA NIÈCE.
Songez....

LE MARQUIS.
Je ne sais comment je dois m'expliquer ta conduite. Serait-il possible qu'on m'eût déjà dérobé ton cœur?... Non, ce n'est pas possible! Tu es embarrassée, mais tu n'es pas changée. Ne te laisse pas éblouir par l'apparente richesse du chanoine : nous sommes à présent plus riches que lui, qui se verra bientôt dans le plus grand embarras. J'ai tout calculé exactement. Tu peux encore jouer cette nuit le personnage de la princesse.... C'est l'intention de ma femme que je vous accompagne au sortir d'ici, et que je parte aussitôt après. Je prends pour cela une voiture particulière. Dès que la scène sera jouée, je déclarerai tout net à la marquise que tu m'accompagnes. Tu pourras un peu résister; je t'entraînerai de force : elle n'osera pas faire

d'esclandre, de peur que tout ne se découvre.... Tu n'écoutes pas? Que t'arrive-t-il?

LA NIÈCE.

Excusez-moi.... ce projet.... Je suis troublée.... je reste muette.... Songez dans quelle situation nous laisserons ma tante!

LE MARQUIS.

Elle s'en tirera bien ; elle est assez habile. C'est elle qui a mené cette affaire jusqu'ici, et nous ne gâterons rien à son plan. Enfin je ne veux, je ne puis me passer de toi, et, si tu doutas jamais de mon amour, tu vois maintenant quelle en est l'ardeur. Je ne te laisserai pas ici exposée à tant de piéges, à tant de périls ; avant qu'il fût huit jours, tu serais perdue pour moi. La folle passion du chanoine pour la princesse ne le détourne pas d'autres galanteries. Encore quelques jours, et tu serais, sous le voile, sa souveraine et, sans le voile, sa très-obéissante amie. Viens!... Je l'ai ainsi résolu, et je n'y renoncerai pas. (*Il l'embrasse.*) Tu es devenue ma conquête et tu ne me seras plus ravie. Ma femme ne me fut jamais un obstacle, et, pourvu qu'elle sauve heureusement les pierreries, elle nous pardonnera volontiers.... Qu'as-tu donc? Tu n'es pas à toi.

LA NIÈCE.

Je suis perdue! Menez-moi où vous voudrez.

LE MARQUIS.

Sache que tout est arrangé! Sous un autre prétexte, j'ai fait empaqueter le plus nécessaire par ta femme de chambre. Dans peu de jours nous serons habillés de neuf et mieux que jamais. Il ne faut pas nous charger de vieille friperie. (*Le Marquis entraîne la Nièce, qui le suit désespérée, et regarde encore une fois en arrière du côté du cabinet.*)

SCÈNE VIII.

LE CHEVALIER, *seul. Il s'élance hors du cabinet.*

Qu'ai-je entendu, et dans quel abîme de trahison et de scélératesse ai-je plongé mes regards! Je ne pus jamais estimer ces gens, avec lesquels il me fallait vivre ; ils me furent souvent suspects, mais, quand on les aurait accusés devant moi de telles infamies, j'aurais pris leur défense contre tout le monde. Je comprends maintenant, belle séductrice, pourquoi tu ne voulais me voir que demain matin. Assurément elle savait que le marquis devait partir cette nuit ; mais qu'il dût la forcer de partir avec lui, elle ne le pensait pas. Elle croyait sans doute son goût pour elle passé, comme le sien pour lui. Oh ! l'abominable ! Feindre cette innocence !... Elle était devant nous comme un génie céleste, et les plus purs esprits semblaient parler par sa bouche, tandis que, lasse d'un amant, elle cherche à se pourvoir d'un autre, et, par-dessus le globe magique, jette des œillades aux hommes séduits, qui l'adorent comme une divinité. Comment dois-je mettre ordre à tout ce que j'ai entendu ? Que dois-je faire ? Le comte et la marquise ourdissent la trame la plus inouïe. Pour exécuter leur horrible dessein, ils osent abuser du nom d'une excellente princesse, et même contrefaire sa personne dans une farce scandaleuse. Tôt ou tard cela sera découvert, et, quelle que soit l'issue de l'affaire, elle sera extrêmement désagréable au prince et à la princesse. La chose ne souffre aucun délai.... Dois-je courir chez le chanoine trompé et lui ouvrir les yeux ? Il serait encore possible de le sauver ! Le collier est en pièces, mais le marquis est encore ici : on peut les arrêter, leur enlever le joyau, confondre les fourbes et les chasser sans bruit.... Bon, je vais !... Mais, quoi ?... Le ferai-je pour ce politique égoïste et froid ? Il me remerciera, et, pour l'avoir sauvé d'un affreux péril, il me promettra sa protection, m'assurera une charge considérable, aussitôt qu'il sera rentré en faveur. Cette expérience ne le rendra point sage ; il se livrera de nouveau au premier habile imposteur ; il se conduira toujours avec passion, sans jugement, sans raison et sans suite ; il me souffrira dans sa maison comme un parasite ; il avouera qu'il m'a des obligations, et j'attendrai vainement un appui réel, car, malgré ses beaux revenus, il manque toujours d'argent comptant.... (*Il se promène pensif de long en large.*) Homme insensé ! homme à courte vue ! Et tu ne vois pas qu'il s'ouvre ici devant toi ce chemin de la fortune, que tu as si souvent cherché en vain ! C'est à bon droit que le chanoine s'est moqué de toi aujourd'hui, comme d'un écolier ; à bon droit que le comte a indignement abusé de ta bonhomie! Tu méritais cette leçon, puisque même par elle tu n'es pas devenu plus sage.... Ils ne croyaient pas t'instruire pour leur perte.... Bien! mon parti est pris! Je cours chez le ministre. Il est justement à la maison de campagne où ces fourbes vont se jeter ensemble dans le piége. Ils sont indignes de tout ménagement. C'est le bien de l'humanité qu'ils soient punis selon leur mérite, qu'ils soient mis hors d'état de poursuivre leurs artifices. J'y cours : le moment est décisif! S'ils sont pris sur le fait, tout est prouvé. Les pierreries, que le marquis a dans sa poche, témoignent contre lui. Il dépendra du prince de traiter les coupables comme il jugera bon, et certainement je ne serai pas leurré par de vaines promesses. Je vois naître ma fortune à la pointe du jour! Il n'y a pas un moment à perdre. Allons! allons!

ACTE CINQUIÈME.

Un jardin d'agrément; à droite de l'acteur, un berceau. — Il fait nuit.

SCÈNE I.

LE COMTE, LAFLEUR.

LAFLEUR.

Je n'entends personne encore. Rien ne remue dans tout le jardin. Je suis fort embarrassé. J'ai pourtant bien écouté.

LE COMTE, *avec importance.*

Tu as bien écouté.

LAFLEUR.

Soit! si vous le savez vous-même, c'est d'autant mieux; car vous pouvez être assuré que je dis toujours la vérité. Mes maîtres se proposaient de se rendre, à cette heure, ici, dans ce jardin. Je ne sais ce qu'ils projettent. Ils sont partis avant nous, à quatre chevaux, et leur voiture s'arrêtera sans bruit à la petite porte. Je les ai laissés, pour cela, descendre de l'autre côté. Je soupçonne que le chanoine a aussi rendez-vous dans ce lieu.

LE COMTE. *Même jeu.*

Attends! (*Il tient son petit doigt près de son oreille.*) Cet anneau me dit que tu parles vrai, jusqu'à un certain point.

LAFLEUR.

Jusqu'à un certain point?

LE COMTE.

Oui, c'est-à-dire pour autant que tu peux le savoir toi-même. Je n'ai pas la toute-science, mais cet anneau me dit toujours si les hommes mentent ou s'ils se trompent.

LAFLEUR.

Si j'avais un conseil à vous donner.... mais vous savez assez ce qu'il y a de mieux à faire.

LE COMTE.

Parle toujours, je verrai bien si tu me donnes le meilleur conseil.

LAFLEUR.

Je crois que nous ferions bien de remonter doucement cette allée sombre et d'écouter, toujours en cheminant, si nous n'entendons point quelque bruit de pas ou quelque chuchotement.

LE COMTE.

Fort bien ! Va toujours en avant, et observe si le chemin est sûr.

SCÈNE II.

LE COMTE, *seul*.

Je ne comprends pas cela.... et, selon toutes les circonstances que cet homme rapporte, la chose est très-vraisemblable. La marquise donne, ici dehors, rendez-vous au chanoine : serait-ce possible qu'elle eût réussi à gagner la princesse, ce que j'ai toujours considéré comme une absurde entreprise, comme un mensonge et une tromperie !... Si cela lui réussit, qu'est-ce qui ne réussira pas désormais ! (*Il s'en va, par la gauche, dans le fond.*)

SCÈNE III.

LE CHEVALIER, LE COMMANDANT DE LA GARDE SUISSE, SIX SUISSES. *Ils arrivent de la gauche, par les coulisses d'avant-scène.*

LE COMMANDANT, *qui paraît le dernier, à la cantonade.*

Restez là cachés, et, quoi qu'il arrive, ne remuez pas avant que vous entendiez le son du cor. Au moment où il cessera, avancez et faites prisonniers ceux que vous trouverez dans le jardin. (*Aux Suisses qui sont sur le théâtre.*) Vous ferez attention au même signal. Quatre se cacheront près de la grande porte : laissez entrer qui voudra, mais ne laissez sortir personne.

ACTE V, SCÈNE III.

UN SUISSE.

Ils pourront entrer; personne ne sortira.

LE COMMANDANT.

Et qui voudra sortir, arrêtez-le.

LE SUISSE.

Nous l'empoignerons bravement.

LE COMMANDANT.

Et, quand les cors cesseront, amenez ici ceux que vous aurez pris; mais deux de vous garderont la porte.

LE SUISSE.

Oui, commandant. Mon camarade et moi nous vous amènerons les prisonniers, et Michel et Rodolphe resteront à la porte, de crainte qu'un autre ne s'échappe.

LE COMMANDANT.

Allez donc, mes enfants, allez; c'est bien ainsi. (*Les quatre Suisses s'en vont.*) Vous deux, entrez dans le bosquet, environ à dix pas d'ici. Vous savez le reste.

LES SUISSES.

Bon.

LE COMMANDANT.

Ainsi, chevalier, tous nos postes sont occupés. Je doute qu'aucune personne nous échappe; mais, s'il faut le dire, c'est à cette place, je le crois, que nous ferons la meilleure capture.

LE CHEVALIER.

Pourquoi cela, monsieur le commandant?

LE COMMANDANT.

Comme il s'agit d'amourettes, ils choisiront certainement cette petite place. Dans le reste du jardin, les allées sont trop droites, les places trop claires : ce bosquet, ces berceaux, sont assez touffus pour les espiègleries de l'amour.

LE CHEVALIER.

Je suis bien inquiet, en attendant la fin de tout cela.

LE COMMANDANT.

C'est justement dans de pareilles circonstances qu'un soldat devrait se trouver à son aise.

LE CHEVALIER.

J'aimerais mieux occuper, comme soldat, un poste dangereux. Vous me pardonnerez d'être inquiet du sort de ces gens, quoiqu'ils soient assez mauvais, et mes intentions tout à fait louables.

LE COMMANDANT.

Soyez tranquille. J'ai l'ordre du prince et du ministre de terminer la chose promptement. On s'en repose sur moi; et le prince a bien raison; car, s'il y a des difficultés, si l'aventure fait du bruit, alors le monde pensera de la chose ce qu'il voudra : il vaut donc mieux y mettre fin sans bruit. Votre service en devient d'autant plus grand, cher jeune homme, et certainement il ne restera pas sans récompense. Il me semble que j'entends quelque chose. Retirons-nous à l'écart.

SCÈNE IV.

LE MARQUIS, LA MARQUISE, LA NIÈCE.

LA MARQUISE, *au Marquis, qui vient de paraître.*

Restez toujours dans ce bosquet, et tenez-vous tranquille. Je vais vous rejoindre à l'instant. (*Le Marquis se retire.*) Voici le bosquet, chère enfant; voici la rose : vous savez le reste.

LA NIÈCE.

O ma chère tante, ne m'abandonnez pas ! Agissez humainement avec moi; songez à ce que je fais pour l'amour de vous, à ce que je hasarde pour vous complaire !

LA MARQUISE.

Nous sommes près de vous, mon enfant. Courage ! Il n'y a aucun danger ; dans cinq minutes, tout sera fini. (*La Marquise se retire.*)

LA NIÈCE, *seule.*

O Dieu ! qu'importe qu'une profonde nuit couvre la faute? Le jour sourit à toute bonne action faite en secret, et montre un austère et redoutable visage au malfaiteur.

SCÈNE V.

LA NIÈCE, LE CHANOINE. *La Nièce s'assied sous le berceau; elle tient la rose à la main.*

LE CHANOINE, *arrivant du côté opposé, par le fond du théâtre.*

Un profond silence me présage ma prochaine félicité. Je n'entends aucun bruit dans ces jardins, qui d'ordinaire, par la faveur du prince, sont ouverts à tous les promeneurs, et qui, dans les belles soirées, sont souvent visités par un malheureux amant solitaire, et plus souvent par un couple joyeux et fortuné. Oh! je te remercie, flambeau céleste, de t'envelopper aujourd'hui d'un voile mystérieux! Vents orageux, nuages menaçants et sombres, vous me charmez, de faire peur aux sociétés légères qui souvent folâtrent vainement çà et là dans ces allées, remplissent de rires bruyants les berceaux, et, sans jouir elles-mêmes, troublent, pour les autres, les plus doux plaisirs. O vous, beaux arbres, comme vous me paraissez grandis depuis quelques étés, depuis qu'un triste exil m'éloigna de vous! Je vous revois maintenant, je vous revois avec les plus belles espérances, et les songes qui m'occupaient un jour sous vos jeunes ombrages seront maintenant accomplis. Je suis le plus heureux des mortels!

LA MARQUISE, *s'approchant doucement du Chanoine.*

Est-ce vous, chanoine? Approchez-vous, approchez-vous de votre bonheur! Voyez-vous là-bas sous le berceau?

LE CHANOINE.

Ah! je suis au comble de la félicité! (*La Marquise se retire. Le Chanoine s'approche du berceau et se jette aux pieds de la Nièce.*) Adorable mortelle, ô la première des femmes, laissez-moi muet à vos pieds, laissez-moi exhaler sur cette main ma reconnaissance, ma vie!

LA NIÈCE.

Monsieur....

LE CHANOINE.

N'ouvrez pas la bouche pour moi, ô déesse! c'est assez de votre présence. Quand vous disparaîtrez loin de moi, j'aurai pour des années de jouissance dans cet heureux instant. Le monde est plein de vos perfections; votre beauté, votre esprit, votre vertu, ravissent tous les hommes. Vous êtes comme une divinité; nul ne s'en approche que pour l'adorer, que pour lui demander l'impossible : et moi aussi je suis à vos pieds, ma princesse....

LA NIÈCE.

Oh! levez-vous, monsieur....

LE CHANOINE.

Daignez m'entendre.... Moi aussi je suis à vos pieds, mais non pour vous prier; j'y suis pour vous remercier, vous remercier du prodige divin par lequel vous me sauvez la vie.

LA NIÈCE, *en se levant.*

Assez!...

LE CHANOINE, *toujours à genoux et la retenant.*

Oui, c'est assez de paroles, déjà trop de paroles. Pardon! Les dieux mêmes pardonnent, quand nous leur adressons de longues prières, quoiqu'ils connaissent dès longtemps nos besoins, nos désirs. Pardonnez à mes paroles! Le pauvre mortel, qu'a-t-il de mieux que des paroles, quand il voudrait donner ce qui lui appartient tout à fait? Vous donnez beaucoup aux hommes, auguste princesse; pas un jour qui ne soit marqué par vos bienfaits; mais j'ose me glorifier, dans cet heureux instant, d'être le seul qui éprouve à ce point votre faveur, le seul qui se puisse dire : « Elle t'accorde ta grâce d'une manière qui t'élève plus que ta chute ne put jamais t'abaisser; elle t'annonce sa faveur d'une façon qui est pour toi un gage éternel de ses sentiments; elle fait ton bonheur, elle l'affermit, elle l'éternise, et tout cela en un moment. »

LA NIÈCE. *Elle fait un mouvement en avant, qui oblige le Chanoine à se lever.*

Éloignez-vous! On vient! Nous nous reverrons. (*En se levant elle lui a tendu la main, et, en se retirant, elle lui laisse la rose.*)

LE CHANOINE.

Oui, je veux fuir maintenant; je veux vous quitter, je veux résister au brûlant désir qui me pousse à la plus grande témérité. (*Il s'approche d'elle avec transport et recule aussitôt.*) Non, ne craignez rien! Je pars, mais laissez-moi le dire, car ma vie ne dépend plus désormais que de votre volonté. J'ose tout avouer, parce que j'ai sur moi-même assez d'empire pour affronter ici, en quelque sorte, ce fortuné moment. Bannissez-moi pour jamais de votre présence, si vous me refusez l'espérance de me reposer un jour dans ces bras de tous mes tourments justement et injustement soufferts. Dites un seul mot. (*Il la prend par la main.*)

LA NIÈCE, *lui pressant la main.*

Oui, tout! mais à présent quittez-moi!

LE CHANOINE, *baisant les mains de la Nièce.*

Vous me rendez le plus heureux des hommes; vous régnez absolument sur moi! (*On entend dans l'éloignement deux cors de chasse, qui exécutent une délicieuse mélodie. Pendant ce temps, le Chanoine presse de ses lèvres les mains de la Nièce.*)

SCÈNE VI.

LES PRÉCÉDENTS, LA MARQUISE, LE MARQUIS, puis
LE COMMANDANT *de la garde suisse*, SUISSES.

LA MARQUISE, *passant entre le Chanoine et la Nièce.*

Mon ami, hâtez-vous de vous éloigner. J'ai entendu quelque bruit; vous n'êtes pas un moment en sûreté. On pourrait remarquer au château l'absence de la princesse. Hâtez-vous; il nous faut partir.

LE CHANOINE, *faisant effort sur lui-même.*

Je dois, je veux partir. Adieu! Ne me faites pas languir à toujours! (*Il se retire doucement au fond du théâtre, vers la gauche.*)

LA MARQUISE.

A présent, suivez-moi, ma nièce. Adieu, marquis. Faites bien vos affaires. Vous reverrez bientôt votre femme.... votre amie. Embrassez-le pour l'adieu, ma nièce.

LE MARQUIS. *Il embrasse la Nièce et l'entraîne de son côté.*

Par ici, belle enfant; venez avec moi : ma voiture est devant cette porte.

LA NIÈCE, *hésitant.*

O Dieu! comment cela finira-t-il ?

LA MARQUISE, *s'emparant de sa Nièce.*

Que veut dire cela, marquis? Êtes-vous fou?

LE MARQUIS.

Point d'esclandre. La jeune fille est à moi. Laissez-moi cette beauté, dont je suis éperdument amoureux, et je vous promets d'exécuter fidèlement tout ce dont vous m'avez chargé. Je vais en Angleterre; je soigne vos intérêts; nous vous y attendons, et vous y recevrez de nous un bon et fidèle accueil; mais laissez-moi cette jeune fille.

LA MARQUISE.

C'est impossible! Suivez-moi, ma nièce! Que répondrez-vous à la témérité de mon mari? Parlez, êtes-vous avec lui d'intelligence?

LA NIÈCE, *avec hésitation.*

Ma tante....

LE MARQUIS, *entraînant la Nièce.*

Avouez-lui.... Point de dissimulation. C'est convenu! Venez! Point de résistance, ou je fais du bruit, et, dans ce moment de désespoir, je suis capable de nous trahir tous.

LA MARQUISE.

Horrible! horrible! Je suis perdue! (*Les cors de chasse, après avoir joué un morceau vif, se taisent tout à coup.*)

LE COMMANDANT. *Suivi de deux Suisses, il ramène le Chanoine.*

Par ici, monsieur, par ici!

LE CHANOINE.

Qu'osez-vous faire? Cette promenade est ouverte à tout le monde.

LE COMMANDANT.

A tous les promeneurs, mais non aux malfaiteurs. Vous n'échapperez pas: rendez-vous de bonne grâce.

LE CHANOINE.

Croyez-vous que je sois sans armes?

(*Il tire de sa poche un pistolet.*)

LE COMMANDANT.

Cachez ce pistolet. Vous pouvez tirer sur moi, mais vous ne sortirez pas de ce jardin. Toutes les issues sont occupées. Nul ne sortira. Soumettez-vous au sort que vous êtes venu chercher étourdiment.

ACTE V, SCÈNE VI.

LA MARQUISE, *qui a prêté l'oreille à cet entretien.*

Quelle scène nouvelle et inattendue? Venez de ce côté. Si nous ne restons unis, nous sommes perdus tous ensemble. (*Le Marquis, la Marquise, la Nièce, veulent se retirer du côté par lequel ils sont entrés : deux Suisses leur ferment le passage.*) Nous sommes perdus.

LE MARQUIS.

Nous sommes trahis.

LA NIÈCE.

C'est fait de moi.

LE CHANOINE, *qui se trouve en ce moment à côté de la Nièce.*

O Dieu!

LE COMMANDANT.

Que personne ne quitte la place. Vous êtes tous mes prisonniers.

LE CHANOINE, *indiquant la Nièce.*

Madame aussi?

LE COMMANDANT.

Sans doute!

LE CHANOINE.

Mon malheur est si grand que je ne puis l'envisager.

LE COMMANDANT.

Pas aussi grand que votre imprudence.

LE CHANOINE.

J'accepte tous les reproches, tous les châtiments que peut m'infliger une justice offensée; je vous suis, traînez-moi dans un cachot, si cela vous est ordonné, mais respectez cette personne céleste! Cachez ce que vous avez vu, mentez, inventez. Vous rendrez au prince un plus grand service, qu'en lui découvrant la triste, l'affreuse vérité, que sa fille, sa fille uniquement chérie....

LE COMMANDANT.

Je connais mon devoir. Je ne vois ici que mes prisonniers; je ne connais que mes ordres, et je les remplirai.

LA MARQUISE.

Où allons-nous?

LE MARQUIS.

Ah! pourquoi suis-je venu ici?

LA NIÈCE.

Ma crainte était fondée.

LE CHANOINE.

Je suis donc le plus malheureux des hommes! Que veut-on faire? Est-ce possible? Que peut entreprendre le prince contre ce qu'il a de plus cher au monde? Ma souveraine.... mes amis.... c'est moi qui fais votre malheur! Oh! pourquoi me faut-il vivre? pourquoi aimer ainsi? Pourquoi n'ai-je pas suivi la pensée, qui m'est venue plus d'une fois, d'émousser sur d'autres objets, dans un pays étranger, mon ambition et ma tendresse? Pourquoi n'ai-je pas fui? Ah! pourquoi ai-je été rappelé sans cesse? Je voudrais vous faire des reproches, je voudrais me maudire, me détester : et cependant, si je me considère à cette heure, je ne puis désirer que les choses fussent autrement. Je suis encore le plus heureux des hommes au milieu de mon malheur!

LE COMMANDANT.

Achevez, monsieur, car il en est temps, et écoutez-moi.

LE CHANOINE.

Oui, j'achève, mais d'abord laissez libre notre souveraine. Comment? Elle devrait rester ici dans la nuit humide, et entendre l'arrêt d'un malheureux à qui elle s'intéresse? Non, qu'elle retourne dans ses appartements, qu'elle ne reste pas plus longtemps exposée aux regards de ces valets, qui jouissent de sa confusion! Hâtez-vous, hâtez-vous, ma princesse!... Qui peut s'opposer à vous? Et cet homme, qui ose me retenir prisonnier, ces colosses, qui m'opposent leurs hallebardes, sont vos serviteurs. Allez! adieu. Qui voudrait vous retenir? Mais n'oubliez pas un homme qui put enfin se prosterner à vos pieds, qui osa enfin vous jurer que vous êtes tout pour lui dans le monde. Jetez encore un regard sur son tourment, sur sa douleur, et puis abandonnez-le au sort cruel, qui s'est conjuré contre lui. (*Il se jette aux pieds de la Nièce, qui s'appuie sur la Marquise. Le Marquis est auprès, l'air embarrassé, et ils forment, au côté droit du théâtre, un beau groupe, dans lequel les deux Suisses ne doivent pas être oubliés. Le Commandant et deux Suisses sont à gauche.*)

SCÈNE VII.

LES PRÉCÉDENTS, LE COMTE.

LE COMTE, *que deux Suisses font marcher devant eux avec leurs hallebardes retournées.*

Je vous dis que vous expierez votre grossièreté toute votre vie! Me traiter ainsi! Moi, le plus grand des mortels! Sachez que je suis le comte de Rostro, de Rostro, impudents! étranger respectable et universellement respecté; maître dans toutes les sciences occultes, qui a pouvoir sur les esprits....

LE SUISSE.

Dis cela à notre commandant, qui comprend le welche, vois-tu; et, si tu ne marches pas droit, nous te donnerons à droite et à gauche dans les côtes, et nous te montrerons le chemin, comme il nous est commandé.

LE COMTE.

N'avez-vous donc aucun bon sens, vous autres?

LE SUISSE.

Il en a celui qui nous commande. Je te dis de marcher droit, tout droit, où se trouve notre commandant.

LE COMTE, *d'un ton impérieux.*

Gardez-vous de me toucher.

LE CHANOINE, *qui, à la voix du Comte, revient à lui et se lève soudain.*

Oui, je t'attendais, grand cophte, digne maître, le plus sublime des mortels. Tu as laissé tomber ton fils pour le relever par un prodige. Nous te sommes tous à jamais obligés. Je n'ai pas besoin de t'avouer que j'ai entrepris à ton insu cette aventure. Tu sais ce qui est arrivé; tu sais comme la chose a mal fini : sans cela tu ne serais pas venu. Dans cette seule apparition, grand cophte, tu obliges plus de nobles âmes que tu n'en as vu peut-être rassemblées, dans ton long pèlerinage sur la terre. Devant toi est un ami, il y a quelques instants, le plus heureux, maintenant le plus malheureux des hommes. Ici, une dame digne du sort le plus beau, ici, des amis, qui, avec le plus vif intérêt, ont cherché à faire le possible et l'impossible. Il est arrivé quelque chose d'incroyable. Nous sommes ici réunis, et nous ne souffrons que pour nous être défiés de toi. Aurais-tu ménagé cette rencontre? Ta sagesse, ton pouvoir, auraient-ils combiné les circonstances?... (*Il réfléchit un moment et poursuit avec résolution.*) Non, je ne veux rien dire, rien souhaiter.... car, si tout fût allé comme il était convenu, tu n'aurais pas eu l'occasion de te montrer dans ta splendeur, de descendre, comme un dieu, d'une machine et de terminer notre embarras. (*Il s'approche du Comte avec confiance et en souriant.*) Que résolvez-vous, mon ami? Voyez, nos gardes sont déjà comme stupéfaits; un mot seulement de votre bouche, et ils seront saisis d'un sommeil dans lequel ils oublieront ce qui s'est passé, et cependant nous nous éloignerons heureusement. Vite, mon ami, pressez-moi sur votre cœur, pardonnez-moi et sauvez-moi!

LE COMTE, *l'embrassant avec gravité.*

Je te pardonne! (*Au Commandant.*) Nous partirons bientôt d'ici tous ensemble.

LE COMMANDANT, *souriant.*

Oh! oui, très-volontiers.

LE CHANOINE.

Quel prodige!

LA MARQUISE, *au Marquis.*

Que signifie cela? S'il nous sauvait encore!

LE MARQUIS.

Je commence à croire qu'il est sorcier.

LE COMMANDANT.

Je n'ai que faire d'écouter ces discours davantage : je ne vois que trop clairement à qui j'ai affaire et comment je dois agir. (*A la cantonade.*) Approchez aussi, jeune homme; vous m'avez laissé seul assez longtemps.

SCÈNE VIII.

LES PRÉCÉDENTS, LE CHEVALIER.

LE CHEVALIER.

Me voici, pour confondre les infâmes et plaindre les insensés.

ACTE V, SCÈNE VIII.

TOUS, *excepté le Commandant.*

Eh quoi? Le chevalier? Quelle horreur! C'est impossible!

LE CHEVALIER.

Oui, me voici, pour témoigner contre vous tous!

LA NIÈCE.

La faute en est à moi seule.

LE CHANOINE.

Qu'entends-je? J'en deviens fou.

LE COMMANDANT.

Vous connaissez donc cet homme? Rien que de naturel en tout ceci, sauf qu'il soit resté honnête dans une pareille compagnie. Il a observé vos friponneries, il les a révélées au prince, et j'ai la charge d'informer et de punir. (*Au Chanoine.*) D'abord, afin que vous voyiez par quel chemin on vous a conduit, par qui vous avez été mené, combien vous êtes abusé, reconnaissez enfin le fantôme avec lequel on a outragé ce soir notre princesse. (*Il lève le voile qui couvrait le visage de la Nièce : le Chanoine la reconnaît, et il exprime par gestes son saisissement.*)

LE CHEVALIER.

Telle la princesse, tels les esprits!... Voilà les hommes auxquels vous vous êtes confié.

LE CHANOINE.

Je me fiais à vous aussi, et je vois que vous m'avez perdu.

LE COMMANDANT.

Ces misérables se sont servis de votre faiblesse, et vous ont excité aux plus criminelles entreprises. Que pouvez-vous attendre?

LE CHANOINE.

Monsieur le commandant....

LE COMMANDANT.

Rassurez-vous! Et sachez d'abord que le prince pense assez noblement pour punir, cette fois encore, avec indulgence votre étourderie, votre témérité. Que dis-je, punir? Il veut plutôt essayer, une seconde fois, s'il est possible de vous corriger et de vous rendre digne de vos illustres ancêtres. Votre éloignement de la cour, qui dure depuis deux ans, vous a peu profité. Je vous annonce que vous êtes libre, mais à la seule condition que vous quitterez le pays dans les huit jours, sous prétexte qu'il vous plaît de faire un grand voyage. Tout sera convenu et réglé avec votre oncle, que le prince estime particulièrement et honore de sa confiance. Vous pourrez retourner chez vous librement dans votre voiture, aussitôt que vous aurez appris ce qu'il en est de la dangereuse affaire des joyaux, dans laquelle vous vous êtes engagé.

LE CHANOINE.

Que dois-je apprendre ? Que dois-je souffrir ?

LE COMMANDANT, au Marquis.

Restituez d'abord les pierreries que vous avez dans votre poche.

LE MARQUIS.

Les pierreries ? Je ne sais ce que vous voulez dire.

UN SUISSE.

Il a tout de suite jeté là quelque chose dans le bosquet. Ça ne doit pas être loin. (*On cherche et l'on rapporte le coffret, qui est remis au Commandant.*)

LE COMMANDANT.

Que sert de feindre plus longtemps ? Tout est découvert. (*A la Marquise.*) Où sont les autres pierreries ? Avouez ! Vous ne retournerez pas chez vous, et chez vous tout est maintenant sous le scellé. Méritez l'indulgence avec laquelle on se propose de vous traiter.

LA MARQUISE.

Les voici. (*Elle présente l'écrin.*) Je ne croyais pas m'en séparer ainsi.

LE COMMANDANT, au Chanoine.

On rendra ces bijoux aux joailliers et l'on retirera, en échange, votre reconnaissance. Vous nous laisserez, de votre côté, la fausse signature de la princesse. Je ne vous retiens plus : vous pouvez vous retirer.

LE CHANOINE.

Oui, je me retire. Vous m'avez vu confondu, mais ne croyez pas que je sois humilié. Ma naissance me donne droit aux premiers emplois de l'État ; nul ne peut me ravir ces priviléges, et l'on arrachera moins encore de mon cœur la passion que j'éprouve pour ma princesse. Dites-lui combien ce fantôme m'a rendu heureux ; dites-lui que toutes les humiliations ne sont rien, auprès de la douleur de m'éloigner d'elle encore davantage; d'aller dans un pays où mes yeux ne pourront plus même l'apercevoir, au passage de sa voiture ; mais son image et l'espérance ne sortiront jamais de mon cœur, aussi longtemps que je vivrai. Dites-lui ces choses. Vous autres, je vous méprise. Vous vous agitiez autour de ma passion, comme des insectes autour d'un arbre florissant ; vous avez pu en dévorer le feuillage, en sorte que je reste, au milieu de l'été, comme un rameau sec ; mais les branches, les racines, ont bravé vos atteintes. Prenez l'essor, volez où vous trouverez encore de la pâture. (*Le Chanoine se retire.*)

LE COMMANDANT.

Les autres seront conduits secrètement, sous bonne escorte, dans une forteresse frontière, jusqu'à ce qu'on ait suffisamment examiné si peut-être leurs friponneries ne se sont pas étendues plus loin. S'il se trouve qu'ils ne sont mêlés dans aucune autre affaire, on les bannira sans bruit du pays, et l'on se délivrera ainsi de tous ces fourbes. Ils sont justement quatre, une voiture complète. Qu'ils partent. Qu'on les accompagne jusqu'à la grande porte, où se trouve une voiture, et qu'on les remette aux dragons.

LA NIÈCE.

Si une malheureuse jeune fille ose demander grâce d'une sévère sentence, veuillez m'entendre. Je me soumets à tous les châtiments ; mais séparez-moi de ces gens, qui sont de ma famille, qui se disaient mes amis, et qui m'ont précipitée dans la plus profonde misère. Enfermez-moi, éloignez-moi ; mais, par pitié, jetez-moi dans un couvent !

LE CHEVALIER.

Qu'entends-je ?

LE COMMANDANT.

Parlez-vous sérieusement ?

LA NIÈCE.

Ah ! si cet homme avait voulu croire que mes sentiments étaient sincères, nous ne serions pas tous où nous en sommes. Chevalier, vous n'avez pas agi noblement. Par mon imprévoyance, par un hasard, vous avez découvert le secret. Si vous aviez été l'homme que je croyais, vous n'en auriez pas fait cet usage. Vous pouviez instruire le chanoine, ressaisir les joyaux et sauver une jeune fille, qui est irrévocablement perdue. Sans doute on vous récompensera de ce service; notre malheur sera un capital dont vous tirerez de gros intérêts. Quand vous jouirez de la faveur du prince, des emplois lucratifs, en possession desquels vous vous trouverez bientôt, je ne demande pas que vous songiez aux larmes d'une pauvre jeune fille, dont la confiance vous a fourni l'occasion de vous mettre aux écoutes; mais, à présent que vous êtes un homme considérable à la cour, employez votre influence pour obtenir ce que je vous demandais avec prière, quand vous n'aviez ou du moins ne laissiez voir autre chose que des sentiments que je devais honorer. Obtenez de cet homme sérieux et respectable que je ne sois pas emmenée avec cette société; que ma jeunesse ne soit pas exposée dans un pays étranger à de plus grandes humiliations que celles dont je fus déjà victime dans celui-ci. (*Au Commandant.*) Je vous en prie, je vous en conjure, monsieur, si vous avez une fille, dont vous attendiez votre bonheur, faites-moi partir, mais seule! Enfermez-moi, mais ne me bannissez pas!

LE COMMANDANT.

Elle me touche!

LE CHEVALIER, *à la Nièce.*

Parlez-vous sérieusement?

LA NIÈCE.

Plût à Dieu que vous l'eussiez cru plus tôt!

LE COMMANDANT.

Je puis satisfaire à votre désir sans sortir de mes instructions.

LA NIÈCE.

Oui, vous remplirez vos instructions, si l'on veut, comme il paraît, assoupir cette entreprise téméraire. Ne me bannissez pas, ne m'envoyez pas dans les pays étrangers, car la curiosité sera éveillée. On contera l'histoire, on la répétera. On se dira : « Quelle est la figure de cette jeune aventurière? Il faut qu'elle ressemble à la princesse : sans cela on ne pouvait imaginer, on ne pouvait jouer cette comédie. Où est-elle? Nous voulons la voir, nous voulons la connaître. » O chevalier, si j'étais une créature telle que vous supposiez, cette aventure serait à souhait pour moi, et je n'aurais pas besoin d'autre établissement pour faire fortune dans le monde.

LE COMMANDANT.

Il suffit! (*Aux Suisses.*) Accompagnez ces trois personnes jusqu'à la voiture : l'officier auquel vous les remettrez sait le reste.

LE MARQUIS, *bas à la Marquise.*

Il n'est question que de bannissement : retirons-nous humlement, pour ne pas rendre le mal plus grave.

LA MARQUISE, *à part.*

La fureur et le chagrin me dévorent le cœur; la peur d'un mal plus grand m'empêche seule d'éclater.

LE COMMANDANT.

Allons, partez!

LA MARQUISE.

Considérez, monsieur le commandant, et faites considérer au prince, quel sang coule dans mes veines; que je suis sa parente, et qu'il blesse son propre honneur, s'il m'humilie.

LE COMMANDANT.

C'est ce que vous auriez dû vous-même considérer.... Allez, on a déjà tenu compte, en votre faveur, de cette parenté, qui est loin d'être prouvée.

LE COMTE.

Monsieur, vous mêlez avec cette canaille un homme accoutumé à se voir traité partout avec respect.

LE COMMANDANT.

Obéissez!

LE COMTE.

Cela m'est impossible.

LE COMMANDANT.

Eh bien, c'est une chose que l'on vous apprendra.

LE COMTE.

Un voyageur, qui, partout où il arrive, répand les bienfaits....

LE COMMANDANT.

On verra bien.

LE COMTE.

A qui on devrait bâtir des temples comme à un génie protecteur....

LE COMMANDANT.

Cela viendra.

LE COMTE.

Qui a prouvé qu'il est le grand cophte.

LE COMMANDANT.

Comment?

LE COMTE.

Par des miracles.

LE COMMANDANT.

Répétez-en un ou deux; appelez vos génies; faites-vous délivrer.

LE COMTE.

Je ne vous estime pas assez pour faire paraître devant vous ma puissance.

LE COMMANDANT.

C'est penser noblement! Dans ce cas, soumettez-vous à l'ordre.

LE COMTE.

Je le fais, pour montrer ma longanimité; mais bientôt je me manifesterai. Je communiquerai à votre prince de tels secrets, qu'il ordonnera que je sois ramené en triomphe, et vous précéderez à cheval la voiture dans laquelle le grand cophte reviendra glorifié.

LE COMMANDANT.

Nous verrons tout cela; mais aujourd'hui il m'est impossible de vous accompagner. (*Aux Suisses.*) Qu'on les emmène.

UN SUISSE.

Allons! C'est l'ordre du commandant, et, si vous ne marchez pas, vous sentirez nos hallebardes.

LE COMTE.

Misérables, vous me présenterez bientôt les armes.

LES SUISSES, *le frappant.*

Veux-tu avoir le dernier mot? (*Les Suisses sortent avec le Comte, le Marquis et la Marquise.*)

LE COMMANDANT, *à la Nièce.*

Et vous, cette nuit même, vous serez conduite dans un couvent de femmes, qui n'est pas à un quart de lieue d'ici. Si vous êtes sérieusement décidée à vous séparer du monde, vous en trouverez l'occasion.

LA NIÈCE.

C'est ma ferme résolution. Je n'ai plus d'espoir dans ce monde. (*Au Chevalier.*) Mais je dois vous dire encore que j'emporte avec moi dans la solitude ma première, ma vive inclination.... pour vous

LE CHEVALIER.

Ne le dites pas, ne me punissez pas si cruellement. Chacune de vos paroles me fait une profonde blessure. Auprès du mien, votre sort est digne d'envie. Vous pouvez dire : « On m'a rendue malheureuse; » et quelle insupportable douleur dois-je ressentir, quand je me dis : « Elle te compte aussi parmi les hommes qui ont concouru à sa perte! » Oh! pardonnez-moi! pardonnez à une passion qui, par un malheureux hasard, en désaccord avec elle-même, a blessé ce qui était pour elle, peu d'instants auparavant, l'objet le plus cher et le plus précieux du monde. Il faut nous séparer! La douleur que j'éprouve, dans cette situation, est inexprimable. Reconnaissez mon amour et plaignez-moi. Oh! pourquoi n'ai-je pas suivi mon sentiment, et n'ai-je pas couru chez le chanoine après cette fortuite découverte! J'aurais gagné un ami, une amante, et j'aurais pu jouir avec joie de mon bonheur. Tout est perdu pour moi.

LE COMMANDANT.

Remettez-vous.

LA NIÈCE.

Adieu! Ces dernières, ces consolantes paroles me seront toujours présentes. (*Au Commandant.*) Je vois dans vos yeux qu'il faut que je parte. Puisse votre humanité recevoir sa récompense! (*Elle s'éloigne avec la garde.*)

LE COMMANDANT.

La pauvre enfant me fait pitié. Venez! Tout s'est bien passé. Votre récompense ne se fera pas attendre.

LE CHEVALIER.

Qu'elle soit ce qu'elle voudra, aussi digne d'un prince que je puis l'attendre, je ne pourrai jouir de rien, car je n'ai pas bien agi. Je n'ai plus qu'un désir et qu'une espérance, c'est de consoler cette bonne jeune fille et de la rendre à elle-même et au monde.

FIN DU GRAND COPHTE.

LE
CITOYEN GÉNÉRAL

COMÉDIE EN UN ACTE

PERSONNAGES.

ROSE.
GEORGE.
MARTIN.
LE SEIGNEUR.
SCHNAPS.
LE JUGE.
PAYSANS.

La Scène est dans la maison de Martin.

LE CITOYEN GÉNÉRAL.

COMÉDIE EN UN ACTE[1].

SCÈNE I.

Le devant de la maison.

ROSE, GEORGE.

GEORGE, *portant un râteau, sort de la maison, et se retourne vers l'intérieur.*

Entends-tu, ma petite Rose?

ROSE, *paraissant à la porte.*

Fort bien, mon George!

GEORGE.

Je vais au pré détruire les taupinières.

ROSE.

Bien.

GEORGE.

Ensuite j'irai voir comment va le champ.

ROSE.

Bon! Après quoi, tu viendras au plant de choux pour le bêcher, et tu m'y trouveras avec le déjeuner.

---

1. Gœthe a écrit en prose cette burlesque satire des excès révolutionnaires.

GEORGE.

Et puis l'on s'assied à côté l'un de l'autre, et l'on se régale.

ROSE.

Tu auras une bonne soupe.

GEORGE.

Quand elle serait excellente, il faut que tu manges avec moi; autrement je n'y trouve point de goût.

ROSE.

C'est comme moi.

GEORGE.

Eh bien, adieu, Rose! (*Rose marche, s'arrête, regarde autour d'elle. Ils se jettent des baisers. George revient sur ses pas.*) Écoute, Rose.... les gens ne disent pas vrai.

ROSE.

Rarement du moins. Quoi donc?

GEORGE.

Ils disent qu'une fois mari et femme, on ne s'aime plus comme auparavant. Ce n'est pas vrai, Rose. Depuis combien de temps sommes-nous mariés? Attends....

ROSE.

Depuis douze semaines.

GEORGE.

Vraiment! Et c'est toujours George et Rosette, et Rosette et George, comme auparavant. A présent, adieu!

ROSE.

Adieu! Que de fois ne l'avons-nous pas déjà dit!

GEORGE, *s'éloignant.*

Et que de fois ne le dirons-nous pas encore!

ROSE.

Pour nous rechercher et nous retrouver toujours.

GEORGE, *s'arrêtant.*

C'est là un plaisir!

ROSE.

Je te suis bientôt. Adieu!

GEORGE, *s'éloignant.*

Adieu!

ROSE, *sur la porte.*

George!

GEORGE, *revenant.*

Qu'y a-t-il?

ROSE.

Tu as oublié quelque chose.

GEORGE, *s'examinant.*

Quoi donc?

ROSE, *courant à lui.*

Encore un baiser!

GEORGE.

Ma Rose!

ROSE.

Mon George! (*Ils s'embrassent.*)

SCÈNE II.

GEORGE, ROSE, LE SEIGNEUR.

LE SEIGNEUR.

Fort bien, mes enfants! Fort bien! On ne s'aperçoit pas chez vous que le temps passe.

GEORGE.

Nous ne l'apercevons pas non plus, monseigneur.

ROSE, *d'un ton significatif.*

Bientôt vous ne l'apercevrez pas plus que nous.

LE SEIGNEUR.

Comment donc?

ROSE.

N'en faites pas un secret!... Elle est si jolie!

LE SEIGNEUR, *souriant.*

Qui?

GEORGE.

Hem! Rose, tu as raison. Oui, ma foi, bien jolie!

ROSE.

Et vous êtes aussi un beau jeune monsieur.

LE SEIGNEUR.

George, lui permets-tu de parler ainsi?

GEORGE.

A présent plutôt qu'autrefois; car je dois avouer que vous m'avez souvent donné de la jalousie.

LE SEIGNEUR.

Et tu avais raison : Rose m'a toujours plu.

ROSE.

Vous plaisantez, monseigneur.

GEORGE.

Cela ne m'a toujours semblé que trop sérieux.

ROSE.

Il m'a tourmenté assez souvent.

GEORGE.

Et elle me l'a bien rendu.

LE SEIGNEUR.

Et maintenant?

GEORGE.

Maintenant Rose est ma femme, et, je pense, une brave femme.

LE SEIGNEUR.

Assurément.

ROSE, *d'un ton significatif.*

Et vous?...

LE SEIGNEUR.

Eh bien?...

GEORGE, *faisant des courbettes.*

Peut-on vous féliciter ?

LE SEIGNEUR.

De quoi ?

ROSE, *faisant la révérence.*

Si vous ne le trouvez pas mauvais....

GEORGE.

Bientôt vous aurez aussi une charmante petite femme.

LE SEIGNEUR.

C'est dommage que je n'en sache rien.

ROSE.

Dans peu de jours vous ne le nierez plus.

GEORGE.

Et si aimable !

LE SEIGNEUR.

Qui donc ?

ROSE.

Mlle Caroline, qui était ici dernièrement en visite avec sa vieille tante.

LE SEIGNEUR.

De là vos soupçons ? Que vous êtes clairvoyants !

GEORGE.

Je pensais pourtant que cela sautait aux yeux.

ROSE.

C'est charmant que vous preniez femme aussi.

GEORGE.

On devient un tout autre homme. Vous verrez.

ROSE.

Ce n'est que d'à présent que je me plais au logis.

GEORGE.

Et il me semble que je suis né dans cette maison.

ROSE.

Et quand mon père lit les gazettes et s'inquiète des affaires du monde, nous nous pressons les mains.

GEORGE.

Et quand le bon vieux s'afflige de voir que ça va si mal au dehors, nous nous rapprochons, et nous bénissons le ciel que tout soit calme et paisible chez nous.

LE SEIGNEUR.

C'est ce que vous pouvez faire de mieux.

ROSE.

Et quand mon père ne peut imaginer comment il délivrera de ses dettes la nation française, alors je dis : « George, gardons-nous bien nous-mêmes de faire des dettes. »

GEORGE.

Et quand il est hors de lui, de ce qu'on prend là-bas à toutes gens leurs biens et leur avoir, nous cherchons ensemble comment nous pourrons améliorer le petit bien que nous comptons acheter avec l'argent de la loterie.

LE SEIGNEUR.

Vous êtes des jeunes gens avisés.

ROSE.

Et heureux.

LE SEIGNEUR.

Je l'apprends avec joie.

GEORGE.

Bientôt vous l'éprouverez aussi.

ROSE.

C'est alors qu'on reverra une fête au château !

GEORGE.

Comme du vivant de Mme votre maman !

ROSE.

Auprès de qui l'on courait toujours, si quelqu'un était malade.

GEORGE.

Qui vous donnait une eau si excellente, quand on s'était fait une bosse.

ROSE.

Qui savait de si bons onguents, quand on s'était brûlé.

LE SEIGNEUR.

Si je me marie, je chercherai une femme qui lui ressemble.

GEORGE.

Elle est déjà trouvée !

ROSE.

Je le crois. Excusez-nous, monseigneur, d'être si indiscrets.

GEORGE.

Mais nous ne pouvions attendre....

ROSE.

De vous voir aussi heureux que nous.

GEORGE.

Il ne faut pas tarder plus longtemps.

ROSE.

C'est du temps perdu.

GEORGE.

Et nous avons déjà de l'avance.

LE SEIGNEUR.

Nous verrons.

GEORGE.

Ça ne fait rien, sans doute, si notre petit est un peu plus âgé que le vôtre : il pourra d'autant mieux surveiller le jeune gentilhomme.

SCÈNE II.

ROSE.

Ce sera joli, quand ils joueront ensemble! Vous permettrez, n'est-ce pas?

LE SEIGNEUR.

Je voudrais qu'ils y fussent déjà! Oui, mes enfants grandiront avec les vôtres, comme j'ai grandi avec vous.

ROSE.

Ce sera un plaisir!

GEORGE.

Je les vois déjà.

SCÈNE III.

LES PRÉCÉDENTS, MARTIN, *à la fenêtre.*

MARTIN.

Rose! Rose! Où en est le déjeuner?

ROSE.

Tout de suite! Tout de suite!

MARTIN.

Faut-il donc que j'attende encore? *(Il ferme la fenêtre.)*

ROSE.

A l'instant!

GEORGE.

Dépêche-toi, Rose!

ROSE.

Je serai grondée.

LE SEIGNEUR.

C'est la faute du baiser où je vous ai surpris. Et moi j'en oubliais mon gibier.

GEORGE.

Votre humeur affable en est cause, monseigneur.

ROSE.

Oui, j'en oubliais mon père.

GEORGE.

Et moi, mon pré, mon champ et mes choux.

LE SEIGNEUR.

A présent, que chacun suive son chemin! *(Après s'être salués, ils s'en vont par des côtés différents et Rose entre dans la maison.)*

SCÈNE IV.

La chambre de Martin. Une cheminée, quelques armoires, une table et des chaises; une fenêtre de côté; vis-à-vis, une échelle appuyée.

MARTIN, ROSE.

MARTIN.

Rose, où es-tu ?

ROSE.

Ici, mon père.

MARTIN.

Où t'arrêtes-tu ?

ROSE.

Monseigneur a passé, et, comme il est bon, il jasait avec nous.

MARTIN.

Et mon café ?

ROSE, *montrant la cheminée.*

Il est là.

MARTIN.

Je vois bien : mais le lait ?

ROSE.

Sera chaud tout à l'heure. (*Elle va à l'armoire, l'ouvre avec une clef du trousseau qu'elle porte suspendu; elle y prend la crème et la met sur le feu.*)

MARTIN, *dans l'intervalle.*

Rose, ce n'est pas joli....

ROSE, *poursuivant son travail.*

Quoi donc, mon père ?

MARTIN.

De m'oublier tout à fait pour George.

ROSE, *même jeu.*

Comment donc ?

MARTIN.

Tu as babillé avec lui; tu as pris soin de lui.

ROSE.

De lui aussi, mon père. Je lui ai donné une tartine de beurre.

MARTIN.

Tu n'as soin que de lui.

ROSE.

Non pas! De vous tout aussi bien.

MARTIN.

Et pourtant tu m'as promis, quand j'ai consenti à te marier....

ROSE.

Que tout resterait comme auparavant.

MARTIN.

Eh bien, tiens-tu parole?

ROSE.

Certainement. Voici le café.

MARTIN.

Es-tu, chaque matin, à mes ordres comme autrefois?

ROSE.

Voici le lait. (*Elle court de nouveau à l'armoire.*)

MARTIN.

Et ne faut-il pas que j'attende après tout?

ROSE.

Voici la tasse, la cuiller, le sucre. Voulez-vous aussi une tartine?

MARTIN.

Non, non.... Tu me dois encore la réponse.

ROSE, *montrant le déjeuner.*

La voilà.

MARTIN.

A la bonne heure. Conte-moi quelque chose.

ROSE.

Il faut que je sorte.

MARTIN.

Encore!

ROSE.

Porter la soupe à George, qui n'aime pas le café.

MARTIN.

Pourquoi ne la mange-t-il pas à la maison?

ROSE.

Il veut d'abord travailler un peu. Au plant de choux, il a construit un berceau; nous y faisons un petit feu; nous réchauffons la soupe et nous la mangeons ensemble.

MARTIN.

Va donc!...D'ailleurs c'est comme cela!

ROSE.

Que voulez-vous dire ?

MARTIN.

Père et mère vous quitterez, et vous suivrez votre mari.

ROSE.

Cela doit être ainsi.

MARTIN.

Va toujours.

ROSE.

A midi, vous aurez quelque chose de bon à manger. Je ne dis pas ce que c'est.

MARTIN.

Fort bien.

ROSE.

Ne soyez pas grondeur.

MARTIN.

Mais non !

ROSE.

Adieu donc !

MARTIN.

Va en paix : je sortirai aussi.

SCÈNE V.

MARTIN, *seul. Il est assis et prend son café.*

C'est bien qu'elle sorte : Schnaps m'a dit hier en passant qu'il viendrait me voir, quand les enfants seraient aux champs, et qu'il avait beaucoup de nouvelles à me conter.... C'est un malin drôle, ce Schnaps ! Il sait tout !.... Si seulement il était mieux avec George ! Mais George a juré de le rosser d'importance, s'il le retrouve à la maison. Et George tient parole.... C'est un bon garçon, un terrible garçon !... J'entends quelque chose. (*Il va à la porte.*) Ah ! ah ! Schnaps !... C'est lui.

SCÈNE VI.

MARTIN, SCHNAPS.

SCHNAPS, *observant l'intérieur.*

Êtes-vous seul, père Martin?

MARTIN.

Entrez sans crainte.

SCHNAPS, *un pied dans la chambre.*

J'ai vu George sortir : Rose l'a-t-elle suivi?

MARTIN.

Oui, compère Schnaps, comme toujours

SCHNAPS.

Me voici!

MARTIN.

Vous êtes prudent.

SCHNAPS.

C'est la première des vertus.

MARTIN.

D'où venez-vous?

SCHNAPS.

Hem! hem!

MARTIN.

Voilà huit jours qu'on ne vous a vu.

SCHNAPS.

Je crois bien.

MARTIN.

Avez-vous fait quelque cure aux environs?

SCHNAPS.

Père Martin.... j'ai appris à guérir!

MARTIN.

Appris?... Comme si vous aviez encore quelque chose à apprendre!

SCHNAPS.

On n'a jamais tout appris.

MARTIN.

Vous êtes modeste.

SCHNAPS.

Comme tous les grands hommes.

MARTIN.

Oh! s'il s'agit de grandeur.... vous êtes plus petit que moi.

SCHNAPS.

Père Martin, il ne s'agit pas de cela. Mais ici! ici! (*Il indique son front.*)

MARTIN.

J'entends.

SCHNAPS.

Et il y a des gens, dans le monde, qui savent apprécier cela.

MARTIN.

Sans doute.

SCHNAPS.

C'est chez eux qu'on trouve de la confiance.

MARTIN.

Je le crois.

SCHNAPS.

Qu'on apprend....

MARTIN, *avec impatience.*

Quoi donc? Parlez!

SCHNAPS.

Et qu'on reçoit des missions.

MARTIN.

Vite! Qu'y a-t-il?

SCHNAPS, *avec mystère.*

On devient un homme influent.

MARTIN.

Est-ce possible?

SCHNAPS.

Vous l'apprendrez dans peu de jours.

MARTIN.

Tout de suite! Parlez donc!

SCHNAPS.

Je ne puis. J'en ai assez dit comme cela.

MARTIN, *avec défiance.*

Compère Schnaps....

SCHNAPS.

Que voulez-vous?

SCÈNE VI.

MARTIN.

Regardez-moi.

SCHNAPS.

Eh bien?

MARTIN.

Entre les deux yeux.

SCHNAPS.

Comme cela?

MARTIN.

Hardiment!

SCHNAPS.

Que diable! Je vous regarde assez. Je m'étonne que vous puissiez supporter mon regard.

MARTIN.

Écoutez!

SCHNAPS.

Quoi donc?

MARTIN.

Ce que vous avez à me conter ne serait-il pas....

SCHNAPS.

Que voulez-vous dire?

MARTIN.

Peut-être encore une histoire?

SCHNAPS.

Comment pouvez-vous le penser?

MARTIN.

Ou bien....

SCHNAPS.

Non pas, père Martin!

MARTIN.

Ou bien de ces nombreux Schnaps, vos illustres ancêtres?

SCHNAPS.

C'était une plaisanterie, une pure plaisanterie! Maintenant ça commence à devenir sérieux.

MARTIN.

Persuadez-moi.

SCHNAPS.

Eh bien donc, puisque vous êtes....

MARTIN.

Je suis extrêmement curieux.

SCHNAPS.

Écoutez donc.... Mais sommes-nous en sûreté?

MARTIN.

Certainement. George est aux champs, et Rose auprès de lui.

SCHNAPS, *avec emphase.*

Ouvrez les oreilles! ouvrez les yeux!

MARTIN.

Poursuivez donc.

SCHNAPS.

J'ai souvent ouï dire.... Personne ne nous guette?

MARTIN.

Personne.

SCHNAPS.

Que ces fameux jacobins.... Il n'y a personne de caché?

MARTIN.

Non certainement.

SCHNAPS.

Recherchent, apprécient, emploient les hommes habiles de tout pays.

MARTIN.

On le dit.

SCHNAPS.

Maintenant ma réputation.... J'entends quelqu'un!

MARTIN.

Non, non!

SCHNAPS.

Ma réputation a retenti au delà du Rhin....

MARTIN.

C'est bien loin.

SCHNAPS.

Et, depuis six mois, on se donne toute la peine imaginable....

MARTIN.

Achevez!

SCHNAPS.

Pour me gagner à la cause de la liberté et de l'égalité.

MARTIN.

Vraiment?

SCHNAPS.

On connaît à Paris ma capacité....

MARTIN.

Hé! hé!

SCHNAPS.

Mon habileté.

MARTIN.

C'est curieux!

SCHNAPS.

Suffit; depuis six mois, messieurs les jacobins tournent autour de Schnaps, comme les chats autour de la bouillie chaude....

MARTIN.

Je ne puis assez m'étonner!

SCHNAPS.

Enfin, il y a huit jours, on m'a donné rendez-vous à la ville.

MARTIN.

Vous deviez, disiez-vous, soigner un étranger, qui s'était cassé la jambe.

SCHNAPS.

On me l'avait dit ainsi.

MARTIN.

Nous nous demandions avec surprise....

SCHNAPS.

Moi de même.

MARTIN.

S'il n'y avait donc pas de chirurgien à la ville?

SCHNAPS.

Suffit; j'étais surpris.... et j'allai.

MARTIN.

Vous avez bien fait.

SCHNAPS.

Je trouve mon malade....

MARTIN.

Réellement?

SCHNAPS.

Et, quand je lève l'appareil, le pied....

MARTIN.

Eh bien?

SCHNAPS.

Était aussi sain que le mien.

MARTIN.

Comment?

SCHNAPS.

Je suis bien étonné.

MARTIN.

Je le crois.

SCHNAPS.

Le monsieur rit.

MARTIN.

Naturellement.

SCHNAPS.

Et se jette à mon cou.

MARTIN.

Est-ce possible?

SCHNAPS.

« Citoyen Schnaps! » s'écrie-t-il.

MARTIN.

Citoyen Schnaps? C'est curieux!

SCHNAPS.

« Digne frère! »

MARTIN.

Et puis?

SCHNAPS.

Suffit, il m'a tout découvert.

MARTIN.

Quoi donc?

SCHNAPS.

Qu'il était un émissaire du club des jacobins.

MARTIN.

Comment est-il fait?

SCHNAPS.

Comme un autre homme.

MARTIN.

Ne vous a-t-il pas fait peur?

SCHNAPS.

Moi, avoir peur?

SCÈNE VI.

MARTIN.

Et vous lui avez parlé comme à votre égal?

SCHNAPS.

Naturellement!... Tous les hommes sont égaux.

MARTIN.

Eh bien, dites.

SCHNAPS.

Faut-il tout conter en détail?

MARTIN.

J'écouterai volontiers.

SCHNAPS.

Il me reçut dans sa société.

MARTIN.

Comment cela s'est-il passé?

SCHNAPS.

Avec beaucoup de cérémonies.

MARTIN.

Je voudrais bien les connaître.

SCHNAPS.

Vous pourrez tout voir.

MARTIN.

Comment donc?

SCHNAPS.

Écoutez!... Ici, dans ma trousse, je porte tout le secret.

MARTIN.

Est-ce possible?

SCHNAPS.

Regardez.

MARTIN.

Voyons?

SCHNAPS.

L'un après l'autre.

MARTIN.

Poursuivez donc!

SCHNAPS, *après une pause.*

D'abord il m'embrasse encore une fois.

MARTIN.

Un monsieur bien poli!

SCHNAPS.

Que le diable le lui rende !

MARTIN.

Je ne saurais pas....

SCHNAPS.

Puis il apporta.... (*Il tire de sa trousse un bonnet rouge.*)

MARTIN.

Le bonnet rouge? Vous n'êtes pourtant pas marié!

SCHNAPS.

Ignorant!... Le bonnet de la liberté.

MARTIN.

Voyons ?

SCHNAPS.

Il m'en coiffa. (*Il met le bonnet sur sa tête.*)

MARTIN.

Vous avez une drôle de mine!

SCHNAPS.

Et après, l'habit. (*Il produit un uniforme national.*)

MARTIN.

Voilà un joli costume.

SCHNAPS.

Aidez-moi, père, il est un peu juste.

MARTIN, *tandis qu'ils s'efforcent de le passer.*

Oh! c'est une misère! cela gêne.

SCHNAPS.

C'est l'uniforme de la liberté.

MARTIN.

J'aime mieux ma large blouse de paysan.

SCHNAPS.

A présent, voyez! Que dites-vous du sabre?

MARTIN.

Bon!

SCHNAPS.

Et la cocarde?

MARTIN.

Est-ce la cocarde nationale?

SCHNAPS.

Sans doute. (*Il la met à son chapeau.*)

SCÈNE VI.

MARTIN.

Comme elle pare le vieux chapeau!

SCHNAPS.

Ne voudriez-vous pas aussi en porter une?

MARTIN.

Il faudrait voir.

SCHNAPS.

Quand l'étranger m'eut ainsi habillé....

MARTIN.

Lui-même?

SCHNAPS.

Sans doute. Aujourd'hui, nous nous servons les uns les autres.

MARTIN.

C'est charmant.

SCHNAPS.

Il me dit....

MARTIN.

Je suis curieux....

SCHNAPS.

« J'ai déjà enrôlé beaucoup de monde dans le pays. »

MARTIN.

C'est donc bien vrai?

SCHNAPS.

« Mais je n'ai trouvé personne sur qui je me repose plus que sur vous. »

MARTIN.

C'est flatteur.

SCHNAPS.

« Remplissez donc mes espérances.... »

MARTIN.

Et comment?

SCHNAPS.

« Voyez vos amis, et faites-leur connaître nos principes. »

MARTIN.

Faites-les connaître.

SCHNAPS.

Tout à l'heure.... « Et lorsque mille braves gens.... »

MARTIN.

Mille braves gens! C'est beaucoup.

SCHNAPS.

« Bien pensants et hommes de cœur, seront par vous réunis.... »

MARTIN.

Eh bien?

SCHNAPS.

« Commencez la révolution dans votre village. »

MARTIN.

Dans notre village? Ici, dans notre village?

SCHNAPS.

Sans doute!

MARTIN.

Dieu nous en préserve!

SCHNAPS.

Mais où donc?

MARTIN.

Eh! que sais-je? Ici ou là! Partout! Mais pas ici.

SCHNAPS.

Écoutez toujours, voici le plus important.

MARTIN.

Encore quelque chose de plus important?

SCHNAPS.

« Commencez la révolution, » a-t-il dit.

MARTIN.

Dieu ait pitié de nous!

SCHNAPS.

« Je vous donne pour cela pleine autorité, et je vous fais en même temps.... »

MARTIN.

Quoi?

SCHNAPS.

« Citoyen général. »

MARTIN.

Général.... M. Schnaps, M. Schnaps, cela sonne à peu près comme gouverneur général des Indes orientales.

SCHNAPS.

Paix! Il n'est pas temps de railler.

MARTIN.

Il paraît bien.

SCÈNE VI.

SCHNAPS.

Et, comme insigne, je vous donne cette moustache.

MARTIN.

Une moustache?

SCHNAPS.

Que doit porter tout citoyen général.

MARTIN.

Est-ce possible?

SCHNAPS, *après s'être mis la moustache.*

Vous avez alors une prestance....

MARTIN.

Vraiment!

SCHNAPS.

Une autorité....

MARTIN.

Étonnante!

SCHNAPS.

Et, à la tête des hommes libres, vous ferez des merveilles.

MARTIN.

Sans doute, monsieur le général.

SCHNAPS.

On ne dit pas : « Monsieur le général; » on dit : « Mon général, citoyen général!... » Il n'y a point de monsieur.

MARTIN.

Mon général!

SCHNAPS.

Qu'y a-t-il, citoyen?

MARTIN.

Je ne suis qu'un paysan.

SCHNAPS.

Nous sommes tous citoyens.

MARTIN.

Dites-moi, je vous prie, où cela mène.

SCHNAPS.

On appelle cela nos principes.

MARTIN.

Où cela mène-t-il?

SCHNAPS.

Oui!

MARTIN.

Je croirais quasi que cela finira par des coups.

SCHNAPS.

A présent, écoutez....

MARTIN.

Quoi donc?

SCHNAPS.

Les principes que je dois répandre.

MARTIN.

Je les avais absolument oubliés.

SCHNAPS.

Ecoutez!

MARTIN. *En allant et venant, il s'est approché par hasard de la fenêtre.*

O malheur!

SCHNAPS.

Qu'y a-t-il?

MARTIN.

Monsieur le général.... mon général, voilà George qui arrive de la montagne.

SCHNAPS.

Diable!

MARTIN.

Monsieur.... mon général, il porte un gros bâton.

SCHNAPS, *courant à la fenêtre.*

Je suis dans un grand embarras.

MARTIN.

Je le crois.

SCHNAPS.

Je crains....

MARTIN.

Cela me semble ainsi.

SCHNAPS.

George, croyez-vous peut-être?...

MARTIN.

Non pas!... le bâton.

SCHNAPS.

Rien au monde que d'être trahi.

SCÈNE VI.

MARTIN.

Vous avez raison.

SCHNAPS.

La bonne cause souffrirait, si l'on découvrait trop tôt notre dessein.

MARTIN.

Sans doute.

SCHNAPS.

Cachez-moi.

MARTIN.

Montez au grenier.

SCHNAPS.

Oui, oui.

MARTIN.

Sous le foin.

SCHNAPS.

Fort bien.

MARTIN.

Sauvez-vous, monsieur le général, l'ennemi approche!

SCHNAPS.

Vite, la trousse! (*Il l'emporte.*)

MARTIN.

Sauvez-vous! sauvez-vous!

SCHNAPS, *montant à l'échelle.*

Ne me trahissez pas.

MARTIN.

Non, non.

SCHNAPS.

Et ne croyez pas que j'aie peur.

MARTIN.

Non pas.

SCHNAPS.

Simple prudence.

MARTIN.

Et digne d'éloge. Mais faites vite.

SCHNAPS, *au haut de l'échelle, en entrant dans le grenier.*

Simple prudence.

SCÈNE VII.

MARTIN, GEORGE.

GEORGE, *tenant un bâton.*

Où est le drôle?

MARTIN.

Qui?

GEORGE.

Est-ce vrai, père?

MARTIN.

Quoi donc?

GEORGE.

Rose m'a dit qu'en sortant elle a vu Schnaps se glisser dans la maison.

MARTIN.

Il est venu, mais je l'ai aussitôt mis à la porte.

GEORGE.

Vous avez bien fait. Je lui casserai bras et jambes, si je le trouve ici.

MARTIN.

Tu es beaucoup trop échauffé.

GEORGE.

Comment! après tous ses tours?

MARTIN.

C'est fini.

GEORGE.

Il n'a point de repos encore. A présent que Rose est ma femme....

MARTIN.

Quoi donc?

GEORGE.

Il ne cesse pas de nous taquiner, de nous inquiéter.

MARTIN.

Comment donc?

GEORGE.

Il dit à Rose, en passant : « Bonsoir, Rose. Comme vous donnez dans l'œil à tout le monde! L'officier qui a passé à cheval s'est informé de vous. »

SCÈNE VII.

MARTIN.

Cela peut être vrai.

GEORGE.

Qu'a-t-il besoin de le redire? Non, ce sont de purs mensonges.

MARTIN.

Probablement.

GEORGE.

Et il vient une fois, et dit : « L'étranger qui a demeuré au château vous a beaucoup vantée. Voulez-vous lui faire visite à la ville? Il en sera charmé. Il demeure à la Grand'Rue, numéro 636. »

MARTIN.

Cela s'appelle faire l'entremetteur.

GEORGE.

Il est capable de tout.

MARTIN.

Je le crois bien.

GEORGE.

Et Rose le traite toujours comme il mérite, et le mauvais drôle lui en veut. Je crains qu'il ne nous joue un tour.

MARTIN.

Il n'est pourtant pas si méchant. C'est pure plaisanterie.

GEORGE.

Belle plaisanterie! Mais je le trouverai.

MARTIN.

Prends garde! On en paye la peine.

GEORGE.

Je la payerai volontiers; et je la lui garde bonne de m'avoir fait quitter Rose tout à l'heure. Pourvu qu'il ne soit pas là dehors auprès d'elle! Vite, vite! il me faut courir. (*Il sort à la hâte.*)

SCÈNE VIII.

MARTIN, puis SCHNAPS.

MARTIN.

C'est heureux qu'il ne le soupçonne pas ici! Cela aurait fait de belles affaires! (*A la fenêtre.*) Comme il court! Il est déjà à la

montagne. A présent, mon général peut sortir de l'embuscade.
C'est curieux pourtant qu'aujourd'hui ce soient toujours les plus
méchants qui s'élèvent. C'est ce qu'on lit dans toutes les gazettes.
Celui qui est là-haut ne vaut rien du tout, et il parvient à de
tels honneurs! Qui sait ce qui en arrivera? Les temps sont dangereux; on ne sait plus du tout qui l'on a autour de soi. A tout
hasard, je veux le flatter : il pourra me servir à son tour.... Mon
général!

SCHNAPS, *à la porte du grenier, d'où il tombe du foin.*

Est-il parti?

MARTIN.

Il est déjà bien loin.

SCHNAPS, *couvert de foin.*

Je descends.

MARTIN.

Vous semblez tout en désordre, général Schnaps.

SCHNAPS, *se nettoyant sur l'échelle.*

En campagne, ce n'est pas autrement : on ne peut toujours se
tenir propret.

MARTIN.

Descendez toujours.

SCHNAPS.

Est-il vraiment parti?

MARTIN.

Il est déjà bien loin. Il craignait que, dans l'intervalle, vous
ne vous fussiez insinué auprès de Rose, et il a couru, comme
s'il avait le feu sur les talons.

SCHNAPS, *descendant.*

A merveille! Maintenant, fermez la porte de la maison.

MARTIN.

Cela semblera suspect.

SCHNAPS.

Suspect vaut mieux que surpris. Fermez, père Martin. En
deux mots, je vous dirai tout.

MARTIN, *allant fermer la porte.*

A la bonne heure.

SCHNAPS.

Si quelqu'un frappe, je plie bagage et me dérobe par la porte
de derrière, et vous ferez ce qu'il vous plaira.

SCÈNE IX.

SCHNAPS, seul, puis MARTIN.

SCHNAPS.

Si seulement je lui avais attrapé un déjeuner! Une vraie honte! Un homme riche et toujours si ladre! (*Il tourne autour des armoires.*) Tout fermé, comme à l'ordinaire, et Rose a emporté les clefs.... Après cela, il me faut encore une couple de gros écus de contribution patriotique. (*Il retourne à l'armoire.*) Les portes battent, les serrures ballottent, l'estomac gronde, la bourse encore plus : Schnaps, citoyen général, en avant! Fais un essai de ton industrie!

MARTIN, *revenant*.

Tout est en sûreté. A présent, soyez bref.

SCHNAPS.

Autant que la chose le comporte.

MARTIN.

Je crains que les enfants ne reviennent.

SCHNAPS.

Nous avons du temps. Quand ils sont ensemble, ils ne savent s'il est jour ou nuit.

MARTIN.

C'est vous qui risquez le plus.

SCHNAPS.

Écoutez-moi donc!

MARTIN.

Dépêchez-vous donc!

SCHNAPS, *après une pause*.

Mais, quand je réfléchis....

MARTIN.

Encore une réflexion?

SCHNAPS.

Vous êtes un homme habile, c'est vrai.

MARTIN.

Grand merci!

SCHNAPS.

Mais sans étude.

MARTIN.

Ce n'est pas mon affaire.

SCHNAPS, *avec importance.*

Aux bonnes gens non lettrés, qu'on avait coutume autrefois d'appeler les gens du commun....

MARTIN.

Eh bien?

SCHNAPS.

On explique mieux les choses par des exemples, par des comparaisons.

MARTIN.

Cela s'entend.

SCHNAPS.

Ainsi, par exemple.... (*Il se promène virement et heurte Martin.*)

MARTIN.

Par exemple, cela est grossier.

SCHNAPS.

Pardon! c'était dans mon ardeur révolutionnaire.

MARTIN.

Qui ne me plait pas le moins du monde.

SCHNAPS.

Par exemple.... (*S'avançant brusquement contre Martin.*)

MARTIN.

Ne m'approchez pas!

SCHNAPS.

Par exemple, nous nous sommes réunis....

MARTIN.

Qui?

SCHNAPS.

Nous deux, et encore neuf cent quatre-vingt-dix-neuf autres.

MARTIN.

Gens d'honneur?

SCHNAPS.

Cela fait mille.

MARTIN.

Justement.

SCHNAPS.

Nous marchons en armes sur le château, avec fusils et pistolets....

SCÈNE IX.

MARTIN.

D'où viendront-ils, ces fusils et ces pistolets?

SCHNAPS.

Tout cela se trouve. Ne voyez-vous pas que j'ai déjà un sabre? *(Il prend Martin à un coin du théâtre.)*

MARTIN.

Fort bien!

SCHNAPS.

Nous marchons sur le château, et nous faisons capituler le seigneur. Nous entrons.... *(Il représente par ses gestes l'entrée au château.)*

MARTIN, *se dégageant*.

Écoutez, je dois vous dire que je ne peux vous accompagner. Nous devons au seigneur beaucoup de reconnaissance.

SCHNAPS.

Bagatelles! La reconnaissance est la première chose que vous devez mettre de côté.

MARTIN.

Est-il possible?

SCHNAPS.

C'est tout naturel. Mettez-la de côté, vous dis-je. Vous trouverez que l'ingratitude est la chose du monde la plus commode.

MARTIN.

Je n'aurais pas cru!

SCHNAPS.

Faites-en l'épreuve et venez. Ne faites pas de cérémonies : ce n'est qu'une comparaison.

MARTIN.

Ah! fort bien, une comparaison!

SCHNAPS. *Il le mène encore dans le coin.*

Ainsi, nous entrons.... Mais savez-vous quoi?

MARTIN.

Quoi donc?

SCHNAPS.

Il vaut mieux que vous représentiez le seigneur. *(Il le mène de l'autre côté.)* Placez-vous là.

MARTIN.

A la bonne heure.

SCHNAPS.

J'arrive avec mon élite de citoyens.

MARTIN.

Avec les neuf cent quatre-vingt-dix-neuf ?

SCHNAPS.

Plus ou moins.

MARTIN.

Bon !

SCHNAPS.

« Monsieur ! » lui dis-je.

MARTIN.

Doucement !

SCHNAPS.

Non, ce n'est pas cela : il n'y a plus de monsieur.

MARTIN.

Alors, comment direz-vous donc ?

SCHNAPS.

Attendez !... Tout bonnement : « Au nom de la liberté et de l'égalité, ouvrez vos caves et vos offices. Nous voulons manger, et vous êtes rassasié. »

MARTIN.

Si c'est après dîner, cela peut passer.

SCHNAPS.

« Ouvrez vos armoires : nous sommes nus. »

MARTIN.

Fi ! vous ne serez pas cependant....

SCHNAPS.

Pas autrement !... « Ouvrez votre bourse : nous ne sommes pas en fonds. »

MARTIN.

Cela, chacun le croira.

SCHNAPS.

A présent, répondez.

MARTIN.

Bah ! que dois-je dire ?

SCHNAPS, *avec emportement et fierté.*

« Que voulez-vous dire ! »

MARTIN.

Doucement !

SCÈNE IX.

SCHNAPS.

« Que pouvez-vous dire ? Vous êtes un téméraire ! (*S'élançant vers l'armoire.*) Vous avez des caveaux fermés ! »

MARTIN.

C'est l'armoire où Rose tient son laitage.

SCHNAPS, *d'un ton naturel.*

Fi ! Vous devez rester dans la comparaison.

MARTIN.

Ah ! ah !

SCHNAPS, *reprenant le ton menaçant.*

« Et des coffres cadenassés ! »

MARTIN.

Renfermant les habits.

SCHNAPS.

« Où sont les clefs ? »

MARTIN.

Rose les a emportées. Elle est très-ménagère, très-soigneuse, elle enferme tout et porte les clefs sur elle.

SCHNAPS.

« Défaites ! tergiversations ! Où sont les clefs ? »

MARTIN.

Je ne les ai pas.

SCHNAPS.

« Alors je devrai faire effraction. » (*Il dégaine son sabre et attaque l'armoire.*)

MARTIN.

Est-ce que le diable vous possède ?

SCHNAPS.

Ce n'est qu'un exemple.

MARTIN.

Arrêtez !

SCHNAPS.

« Quoi ! vous résistez ? » (*Il entame les tringles.*)

MARTIN.

Êtes-vous possédé du diable ?

SCHNAPS.

Il faut que cela s'ouvre. (*Il brise.*) Cric ! crac !

MARTIN, *courant çà et là.*

Rose ! Rose ! Où es-tu ?

SCHNAPS, *brisant toujours.*

Ça marche! Cric! crac!

MARTIN.

George! George!

SCHNAPS.

Tenez votre langue, et songez que je vous expose cela simplement par forme de récit.

MARTIN.

Par forme de récit? Cela me semble assez palpable.

SCHNAPS.

Figurez-vous donc que vous êtes maintenant le seigneur. (*L'armoire s'ouvre.*)

MARTIN.

Dieu me préserve! voilà l'armoire ouverte! les tringles sont arrachées, la serrure brisée! Rose, que dira-t-elle? Allez au diable! Savez-vous que je ne souffrirai pas cela? que ce sont des grossièretés, des insolences? que j'appellerai les voisins? que j'irai chez le juge?

SCHNAPS, *qui, pendant ce temps, a examiné l'armoire et a visité les pots.*

Chez le juge?... votre ennemi mortel?... chez ce drôle si fier?

MARTIN.

Pst!

SCHNAPS.

Sachez que vous serez juge vous-même, dès que nous aurons élevé ici l'arbre de liberté.

MARTIN.

Juge? Je me souviens encore comment on devait me faire juge de paix.

SCHNAPS.

Les temps ont changé : on ne trompe plus personne.

MARTIN.

J'en serais charmé.

SCHNAPS.

On ne se moque de personne.

MARTIN.

Cela m'est agréable.

SCÈNE IX.

SCHNAPS.

Maintenant, avant toutes choses....

MARTIN.

Faites que je devienne juge !

SCHNAPS.

Sans doute.... Mais, avant toutes choses, écoutez de quoi il s'agit.

MARTIN.

Il s'agit de refermer les armoires.

SCHNAPS.

Nullement.

MARTIN.

De reclouer les tringles.

SCHNAPS.

En aucune façon. Il s'agit de vous faire comprendre pourquoi l'on m'a élu général.

MARTIN.

En vérité, je ne vois pas trop pourquoi.

SCHNAPS.

Eh bien, *exempli gratia*....

MARTIN.

Encore un exemple ?

SCHNAPS.

Nous n'en avons pas eu encore.

MARTIN.

Que trop !

SCHNAPS.

Je disais donc.... (*Il prend un grand pot de lait et le place sur la table.*)

MARTIN.

Au nom du ciel, ne touchez pas à ce pot ! Rose dit que c'est son meilleur.

SCHNAPS.

Je suis charmé de l'apprendre.

MARTIN.

Prenez du moins un petit pot, s'il en faut passer par là.

SCHNAPS.

Non, il me faut le plus grand pour mon exemple.

MARTIN.

A présent, je vous dis, en deux mots, que je ne veux rien savoir de toutes ces sornettes.

SCHNAPS.

Ah!

MARTIN.

Et que vous n'avez qu'à détaler.

SCHNAPS.

Hé!

MARTIN.

Et que je ne veux rien entendre absolument.

SCHNAPS.

Vous ne voulez rien entendre?

MARTIN.

Non.

SCHNAPS.

Vous ne voulez rien savoir?

MARTIN.

Non.

SCHNAPS.

Rien écouter?

MARTIN.

Non.

SCHNAPS, *tirant son sabre.*

Sachez donc que je vais vous ouvrir l'intelligence.

MARTIN.

A coups de sabre? C'est une belle manière!

SCHNAPS, *marchant contre lui.*

Sachez que votre devoir est de vous instruire, d'acquérir de nouvelles idées; qu'il vous faut devenir habile; qu'il vous faut recevoir la liberté; qu'il vous faut recevoir l'égalité, que vous le vouliez ou non.

MARTIN, *à part.*

George, George, si tu venais seulement! Je me garderais bien de le cacher.

SCHNAPS.

Vous écoutez donc de bon cœur?

MARTIN.

Certainement.

SCHNAPS.

Et vous n'avez aucune répugnance à vous insrtuire ?

MARTIN.

Aucune.

SCHNAPS.

C'est fort bien.

MARTIN.

Je le trouve aussi.

SCHNAPS.

Eh bien, soyez attentif!

MARTIN.

Très-volontiers.

SCHNAPS.

Ce pot représente un village.

MARTIN.

Un village ?

SCHNAPS.

Ou une ville.

MARTIN.

C'est curieux !

SCHNAPS.

Ou une forteresse.

MARTIN.

Merveilleux !

SCHNAPS.

Oui, par exemple, une forteresse.

MARTIN, à part.

Si seulement j'étais délivré de ces exemples !

SCHNAPS.

Je marche sur la place.

MARTIN.

Qu'arrive-t-il ?

SCHNAPS.

Je lui fais sommation. (*Il imite le bruit de la trompette.*) Trétin ! trétin !

MARTIN.

Il est absolument fou.

SCHNAPS.

Elle fait des difficultés, et ne veut pas se rendre.

MARTIN.

En cela elle fait bien. (*A part.*) Si seulement Rose venait débloquer la forteresse.

SCHNAPS.

Je la canonne. Pou! pou!

MARTIN.

Cela devient sérieux.

SCHNAPS.

Je lui fais un feu d'enfer; je la presse jour et nuit. Pou! pou! pou! Elle se rend.

MARTIN.

Elle a tort.

SCHNAPS, *s'approchant du pot.*

J'entre dans la place.

MARTIN.

Cela ira mal pour elle.

SCHNAPS. *Il prend une cuiller.*

J'assemble la bourgeoisie.

MARTIN.

C'en est fait.

SCHNAPS.

Les hommes bien pensants s'empressent d'accourir. Je prends place (*il s'assied*) et je les harangue.

MARTIN.

Pauvre pot!

SCHNAPS.

« Citoyens et frères! » leur dis-je.

MARTIN.

Cela sonne assez agréablement.

SCHNAPS.

« Je vous vois, par malheur, divisés. »

MARTIN.

Mais dans le pot tout est tranquille.

SCHNAPS.

« Il règne une secrète fermentation. »

MARTIN, *prêtant l'oreille.*

Je n'en aperçois aucune marque.

SCHNAPS.

« Vous avez abandonné l'état primitif d'égalité. »

MARTIN.

Comment donc ?

SCHNAPS, *d'un ton pathétique.*

« Tant que vous fûtes ensemble du lait pur, une goutte était semblable à l'autre. »

MARTIN.

Cela ne se peut contester.

SCHNAPS.

« Mais à présent vous avez tourné à l'aigre. »

MARTIN.

Les citoyens ?

SCHNAPS.

« Vous vous êtes séparés. »

MARTIN.

Voyons donc !

SCHNAPS.

Et je trouve les riches, qui sont représentés par la crème aigrie....

MARTIN.

Voilà qui est drôle !

SCHNAPS.

Les riches surnagent.

MARTIN.

Les riches sont la crème aigrie ? Ah ! ah !

SCHNAPS.

Ils surnagent ! Cela ne se peut souffrir.

MARTIN.

C'est insupportable.

SCHNAPS.

Aussi je les écrème. (*Il puise dans le pot et verse dans une assiette.*)

MARTIN.

O malheur ! Il se jette dessus.

SCHNAPS.

A présent que j'ai levé la crème, je trouve le lait.

MARTIN.

Naturellement.

SCHNAPS.

Qui n'est pas non plus à dédaigner.

MARTIN.

C'est assez mon avis.

SCHNAPS.

C'est l'honnête, la riche bourgeoisie.

MARTIN.

Le lait caillé, la bourgeoisie? Quelles idées!

SCHNAPS.

J'en use à plaisir. (*Il puise.*)

MARTIN.

Il s'y entend.

SCHNAPS.

Maintenant je mêle tout ensemble, (*il remue*) et je leur apprends comme on s'accorde.

MARTIN.

Qu'en arrivera-t-il à présent?

SCHNAPS. *Il se lève et va à l'armoire.*

Je regarde autour de moi dans la contrée, (*il tire de l'armoire un gros pain*) et je trouve un château.

MARTIN.

C'est-à-dire un pain.

SCHNAPS.

Les nobles ont toujours les meilleurs champs dans le pays: aussi sont-ils convenablement représentés par le pain.

MARTIN.

Cela y passera-t-il aussi?

SCHNAPS.

Naturellement! Il faut que tous deviennent égaux.

MARTIN, *à part*.

Si seulement il n'avait pas le sabre au côté! Cela rend notre jeu diablement inégal.

SCHNAPS.

Ici le nécessaire est encore coupé et....

MARTIN.

Ah! si George venait!

SCHNAPS.

Émietté sur la râpe.

MARTIN.

Émietté?

SCÈNE IX.

SCHNAPS.

Oui, pour humilier la fierté, l'orgueil.

MARTIN.

Ah! ah!

SCHNAPS.

Et bientôt mêlé et brassé avec le reste.

MARTIN.

Avez-vous bientôt fini?

SCHNAPS, *avec réflexion.*

Il ne manque plus que les biens du clergé.

MARTIN.

Où les prendrez-vous?

SCHNAPS.

Je trouve ici un sucrier. (*Il prend celui qui est auprès de la cafetière.*)

MARTIN, *lui prenant le bras.*

Arrêtez! N'y touchez pas! Rose me pèse toujours le sucre pour toute la semaine : il faut que cela me suffise.

SCHNAPS, *portant la main à son sabre.*

Citoyen!

MARTIN.

Patience!

SCHNAPS.

Messieurs du clergé ont toujours les propriétés les plus succulentes, les plus friandes....

MARTIN.

Il faut bien que quelqu'un les possède.

SCHNAPS.

Et ils seront en conséquence convenablement représentés par le sucre. Il est aussi râpé....

MARTIN.

Que dois-je résoudre?

SCHNAPS.

Et répandu sur le reste.

MARTIN, *à part.*

J'espère que tu me le payeras. (*A la fenêtre.*) Écoutons! N'est-ce pas George qui vient?

SCHNAPS.

Et voilà comme on prépare le lait aigre-doux de la liberté et de l'égalité.

MARTIN, *à part, à la fenêtre.*

Ce n'était rien.

SCHNAPS.

Venez ici! Que faites-vous à la fenêtre?

MARTIN.

Je croyais entendre quelqu'un.

SCHNAPS.

Cependant George ne vient pas? (*Il se lève.*)

MARTIN.

Tout est tranquille.

SCHNAPS.

Voyons un peu. (*Il va à la fenêtre et s'appuie sur Martin.*)

SCÈNE X.

LES PRÉCÉDENTS, GEORGE, *qui s'est glissé dans la chambre par la porte de derrière.*

GEORGE, *à part.*

Qui diable est auprès du père? Serait-ce Schnaps?

MARTIN, *à la fenêtre.*

Ne me serrez pas ainsi!

SCHNAPS, *se penchant en avant.*

Il faut bien que je voie.

MARTIN.

Quoi donc?

SCHNAPS.

Comment mes soldats se comportent.

GEORGE, *à part.*

C'est sa voix. Comme le drôle est arrangé!

SCHNAPS.

Bravo, mes vaillants amis!

MARTIN.

A qui parlez-vous donc?

SCÈNE X.

SCHNAPS.

Ne voyez-vous pas comme mes gens dansent autour de l'arbre de la liberté ?

MARTIN.

Êtes-vous fou ? Pas une âme ne bouge.

GEORGE, *à part.*

C'est lui certainement. Qu'est-ce que ça signifie ? Le père s'enferme avec lui ? Comme il est déguisé ! Heureusement j'ai trouvé ouverte la porte de derrière.

SCHNAPS.

Voyez donc pourtant comme on donne à vos femmes et à vos filles des idées de liberté et d'égalité.

MARTIN, *qui veut se dégager, est retenu par Schnaps.*

C'est trop fort !

GEORGE, *à part.*

Que disent-ils donc ensemble ? Je n'y comprends rien. (*Il regarde autour de lui.*) Que signifie cela ? L'armoire ouverte, le lait caillé tout préparé ! Ce doit être un déjeuner.

SCHNAPS.

Réjouissez-vous donc de voir tout le monde uni et content.

MARTIN.

Il faut que votre tête soit merveilleusement remplie de fantômes ! Je ne vois rien.

GEORGE, *se tirant à l'écart.*

Écoutons un peu.

SCHNAPS, *laissant aller Martin.*

Je vois tout cela en esprit. Vous le verrez bientôt de vos yeux devant votre maison.

MARTIN.

Je ne vois déjà rien de bon au dedans.

SCHNAPS, *à part, après avoir regardé encore une fois par la fenêtre.*

Tout est sûr et tranquille. Maintenant vite au déjeuner. (*Il s'approche de la table.*)

MARTIN, *à part.*

Que je voudrais te voir ailleurs !

SCHNAPS.

Aimable soupe de la liberté et de l'égalité, je te bénis !... Voyez donc !

MARTIN.

Qu'y a-t-il ?

SCHNAPS.

Le citoyen général se met à l'œuvre.

MARTIN.

Je pensais bien.

SCHNAPS.

Et la mange.

MARTIN.

Tout seul ?

SCHNAPS, *mangeant.*

Non pas !... Avec les siens.

MARTIN.

C'est honnête.

SCHNAPS.

Asseyez-vous, citoyen Martin.

MARTIN.

Grand merci.

SCHNAPS.

Régalez-vous.

MARTIN.

Je n'ai pas d'appétit.

SCHNAPS.

Ne vous gênez pas pour moi : nous sommes tous égaux.

MARTIN.

Je m'en aperçois.

SCHNAPS.

Vous êtes un brave citoyen.

MARTIN.

Je n'en sais pas un mot.

SCHNAPS.

Vous serez mon caporal.

MARTIN.

C'est beaucoup d'honneur.

SCHNAPS.

Asseyez-vous, mon caporal.

MARTIN.

Vous plaisantez, mon général.

SCENE X.

SCHNAPS, *se levant et faisant des cérémonies.*

Mon caporal!

MARTIN.

Mon général! (*George, qui s'est avancé doucement, frappe Schnaps de son bâton, au moment où il s'incline.*)

SCHNAPS.

Qu'est cela?

GEORGE.

Mon général!

MARTIN.

Bravo, George!

GEORGE, *battant Schnaps.*

Mon caporal!

SCHNAPS.

Sainte Liberté, assiste-moi!

GEORGE.

Je te trouve ainsi?

MARTIN.

Continue!

SCHNAPS.

Sainte Égalité, prends ma défense!

GEORGE.

Chante toujours : je bats la mesure.

SCHNAPS, *tirant son sabre et se mettant en défense.*

Sainte Révolution, délivre-moi!

GEORGE.

Quoi? Tu veux te défendre?

MARTIN.

Prends garde à toi : le drôle est désespéré.

GEORGE.

Le vaurien! Qu'il y vienne! (*Il s'élance sur Schnaps.*)

SCHNAPS.

Oh! malheur à moi!

GEORGE.

Tu le sentiras!

MARTIN.

Qu'il rende le sabre!

GEORGE, *désarmant Schnaps.*

Je l'ai déjà.

SCHNAPS, *se retranchant derrière la table et les chaises.*
A présent, il faut capituler.

GEORGE.

Avance.

SCHNAPS.

Excellent George, je ne fais que plaisanter....

GEORGE.

Moi aussi. (*Il veut le frapper et ne frappe que la table.*)

MARTIN.

Frappe le drôle!

SCHNAPS.

Autrement.... (*Il quitte son poste et court par la chambre.*)

GEORGE, *le poursuivant.*

Tu n'y gagneras rien.

SCHNAPS, *en passant devant la fenêtre.*

Au secours! au secours!

GEORGE, *le chassant de là.*

Silence!

SCHNAPS. *Même jeu.*

Au feu! au feu!

MARTIN, *lui barrant le passage d'un autre côté.*

Ferme-lui la bouche!

SCHNAPS, *retranché derrière deux chaises.*

Épargnez-moi! C'est assez!

GEORGE.

Veux-tu sortir?

SCHNAPS. *Il leur jette les chaises dans les jambes : ils reculent.*

Tenez!

GEORGE.

Attends un peu!

SCHNAPS.

Quelque fou! (*Il s'échappe par la porte de derrière.*)

GEORGE.

Je t'attraperai bien. (*Il court après Schnaps.*)

MARTIN. *Il reste en scène et se frotte la jambe, que la chaise a atteinte. Il boite pendant le reste de la pièce.*

Le scélérat! Ma jambe! Mais il me l'a bien payée.

SCÈNE XI.

MARTIN, ROSE, puis GEORGE.

ROSE, *au dehors.*

Père! père!

MARTIN.

O malheur!... Rose!... Que dira-t-elle de cette aventure?

ROSE.

Ouvrez, père! Quel vacarme est-ce là?

MARTIN, *à la fenêtre.*

J'y vais! Attends!

GEORGE, *entrant par la porte de derrière.*

Le maudit coquin! Il s'est enfermé dans la chambre, mais j'ai mis tout de suite le cadenas : il ne peut nous échapper.

ROSE.

Père, qu'attendez-vous? Ouvrez!

GEORGE.

C'est Rose.

MARTIN.

Va, je boite. Ouvre-lui la porte. (*George va ouvrir.*) Voici le diable à présent. Pauvre Rose! Le beau pot! (*Il s'assied.*)

GEORGE, *qui entre avec Rose.*

Regarde, Rose!

ROSE.

Qu'est cela? Qu'est-il arrivé?

GEORGE.

Pense donc....

ROSE.

Mon pot!.... Père, qu'est-ce que ça signifie?

MARTIN.

Schnaps....

GEORGE.

Figure-toi....

ROSE.

Mon armoire! le sucre! (*Elle court çà et là.*) Hélas! hélas!... Schnaps?... Où est-il?

GEORGE.

Sois tranquille! Il est enfermé.

ROSE.

C'est bien. Nous le livrerons aux officiers de justice. Déjà ils viennent.

MARTIN, *se levant tout à coup et boitant.*

Qui?

ROSE.

Les voisins ont couru chez le juge, au bruit qui se faisait dans la maison.

MARTIN.

Chez le juge? O malheur! Nous sommes perdus!

ROSE.

Mon beau pot!

GEORGE.

Il le payera.

MARTIN.

Écoutez-moi, enfants, écoutez-moi! Oubliez le pot et le reste.

ROSE.

Pourquoi donc?

MARTIN.

Tais-toi, écoute! Ne trahissons pas Schnaps; ne parlons pas de lui.

GEORGE.

Ce serait beau!

MARTIN.

Écoute donc! Nous sommes tous perdus, s'ils le trouvent. C'est un envoyé du club des Jacobins.

ROSE.

Impossible! Ce faquin!

MARTIN.

Pourquoi pas? Ils le trouvent en uniforme : il ne peut nier.

GEORGE.

Oui, il l'a endossé.

MARTIN.

Et nous serons suspects, nous serons emprisonnés; il nous faudra comparaître devant le juge! Dieu sait!

GEORGE.

Mais nous pourrions dire....

MARTIN.

Va, cours, et dis qu'il ne s'est rien passé.

GEORGE.

Pourvu qu'ils le croient. (*Il sort à la hâte.*)

ROSE.

Je ne me tiens pas pour satisfaite. Mon beau pot!

MARTIN.

Enfantillages! Songe à quelque moyen de sauver nos têtes!

ROSE.

On ne la perd pas tout de suite! Vous n'avez qu'à dire comme le drôle a voulu vous enrôler, comme George l'a bravement rossé.

MARTIN.

Ce serait excellent! Pourquoi cette idée ne te venait-elle pas d'abord? A présent, George est parti, et il ne dit rien de Schnaps : à présent, nous sommes suspects. C'est un malheur! un malheur!

ROSE.

Maudite affaire!

SCÈNE XII.

LES PRÉCÉDENTS, LE JUGE, GEORGE, PAYSANS.

LE JUGE, *entrant d'autorité.*

Non, non, il faut que j'examine la chose.

GEORGE, *le retenant.*

Ce n'est rien.

MARTIN.

Faut-il que je voie le juge dans ma maison! Malheureux que je suis!

ROSE, *s'avançant.*

Ne prenez pas la peine, monsieur le juge....

LE JUGE.

Ce n'est pas une peine : c'est un devoir. Qui a crié au feu?

ROSE.

C'était une plaisanterie.

LE JUGE.

On ne plaisante pas ainsi. Qui a crié au secours?

ROSE.

Je.... je.... me lutinais avec George.

LE JUGE.

Vous vous lutiniez?

ROSE. *Elle promène le juge et lui fait son récit en cherchant ses idées.*

J'avais là dans l'armoire au lait un beau pot de lait caillé.... et j'ai fermé l'armoire et m'en suis allée.... Alors George est venu.... Attends seulement, George!... Alors George est venu, et il se sentait en appétit.... et il a forcé l'armoire....

LE JUGE.

Hé! hé!

ROSE.

Et il m'a écrémé le pot.... et s'est arrangé un déjeuner.... le voilà encore.... Alors je suis revenue à la maison.... et me suis fâchée.... et.... lui ai donné un soufflet.... Alors il m'a prise, et m'a chatouillée, et puis j'ai crié.... et puis nous nous sommes chamaillés, et puis nous avons renversé les chaises.... et puis il en est tombé une sur les pieds du père.... N'est-ce pas vrai, père?

MARTIN.

Vous voyez comme je boite.

ROSE.

Alors j'ai crié encore plus fort.... et....

LE JUGE.

Et puis j'ai menti au juge.

ROSE.

Je ne mens pas.

LE JUGE.

Je crois que vous n'en savez rien vous-même, tant cela coule aisément de vos lèvres. Croyez-vous que l'on n'ait pas mieux l'œil sur vous?

GEORGE.

Comment donc?

LE JUGE, *à Rose.*

N'avez-vous pas tout à l'heure passé devant ma maison?

ROSE.

Oui.

SCÈNE XII.

LE JUGE.

N'avez-vous pas rencontré ces gens-là?

ROSE.

Je ne m'en souviens pas.

LE JUGE, *aux paysans.*

Ne l'avez-vous pas rencontrée?

UN PAYSAN.

Oui, et elle nous a parlé, et nous lui avons dit qu'il se faisait chez son père un grand vacarme.

MARTIN.

A présent, nous sommes perdus!

ROSE.

O malédiction!

GEORGE.

Voilà ce qui arrive avec les détours!

LE JUGE.

Et vous voilà maintenant! Que direz-vous à cela? (*Ils se regardent les uns les autres; le juge marche en long et en large et trouve le bonnet.*) Oh! oh! Qu'est cela?

GEORGE.

Je ne sais.

LE JUGE. *Il regarde autour de lui, et trouve le chapeau avec la cocarde.*

Et ceci?

ROSE.

Je ne comprends pas.

LE JUGE, *présentant ces objets à Martin.*

Eh bien, peut-être savez-vous? Peut-être comprenez-vous?

MARTIN, *à part.*

Que dois-je dire?

LE JUGE.

Il faudra donc que je vous l'explique. Ceci est un bonnet de liberté; ceci est une cocarde nationale. Une belle découverte! Maintenant vous voilà immobiles et muets, parce que c'est trop clair.... Dans cette maison est donc le club des conjurés, le rendez-vous des traîtres, le siége des rebelles.... Voilà une trouvaille! Voilà un bonheur!... Vous vous êtes sans doute brouillés, comme les Français.... et vous vous êtes pris aux cheveux.... Vous vous êtes trahis vous-mêmes. C'est déjà fort bien.... Nous allons entendre le reste.

ROSE.

Mon cher monsieur le juge....

LE JUGE.

Tout à l'heure vous étiez si mutine! A présent, vous savez prier!

GEORGE.

Il vous faut savoir....

LE JUGE.

Il faut?... Bientôt vous parlerez autrement.

MARTIN.

Monsieur mon compère!...

LE JUGE.

Suis-je donc compère encore?

ROSE.

N'êtes-vous pas mon parrain?

LE JUGE.

Depuis ce temps-là, les choses ont bien changé.

MARTIN.

Laissez-moi vous dire....

LE JUGE.

Silence! Ne vous permettez pas de m'importuner. N'avez-vous point déjà fait quelques préparatifs pour l'arbre de liberté? N'avez-vous point déjà convenu de me pendre au premier poteau? On sait comme le peuple séditieux parle aujourd'hui de ses magistrats! comme il pense! Il s'en trouvera mal. Vous vous en trouverez mal. (*Aux Paysans.*) Qu'on les emmène! Et tout de suite, chez le justicier! Il faut mettre les scellés, il faut prendre inventaire. Il se trouvera des armes, de la poudre, des cocardes!... Cela demande une enquête. Partez! partez!

MARTIN.

Malheureux que je suis!

ROSE.

Laissez-nous vous expliquer, seigneur juge....

LE JUGE.

Quelque mensonge, mamselle Rosette? Partez! partez!

GEORGE.

Si cela va de la sorte, il faut que Schnaps en soit aussi. L'affaire s'expliquera.

LE JUGE.

Que dites-vous de Schnaps?

GEORGE.

Je dis....

ROSE, *à la fenêtre.*

Heureusement voici monseigneur.

LE JUGE.

Il apprendra assez tôt....

GEORGE.

Appelle monseigneur!

ROSE.

Monseigneur! monseigneur! Au secours! au secours!

LE JUGE.

Taisez-vous donc! Il ne vous prêtera point secours. Il sera charmé de voir de pareils coquins découverts. Et puis c'est une affaire de police, une affaire criminelle, qui m'appartient, qui appartient au justicier, au gouvernement, au prince. Il faut faire un exemple.

MARTIN.

Bon! voici encore l'exemple!

SCÈNE XIII.

LES PRÉCÉDENTS, LE SEIGNEUR.

LE SEIGNEUR.

Qu'y a-t-il, mes enfants?

ROSE.

Venez à notre secours, monseigneur.

LE JUGE.

Vous voyez, monseigneur, ce qu'on trouve dans cette maison.

LE SEIGNEUR.

Quoi donc?

LE JUGE.

Un bonnet de liberté.

LE SEIGNEUR.

C'est singulier!

LE JUGE.

Une cocarde nationale.

LE SEIGNEUR.

Que signifie cela?

LE JUGE.

Conjuration! Révolte! Haute trahison! (*Il garde le bonnet et la cocarde à la main.*)

LE SEIGNEUR.

Laissez-moi les interroger.

LE JUGE.

Laissez-nous informer! Qui sait ce qui est encore caché dans cette maison?

LE SEIGNEUR.

Paix!

ROSE.

Monseigneur!

LE SEIGNEUR.

Ces objets?

MARTIN.

C'est Schnaps qui les a apportés dans la maison.

GEORGE.

En mon absence.

MARTIN.

Il a forcé l'armoire....

ROSE.

S'est jeté sur les pots de lait....

MARTIN.

Et voulait m'enseigner la liberté et l'égalité.

LE SEIGNEUR.

Où est-il?

GEORGE.

Dans la chambre de derrière. Il s'y est enfermé, comme je le poursuivais.

LE SEIGNEUR.

Qu'on l'amène. (*George sort avec le Juge et les Paysans.*) Ainsi donc c'est encore un tour de M. Schnaps, à ce que je vois.

SCÈNE XIII.

MARTIN.

Pas autre chose.

LE SEIGNEUR.

Comment est-il venu dans la maison?

MARTIN.

En l'absence de mes enfants.

ROSE.

Il a peur de George.

MARTIN.

Il m'a rendu curieux.

LE SEIGNEUR.

On dit que vous l'êtes quelquefois.

MARTIN.

Excusez-moi!

LE SEIGNEUR.

Et de plus un peu crédule.

MARTIN.

Il me faisait si bien croire qu'il savait les choses les plus importantes!

LE SEIGNEUR.

Et il s'est moqué de vous.

MARTIN.

A ce qu'il semble.

ROSE.

Il ne s'agissait pour lui que de faire un déjeuner. Voyez donc, monseigneur, quel beau lait caillé il s'est préparé avec du pain râpé et du sucre et tout. Ces bonnes choses, il faut les jeter à présent. Aucun honnête homme n'en voudrait manger depuis que ce malpropre a mis son museau là-dessus.

LE SEIGNEUR.

Il voulait donc attraper un déjeuner?

MARTIN.

A sa façon. Il se disait envoyé par les Jacobins.

LE SEIGNEUR.

Et puis?

MARTIN.

Il a endossé un uniforme et s'est armé.

LE SEIGNEUR.

Assez fou!

MARTIN.

Et il a dit qu'il était citoyen général, et il devenait à chaque instant plus grossier.

LE SEIGNEUR.

C'est la manière.

MARTIN.

D'abord il a fait le câlin et le bon enfant; puis il est devenu brutal, et m'a brisé l'armoire et a pris ce qui lui plaisait.

LE SEIGNEUR.

Justement comme ses collègues.

MARTIN.

Je m'en trouve fort mal.

LE SEIGNEUR.

Pas si mal encore que les provinces où ses pareils ont fait ravage; où de bons imbéciles se sont aussi joints à eux d'abord; où ils ont commencé avec des flatteries et des promesses, et fini par la violence, le pillage, la proscription des honnêtes gens, et par toute espèce de mauvais traitements. Remerciez Dieu d'en sortir à si bon marché!

ROSE.

Ainsi vous nous protégez, monseigneur?

LE SEIGNEUR.

Il paraît que vous n'êtes coupables de rien.

MARTIN.

Les voici.

SCÈNE XIV.

LES PRÉCÉDENTS, GEORGE, LE JUGE, SCHNAPS, PAYSANS.
Schnaps, en uniforme, avec le sabre et la moustache, est amené par les Paysans.

LE SEIGNEUR.

En avant, monsieur le général.

LE JUGE.

Voici le chef de la révolte! Observez-le seulement! Tout comme le disent les gazettes! L'uniforme! le sabre! (*Il lui met le bonnet et le chapeau.*) le bonnet! le chapeau! Il faut le mettre comme cela au pilori! Vite chez le justicier! Qu'on fasse une enquête! Qu'il soit garrotté, enchaîné, et qu'on le traîne à la résidence.

LE SEIGNEUR.

Doucement! doucement!

LE JUGE.

Envoyons des messagers! Le drôle n'est pas seul! Il faut le mettre à la question! Il faut découvrir les conjurés. Il faut faire marcher des régiments. Il faut faire une visite domiciliaire.

LE SEIGNEUR.

Doucement.... Schnaps, quelles farces jouez-vous?

SCHNAPS.

Oui certes, de vraies farces.

LE SEIGNEUR.

D'où viennent ces habits? Vite! Je sais déjà....

SCHNAPS.

Vous ne pouvez savoir, monseigneur, que j'ai hérité ces habits, avec tout l'équipement militaire, d'un pauvre diable....

LE SEIGNEUR.

Hérité! Vous avez plutôt coutume de voler.

SCHNAPS.

Écoutez-moi!

MARTIN.

Que va-t-il dire?

SCHNAPS.

Quand le dernier transport de prisonniers français traversa la ville....

LE SEIGNEUR.

Eh bien?

SCHNAPS.

Je me suis faufilé par curiosité.

LE SEIGNEUR.

Après?

SCHNAPS.

Dans une auberge du faubourg resta un pauvre diable, qui était fort malade.

LE JUGE.

Ce n'est sûrement pas vrai.

SCHNAPS.

Je pris soin de lui, et.... il mourut.

LE SEIGNEUR.

C'est très-vraisemblable.

SCHNAPS.

Il me légua ses effets pour la peine que j'avais prise....

LE SEIGNEUR.

De le tuer.

SCHNAPS.

Consistant en cet habit et ce sabre.

LE SEIGNEUR.

Et le bonnet ? la cocarde ?

SCHNAPS.

Je les trouvai dans son havre-sac, parmi de vieilles guenilles.

LE SEIGNEUR.

C'est là que vous trouvâtes votre brevet de général ?

SCHNAPS.

Je vins ici et je rencontrai ce nigaud de Martin....

MARTIN.

Ce nigaud de Martin ? L'impudent !

SCHNAPS.

Par malheur je n'ai réussi qu'à moitié : je n'ai pu manger l'excellent laitage que j'avais trempé. J'ai eu là-dessus une petite querelle avec George....

LE SEIGNEUR.

Sans détours ! Est-ce la pure vérité, ce que vous dites ?

SCHNAPS.

Informez-vous dans la ville : j'indiquerai l'endroit où j'ai vendu le havre-sac. J'ai apporté ici ces hardes dans ma trousse de barbier.

LE SEIGNEUR.

Tout s'arrangera.

LE JUGE.

Ne le croyez pas.

LE SEIGNEUR.

Je sais ce que j'ai à faire. Si tout se trouve vrai, il ne faut pas faire de bruit d'une pareille bagatelle. Cela ne ferait qu'exciter la crainte et la défiance dans un pays tranquille. Nous n'avons rien à craindre. Enfants, aimez-vous, cultivez bien vos champs, et tenez bien votre ménage !

ROSE.

C'est notre affaire.

GEORGE.

Nous nous en tiendrons là.

LE SEIGNEUR.

Et vous, bon vieillard, mettez votre gloire à bien connaître la nature du pays et les saisons, et réglez vos semailles et vos moissons en conséquence. Laissez les pays étrangers arranger eux-mêmes leurs affaires, et n'observez tout au plus l'horizon politique que les dimanches et les jours de fête.

MARTIN.

Ce sera sans doute le meilleur.

LE SEIGNEUR.

Que chacun commence par soi, et il trouvera beaucoup à faire ; que l'on mette à profit le temps de paix qui nous est accordé ; que l'on se procure à soi et aux siens de légitimes avantages : on contribuera de la sorte au bien général.

LE JUGE, *qui, dans l'intervalle, a témoigné son impatience, prend la parole brusquement, comme pour interrompre le seigneur.*

Mais l'affaire n'en peut absolument rester là ! Songez aux conséquences ! Une pareille chose resterait impunie !...

LE SEIGNEUR.

Calmez-vous. Des ordres intempestifs, des punitions intempestives ne servent qu'à faire éclater le mal. Dans un pays où le prince ne se dérobe à personne ; où toutes les classes ont de la bienveillance les unes pour les autres ; où personne n'est empêché d'exercer son activité à sa manière ; où les idées et les connaissances utiles sont généralement répandues : là il ne peut se former des partis. Ce qui se passe dans le monde excitera l'attention ; mais les sentiments séditieux de nations entières n'auront aucune influence. Dans notre État paisible, nous serons reconnaissants de voir sur nos têtes un ciel serein, tandis que de malheureuses tempêtes dévastent d'immenses contrées.

ROSE.

Comme on vous écoute avec plaisir !

GEORGE.

C'est vrai, Rose !... Parlez encore, monseigneur !

LE SEIGNEUR.

J'ai tout dit. (*Il fait avancer Schnaps.*) Et n'est-ce pas déjà beaucoup, que nous ayons pu rire un moment de cette cocarde, de ce bonnet et de cet habit, qui ont fait tant de mal dans le monde ?

ROSE.

Oui, il a une bien drôle de mine M. Schnaps !

GEORGE.

Oui, bien ridicule !

SCHNAPS.

Il faut que j'en passe par là. (*Il lorgne le laitage.*) Si seulement, avant ma retraite, j'osais m'adjuger l'autre moitié de la contribution patriotique !

ROSE.

Vous n'aurez pas cette satisfaction.

FIN DU CITOYEN GÉNÉRAL.

LES RÉVOLTÉS

DRAME POLITIQUE EN CINQ ACTES

PERSONNAGES.

LA COMTESSE.
FRÉDÉRIQUE, sa fille.
CHARLES, son fils (enfant).
LE BARON, cousin de la comtesse.
LE CONSEILLER.
BRÊME DE BREMENFELD, chirurgien.
CAROLINE, fille de Brême.
LOUISE, nièce de Brême.
LE GOUVERNEUR du jeune comte.
LE BAILLI.
JACQUES, jeune paysan et chasseur.
MARTIN,
ALBERT, } paysans.
PIERRE,
GEORGE, domestique de la comtesse.

LES RÉVOLTÉS.

DRAME POLITIQUE EN CINQ ACTES[1].

ACTE PREMIER.

Le logement du chirurgien. — Une chambre ordinaire; à la cloison, les portraits d'un bourgeois et de sa femme, dans le costume qu'on portait cinquante ou soixante ans auparavant[2].

SCÈNE I.

LOUISE, CAROLINE. *Louise tricote auprès d'une table, à la clarté d'une chandelle; Caroline est endormie vis-à-vis, dans un grand fauteuil.*

LOUISE, *tenant en l'air un bas qu'elle vient d'achever.*

Encore un bas! Je voudrais à présent que mon oncle revînt à la maison, car je n'ai pas envie d'en commencer un autre. (*Elle se lève et va à la fenêtre.*) Il tarde aujourd'hui d'une manière extraordinaire : il a coutume de rentrer vers onze heures, et il est déjà minuit. (*Elle retourne à la table.*) Ce que la Révolution

---

1. Gœthe a écrit cette pièce en prose. Elle est incomplète. Les lacunes sont remplies par une brève analyse, qui est de Gœthe lui-même. La tendance est la même que celle du *Citoyen général*.
2. La scène se passe vers 1789 : il s'agit donc du costume de 1730 à 1740.

française fait de bien ou de mal, je n'en puis juger : je sais seulement qu'elle me rapporte cet hiver quelques paires de bas de plus. Les heures, qu'il faut que je veille et attende le retour de M. Brême à la maison, je les aurais passées à dormir, comme maintenant à tricoter, et lui, il les passe à bavarder, comme il les passait à dormir.

CAROLINE, *en rêvant.*

Non, non.... mon père.

LOUISE, *s'approchant du fauteuil.*

Qu'y a-t-il, chère cousine ?... Elle ne répond pas !... Que peut-elle avoir, cette bonne enfant ? Elle est inquiète et silencieuse ; la nuit, elle ne dort pas, et maintenant, qu'elle s'est assoupie de fatigue, elle parle en rêve. Mes soupçons seraient-ils fondés ? Le baron aurait-il fait sur elle, dans ce peu de jours, une impression si vive et si forte ? (*A l'avant-scène.*) Cela te surprend, Louise, et n'as-tu pas appris toi-même comme l'amour agit, comme il est prompt, comme il est fort !

SCÈNE II.

LES PRÉCÉDENTS, GEORGE.

GEORGE, *vivement, avec angoisse.*

Chère demoiselle, donnez-moi vite, vite....

LOUISE.

Quoi donc, George ?

GEORGE.

Donnez-moi la bouteille....

LOUISE.

Quelle bouteille ?

GEORGE.

Monsieur votre oncle m'a dit que vous deviez me donner vite la bouteille.... Elle est dans la chambre, en haut, sur la tablette à main droite.

LOUISE.

Il y en a plusieurs : que doit-elle contenir ?

GEORGE.

De l'esprit.

LOUISE.

Il y a toutes sortes d'esprits. Ne s'est-il pas mieux expliqué?... Pourquoi donc cela?...

GEORGE.

Il l'a bien dit, mais j'étais si effrayé! Ah! le jeune monsieur....

CAROLINE, *qui s'éveille en sursaut.*

Qu'y a-t-il?... Le baron?...

LOUISE.

Le jeune comte.

GEORGE.

Hélas! le jeune comte....

CAROLINE.

Que lui est-il arrivé?

GEORGE.

Donnez-moi l'esprit.

LOUISE.

Dis seulement ce qui est arrivé au jeune comte : je saurai bien de quelle bouteille mon oncle a besoin.

GEORGE.

Ah! le cher enfant! Que dira Mme la comtesse, si elle arrive demain? Comme elle va nous gronder!

CAROLINE.

Parle donc!

GEORGE.

Il est tombé, la tête contre le coin d'une table; il a le visage tout en sang. Qui sait même si l'œil n'est pas blessé?

LOUISE. *Elle allume une bougie et sort.*

A présent, je sais ce qu'il vous faut.

CAROLINE.

Si tard! Comment cela s'est-il fait?

GEORGE.

Chère demoiselle, il y a longtemps que je n'attendais rien de bon. Votre père et le gouverneur passent toutes leurs soirées chez le vieux pasteur, et lisent les gazettes et les journaux, et disputent et n'en peuvent finir; il faut que le pauvre enfant soit de la partie; il se retire dans un coin, quand il se fait tard, et il s'endort, et, quand ils partent, l'enfant, assoupi, les suit en chancelant. Et aujourd'hui.... vous voyez.... il vient de sonner minuit.... ils ont passé toutes les bornes, et moi j'attends à la maison et je brûle de la chandelle, et les autres sont là pour le gouverneur et le jeune monsieur; et votre père et le gouverneur s'arrêtent devant le pont du château et n'ont jamais tout dit.... (*Louise revient avec la bouteille.*) Et l'enfant arrive à tâtons dans la salle et m'appelle, et je me lève en sursaut, et je veux allumer les chandelles, comme je fais toujours, et, comme je suis assoupi, j'éteins la mienne. Pendant ce temps, l'enfant monte l'escalier à tâtons, et dans le vestibule sont les chaises et les tables, que nous voulons placer demain matin dans les chambres; l'enfant ne le sait pas, il marche droit devant lui, se heurte, tombe : nous l'entendons crier; je fais du bruit; je fais de la lumière, et, quand nous arrivons en haut, nous le trouvons tombé tout de son long, presque sans connaissance. Il a le visage tout en sang. S'il a perdu un œil, si ça devient dangereux, je pars demain matin, avant que Mme la comtesse arrive : en réponde qui voudra !

LOUISE, *qui, dans l'intervalle, a pris dans un tiroir quelques petits paquets de linge, et les donne à George avec la bouteille.*

Voilà! vite, porte cela au château, et prends aussi ces chiffons. J'y vais moi-même à l'instant. Dieu veuille que le mal ne soit pas si grave! Vite, George! vite! (*George s'en va.*) Tiens de l'eau chaude prête, pour le moment où mon oncle rentrera et demandera son café. Je veux y courir. Ce serait affreux, si nous devions recevoir de la sorte notre bonne comtesse. Combien n'a-t-elle pas recommandé au gouverneur, combien ne m'a-t-elle pas aussi recommandé l'enfant avant son départ! Hélas! il m'a fallu voir qu'on l'a fort négligé tout ce temps; qu'on a d'ordinaire négligé son premier devoir. (*Elle sort.*)

SCÈNE III.

CAROLINE, *puis* LE BARON.

CAROLINE, *après s'être promenée quelque temps en rêvant.*

Il ne me quitte pas un moment : même en rêve, je le voyais encore. Oh! si je pouvais croire son cœur et ses vues aussi honnêtes que sont charmants et séduisants ses regards et sa conduite! Hélas! et la manière dont il sait tout dire!... Comme il s'exprime noblement! Que l'on dise ce qu'on voudra : ils sont grands les avantages que donne à un homme de noble naissance une éducation conforme à son rang. Ah! si j'étais son égale!

LE BARON, *à la porte.*

Êtes-vous seule, bonne Caroline?

CAROLINE.

Monsieur le baron, d'où venez-vous? Éloignez-vous! Si mon père arrivait! Ce n'est pas bien de me surprendre ainsi.

LE BARON.

L'amour, qui m'amène, sera aussi mon intercesseur auprès de vous, adorable Caroline! (*Il veut l'embrasser.*)

CAROLINE.

Retirez-vous, monsieur le baron! Vous êtes bien hardi! D'où venez-vous?

LE BARON.

Un cri m'éveille : je descends à la hâte, et je trouve que mon neveu est tombé et s'est fait une contusion. Je trouve votre père occupé autour de l'enfant; votre cousine arrive aussi; je vois qu'il n'y a point de danger, et je me dis : « Caroline est seule! » Et, à chaque occasion, qui peut me venir à la pensée si ce n'est Caroline? Les moments sont précieux, belle, aimable enfant! Avouez-moi, dites-moi que vous m'aimez. (*Il veut l'embrasser.*)

CAROLINE.

Encore une fois, monsieur le baron, laissez-moi, et sortez de la maison!

LE BARON.

Vous avez promis de me voir aussitôt que possible, et maintenant vous voulez m'éloigner?

CAROLINE.

J'ai promis de me trouver demain, au lever du soleil, dans le jardin; de me promener avec vous, pour jouir de votre société : je ne vous ai pas invité ici.

LE BARON.

Mais l'occasion....

CAROLINE.

Je ne l'ai pas fait naître.

LE BARON.

Mais j'en profite : pouvez-vous m'en blâmer?

CAROLINE.

Je ne sais ce que je dois penser de vous.

LE BARON.

Vous aussi.... permettez-moi de vous l'avouer franchement.... vous aussi, je ne vous reconnais pas.

CAROLINE.

En quoi donc suis-je si fort changée?

LE BARON.

Pouvez-vous encore le demander?

CAROLINE.

Il le faut bien : je ne vous comprends pas.

LE BARON.

Dois-je parler?

CAROLINE.

Si vous voulez que je comprenne.

LE BARON.

Eh bien, depuis trois jours que je vous connais, n'avez-vous pas cherché toutes les occasions de me voir et de me parler?

CAROLINE.

Je ne le nie pas.

LE BARON.

Chaque fois que j'ai porté les yeux sur vous, ne m'avez-vous pas répondu par vos regards? et quels regards!

CAROLINE, *avec embarras*.

Je ne peux voir mes regards.

LE BARON.

Mais sentir ce qu'ils signifient.... A la danse, quand je vous ai pressé la main, n'avez-vous pas pressé la mienne?

CAROLINE.

Je ne m'en souviens pas.

LE BARON.

Vous avez peu de mémoire, Caroline. Lorsque nous valsions sous le tilleul, et que je vous ai pressée tendrement contre moi, Caroline ne m'a pas repoussé.

CAROLINE.

Monsieur le baron, vous vous êtes mal expliqué ce qu'une bonne jeune fille sans expérience....

LE BARON.

M'aimes-tu?

CAROLINE.

Encore une fois, laissez-moi! Demain matin....

LE BARON.

Je dormirai profondément.

CAROLINE.

Je vous dirai....

LE BARON.

Je n'entendrai rien.

CAROLINE.

Eh bien, laissez-moi.

LE BARON, *s'éloignant.*

Oh! je suis fâché d'être venu.

CAROLINE, *seule, après avoir fait un mouvement, comme pour retenir le baron.*

Il s'en va : je dois le renvoyer; je n'ose le retenir. Je l'aime et je dois l'écarter. J'ai été imprudente et je suis malheureuse. Elles sont évanouies mes espérances de cette belle matinée; ils sont bien loin les songes dorés dont j'osai me nourrir. Oh! qu'il faut peu de temps pour changer notre sort.

SCÈNE IV.

CAROLINE, BRÊME.

CAROLINE.

Cher père, comment va-t-il? Que fait le jeune comte?

BRÊME.

C'est une forte contusion; mais j'espère que la lésion ne sera pas dangereuse. Je ferai une excellente cure, et, à l'avenir, chaque fois que M. le comte se regardera au miroir, en voyant la cicatrice, il se souviendra de son habile chirurgien, son Brême de Bremenfeld.

CAROLINE.

Pauvre comtesse! si seulement elle n'arrivait pas dès demain!

BRÊME.

Tant mieux! Si elle voit de ses yeux le mauvais état du malade, elle sentira, quand la cure sera terminée, d'autant plus de respect pour mon art. Il faut que les personnes de qualité sachent aussi qu'elles et leurs enfants sont des hommes ; on ne peut assez leur faire sentir combien est respectable un homme, et surtout un chirurgien, qui les assiste dans leurs souffrances, auxquelles elles sont sujettes comme tous les enfants d'Adam. Je te le dis, mon enfant, un chirurgien est l'homme le plus respectable de la terre entière. Le théologien te délivre du péché qu'il a inventé lui-même ; le jurisconsulte te gagne ton procès, et réduit à la besace ta partie adverse, dont le droit était égal au tien ; le médecin te guérit d'une maladie et t'en donne une autre, et tu ne peux jamais savoir s'il t'a fait du bien ou du mal : mais le chirurgien te délivre d'un mal réel, que tu t'es attiré toi-même, ou qui t'a surpris par accident, et sans qu'il y ait de ta faute ; il te rend service, il ne nuit à personne, et tu peux te convaincre d'une manière incontestable que son traitement a réussi.

CAROLINE, *d'une voix triste.*

Tout comme quand il n'a pas réussi.

BRÊME.

Cela t'apprend à distinguer le charlatan du maître. Réjouis-toi, ma fille, d'avoir un tel maître pour père ! Pour un enfant bien né, rien n'est plus doux que de mettre sa joie dans ses parents et ses ancêtres.

CAROLINE, *toujours tristement.*

C'est ce que je fais, mon père.

BRÊME, *la contrefaisant.*

Tu le fais, ma fillette, d'un air triste et d'un ton larmoyant.... Cela ne témoigne pas trop de joie.

CAROLINE.

Ah ! mon père !

BRÊME.

Qu'as-tu, mon enfant ?

CAROLINE.

Il faut que je vous le dise tout de suite.

BRÊME.

Quoi donc ?

CAROLINE.

Vous savez que le baron s'est montré, ces jours-ci, très-amical et très-tendre avec moi; je vous l'ai dit aussitôt et vous ai demandé conseil.

BRÊME.

Tu es une excellente fille, digne de figurer comme une princesse, une reine.

CAROLINE.

Vous m'avez conseillé d'être sur mes gardes, de m'observer moi-même, mais de l'observer aussi; de ne point me compromettre, mais aussi de ne pas repousser la fortune, si elle venait me chercher. Je me suis comportée avec lui de telle sorte que je n'ai aucun reproche à me faire; mais lui....

BRÊME.

Parle, mon enfant, parle....

CAROLINE.

Oh! c'est affreux! Quelle audace! quelle témérité!...

BRÊME.

Eh bien?... (*Après une pause.*) Ne me dis rien, ma fille! Tu me connais : je suis d'un tempérament bouillant, un vieux soldat; je ne pourrais me contenir; je ferais un coup de tête.

CAROLINE.

Vous pouvez, mon père, l'entendre sans vous fâcher, et je puis le dire sans rougir. Il a mal interprété mes manières affables, et, pendant votre absence, après que Louise eut couru au château, il s'est glissé ici dans la maison. Il s'est montré téméraire, mais je lui ai appris son devoir. Je l'ai chassé, et je puis dire que, depuis cet instant, mes sentiments à son égard sont changés. Il me semblait aimable, quand il était bon, quand je pouvais croire qu'il avait sur moi des vues honnêtes : maintenant, il me semble pire que tout autre. Je vous conterai tout, je vous avouerai tout, comme jusqu'à présent, et je m'en remettrai entièrement à vos conseils.

BRÊME.

Quelle fille! quelle excellente fille! Oh! je suis un père digne d'envie! Attendez, monsieur le baron, attendez! Nous lâcherons les chiens, et ils fermeront aux renards l'entrée de la volière. Je consens à ne plus m'appeler Brême, à ne pas mériter le nom de Bremenfeld, si tout ne change pas bientôt.

CAROLINE.

Ne vous fâchez pas, mon père.

BRÊME.

Tu me rends une nouvelle vie, ma fille; oui, continue d'honorer ta condition par ta vertu; ressemble en toutes choses à ton excellente bisaïeule, feu Mme la bourgmestre de Bremenfeld. Cette digne femme fut, par sa modestie, l'honneur de son sexe, et, par son esprit, l'appui de son époux. Regarde son portrait chaque jour, chaque heure; imite-la, et deviens respectable comme elle. (*Caroline regarde le portrait et rit.*) Qu'est-ce qui te fait rire, ma fille?

CAROLINE.

Je veux bien imiter ma bisaïeule dans toutes ses vertus, pourvu que ne je doive pas m'habiller comme elle. (*Elle rit.*) Ha! ha! ha! Voyez-vous, chaque fois que je regarde ce portrait, il faut que je rie, quoique je l'aie tous les jours devant les yeux. Ha! ha! ha! Voyez donc ce bonnet, qui s'écarte de la tête comme des ailes de chauve-souris.

BRÊME.

Eh bien! eh bien! de son temps, personne n'en riait : et qui sait comme on rira de vous par la suite, quand on vous verra en peinture? car vous êtes bien rarement vêtues et coiffées de sorte que je puisse dire (bien que tu sois ma jolie fille) : « Elle me plaît ainsi! » Égale en vertus cette excellente femme, et habille-toi avec un meilleur goût; à cela je n'ai rien à reprendre; bien entendu, comme on dit, que le bon goût ne soit pas plus cher que le mauvais. Au reste, je serais d'avis que tu allasses te coucher, car il est tard.

CAROLINE.

Ne voulez-vous pas encore prendre votre café? L'eau bout; il sera fait à l'instant.

BRÊME.

Borne-toi à tout préparer : mets la poudre dans la cafetière; j'y verserai moi-même l'eau bouillante.

CAROLINE.

Bonne nuit, mon père.

BRÊME.

Dors bien, mon enfant. (*Caroline sort.*)

SCÈNE V.

BRÊME, *seul.*

Faut-il que ce malheur soit arrivé justement cette nuit! J'avais tout arrangé pour le mieux : j'avais divisé mon temps comme un véritable praticien. Nous avions jasé ensemble jusque vers minuit; tout était tranquille; après cela, je voulais prendre ma tasse de café; mes amis, convoqués, devaient se rendre chez moi pour notre secrète conférence. A présent, le diable s'en mêle. Tout est en mouvement; on veille au château pour mettre des compresses à l'enfant. Qui sait où le baron va rôder pour guetter ma fille? Je vois de la lumière chez le bailli, ce maudit coquin, que je crains plus que tout le reste. Si nous sommes découverts, la plus grande, la plus belle, la plus sublime pensée, qui doit exercer de l'influence sur ma patrie tout entière, peut être étouffée à sa naissance. (*Il regarde à la fenêtre.*) J'entends venir quelqu'un! Les dés sont jetés : il s'agit de poser les dames. Un vieux soldat ne doit s'effrayer de rien. N'ai-je donc pas été à l'école du grand, de l'invincible Frédéric?

SCÈNE VI.

BRÊME, MARTIN.

BRÊME.

Est-ce vous, compère Martin?

MARTIN.

Oui, cher compère Brême, c'est moi. Je me suis levé tout doucement, comme la cloche sonnait minuit, et je suis venu; mais j'ai encore entendu faire du tapage et aller et venir, et j'ai fait doucement quelques tours de jardin, en attendant que tout fût tranquille. Dites-moi, je vous prie, compère Brême, quel est votre dessein, pour nous réunir chez vous si avant dans la nuit. Ne pourrions-nous pas faire de jour?

BRÊME.

Vous saurez tout; ayez seulement patience, jusqu'à ce que tous les autres soient arrivés.

MARTIN.

Qui donc doit venir encore?

BRÊME.

Tous nos bons amis, tous les gens capables. Après vous, qui êtes le maire de l'endroit, viendront encore Pierre, le maire de Rosenhahn, et Albert, le maire de Wiesengrouben. J'espère que nous verrons aussi Jacques, qui possède ce joli franc-alleu. Alors seront réunies assez de personnes distinguées et raisonnables pour être en état d'exécuter quelque chose.

MARTIN.

Compère Brême, vous êtes un homme singulier : tout vous est égal, la nuit et le jour, le jour et la nuit, l'été et l'hiver.

BRÊME.

Oui, et, s'il n'en était pas ainsi, rien n'irait comme il faut. Veiller ou dormir, cela m'est parfaitement égal. Après la bataille de Leuthen, où nos hôpitaux se trouvaient en mauvais état, ils se seraient trouvés assurément dans un état bien pire encore, si, dans ce temps-là, Brême n'avait pas été un jeune et robuste gaillard. Il y avait là force blessés, force malades, et tous les chirurgiens étaient vieux et harassés ; mais Brême, jeune et vigoureux compagnon, était prêt jour et nuit. Je vous dis, compère, que j'ai veillé toute une semaine sans dormir pendant le jour. Il le remarqua aussi le vieux Fritz[1], qui savait tout ce qu'il voulait savoir. « Écoute, Brême, dit-il un jour, comme il visitait l'hôpital en propre personne, écoute, Brême, on dit que tu es malade d'insomnie.... » Je vis bien où il en voulait venir, car tous les autres étaient là ; je me recueillis et je dis : « Sire, c'est une maladie que je souhaite à tous vos serviteurs ; et, comme elle ne laisse aucune fatigue, et que je puis encore faire mon service pendant le jour, j'espère que Votre Majesté ne me fera pas subir pour cela sa disgrâce. »

MARTIN.

Hé! hé! comment donc le roi prit-il cela?

BRÊME.

Il parut tout à fait sérieux ; mais je vis bien que cela lui plut. « Brême, dit-il, à quoi donc passes-tu le temps? » Je repris

---

1. Nous conservons la forme familière, au lieu de *Frédéric*.

courage et je dis : « Je pense à ce que Votre Majesté a fait et fera encore ; et je pourrais atteindre l'âge de Mathusalem, et veiller toujours, sans parvenir au bout de mes pensées. » Alors il fit semblant de ne pas entendre, et passa plus loin. Mais voilà que, environ huit ans après, il arrêta encore les yeux sur moi à la revue. « Veilles-tu toujours, Brême? cria-t-il. — Sire, répliquai-je, Votre Majesté ne nous laisse pas plus de repos dans la paix que dans la guerre. Vous faites toujours de si grandes choses, que le plus habile en est confondu. »

MARTIN.

Ainsi donc, compère, vous avez parlé au roi? Osait-on, comme cela, lui parler?

BRÊME.

Sans doute on osait comme cela et bien autrement encore, car il savait tout au mieux. L'un était pour lui comme l'autre, et le paysan lui tenait surtout au cœur. « Je sais bien, disait-il à ses ministres, s'ils voulaient lui faire telle ou telle objection, que les riches ont beaucoup d'avocats ; mais les pauvres n'en ont qu'un seul, et c'est moi. »

MARTIN.

Oh! que ne l'ai-je pu voir aussi!

BRÊME.

Silence! J'entends quelque chose. Ce seront nos amis. Justement! Pierre et Albert.

SCÈNE VII.

LES PRÉCÉDENTS, PIERRE, ALBERT.

BRÊME.

Bienvenus!... Jacques n'est-il pas avec vous?

PIERRE.

Nous nous étions donné rendez-vous aux trois tilleuls, mais il nous a fait trop attendre, et nous sommes venus seuls.

ALBERT.

Qu'avez-vous de neuf à nous dire, maître Brême? Est-il venu quelque chose de Wetzlar? Le procès avance-t-il?

BRÊME.

C'est justement parce qu'il n'est rien venu, et parce que, s'il était venu quelque chose, cela n'aurait pas grande importance, que j'ai voulu vous faire part de mes idées. En effet, vous savez bien que je m'intéresse aux affaires de tous, mais non publiquement, du moins jusqu'ici, car il ne faut pas que je me brouille tout à fait avec la seigneurie.

PIERRE.

Oui, nous ne voudrions pas non plus nous brouiller avec elle, si elle agissait seulement d'une manière un peu supportable.

BRÊME.

Je voulais vous dire.... Si seulement Jacques était là, afin que nous fussions tous réunis, et que je n'eusse rien à répéter et que nous fussions d'accord!...

ALBERT.

Jacques? Il vaut presque mieux qu'il n'y soit pas. Je ne me fie guère à lui : il a le franc-alleu, et, quoiqu'il ait pour les cens le même intérêt que nous, la route ne le regarde pas, et, dans tout le procès, il s'est montré beaucoup trop nonchalant.

BRÊME.

A la bonne heure. Asseyez-vous et écoutez-moi. (*Ils s'asseyent.*)

MARTIN.

Je suis bien curieux d'entendre.

BRÊME.

Vous savez que, depuis quarante ans, les communes ont avec la seigneurie un procès, qui, par de longs détours, est enfin arrivé à Wetzlar, et qu'il ne peut trouver le chemin pour en revenir. Le seigneur réclame des corvées et d'autres services, que vous refusez, et que vous refusez à bon droit, car il a été conclu un compromis avec le grand-père de notre jeune comte (Dieu le garde!), qui s'est fait cette nuit, en tombant, une terrible bosse.

MARTIN.

Une bosse?

PIERRE.

Cette nuit même?

ALBERT.

Comment cela est-il arrivé?

MARTIN.

Pauvre cher enfant!

BRÊME.

Je vous conterai cela plus tard : à présent, écoutez la suite. Ce compromis arrêté, les communes abandonnèrent à la seigneurie quelque peu de bois, quelques prairies, quelques pâturages et d'autres bagatelles, qui étaient pour vous sans importance et très-utiles à la seigneurie ; car on voit que le vieux comte était un maître avisé, mais aussi un bon maître. Vivre et laisser vivre était sa maxime. Il affranchissait en échange les communes de quelques corvées, dont il pouvait se passer, et....

ALBERT.

Ce sont les corvées que nous sommes encore obligés de faire.

BRÊME.

Et il vous fit quelques avantages....

MARTIN.

Dont nous ne jouissons pas encore.

BRÊME.

Justement, parce que le comte mourut. La seigneurie se mit en possession de ce qui lui était accordé ; la guerre éclata, et les vassaux durent faire plus encore qu'ils n'avaient fait auparavant.

PIERRE.

C'est exactement ainsi : je l'ai entendu plus d'une fois de la bouche des avocats.

BRÊME.

Et je le sais mieux que l'avocat ; car je vois plus loin. Le fils du comte, le seigneur défunt, devint majeur vers ce temps-là. C'était, par Dieu, un terrible et méchant diable, qui ne voulait rien céder, et vous maltraitait indignement. Il était en possession ; le compromis avait disparu, et l'on ne pouvait en trouver trace.

ALBERT.

Si nous n'avions pas la copie, que notre défunt pasteur nous a faite, à peine en saurions-nous quelque chose.

BRÊME.

Cette copie est votre bonheur et votre malheur. Cette copie est parfaitement valable devant tout homme juste : devant un tribunal elle ne vaut rien. Si vous n'aviez pas cette copie, vous seriez indécis dans cette affaire ; si l'on n'avait pas présenté ce document à la seigneurie, on ne saurait pas comme elle est injuste.

MARTIN.

Mais vous devez être juste aussi : la comtesse reconnaît qu'il y a beaucoup à dire pour nous ; seulement, elle se refuse à passer la transaction, parce qu'elle ne prend pas sur elle de conclure une pareille affaire pendant la minorité de son fils.

ALBERT.

Pendant la minorité de son fils ! N'a-t-elle pas fait ajouter une aile au château, que peut-être il n'habitera de ses jours ? car il ne se plaît pas dans ce pays.

PIERRE.

Et surtout à présent qu'il s'y est fait une bosse.

ALBERT.

N'a-t-elle pas fait établir le grand jardin et les cascades, ce qui l'a obligée à vendre une couple de moulins ? Elle prend bien sur elle de faire tout cela pendant la minorité ; mais ce qui est juste, équitable, elle n'ose pas se le permettre.

BRÊME.

Albert, tu es un brave homme ; j'aime à entendre parler ainsi, et j'avoue que, si je dois à notre gracieuse comtesse maints avantages, et me reconnais, en conséquence, son très-humble serviteur, je voudrais bien aussi imiter mon roi et me faire votre avocat.

PIERRE.

Ce serait fort bien : faites seulement que notre procès soit bientôt fini.

BRÊME.

Je n'y puis rien : c'est à vous d'agir.

PIERRE.

Comment faudrait-il s'y prendre ?

BRÊME.

Vous autres bonnes gens, vous ne savez pas que tout progresse dans le monde, que ce qui était impossible il y a dix ans est possible aujourd'hui ; vous ne savez pas tout ce qu'on entreprend maintenant, tout ce qu'on exécute.

MARTIN.

Oh! oui, nous savons qu'il se passe maintenant en France d'étranges choses.

PIERRE.

Étranges et abominables!

ALBERT.

Étranges et bonnes!

BRÊME.

Fort bien, Albert! Il faut choisir le meilleur. Voici donc mon avis : ce qu'on ne peut obtenir amiablement, on doit le prendre de force.

MARTIN.

Serait-ce là le meilleur?

ALBERT.

Sans doute.

PIERRE.

Je ne crois pas.

BRÊME.

Je dois vous le dire, mes enfants : maintenant ou jamais!

ALBERT.

Vous n'avez pas besoin de tant nous prêcher, nous autres de Wiesengrouben; nous sommes prêts et dispos. Dès longtemps nos gens voulaient se révolter; mais je les en ai constamment détournés, parce que M. Brême disait toujours qu'il n'était pas temps encore, et c'est un homme habile, en qui j'ai confiance.

BRÊME.

Grand merci, compère, et, je vous le dis, il en est temps à présent.

ALBERT.

Je le crois aussi.

PIERRE.

Ne le trouvez pas mauvais, mais je ne vois pas cela; car, de savoir quand il est bon de saigner, de purger, de ventouser, cela est marqué dans l'almanach, et je puis me régler en conséquence; mais, si c'est juste le bon moment pour se révolter, je crois que cela est beaucoup plus difficile à dire.

BRÊME.

C'est à nous autres de le savoir.

ALBERT.

Sans doute, vous le savez.

PIERRE.

Mais dites-moi donc d'où vient proprement que vous le savez mieux que d'autres habiles gens.

BRÊME, *avec gravité.*

Premièrement, mon ami, parce que, depuis mon grand-père, ma famille a déjà montré les plus grandes lumières politiques. Ce portrait vous représente mon grand-père, Hermann Brême de Bremenfeld, qui, pour ses grands et excellents mérites, fut élevé à la dignité de bourgmestre de sa ville natale, à laquelle il rendit les plus grands et les plus importants services. Sa mémoire y est encore en honneur et en bénédiction, bien que de méchants et médisants poëtes dramatiques n'aient pas traité avec beaucoup d'égards ses grands talents et certaines singularités qu'il pouvait avoir. Sa profonde connaissance de toute la situation politique et militaire de l'Europe ne lui a pas été contestée même par ses ennemis.

PIERRE.

C'était un joli homme; il paraît fort bien nourri.

BRÊME.

A la vérité, il coula des jours plus tranquilles que son petit-fils.

MARTIN.

N'avez-vous pas aussi le portrait de votre père?

BRÊME.

Hélas! non. Mais, je dois vous le dire, quand la nature produisit mon père, Jost Brême de Bremenfeld, elle recueillait ses forces, pour orner votre ami de facultés par lesquelles il désire de vous être utile. Mais me préserve le ciel de vouloir m'élever au-dessus de mes ancêtres! Les choses nous sont rendues maintenant bien plus faciles, et nous pouvons, avec des dons naturels inférieurs, jouer un grand rôle.

MARTIN.

Pas si modeste, compère!

BRÊME.

C'est la pure vérité. N'y a-t-il pas maintenant une foule de gazettes, de journaux et de feuilles volantes, pour nous instruire et pour exercer notre esprit? Si mon défunt grand-père avait eu seulement la millième partie de ces secours, il aurait été un tout autre homme. Mais, chers enfants, que vous parlé-je de moi? Le temps passe, et je crains que le jour ne vienne à poindre. Le coq nous avertit de nous renfermer en peu de mots. Avez-vous du courage?

ALBERT.

Moi et les miens nous n'en manquerons pas.

PIERRE.

Parmi les miens, il se trouvera bien quelqu'un pour se mettre à la tête; pour moi, je prie qu'on me dispense de la commission.

MARTIN.

Depuis les deux derniers sermons que le précepteur a faits, parce que le vieux pasteur est malade, tout ce grand village ici est en mouvement.

BRÊME.

Bien! C'est comme cela qu'on avance. J'ai compté que nous pouvons mettre sur pied plus de six cents hommes. Si vous le voulez, tout sera fait dans la nuit prochaine.

MARTIN.

Dans la nuit prochaine?

BRÊME.

Minuit ne sera pas revenu, que vous aurez recouvré tout ce qui vous appartient, et plus encore.

PIERRE.

Si vite? Comment serait-il possible?

ALBERT.

Vite ou jamais.

BRÊME.

La comtesse arrive aujourd'hui : il ne faut pas qu'elle ait le temps de se reconnaître. Présentez-vous seulement devant le château à la nuit tombante, et réclamez vos droits, réclamez une nouvelle expédition de l'ancien compromis; imposez encore quelques petites conditions, que je vous indiquerai; faites-la souscrire, faites-la jurer, et tout sera fini.

PIERRE.

A l'idée d'une pareille violence, je me sens trembler bras et jambes.

ALBERT.

Fou ! Celui qui emploie la violence ne doit pas trembler.

MARTIN.

Mais comme aisément ils peuvent lancer sur nous un régiment de dragons ! Nous n'y devons pas aller si rudement. La troupe, le prince, le gouvernement, nous écraseraient de la belle sorte.

BRÊME.

Tout au contraire. C'est justement sur quoi je me fonde. Le prince sait combien le peuple est opprimé. Il s'est prononcé assez souvent d'une manière énergique et formelle sur l'iniquité de la noblesse, sur la lenteur des procès, sur les chicanes des justiciers et des avocats ; en sorte qu'on peut présumer qu'il ne se fâchera point si l'on se rend justice, puisqu'il en est lui-même empêché.

PIERRE.

Est-ce bien sûr ?

ALBERT.

On en parle dans tout le pays.

PIERRE.

Alors on pourrait, à tout événement, hasarder quelque chose.

BRÊME.

Comment vous devez vous mettre à l'œuvre, comment, avant toute chose, vous devez vous défaire de l'abominable justicier, et sur qui vous devrez encore avoir les yeux ouverts, c'est ce que vous saurez avant le soir. Faites vos préparatifs, animez vos gens, et venez me joindre, ce soir à six heures, vers la fontaine des Seigneurs. Jacques n'est pas encore arrivé, et cela le rend suspect : il vaut mieux qu'il ne soit pas venu. Surveillez-le, afin que du moins il ne nous nuise pas. Il saura bien prendre part aux avantages que nous remporterons. Il fait jour : adieu, et dites-vous seulement que ce qui doit se faire est déjà fait. La comtesse revient justement de Paris, où elle a vu et entendu tout ce que nous lisons avec tant d'admiration : peut-être apporte-t-elle déjà elle-même des sentiments plus doux, si elle a appris ce que des hommes, qui sont trop durement opprimés, peuvent et doivent faire enfin pour défendre leurs droits.

MARTIN.

Adieu, compère! adieu! Au coup de six heures, je serai à la fontaine des Seigneurs.

ALBERT.

Vous êtes un brave homme! Adieu!

BRÊME.

Je célébrerai vos louanges, si la chose réussit.

MARTIN.

Nous ne savons comment vous remercier.

BRÊME, *avec dignité.*

Vous aurez assez d'occasions de m'obliger. Par exemple, le petit capital de deux cents écus, que je dois à l'église, vous pourrez bien me le remettre.

MARTIN.

Nous n'y aurons pas regret.

ALBERT.

Notre commune est riche et fera aussi volontiers quelque chose pour vous.

BRÊME.

Cela se trouvera. Ce joli terrain, qui appartient à la commune, et que le justicier a fait clore de haies et cultiver en jardin, vous en reprendrez possession et me le céderez.

ALBERT.

Nous n'y regarderons pas : nous en sommes déjà consolés.

PIERRE.

Nous ne resterons pas non plus en arrière.

BRÊME.

Vous avez vous-même un beau bien et un joli garçon : je pourrais lui donner ma fille. Je ne suis pas fier, croyez-moi, je ne suis pas fier : j'appellerai volontiers votre fils mon gendre.

PIERRE.

La petite demoiselle est assez jolie, mais elle est élevée un peu trop noblement.

BRÊME.

Non pas noblement, mais sagement. Elle saura s'accommoder à toute condition. Mais là-dessus, il y a bien à dire encore. Adieu, mes amis! Adieu!

TOUS.

Adieu! Adieu!

ACTE DEUXIÈME.

Antichambre de la Comtesse. Au fond, et des deux côtés, sont des portraits de famille, en divers costumes ecclésiastiques et laïques.

SCÈNE I.

LE BAILLI, LOUISE. *Le Bailli entre, et, pendant qu'il cherche des yeux s'il n'y a personne, Louise arrive de l'autre côté.*

LE BAILLI.
Bonjour, mademoiselle! Peut-on parler à Son Excellence? Puis-je mettre à ses pieds mes très-humbles hommages?

LOUISE.
Attendez un moment, monsieur le bailli. Mme la comtesse sortira tout à l'heure. Les fatigues du voyage et la frayeur qui l'a saisie à son arrivée, ont rendu nécessaire quelque repos.

LE BAILLI.
Je la plains de tout mon cœur. Après une si longue absence, après un si pénible voyage, trouver dans un si horrible état son fils unique et chéri! J'avoue que je frissonne, d'y penser seulement. Son Excellence a été sans doute bien émue?

LOUISE.
Vous pouvez facilement vous représenter ce qu'une mère tendre et craintive a dû sentir, lorsqu'elle est descendue de voiture, qu'elle est entrée dans la maison, et qu'elle a observé la confusion; qu'elle a demandé des nouvelles de son fils, et qu'à l'hésitation et à l'embarras de ses gens, elle a pu aisément comprendre qu'il lui était arrivé un accident.

LE BAILLI.
Je la plains du fond de mon cœur. Que fîtes-vous alors?

LOUISE.

Nous dûmes tout conter bien vite, afin qu'elle ne supposât pas quelque chose de plus fâcheux; nous dûmes la conduire auprès de l'enfant, qui était couché, la tête bandée et les habits ensanglantés. Nous n'avions songé qu'aux compresses, et n'avions pu le déshabiller.

LE BAILLI.

Ce dut être un affreux spectacle.

LOUISE.

Elle jeta les yeux sur son fils, poussa un grand cri, et tomba sans connaissance dans mes bras. Quand elle reprit ses sens, elle était inconsolable, et nous eûmes toutes les peines du monde à lui persuader que l'enfant ne s'était fait qu'une forte contusion, qu'il avait saigné du nez, et qu'il n'y avait aucun danger.

LE BAILLI.

Je ne voudrais pas être à la place du gouverneur, qui néglige ainsi cet aimable enfant.

LOUISE.

J'ai admiré la douceur de la comtesse, surtout en le voyant traiter l'accident avec plus de légèreté qu'il ne lui convenait dans ce moment.

LE BAILLI.

Elle est beaucoup trop bonne, beaucoup trop indulgente.

LOUISE.

Mais elle connaît ses gens et observe tout. Elle sait qui la sert honnêtement et fidèlement; elle sait celui qui n'est qu'en apparence son très-humble serviteur; elle connaît les négligents aussi bien que les hypocrites, les imprudents aussi bien que les méchants.

LE BAILLI.

Vous n'en dites pas trop : c'est une excellente dame, mais, justement à cause de cela.... le gouverneur mériterait qu'elle lui donnât tout uniment son congé.

LOUISE.

Dans tout ce qui touche le sort de l'homme, elle procède avec lenteur, comme il sied à un grand. Rien n'est plus redoutable que le pouvoir et la précipitation.

LE BAILLI.
Mais le pouvoir et la faiblesse sont aussi un triste couple.
LOUISE.
Vous ne direz pas de la comtesse qu'elle soit faible.
LE BAILLI.
Dieu préserve un ancien et fidèle serviteur de concevoir une telle pensée! Mais il est bien permis de souhaiter, pour l'avantage de Sa Seigneurie, qu'on agisse quelquefois avec plus de sévérité contre des gens à l'égard desquels la sévérité est nécessaire.
LOUISE.
Madame la comtesse! (*Louise sort.*)

SCÈNE II.

LA COMTESSE, *en négligé*, LE BAILLI.

LE BAILLI.
Votre Excellence a surpris ses serviteurs d'une agréable manière, quoique inattendue, et nous regrettons seulement qu'à son arrivée madame la comtesse ait été effrayée par un si triste spectacle. Nous avions fait tous les préparatifs pour la réception de Votre Excellence; en effet, les branches de sapin pour l'arc de triomphe sont déjà dans la cour; toutes les communes réunies voulaient faire la haie auprès de la voiture et vous recevoir avec des cris de joie, et déjà chacun se réjouissait de mettre ses habits de fête pour une occasion si solennelle, et de se parer soi et ses enfants.

LA COMTESSE.
Je suis charmée que ces bonnes gens ne se soient pas rangés des deux côtés du chemin : il m'aurait été impossible de leur faire bon visage, et à vous moins qu'à tout autre, monsieur le bailli.

LE BAILLI.
Comment donc? En quoi avons-nous encouru la disgrâce de Votre Excellence?

LA COMTESSE.
Je ne puis le nier, j'ai été fort mécontente, lorsque je suis

arrivée hier au chemin abominable qui commence justement à la limite de mes possessions. J'ai fait ce grand voyage, presque tout entier, sur de bonnes routes, et, précisément quand j'arrive sur mes terres, je les trouve non-seulement plus mauvaises que l'an passé, mais si détestables, qu'elles réunissent tous les défauts d'une mauvaise chaussée. Tantôt des ornières profondes, où la voiture menace de verser, et d'où les chevaux la tirent à peine avec toutes leurs forces; tantôt des pierres amoncelées sans ordre, en sorte que, pendant un quart de lieue, même dans la voiture la plus douce, on est secoué de la façon la plus insupportable. Je serais surprise qu'il n'y eût rien de gâté.

LE BAILLI.

Votre Excellence ne me condamnera pas sans m'avoir entendu : c'est uniquement mon zèle ardent à ne pas céder la moindre partie des droits de Votre Excellence, qui est la cause du mauvais état de la route.

LA COMTESSE.

Je comprends....

LE BAILLI.

Vous me permettez de laisser juger à votre profonde pénétration, combien il eût été peu convenable que je cédasse, seulement de l'épaisseur d'un cheveu, à ces paysans rebelles. Ils sont obligés de réparer la route, et, comme Votre Excellence a ordonné une chaussée, ils sont aussi tenus de faire la chaussée.

LA COMTESSE.

Quelques communes étaient pourtant bien disposées.

LE BAILLI.

C'est justement là le malheur. Elles ont amené les pierres; mais, les communes rebelles ayant refusé d'agir, et rendu les premières rebelles à leur tour, les pierres restèrent sur la place et furent peu à peu, soit par nécessité soit par malice, jetées dans les ornières, et le chemin en est devenu, à vrai dire, un tant soit peu inégal.

LA COMTESSE.

Vous appelez cela un peu inégal?

LE BAILLI.

Votre Excellence me pardonnera, si je lui dis même que je

fais souvent ce chemin avec beaucoup de satisfaction. C'est un parfait remède contre l'hypocondrie de se faire secouer de la sorte.

LA COMTESSE.

Voilà, je l'avoue, un singulier traitement!

LE BAILLI.

Et en vérité, comme, précisément à raison de ce procès, qui se poursuit avec la plus grande activité devant la chambre impériale, on n'a pu, depuis une année, songer à aucune réparation de route; qu'en outre les transports de bois sont nombreux, et que, dans ces derniers jours, il a fait aussi des pluies continuelles, une personne accoutumée aux bonnes chaussées pourrait bien trouver les nôtres, en quelque façon, impraticables.

LA COMTESSE.

En quelque façon! Il me semble qu'elles le sont tout à fait.

LE BAILLI.

Il plaît à Votre Excellence de badiner. On finit toujours par avancer.

LA COMTESSE.

Si l'on ne reste pas en place. Enfin j'ai mis six heures pour faire un mille.

LE BAILLI.

Il y a quelques jours, j'en ai mis encore davantage. Deux fois je me suis tiré d'affaire heureusement; la troisième fois, une roue a cassé, et j'ai dû me faire traîner ainsi. Mais, avec tous ces accidents, j'étais joyeux et j'avais bon courage; car je songeais que les droits de Votre Excellence et de monseigneur votre fils étaient sauvés. A parler franchement, j'aimerais mieux rouler d'ici à Paris sur de pareils chemins, que de céder seulement l'épaisseur du doigt, quand les droits et prérogatives de mon noble seigneur sont contestés. Je voudrais donc que Votre Excellence pensât de même : assurément elle n'aurait pas fait ce chemin avec autant de déplaisir.

LA COMTESSE.

Je dois vous dire que je pense autrement, et que, si ces biens m'appartenaient en propre, si je ne devais pas me considérer simplement comme gouvernante, je passerais sur maintes difficultés; j'écouterais mon cœur, qui me commande l'équité, et ma raison, qui m'apprend à distinguer un bien réel d'un avantage apparent. Je serais généreuse, comme cela sied si bien à qui tient le pouvoir. Je me garderais d'insister, sous l'apparence du droit, sur des prétentions que je devrais à peine souhaiter de faire prévaloir, et qui, si je trouve de la résistance, m'enlèvent, pour toute la vie, la pleine jouissance d'une possession que je pourrais améliorer par une conduite équitable. Un accommodement supportable et la jouissance immédiate valent mieux qu'une cause bien fondée, qui me donne du chagrin, et dont je ne vois pas même l'avantage pour mes descendants.

LE BAILLI.

Votre Excellence me permettra d'oser être en cela d'un avis contraire. Un procès est une chose si charmante, que, si j'étais riche, j'en achèterais plutôt quelques-uns, pour ne pas vivre tout à fait privé de ce plaisir. (*Il se retire.*)

LA COMTESSE.

Il me paraît qu'il veut faire payer son plaisir à nos domaines.

SCÈNE III.

LA COMTESSE, LE GOUVERNEUR.

LE GOUVERNEUR.

Puis-je demander à madame la comtesse comment elle se porte ?

LA COMTESSE.

Comme vous pouvez imaginer, après l'émotion qui m'a surprise à mon arrivée.

LE GOUVERNEUR.

J'en ai été sincèrement affligé, mais j'espère que cela n'aura pas de suites. Au reste votre séjour ici pourra difficilement vous être agréable de sitôt, quand vous le comparerez avec celui dont vous avez joui dernièrement.

LA COMTESSE.

Il y a beaucoup de charme aussi à se retrouver dans sa maison auprès des siens.

LE GOUVERNEUR.

Que de fois j'ai envié votre bonheur, d'assister aux plus

grands événements que le monde ait jamais vus; d'être témoin de l'heureuse ivresse qui saisit une grande nation, dans le moment où, pour la première fois, elle se sentit libre et déliée des chaînes qu'elle avait portées si longtemps, que ce pesant fardeau, ce fardeau étranger, était devenu, en quelque sorte, un membre de son infirme et misérable corps!

LA COMTESSE.

J'ai vu d'étranges choses, mais peu de réjouissantes.

LE GOUVERNEUR.

Sinon pour les sens, du moins pour l'esprit. Celui qui échoue avec de grands desseins est toujours plus digne de louange que celui qui n'agit que par de petites vues. On peut s'égarer dans le droit chemin et marcher droit dans le mauvais....

SCÈNE IV.

LES PRÉCÉDENTS, LOUISE.

(L'arrivée de cette personne excellente tempère d'abord la vivacité de la conversation, qui est bientôt détournée complétement de son objet. Le Gouverneur, qui n'y trouve plus d'intérêt, s'éloigne; et la conversation continue, comme suit, entre les deux dames.)

LA COMTESSE.

Que fait mon fils? J'étais sur le point de passer chez lui.

LOUISE.

Il dort très-paisiblement, et j'espère qu'il recommencera bientôt à jouer et sauter, et qu'il ne restera, dans peu de temps, aucune trace de la blessure.

LA COMTESSE.

Si le temps était moins mauvais, je descendrais au jardin. Je suis bien impatiente de voir comme tout a fait des progrès, et quel effet produisent maintenant le pont, la grotte et la cascade.

LOUISE.

Tout a fait des progrès admirables; les massifs que vous avez fait planter semblent être naturels; ils charment quiconque les voit pour la première fois, et moi, dans mes heures de repos, j'y trouve une agréable retraite. Je dois avouer cependant que je me trouve mieux encore dans la pépinière, sous les arbres fruitiers. La pensée de l'utile me transporte, et me donne une gaieté que je ne ressens pas ailleurs. Je puis semer, enter, greffer! Et, quoique mon œil n'observe aucun effet pittoresque, je me sens ravie, à la pensée de ces fruits qui, un jour, et bientôt peut-être, seront pour chacun une jouissance.

LA COMTESSE.

J'apprécie vos sentiments de bonne ménagère.

LOUISE.

Les seuls convenables dans une condition qui doit songer au nécessaire et à laquelle peu de fantaisies sont permises.

LA COMTESSE.

Avez-vous réfléchi à la proposition que je vous ai faite dans ma dernière lettre? Pouvez-vous prendre la résolution de consacrer votre temps à ma fille, de vivre avec elle comme amie, comme compagne?

LOUISE.

Je n'hésite pas un moment, madame la comtesse.

LA COMTESSE.

Et moi j'hésitais beaucoup à vous le proposer. Le caractère impétueux, indomptable, de ma fille rend sa société désagréable et souvent très-pénible. Autant mon fils est aisé à conduire, autant ma fille est difficile.

LOUISE.

En revanche, son noble cœur, sa manière d'agir, méritent toute sorte d'estime. Elle est prompte, mais on l'apaise bientôt; passionnée, mais juste; fière, mais humaine.

LA COMTESSE.

En cela c'est à son père....

LOUISE.

Qu'elle ressemble parfaitement. Par une singulière dispensation, la nature semble avoir reproduit dans la fille la dureté du père et dans le fils la tendresse de la mère.

LA COMTESSE.

Essayez, Louise, de calmer cette ardeur sauvage mais noble. Vous possédez toutes les vertus qui lui manquent. Près de vous, par votre exemple, elle sera stimulée à se régler sur un si aimable modèle.

LOUISE.

Vous me faites rougir, madame la comtesse. Je ne connais en moi d'autre vertu que celle d'avoir su jusqu'à présent me résigner à mon sort; et même je n'ai plus de mérite à cela, madame la comtesse, depuis que vous avez tant fait pour l'adoucir. Vous faites plus encore aujourd'hui, que vous me rapprochez de vous! Depuis la mort de mon père et la ruine de ma famille, j'ai appris à me passer de beaucoup de choses, mais non d'une société polie et raisonnable.

LA COMTESSE.

De ce côté, vous devez beaucoup souffrir chez votre oncle.

LOUISE.

C'est un bon homme, mais son imagination le rend souvent bien sot, surtout depuis ces derniers temps, où chacun pense avoir le droit, non-seulement de discourir sur les grandes affaires du monde, mais encore d'y mettre la main.

LA COMTESSE.

Il en est de lui comme de beaucoup d'autres.

LOUISE.

J'ai fait quelquefois là-dessus mes réflexions en silence. Qui ne connaîtrait pas les hommes apprendrait aisément à les connaître aujourd'hui. Beaucoup de gens embrassent la cause de la liberté, de l'égalité universelle, uniquement pour faire une exception en leur faveur; uniquement pour exercer de l'influence, n'importe comment.

LA COMTESSE.

Vous n'auriez pu en apprendre davantage, quand vous m'auriez accompagnée à Paris.

SCÈNE V.

LES PRÉCÉDENTS, FRÉDÉRIQUE, LE BARON.

FRÉDÉRIQUE.

Voici, chère maman, un lièvre et deux perdrix. C'est moi qui ai tiré ces trois pièces : mon cousin n'a rien fait qui vaille.

LA COMTESSE.

Tu es tout en désordre, Frédérique. Comme te voilà trempée!

FRÉDÉRIQUE, *secouant l'eau de son chapeau.*

La première matinée de bonheur que j'aie passée depuis longtemps!

LE BARON.

Elle m'a fait courir les champs plus de quatre heures.

FRÉDÉRIQUE.

C'était un vrai plaisir : aussitôt après dîner, nous y retournerons.

LA COMTESSE.

Si tu mets tant d'ardeur à cet exercice, tu en seras bientôt lassée.

FRÉDÉRIQUE.

Soyez-m'en témoin, chère maman! Que de fois, à Paris, j'ai soupiré après nos campagnes! L'opéra, le spectacle, les sociétés, les dîners, les promenades, qu'est-ce que tout cela auprès d'un seul beau jour de chasse, un jour passé sous le ciel, sur nos montagnes, dans le lieu natal et accoutumé!... Cousin, nous chasserons à courre au premier jour.

LE BARON.

Il faudra que vous attendiez encore : les blés ne sont pas récoltés.

FRÉDÉRIQUE.

Quel grand mal cela fait-il? C'est presque insignifiant. Aussitôt que le temps sera un peu sec, nous chasserons à courre.

LA COMTESSE.

Va t'habiller. Je soupçonne que nous aurons un convive de plus, qui ne peut s'arrêter chez nous que peu de temps.

LE BARON.

Le conseiller viendra-t-il?

LA COMTESSE.

Il m'a promis de passer au moins une petite heure avec nous aujourd'hui. Il est en commission.

LE BARON.

Il y a quelques troubles dans le pays.

LA COMTESSE.

Cela ne sera rien, pourvu qu'on agisse raisonnablement avec ce peuple, et qu'on lui montre son véritable intérêt.

FRÉDÉRIQUE.

Des troubles? Qui veut exciter des troubles?

ACTE II, SCÈNE V.

LE BARON.

Des paysans mécontents, qui sont opprimés par leurs seigneurs, et qui trouvent aisément des chefs.

FRÉDÉRIQUE.

Il faut leur casser la tête. (*Elle fait quelques gestes avec son fusil.*) Voyez, chère maman, comme le gouverneur a mal soigné mon fusil! Je voulais le prendre avec moi, et, comme vous ne l'avez pas permis, je voulais le donner en garde au chasseur. Alors l'homme gris me pria instamment de le lui laisser. Il était si léger, disait-il, si commode; il voulait si bien l'entretenir; il voulait aller si souvent à la chasse. Je lui savais réellement bon gré de vouloir aller si souvent à la chasse; et puis, voyez-vous, je trouve aujourd'hui mon arme à l'office, derrière le poêle. Comme la voilà faite! De ma vie elle ne sera dérouillée.

LE BARON.

Il a eu, tout ce temps, trop à faire. Il travaille aussi à l'égalité générale, et, vraisemblablement, il tient aussi les lièvres pour ses égaux, et craint de leur faire du mal.

LA COMTESSE.

Habillez-vous, enfants, pour ne pas nous faire attendre. Aussitôt que le conseiller sera venu, nous dînerons. (*Elle sort.*)

FRÉDÉRIQUE, *examinant son fusil.*

J'ai déjà maudit souvent la Révolution française, et je le fais au double et au triple aujourd'hui. Comment réparer le dommage de mon fusil rouillé?

ACTE TROISIÈME.

Une salle du château.

SCÈNE I.

LA COMTESSE, LE CONSEILLER.

LA COMTESSE.

Je le remets à votre conscience, cher ami : cherchez comment nous pourrons mettre fin à ce fâcheux procès. Votre grande connaissance des lois, votre sagesse et votre humanité sauront sans doute trouver un moyen pour nous tirer de cette affaire désagréable. Autrefois je m'inquiétais moins que l'on eût tort, lorsqu'on était en possession. « Allons, disais-je, cela va bien ainsi; et celui qui possède est le mieux placé. » Mais, depuis que j'ai observé comme l'injustice s'accumule aisément de génération en génération; comme les actions généreuses sont presque toujours purement personnelles, tandis que l'égoïsme seul est, pour ainsi dire, héréditaire; depuis que j'ai vu de mes yeux que la nature humaine peut être opprimée et abaissée à un degré déplorable, mais ne peut être étouffée et anéantie, je me suis fermement promis d'éviter moi-même scrupuleusement chaque action qui me semblera inéquitable, et de dire hautement parmi les miens, dans la société, à la cour, à la ville, mon opinion sur de tels actes. Je ne veux plus me taire sur aucune injustice; je ne veux plus souffrir aucune petitesse sous une apparente grandeur, dussé-je me voir décriée, sous le nom odieux de démocrate.

LE CONSEILLER.

A merveille, comtesse! et je me félicite de vous retrouver telle que vous étiez, quand je pris congé de vous, et plus avancée encore. Vous étiez l'écolière des grands hommes qui nous ont mis en liberté par leurs écrits, et maintenant je trouve en vous une élève, formée par les grands événements qui nous donnent une idée vivante de tout ce qu'un citoyen bien pensant doit désirer et détester. Il vous sied de faire opposition à votre propre classe. Nul ne peut juger et blâmer que la sienne. Tout blâme jeté sur des inférieurs ou des supérieurs est mêlé d'idées accessoires et de petitesses : on ne peut être jugé que par ses égaux. Mais, précisément parce que je suis un bourgeois, qui se propose de demeurer tel; qui reconnaît la grande importance de la classe supérieure dans l'État, et a sujet de l'apprécier, je ne puis non plus souffrir absolument les petites chicanes de l'envie, l'aveugle haine, qui n'est produite que par l'égoïsme, qui lutte prétentieusement contre les prétentions, se formalise des formalités, sans avoir même de réalité, car elle ne voit que l'apparence, où elle pourrait voir du bonheur et des suites. En vérité, s'il faut compter pour quelque chose tous les avantages, tels que la santé, la beauté, la jeunesse, la richesse, l'esprit, les talents, le climat, pourquoi n'aura-t-il pas aussi une sorte de valeur, l'avantage que j'ai de descendre d'une suite d'ancêtres vaillants, célèbres, glorieux? Voilà ce que je dirai là où j'aurai voix, quand même on m'appliquerait le nom odieux d'aristocrate.

(Ici se trouve une lacune, que nous remplirons par le récit. L'aride sévérité de cette scène est tempérée par l'aveu que fait le conseiller de son inclination pour Louise, en se déclarant prêt à lui offrir sa main. On parle de leurs relations, avant que la famille de Louise fût ruinée, et des efforts que cet homme excellent a faits en silence, pour assurer son existence et celle de Louise. Une scène entre la comtesse, Louise et le conseiller donne occasion de connaître plus à fond trois beaux caractères, et d'avance nous dédommage, en quelque façon, de ce que nous aurons à souffrir dans les scènes suivantes. Car on voit ensuite se réunir, autour de la table où le thé est servi par Louise, presque tous les personnages, tellement qu'à la fin les paysans eux-mêmes sont introduits. Alors, comme on ne peut s'empêcher de parler politique, le baron, qui ne saurait cacher sa légèreté, son étourderie et son persiflage, propose de représenter, à l'instant même, une assemblée nationale. Le conseiller est élu président, et les caractères des personnages, tels qu'on les connaît déjà, se développent avec plus de force et de liberté. La comtesse, ayant auprès d'elle son jeune fils, la tête bandée, représente la princesse, dont l'autorité doit être amoindrie, et qui, personnellement, par ses inclinations libérales, est disposée à céder. Le conseiller, sage et modéré, cherche à maintenir l'équilibre, tâche qui devient, à chaque moment, plus difficile. Le baron joue le rôle du gentilhomme qui se sépare de sa classe et passe au peuple. Par sa malicieuse dissimulation, les autres sont entraînés à produire leurs plus secrets sentiments. Les affaires de cœur sont aussi mises en jeu. Le baron ne manque pas de dire à Caroline des choses infiniment flatteuses, qu'elle peut s'expliquer de la manière la plus favorable. A la vivacité avec laquelle Jacques défend les droits de la maison du comte, on ne peut méconnaître une inclination secrète, et qu'il ignore lui-même, pour la jeune comtesse. Louise ne voit dans tout cela que l'ébranlement du bonheur domestique, dont elle se croit si près; et si, de temps en temps, les paysans fatiguent par leur pesanteur, Bremenfeld égaye la scène par sa suffisance, ses histoires et sa bonne humeur. Le gouverneur, tel que nous le connaissons déjà, passe toutes les bornes, et, le baron ne cessant de l'exciter, il se jette enfin dans les personnalités; et, comme il ose traiter la contusion du jeune comte de chose insignifiante, et même ridicule, la comtesse éclate, et les choses vont si loin, que le gouverneur reçoit son congé. Le baron envenime le mal, et, le bruit devenant toujours plus fort, il profite de l'occasion pour faire auprès de Caroline de nouvelles instances, et la résoudre à un rendez-vous pendant la nuit. Au milieu de tout cela, la jeune comtesse se montre décidément violente, partiale, en ce qui touche sa dignité, opiniâtre, au sujet de ses possessions; mais cette dureté est adoucie par un esprit naïf, parfaitement naturel, et, dans le fond, un vrai caractère de femme. On voit par là que cet acte se termine d'une manière assez tumultueuse, et que le goût ne peut tout à fait repousser, pour autant que le permet ce sujet scabreux. On regrettera peut-être que l'auteur ne se soit pas efforcé, quand il en était temps, de surmonter les difficultés d'une pareille scène.)

ACTE QUATRIÈME.

SCÈNE I.

L'appartement de Brême.

BRÊME, MARTIN, ALBERT.

BRÊME.

Tous vos gens sont-ils à leur poste? Les avez-vous bien instruits? Ont-ils bon courage?

MARTIN.

Aussitôt que vous sonnerez le tocsin, ils seront tous là.

BRÊME.

Fort bien! Quand toutes les lumières seront éteintes au château, quand il sera minuit, nous commencerons. Heureusement pour nous, le conseiller s'en va. Je craignais fort qu'il ne restât et ne fît manquer toute notre affaire.

ALBERT.

Je crains encore que cela ne finisse pas bien, et, déjà d'avance, je tremble d'entendre la cloche.

BRÊME.

Soyez donc tranquilles. N'avez-vous pas entendu vous-mêmes comme les choses vont mal aujourd'hui pour les gens du haut parage? Avez-vous entendu tout ce que nous avons dit en face à la comtesse?

MARTIN.

Mais ce n'était qu'une plaisanterie.

ALBERT.

C'était déjà, pour une plaisanterie, passablement grossier.

BRÊME.

Avez-vous entendu comme je sais défendre votre cause? Quand

il le faudra sérieusement, voilà comme je me présenterai devant l'empereur. Et que dites-vous de M. le gouverneur? Ne s'est-il pas aussi vaillamment comporté?

ALBERT.

Ils vous l'ont aussi bravement rendu. Je croyais à la fin qu'on en viendrait aux coups. Et notre gracieuse comtesse!... C'était comme si feu monseigneur son père eût été là en chair et en os!

BRÊME.

Laissez-moi de côté le « gracieux! » On n'aura bientôt plus de grâce à nous faire. Voyez, j'ai déjà terminé les lettres que j'enverrai dans les districts voisins. Aussitôt que l'affaire aura éclaté ici, ils sonneront aussi le tocsin, et se révolteront, et feront aussi appel à leurs voisins.

MARTIN.

Cela pourra devenir quelque chose.

BRÊME.

Certainement! Et alors, honneur à qui revient l'honneur! C'est à vous, mes chers enfants! Vous serez regardés comme les libérateurs du pays.

MARTIN.

C'est à vous, monsieur Brême, qu'en reviendra la plus grande gloire.

BRÊME.

Non, cela n'est pas juste : il faut maintenant que tout soit commun.

MARTIN.

Cependant c'est vous qui avez commencé.

BRÊME.

Donnez-moi vos mains, vaillants hommes! Ainsi se tenaient un jour les trois grands Suisses, Guillaume Tell, Walter Staubbach et Furst d'Uri[1], qui se réunirent sur le Grutli, et jurèrent aux tyrans une haine éternelle, et à leurs concitoyens une éternelle liberté. Que de fois on a vu des tableaux et des gravures

---

[1]. Les trois hommes du Grutli sont : Werner Stauffacher, Arnold de Melchthal et Walter Furst. Goethe fait parler Brême inexactement, pour amuser le spectateur, qui sait bien que Guillaume Tell est ici nommé mal à propos, et que Staubbach est le nom d'une cascade célèbre de l'Oberland, confondu par le barbier avec celui de Stauffacher.

de ces vaillants héros! Nous aussi nous aurons cet honneur. Dans cette attitude, nous passerons à la postérité.

MARTIN.

Comme vous savez-vous représenter tout cela!

ALBERT.

Je crains seulement que nous ne fassions dans la charrette une triste figure. Écoutez! quelqu'un sonne. Le cœur me tremble dans le corps au moindre mouvement qui se fait.

BRÊME.

Fi donc! Je vais ouvrir. Ce sera le gouverneur. Je lui ai donné rendez-vous ici. La comtesse l'a renvoyé de son service; la comtesse l'a gravement offensé : nous l'entraînerons aisément dans notre parti. Si nous avons un prêtre parmi nous, nous serons bien plus sûrs de notre affaire.

MARTIN.

Un prêtre et un savant!

BRÊME.

Pour ce qui regarde la science, je ne lui cède en rien, et surtout il a beaucoup moins lu que moi d'ouvrages politiques. Toutes les chroniques que j'ai héritées de feu mon grand-père, je les avais lues en entier dès ma jeunesse, et je connais à fond le théâtre de l'Europe. Qui comprend bien ce qui est arrivé, sait aussi ce qui arrive et arrivera. C'est toujours la même chose. Rien de nouveau dans le monde. Voici le gouverneur. Arrêtez! Il nous faut le recevoir solennellement. Il faut que notre présence lui inspire du respect. Nous figurons à présent, comme *in nuce*[1], les représentants de la nation tout entière. Asseyez-vous! (*Brême place trois siéges d'un côté du théâtre, et de l'autre un siége seul. Les deux maires s'asseyent, et, à l'arrivée du gouverneur, Brême se hâte de s'asseoir entre eux et prend un air de gravité.*)

---

1. Comme le noyer est dans la noix. Brême s'inquiète peu que ses interlocuteurs ne sachent pas le latin.

SCÈNE II.

LES PRÉCÉDENTS, LE GOUVERNEUR.

LE GOUVERNEUR.

Bonjour, monsieur Brême. Qu'y a-t-il de nouveau? Vous voulez, disiez-vous, me communiquer quelque chose d'important.

BRÊME.

Quelque chose de très-important sans doute. Asseyez-vous. (*Le Gouverneur veut prendre la chaise qui est seule et s'approcher des autres personnages.*) Non! restez là; asseyez-vous là-bas : nous ne savons pas encore s'il vous conviendra de vous asseoir à notre côté.

LE GOUVERNEUR.

Singulier préambule!

BRÊME.

Vous êtes un homme, un homme né libre, un libre penseur, un ecclésiastique, un homme respectable; vous êtes respectable, parce que vous êtes ecclésiastique, et plus respectable encore, parce que vous êtes libre. Eh bien! qu'avons-nous dû souffrir? Nous vous avons vu méprisé, nous vous avons vu offensé; mais nous avons vu en même temps votre noble colère, une noble colère, mais sans effet. Si vous croyez que nous sommes vos amis, croyez aussi que notre cœur est soulevé, quand nous vous voyons traité indignement. Un homme noble insulté, un homme libre menacé, un ecclésiastique méprisé, un fidèle serviteur chassé! Insulté, à la vérité, par des gens qui méritent eux-mêmes l'insulte; méprisé par des personnes qui ne sont dignes d'aucune estime; chassé par des ingrats, dont on ne voudrait pas accepter les bienfaits; menacé par un enfant, par une petite fille.... Cela ne semble pas, à la vérité, avoir une grande importance : cependant, si vous réfléchissez que cette petite fille n'est point une petite fille, mais un diable incarné, qu'il faudrait l'appeler légion.... car mille et mille démons aristocratiques ont passé en elle.... vous voyez clairement ce que nous réservent tous les aristocrates; vous le voyez, et, si vous êtes sage, vous prendrez vos mesures.

LE GOUVERNEUR.

A quoi bon cet étrange discours? Où vous mènera cet exorde bizarre? Dites-vous cela pour échauffer encore plus ma colère contre cette engeance maudite? pour exciter encore davantage mon ressentiment, animé au plus haut point? Taisez-vous! En vérité, je ne sais de quoi mon cœur blessé ne serait pas capable maintenant. Quoi! après tant de services, après tant de sacrifices, me traiter de cette façon! me mettre à la porte! Et pourquoi? Pour une misérable bosse, pour un nez écaché, avec quoi vont jouer et sauter des centaines d'enfants! Mais cela vient à propos, tout à fait à propos! Ils ne savent pas, les grands, qui ils offensent en nous, qui avons une langue, qui avons une plume!

BRÊME.

Cette noble colère me réjouit; et je te demande donc, au nom de tous les hommes nobles, nés libres, dignes de la liberté, si tu veux désormais consacrer entièrement cette langue, cette plume, au service de la liberté?

LE GOUVERNEUR.

Oh oui, je le veux! je le ferai!

BRÊME.

Vous ne négligerez aucune occasion de concourir à ce noble but, vers lequel aujourd'hui tend à s'élever l'humanité tout entière?

LE GOUVERNEUR.

Je vous en donne ma parole.

BRÊME.

Eh bien, donnez-nous votre main, à moi et à ces hommes.

LE GOUVERNEUR.

A chacun : mais ces pauvres gens, qui sont traités en esclaves, qu'ont-ils affaire avec la liberté?

BRÊME.

Ils n'en sont plus qu'à un travers de main, plus qu'à la largeur du seuil de la prison, dont la porte leur est ouverte.

LE GOUVERNEUR.

Comment?

BRÊME.

Le moment approche : les communes sont assemblées; dans

une heure elles seront ici. Nous surprenons le château, nous forçons la comtesse à signer le compromis, et à prêter serment qu'à l'avenir toutes les charges oppressives seront abolies.

LE GOUVERNEUR.

Je suis confondu.

BRÊME.

Je n'ai plus qu'un scrupule, au sujet du serment. Les nobles ne croient plus à rien. Elle prêtera serment et s'en fera délier. On lui prouvera qu'un serment forcé est sans valeur.

LE GOUVERNEUR.

Pour cela je vous donnerai un conseil. Ces gens qui se mettent au-dessus de tout, qui traitent leurs semblables comme le bétail, qui, sans amour, sans pitié, sans crainte, vivent insolemment au jour le jour, aussi longtemps qu'ils ont affaire avec des hommes qu'ils n'estiment pas, aussi longtemps qu'ils parlent d'un Dieu qu'ils ne reconnaissent pas : cette race orgueilleuse ne peut cependant se défaire d'une horreur secrète, qui s'insinue dans toutes les forces vives de la nature; ne peut se dissimuler la liaison dans laquelle demeurent à jamais unis la parole et l'effet, l'acte et sa conséquence. Faites-lui prêter un serment solennel.

MARTIN.

Elle fera ce serment dans l'église.

BRÊME.

Non, sous la voûte du ciel.

LE GOUVERNEUR.

Ce n'est rien que cela. Ces scènes solennelles n'ébranlent que l'imagination. Je vous enseignerai un autre moyen. Entourez-la, et, au milieu de vous, faites-lui poser la main sur la tête de son fils; faites-lui confirmer ses promesses par cette tête chérie, et appeler sur cette petite créature tous les maux qui peuvent atteindre un être humain, si, sous quelque prétexte que ce fût, elle retirait sa promesse ou consentait qu'elle fût annulée.

BRÊME.

A merveille!

MARTIN.

C'est affreux

ALBERT.

Croyez-moi, elle sera liée pour l'éternité.

ACTE IV, SCÈNE II.

BRÊME.

Vous entrerez dans le cercle auprès d'elle, et vous stimulerez sa conscience.

LE GOUVERNEUR.

Je m'associe à tout ce que vous voulez faire; mais, dites-moi, comment prendra-t-on cela dans la capitale? S'ils vous envoient des dragons, vous êtes tous perdus.

MARTIN.

M. Brême y sait bon remède.

ALBERT.

Ah! quelle tête que la sienne!

LE GOUVERNEUR.

Éclairez-moi.

BRÊME.

Oui, oui, voilà justement ce qu'on n'attend pas d'Hermann Brême second. Il a des intelligences, des liaisons, où l'on croit qu'il n'a que des pratiques. Tout ce que je puis vous dire, et ces gens-là le savent, c'est que le prince lui-même désire une révolution.

LE GOUVERNEUR.

Le prince?

BRÊME.

Il a les sentiments de Frédéric et de Joseph, ces deux souverains que tous les vrais démocrates devraient adorer comme leurs saints. Il est indigné de voir comme la bourgeoisie et les paysans gémissent sous la tyrannie de la noblesse, et, malheureusement, il ne peut agir lui-même, parce qu'il n'est entouré que d'aristocrates. Mais, quand une fois nous serons émancipés, il se mettra à notre tête, et ses troupes seront à notre service, et Brême et tous les braves gens se rangeront à ses côtés.

LE GOUVERNEUR.

Comment avez-vous découvert et fait tout cela sans nous en laisser rien paraître?

BRÊME.

Il faut beaucoup agir en secret, pour surprendre le monde. (*Il s'approche de la fenêtre.*) Si seulement le conseiller était parti, vous verriez des merveilles.

MARTIN, *en désignant Brême.*

N'est-il pas vrai que voilà un homme!

ALBERT.

Il vous donne un courage !

BRÊME, au Gouverneur.

Eh ! cher maître, les mérites que vous acquerrez cette nuit ne resteront pas sans récompense. Nous travaillons aujourd'hui pour la patrie tout entière. C'est de notre village que se lèvera le soleil de la liberté ! Qui l'aurait imaginé ?

LE GOUVERNEUR.

Ne craignez-vous aucune résistance ?

BRÊME.

Nous y avons pourvu. Le bailli et les huissiers seront d'abord arrêtés ; le conseiller s'en va ; les deux ou trois domestiques ne diront pas un mot, et le baron est le seul homme qui reste au château : je l'attire dans ma maison par le moyen de ma fille, et je l'enferme jusqu'à ce que tout soit fini.

MARTIN.

Bien imaginé.

LE GOUVERNEUR.

J'admire votre habileté !

BRÊME.

Allez, allez, quand l'occasion s'offrira de la montrer, vous en verrez bien davantage, surtout pour ce qui regarde les affaires étrangères. Croyez-moi, il n'y a rien au-dessus d'un bon chirurgien, surtout si, à côté de cela, il est un habile barbier. Le peuple ignorant jase beaucoup sur les écorche-barbe, et ne réfléchit pas comme c'est une grande affaire de raser quelqu'un sans l'écorcher. Croyez-moi seulement, il n'est rien où tant de politique soit nécessaire, que pour faire la barbe aux gens, pour leur enlever ces hideuses et barbares excroissances de la nature, ces poils de barbe, dont elle salit chaque jour les mentons humains, et rendre ainsi l'homme semblable, par la figure et les mœurs, à une femme aux joues polies, à un aimable et tendre adolescent. Si j'en viens un jour à écrire ma vie et mes opinions, on admirera la théorie du rasoir, de laquelle je prétends déduire à la fois toutes les règles de la vie et de la sagesse.

LE GOUVERNEUR.

Vous êtes une tête originale !

BRÊME.

Oui, oui, je le sais bien : aussi ai-je excusé les gens, lorsque souvent ils ne pouvaient me comprendre, et lorsque mes imbéciles croyaient se moquer de moi. Mais je veux leur montrer que celui qui s'entend bien à faire mousser le savon ; celui qui sait savonner d'une main habile, aisée et légère, apprivoiser la barbe la plus revêche ; celui qui sait qu'un rasoir fraîchement repassé écorche aussi bien qu'un rasoir émoussé ; celui qui rase selon le poil ou à contre-poil, comme s'il n'y avait pas eu trace de barbe ; celui qui donne à l'eau chaude la température convenable pour laver ; qui même essuie avec grâce, et montre dans toutes ses façons quelque chose d'élégant, n'est point un homme ordinaire, mais doit posséder toutes les qualités qui font honneur à un ministre d'État.

ALBERT.

Oui, oui, il y a barbier et barbier.

MARTIN.

Et M. Brême surtout, c'est un vrai plaisir!...

BRÊME.

Laissez, laissez : on verra bien. Dans tout cet art, il n'y a rien d'insignifiant. La manière d'étaler et de refermer la trousse, la manière de tenir les instruments, de la porter sous le bras.... Vous verrez et vous entendrez des merveilles. Mais il est temps que j'aille rejoindre ma fille. Vous autres, allez à vos postes. Vous, maître, tenez-vous dans le voisinage.

LE GOUVERNEUR.

Je vais à l'auberge, où j'ai fait porter mes hardes, dès que l'on m'eut maltraité au château.

BRÊME.

Quand vous entendrez le tocsin, vous serez libre de vous joindre à nous ou d'attendre que nous ayons réussi, ce dont je ne doute nullement.

LE GOUVERNEUR.

Je n'y manquerai pas.

BRÊME.

Adieu donc, et prenez garde au signal.

SCÈNE III.

BRÊME, seul.

Que mon bienheureux grand-père jouirait, s'il pouvait voir comme je me fais bien à mon nouveau métier! Le gouverneur lui-même croit que j'ai à la cour de grandes intelligences. On voit ici l'avantage qu'il y a de savoir se donner du crédit. Il faut à présent que Caroline vienne. Elle a gardé l'enfant assez longtemps; sa cousine la remplacera. La voici.

SCÈNE IV.

BRÊME, CAROLINE.

BRÊME.

Comment va le jeune comte?

CAROLINE.

Très-passablement. Je lui ai conté des histoires jusqu'à ce qu'il se soit endormi.

BRÊME.

Que se passe-t-il d'ailleurs au château?

CAROLINE.

Rien de remarquable.

BRÊME.

Le conseiller n'est pas encore parti?

CAROLINE.

Il semble s'y préparer. On ferme son portemanteau.

BRÊME.

N'as-tu pas vu le baron?

CAROLINE.

Non, mon père.

BRÊME.

Il t'a soufflé aujourd'hui bien des choses à l'oreille, dans l'assemblée nationale....

CAROLINE.

Oui, mon père.

BRÊME.

Qui ne concernaient point la nation tout entière, mais bien ma fille Caroline?

CAROLINE.

C'est vrai, mon père.

BRÊME.

Tu as su pourtant te conduire prudemment avec lui?

CAROLINE.

Oh! certainement.

BRÊME.

Il s'est de nouveau montré bien pressant?

CAROLINE.

Comme vous pouvez imaginer.

BRÊME.

Et tu l'as éconduit?

CAROLINE.

Comme il convient.

BRÊME.

Comme j'ose l'attendre de mon excellente fille, que je verrai aussi comblée d'honneurs et de biens, et richement récompensée de sa vertu.

CAROLINE.

Pourvu que vos espérances ne soient pas vaines!

BRÊME.

Non, ma fille! Je suis justement sur le point d'exécuter un grand projet, pour lequel j'ai besoin de ton secours.

CAROLINE.

Que voulez-vous dire, mon père?

BRÊME.

On menace de sa perte cette race insolente.

CAROLINE.

Que dites-vous?

BRÊME.

Assieds-toi et écris.

CAROLINE.

Quoi?

BRÊME.

Un billet au baron, pour qu'il vienne.

CAROLINE.

Mais pourquoi ?

BRÊME.

Tu le sauras bientôt. Il ne lui arrivera point de mal : je ne ferai que l'enfermer.

CAROLINE.

O ciel !

BRÊME.

Qu'y a-t-il ?

CAROLINE.

Dois-je me rendre coupable d'une telle trahison ?

BRÊME.

Allons, vite !

CAROLINE.

Qui portera le billet ?

BRÊME.

Laisse-m'en le soin.

CAROLINE.

Je ne puis.

BRÊME.

D'abord une ruse de guerre. (*Il allume une lanterne sourde et éteint la chandelle.*) Vite ! Écris : je vais t'éclairer.

CAROLINE, *à part.*

Que va-t-il arriver ? Le baron verra que la lumière est éteinte : à ce signal, il viendra.

BRÊME, *l'obligeant à s'asseoir.*

Écris : « Louise reste au château ; mon père dort ; j'éteins la lumière : venez. »

CAROLINE, *résistant.*

Je n'écrirai pas.

SCÈNE V.

LES PRÉCÉDENTS, LE BARON, *à la fenêtre.*

LE BARON.

Caroline !

BRÊME.

Qu'est cela ? (*Il ferme la lanterne et retient Caroline, qui veut se lever.*)

ACTE IV, SCÈNE V.

LE BARON.

Caroline !... N'êtes-vous pas là ? (*Il entre.*) Point de bruit. Où suis-je ? Que je n'aille pas me fourvoyer ! Juste vis-à-vis de la fenêtre, est la chambre à coucher du père, et ici, à droite, à la cloison, la porte de la chambre de la fille. (*Il tâtonne de côté et trouve la porte.*) C'est ici ; elle n'est qu'appuyée. Oh ! comme l'aveugle Cupidon sait bien se retrouver dans l'obscurité.

(*Il entre.*)

BRÊME.

Dans le piége ! (*Il ouvre la lanterne, court à la porte de la chambre et pousse le verrou.*) Fort bien, et le cadenas est déjà prêt. (*Il pose un cadenas.*) Et toi, coquine, c'est ainsi que tu me trahis ?

CAROLINE.

Mon père !

BRÊME.

Que tu sais feindre avec moi la confiance ?

LE BARON, *de la chambre voisine.*

Caroline ! Que veut dire cela ?

CAROLINE.

Je suis la plus malheureuse fille qui soit sous le soleil !

BRÊME, *haut, devant la porte.*

Cela veut dire que vous coucherez là, mais seul.

LE BARON.

Scélérat !... Ouvrez, monsieur Brême ! La plaisanterie vous coûtera cher.

BRÊME.

C'est plus qu'une plaisanterie, c'est l'amère vérité.

CAROLINE, *à la porte.*

Je suis innocente de la trahison.

BRÊME.

Innocente ?... Trahison ?...

CAROLINE, *à genoux devant la porte.*

O mon bien-aimé, si tu pouvais voir comme je suis ici prosternée devant le seuil ; comme je me tords les mains de désespoir ; comme je prie mon père cruel !... Ouvrez, mon père.... Il n'écoute pas, il ne me regarde pas. O mon bien-aimé, ne me soupçonne pas : je suis innocente.

BRÊME.

Toi, innocente? misérable! fille perdue! honte de ton père! tache éternelle sur l'habit d'honneur qu'il vient de revêtir dans ce moment! Lève-toi, cesse de pleurer, ou je te traîne par les cheveux loin du seuil que tu ne devrais plus passer sans rougir. Comment! à l'heure où Brême s'élève au rang des plus grands hommes de la terre, sa fille se dégrade à ce point!

CAROLINE.

Ne me repoussez pas, ne me rejetez pas, mon père! Il m'a fait les plus saintes promesses.

BRÊME.

Ne m'en parle pas; je suis hors de moi. Quoi? Une fille qui devrait se conduire comme une princesse, comme une reine, s'oublier complétement? J'ai peine à me retenir de te battre à coups de poing, de te fouler sous mes pieds. Entre ici! (*Il la pousse dans sa chambre à coucher.*) Ce cadenas français te gardera bien. De quelle fureur je me sens transporté! Ce serait la vraie disposition pour sonner la cloche.... Mais non, Brême, possède-toi!... Réfléchis que les plus grands hommes ont éprouvé mainte disgrâce dans leurs familles. Ne rougis pas d'une fille impudente, et songe que l'empereur Auguste, dans le temps même où il gouvernait le monde avec sagesse et puissance, versait des larmes amères sur les déportements de sa fille Julie. Ne rougis pas de pleurer de ce qu'une fille pareille t'a trompé; mais songe aussi, en même temps, que le but est atteint, que l'ennemi enfermé se désespère, et qu'une heureuse issue attend ton entreprise.

SCÈNE VI.

Une salle du château, éclairée aux bougies.

FRÉDÉRIQUE, JACQUES.

Frédérique tient une carabine rayée, Jacques un fusil.

FRÉDÉRIQUE.

C'est cela, Jacques : tu es un brave garçon. Si tu me répares bien le fusil, en sorte qu'au premier coup d'œil, il ne me rappelle pas ce pédant, tu auras une bonne récompense.

JACQUES.

Je vais le prendre, gracieuse comtesse, et je ferai de mon mieux. Il n'est pas besoin de récompense : je suis votre serviteur pour la vie.

FRÉDÉRIQUE.

Tu veux partir cette nuit? Elle est noire et il pleut : reste chez le chasseur.

JACQUES.

Je ne sais ce que j'éprouve; quelque chose me dit de partir : j'ai comme un pressentiment.

FRÉDÉRIQUE.

Tu n'es pourtant pas accoutumé à voir des revenants?

JACQUES.

Ce n'est pas non plus un pressentiment, c'est un soupçon. Plusieurs paysans se sont rassemblés cette nuit chez le chirurgien. Ils m'avaient aussi invité, mais je n'y suis pas allé : je ne veux point de querelles avec la seigneurie. Et à présent je voudrais y avoir été, pour savoir ce qu'ils projettent.

FRÉDÉRIQUE.

Que sera-ce? La vieille histoire du procès!

JACQUES.

Non, non, il y a plus que cela! Laissez-moi ma fantaisie : c'est pour vous, c'est pour les vôtres que je m'inquiète.

(*Il sort.*)

SCÈNE VII.

FRÉDÉRIQUE, puis **LA COMTESSE** et **LE CONSEILLER**.

FRÉDÉRIQUE.

La carabine est telle que je l'avais laissée. Le chasseur me l'a très-bien soignée. Mais aussi c'est un chasseur, et il n'y a rien au-dessus de ces gens-là. Je vais la charger tout de suite, et demain, de bonne heure, je veux tirer un cerf. (*Auprès d'une table, où se trouve un candélabre, elle manie une poire à poudre, une mesure, des linges cirés, des balles, un marteau, et charge la carabine lentement et méthodiquement.*)

LA COMTESSE.

Tu tiens encore la poire à poudre près de la lumière. Comme

une étincelle peut tomber aisément! Sois donc prudente. Tu te feras un malheur.

FRÉDÉRIQUE.

Laissez-moi, chère maman. Je suis déjà prévoyante. Qui a peur de la poudre ne doit pas manier la poudre.

LA COMTESSE.

Dites-moi, cher conseiller, j'ai la chose fort à cœur. Ne pourrions-nous du moins faire un pas jusqu'à votre retour?

LE CONSEILLER.

Je respecte en vous cette ardeur à faire le bien et à ne pas tarder un instant.

LA COMTESSE.

Ce qu'une fois je reconnais juste, je voudrais le voir aussitôt exécuté. La vie est si courte et le bien agit si lentement!

LE CONSEILLER.

Quelle est donc votre pensée?

LA COMTESSE.

Vous êtes moralement convaincu que, pendant la guerre, le bailli a détourné le document?

FRÉDÉRIQUE, *vivement*.

L'êtes-vous?

LE CONSEILLER.

D'après tous les indices, c'est, je puis le dire, plus que probable.

LA COMTESSE.

Vous croyez qu'il le garde encore, dans quelque dessein?

FRÉDÉRIQUE, *même jeu*.

Croyez-vous?

LE CONSEILLER.

La confusion de ses comptes, le désordre des archives, toute la manière dont il a mis à profit ce procès, me font présumer qu'il se ménage une retraite; que peut-être, si on le presse de ce côté, il songe à se sauver de l'autre, et à vendre le document à la partie adverse pour une somme considérable.

LA COMTESSE.

Eh bien, si l'on cherchait à le gagner par l'intérêt? Il souhaite que son neveu lui soit substitué : si nous promettions à ce jeune homme, à condition que, pour faire ses preuves, il mettrait en ordre les archives, une récompense, qui serait surtout considérable, dans le cas où il retrouverait le document.... On lui ferait espérer la substitution. Parlez-lui avant de partir, et, en attendant votre retour, cela s'arrangera.

LE CONSEILLER.

C'est trop tard; notre homme est sans doute déjà couché.

LA COMTESSE.

N'en croyez rien. Tout vieux qu'il est, il vous guettera jusqu'au moment où vous monterez en voiture. Il viendra encore, en grande tenue, vous faire sa révérence, et ne manquera certainement pas de vous présenter ses devoirs. Faisons-le appeler.

LE CONSEILLER.

Comme il vous plaira.

FRÉDÉRIQUE. *Elle sonne, un domestique paraît.*

Que le bailli vienne encore ici un moment.

LA COMTESSE.

Les instants sont précieux : voulez-vous, en attendant, jeter un coup d'œil sur les papiers relatifs à cette affaire? (*La Comtesse et le Conseiller sortent ensemble.*)

SCÈNE VIII.

FRÉDÉRIQUE, puis LE BAILLI.

FRÉDÉRIQUE.

Cela ne me plaît pas. Ils sont persuadés que le bailli est un fripon, et ne le font pas arrêter? Ils sont persuadés qu'il les a trompés, qu'il leur a fait tort, et ils veulent le récompenser? Cela ne vaut rien du tout. Mieux vaudrait faire un exemple.... Le voilà justement.

LE BAILLI.

J'apprends que monsieur le conseiller a quelque chose à me dire avant son départ : je viens recevoir ses ordres.

FRÉDÉRIQUE, *en prenant la carabine.*

Attendez un moment; il sera ici tout à l'heure. (*Elle verse de la poudre dans le bassinet.*)

LE BAILLI.

Que faites-vous là, gracieuse comtesse?

FRÉDÉRIQUE.

J'ai chargé la carabine pour demain matin : un vieux cerf tombera.

LE BAILLI.

Hé! hé! charger dès aujourd'hui, et la poudre dans le bassinet! C'est une imprudence! Un malheur peut arriver si aisément!

FRÉDÉRIQUE.

Hé quoi? J'aime à me trouver toute prête. (*Elle lève la carabine et la dirige, comme par hasard, contre le bailli.*)

LE BAILLI.

Hé! gracieuse comtesse, jamais contre une personne un fusil chargé! Le diable peut jouer de ses tours.

FRÉDÉRIQUE, *dans la même position.*

Écoutez, monsieur le bailli, je dois vous dire un mot en confidence.... c'est que vous êtes un infâme scélérat.

LE BAILLI.

Quelles expressions, ma gracieuse.... Éloignez cette carabine.

FRÉDÉRIQUE.

Ne remue pas de la place, maudit coquin. Vois-tu, le fusil est armé: vois-tu, je couche en joue!... Tu as volé un document....

LE BAILLI.

Un document? Je n'ai aucune idée d'un document.

FRÉDÉRIQUE.

Vois-tu, je presse la détente : tout est prêt, et, si tu ne rends pas sur-le-champ le document, ou si tu ne m'indiques pas en quel lieu il se trouve ou ce qu'il est devenu, je touche cette petite aiguille, et tu es roide mort sur la place.

LE BAILLI.

Pour l'amour de Dieu!

FRÉDÉRIQUE.

Où est le document?

LE BAILLI.

Je ne sais.... Écartez la carabine.... Vous pouvez par mégarde....

FRÉDÉRIQUE, *même jeu.*

Par mégarde ou avec intention, tu es mort. Parle, où est le document?

LE BAILLI.

Il est.... renfermé....

SCÈNE IX.

LES PRÉCÉDENTS, LA COMTESSE, LE CONSEILLER.

LA COMTESSE.

Que se passe-t-il ici?

LE CONSEILLER.

Que faites-vous?

FRÉDÉRIQUE, *au Bailli.*

Ne remuez pas, ou vous êtes mort! Où est-il enfermé?

LE BAILLI.

Dans mon pupitre.

FRÉDÉRIQUE.

Et où dans le pupitre?

LE BAILLI.

Dans un double fond.

FRÉDÉRIQUE.

Où est la clef?

LE BAILLI.

Dans ma poche.

FRÉDÉRIQUE.

Et comment s'ouvre le double fond?

LE BAILLI.

En pressant du côté droit.

FRÉDÉRIQUE.

La clef?

LE BAILLI.

La voici.

FRÉDÉRIQUE.

Jetez-la par terre. (*Le Bailli la jette à terre.*) Et la chambre?

LE BAILLI.

Est ouverte.

FRÉDÉRIQUE.

Qui s'y trouve?

LE BAILLI.

Ma servante et mon copiste.

FRÉDÉRIQUE.

Vous avez tout entendu, monsieur le conseiller. Je vous ai épargné un long entretien. Prenez la clef et allez chercher le document. Si vous ne le rapportez pas, il aura menti, et je lui casserai la tête.

LE CONSEILLER.

Laissez-le venir avec moi : songez à ce que vous faites.

FRÉDÉRIQUE.

Je sais ce que je fais. Ne me mettez pas en fureur et courez. (*Le Conseiller sort.*)

LA COMTESSE.

Ma fille, tu m'effrayes. Mets ce fusil de côté!

FRÉDÉRIQUE.

Non certes pas avant que je voie le document.

LA COMTESSE.

N'entends-tu pas? Ta mère l'ordonne.

FRÉDÉRIQUE.

Quand mon père sortirait du tombeau, je n'obéirais pas.

LA COMTESSE.

Si le coup partait....

FRÉDÉRIQUE.

Quel mal y aurait-il?

LE BAILLI.

Vous auriez à vous en repentir.

FRÉDÉRIQUE.

Point du tout. Souviens-toi, misérable, qu'il y a une année, comme, dans ma colère, j'avais tiré sur le piqueur, qui battait mon chien, souviens-toi qu'au moment où je fus réprimandée, et où tout le monde bénissait l'heureux hasard qui m'avait fait manquer, tu fus le seul qui riait malicieusement, et tu disais : « Qu'en serait-il résulté?... Un enfant de noble maison!... On aurait arrangé l'affaire avec de l'argent. » Je suis encore un enfant, je suis encore de noble maison : cela s'arrangerait aussi avec de l'argent.

ACTE IV, SCÈNE IX.

LE CONSEILLER, *qui revient.*

Voici le document.

FRÉDÉRIQUE.

C'est cela! (*Elle met le fusil au repos.*)

LA COMTESSE.

Est-ce possible?

LE BAILLI.

Malheureux que je suis!

FRÉDÉRIQUE.

Va, misérable! Que ta présence ne trouble pas ma joie!

LE CONSEILLER.

C'est l'original.

FRÉDÉRIQUE.

Donnez-le-moi. Demain je veux le montrer moi-même aux communes, et leur dire que je l'ai conquis pour elles.

LA COMTESSE, *embrassant Frédérique.*

Ma fille!

FRÉDÉRIQUE.

Pourvu que cette plaisanterie ne m'ôte pas le goût de la chasse! Je ne tirerai plus sur un pareil gibier.

ACTE CINQUIÈME.

Il fait nuit. La lune répand une faible clarté.

Le théâtre représente une partie du parc, qui a été déjà décrite ; des masses de rochers escarpés et sauvages, sur lesquelles on voit un château en ruines. La nature et les constructions sont entremêlées ; la ruine, comme les rochers, est couverte d'arbres et de buissons. Une crevasse sombre fait deviner des grottes ou même des passages souterrains.

Frédérique, portant un flambeau, sa carabine sous le bras, des pistolets à la ceinture, sort de la caverne en observant de tous côtés. Elle est suivie de la comtesse, qui tient son fils par la main. Après elle paraissent Louise, puis des domestiques chargés de coffres. On apprend que, de cet endroit, un passage souterrain mène aux caveaux du château ; on a verrouillé les portes contre l'attaque des paysans ; la comtesse a demandé qu'on leur annonçât, de la fenêtre, le document, qu'on le leur montrât et qu'ainsi l'on apaisât tout ; mais Frédérique n'a voulu absolument ni permettre aucune capitulation, ni se soumettre à la violence, quand même elle était d'accord avec ses vues. Elle a mieux aimé obliger les siens à fuir, pour gagner la campagne par ce chemin secret, et atteindre la résidence d'un parent voisin. On va se mettre en route, quand on voit de la lumière en haut, dans les ruines ; on entend du bruit : on se retire dans la caverne.

Jacques, le conseiller et un parti de paysans descendent. Jacques les avait rencontrés en chemin, et s'était efforcé de les gagner à la seigneurie. La voiture du conseiller, qui était parti, arriva au milieu d'eux. Cet homme de bien se réunit à Jacques, et il put ajouter à tous les autres motifs le principal argument, c'est que le compromis original était retrouvé. La troupe séditieuse fut apaisée, et même elle résolut de porter secours aux dames.

Frédérique, qui s'est mise aux aguets, désormais instruite de tout, s'avance au milieu de la troupe, à la grande joie du conseiller, du jeune paysan, et aussi des autres, auxquels elle présente le document.

Une patrouille de cette troupe, qu'on avait envoyée à la découverte, revient, et annonce qu'une partie des révoltés arrive du château et s'avance. Tout le monde se cache, les uns dans la caverne, les autres parmi les rochers et les ruines.

Brême arrive avec un certain nombre de paysans armés ; il invective contre le gouverneur, qui est resté à l'écart, et il explique pourquoi il a laissé une partie de sa troupe dans les caves du château, et s'est rendu avec l'autre dans ce lieu. Il connaît le secret du passage souterrain, et il est persuadé que la famille s'y tient cachée, ce qui lui donne l'assurance de la faire prisonnière. Ils allument des flambeaux, et sont sur le point d'entrer dans la caverne. A ce moment, Frédérique, Jacques, le conseiller, paraissent en armes, ainsi que le reste de la troupe.

Brême cherche à donner à l'affaire une tournure par des exemples tirés de l'histoire ancienne; il s'abandonne à ses saillies, parce qu'on les lui passe; et, comme le document ne manque pas non plus ici son effet, la pièce se termine à la satisfaction générale. Les quatre personnes dont la présence pourrait produire une impression désagréable, Caroline, le baron, le gouverneur et le bailli, ne paraissent plus sur la scène.

FIN DES RÉVOLTÉS.

PANDORE

PERSONNAGES.

PROMÉTHÉE,
ÉPIMÉTHÉE, } fils de Japet.
PHILÉROS, fils de Prométhée.
ELPORE,
ÉPIMÉLIE, } filles d'Épiméthée.
ÉOS ou L'AURORE.
PANDORE, femme d'Épiméthée.
DÉMONS.
HÉLIOS.
FORGERONS.
BERGERS.
CULTIVATEURS.
GUERRIERS.
ARTISANS.
VIGNERONS.
PÊCHEURS.

PANDORE[1].

ACTE PREMIER.

La scène représente un paysage, traité dans le grand style, à la manière du Poussin.

Côté de Prométhée. — A la gauche du spectateur, des rochers et des montagnes; dans leurs assises et leurs masses puissantes, se voient, à côté et au-dessus les unes des autres, des grottes naturelles et artificielles, avec divers chemins et sentiers, qui les unissent. Quelques-unes de ces grottes sont fermées avec des blocs de rochers, d'autres avec des portes et des grillages, le tout sauvage et grossier. Çà et là on voit quelque construction régulière, ayant surtout pour objet de soutenir et de lier artificiellement les masses, et annonçant déjà des habitations plus commodes, mais sans aucune symétrie. Des plantes sarmenteuses pendent çà et là; des buissons isolés se voient sur les terrasses; plus haut, ils deviennent plus épais, et l'ensemble se termine par un sommet boisé.

Côté d'Épiméthée. — Vis-à-vis, à la droite du spectateur, un édifice en bois, d'un genre sévère, d'une manière et d'une construction primitives, avec des colonnes formées de troncs d'arbres, des poutres et des entablements à peine équarris. Dans le vestibule on voit un lieu de repos, garni de peaux de bêtes et de tapis. Auprès de l'édifice principal, vers le fond, des habitations semblables, mais plus petites, diversement formées de murs en pierres sèches, de planches, de rameaux entrelacés, qui annoncent l'intention de satisfaire divers possesseurs; derrière, les sommets d'arbres fruitiers, indices de jardins bien cultivés; plus loin, d'autres habitations du même genre.

Au fond, des plaines variées, des collines, des bosquets et des bois; une rivière, qui coule, avec des chutes et des sinuosités, vers un golfe, borné de près par des roches escarpées. Un horizon maritime, parsemé d'îles, termine la perspective. Il fait nuit.

ÉPIMÉTHÉE, *arrivant du milieu de la campagne.*

J'estime trop heureuses l'enfance et la jeunesse, de ce qu'après les plaisirs du jour, goûtés avec transport, un prompt sommeil

---

1. Gœthe a écrit ce fragment en vers rhythmiques de diverse mesure.

les saisit puissamment, et, faisant disparaître toute trace du présent énergique, mêle dans ses rêves le passé et l'avenir. Ce bonheur, il est loin de moi qui suis vieux. Pour moi, le jour et la nuit ne se distinguent pas nettement l'un de l'autre, et je continue à subir l'antique fatalité de mon nom; car je reçus de mes parents le nom d'Épiméthée[1], pour méditer sur le passé, et ramener, par une laborieuse rêverie, les rapides événements dans le nébuleux empire du possible, qui mêle toutes les formes. Une tâche si douloureuse fut imposée à ma jeunesse, que, me tournant avec impatience vers la vie, j'embrassai inconsidérément le présent, et me chargeai du tourment nouveau de nouveaux soucis. C'est ainsi que tu t'envolas pour moi, âge de la force et de la jeunesse, toujours divers, toujours changeant, pour me consoler, de l'abondance à la disette et des délices à la douleur. Le désespoir fuyait devant de riantes chimères; un profond sommeil me reposait du bonheur et de la souffrance. Mais à présent, durant la nuit, éveillé, errant sans cesse, je plains le bonheur trop court des miens qui sommeillent; craignant le chant du coq, comme la clarté trop hâtive de l'étoile matinale. Mieux vaudrait la nuit éternelle. O Phébus! secoue violemment les flammes de ta chevelure, mais ne viens pas éclairer les sentiers des humains!

Qu'entends-je? Les portes de mon frère s'ouvrent de grand matin avec fracas. Est-il déjà éveillé, l'infatigable? Dans sa vive impatience de produire, animant l'ouvrage, allume-t-il déjà le brasier sur le foyer creux, et appelle-t-il au mâle plaisir du travail la troupe charbonnée, habile à façonner l'airain par la fonte et le marteau? Non! j'entends quelqu'un s'avancer d'une marche rapide et légère, à la joyeuse cadence d'un chant qui élève le cœur.

PHILÉROS. *Il chante, en s'avançant par le côté de Prométhée.*

« Sortons, sortons au grand air! Comme ces murailles m'oppressent! Comme cette maison me gêne! Comment les peaux de ma couche pourraient-elles me suffire? Qui réussirait à bercer une flamme dans des rêves? Ni repos ni trêve n'enchaînent les amants. Qu'importe que la tête s'incline, et que les membres

---

[1] Ἐπιμηθεύς, qui réfléchit après l'événement, qui délibère trop tard.

lassés se laissent choir sans force!... le cœur est alerte; il s'agite, il veille, il est plus vivant la nuit que le jour.

« Toutes les étoiles brillent d'une tremblante lumière; toutes elles m'invitent aux joies de l'amour, à chercher, à parcourir les sentiers embaumés où ma bien-aimée passait hier et chantait ; où elle s'arrêta, où elle s'assit, où des cieux semés de fleurs se courbaient sur nos têtes en voûtes verdoyantes; où, près de nous, autour de nous, la terre épanchait à flots pressés les fleurs caressantes. C'est là seulement, c'est là, que je puis trouver le repos. »

ÉPIMÉTHÉE.

Quel hymne sonore frappe mes oreilles pendant la nuit?

PHILÉROS.

Qui trouvé-je déjà, qui trouvé-je encore veillant?

ÉPIMÉTHÉE.

Est-ce toi, Philéros? Il me semble distinguer ta voix

PHILÉROS.

C'est moi, mon oncle; mais ne me retiens pas.

ÉPIMÉTHÉE.

Jeune homme, où se dirige ta course matinale?

PHILÉROS.

Où il ne sied pas au vieillard de m'accompagner.

ÉPIMÉTHÉE.

Les sentiers du jeune homme sont faciles à deviner.

PHILÉROS.

Laisse-moi donc aller, et ne m'interroge pas davantage.

ÉPIMÉTHÉE.

De la confiance! Un amant a besoin de conseils.

PHILÉROS.

Il ne me reste aucune place pour le conseil, aucune pour la confiance.

ÉPIMÉTHÉE.

Dis-moi le nom de la beauté qui te charme.

PHILÉROS.

J'ignore son nom comme celui de ses parents.

ÉPIMÉTHÉE.

Il est dangereux d'offenser même des inconnus.

PHILÉROS.

O mon père, n'attriste pas ma course joyeuse.

ÉPIMÉTHÉE.

Tu cours au malheur, je n'ai que trop sujet de le craindre.

PHILÉROS. *Il chante.*

« Hâte-toi, Philéros, de courir au jardin embaumé! Là tu peux attendre toutes les joies de l'amour, quand l'aurore timide viendra empourprer d'une clarté vermeille les tapis de l'enclos sacré, et que, derrière le tapis, ma bien-aimée, paraissant avec un visage plus vermeil encore, jettera des regards amoureux vers les portes du soleil, les jardins et les campagnes, et qu'elle épiera ma venue. Comme je vais à toi, tu viens à moi. » (*Il s'éloigne par la droite.*)

ÉPIMÉTHÉE.

Va, mortel heureux et mille fois béni! va! Ton bonheur fût-il borné à ces moments où tu cours auprès d'elle.... tu es encore digne d'envie. Ne se lève-t-elle pas pour toi l'heure souhaitée du bonheur humain, si rapidement qu'elle passe?

Tel fut aussi mon sort. Aussi joyeusement bondissait mon cœur, lorsque Pandore descendit pour moi de l'Olympe. Avec tous les charmes et tous les dons, elle s'avançait, majestueuse, à mes yeux surpris, observant de son gracieux regard si, comme mon frère rigoureux, je la repousserais. Mais mon cœur n'était déjà que trop vivement ému. Je reçus la charmante épouse avec ivresse; puis je m'approchai de la dot mystérieuse, vase de terre d'une beauté suprême. Il était là fermé. La belle Pandore s'approcha gracieusement, brisa le sceau des dieux, leva le couvercle. Une vapeur légère en sortit à flots pressés, comme si une fumée d'encens avait voulu rendre grâce aux habitants du ciel; puis, de la vapeur jaillit un radieux éclair, et aussitôt un autre, et d'autres leur succédèrent vivement. Je levai les yeux, et déjà planait sur la nue, avec un aimable prestige, une foule variée de figures divines. Pandore me montra et me nomma ces flottantes images. « Vois-tu, disait-elle, briller là-haut le bonheur d'amour? — Comment? m'écriai-je, il planerait là-haut?... Et pourtant je le possède en toi. — A côté, poursuivit-elle, le dieu de la parure traîne la queue ondoyante de son ample vêtement. Mais plus haut s'élève, avec un regard sévère, pensif, impérieux, une image de la force, qui se porte sans cesse en avant. Vis-à-vis, excitant la faveur, une agréable image, qui se complaît en elle-même avec grâce, doucement importune, les yeux alertes, cherche ton regard et s'empresse assidûment. D'autres encore se fondent, tournoyant les unes dans les autres, obéissant à la fumée, selon qu'elle flotte ici ou là, mais toutes obligées à devenir la joie de tes jours. » Alors je m'écriai : « C'est en vain que brille une armée d'étoiles ! c'est en vain que l'on m'offre cette illusion charmante, éclose de la fumée ! Pandore, mon unique trésor, tu ne me trompes pas ! Je ne désire aucun autre bien, ni réel, ni reflété dans le vague de l'air. Sois-moi fidèle ! » Cependant le joyeux chœur des hommes, le chœur de ces êtres nouveaux, s'était rassemblé pour me fêter : ils contemplèrent avec joie les légers enfants de l'air, et les poursuivirent, et s'efforcèrent de les saisir. Mais, fugitives et inaccessibles aux atteintes de mains terrestres, ces images, tantôt s'élevant, tantôt s'abaissant, trompaient sans cesse la foule qui les poursuivait. Et moi, plein de confiance, je courus à mon épouse, et, de mes bras vigoureux, je pressai sur mon sein palpitant l'image de félicité que les dieux m'envoyaient. La délicieuse extase de l'amour fit pour jamais de ce moment le doux rêve de ma vie. (*Il se dirige, sous le portique, vers sa couche, et il y monte.*)

« Cette couronne, posée par la main des dieux sur les cheveux de Pandore, je vois encore, des yeux et du cœur, comme elle ombrageait son front, comme elle tempérait le feu de ses regards ; je le vois, bien qu'elle se soit depuis longtemps éloignée, comme un astre des cieux.

« Mais cette couronne ne se maintient plus ; elle se délie, elle se disperse et sème en abondance ses dons sur toutes les fraîches campagnes. (*Épiméthée est peu à peu saisi par le sommeil.*) Oh ! qu'avec joie je recomposerais cette guirlande ! O Flore-Cypris ! qu'avec plaisir j'assemblerais tes dons, soit en bouquet, soit en couronne ! Mais couronnes et bouquets ne subsistent pas pour moi ; tout se disperse. Une fleur se trouve, et puis une autre, dans les vertes prairies : je vais cueillant, et je perds ce que j'ai cueilli. Tout a bientôt disparu. O belle rose, quand je te sépare de la tige, ô lis, tu n'es déjà plus ! » (*Il s'endort.*)

PROMÉTHÉE, *un flambeau à la main.*

Clarté du flambeau, agitée le matin dans les mains du père, à la face de l'étoile, tu annonces le jour avant le jour! Sois honorée comme une divinité! car le travail le plus digne d'une sérieuse estime est celui du matin; lui seul assure à toute la journée la nourriture, le bien-être, la pleine jouissance des heures fatiguées. C'est pourquoi, découvrant de bonne heure le trésor sacré de la cendre du soir, j'ai allumé un nouveau brasier, et, faisant briller la lumière devant mon peuple actif et laborieux : je vous appelle maintenant à haute voix, dompteurs du bronze; levez lestement vos bras robustes, afin que la forte cadence des marteaux agités en mesure, retentissant à grand bruit, nous livre promptement le métal pour mille usages. (*Plusieurs grottes s'ouvrent; plusieurs feux commencent à brûler.*)

FORGERONS.

Allumez le feu!
Le feu est le premier trésor.
Il fit une œuvre excellente,
Celui qui le déroba
Celui qui l'alluma,
Qui se l'associa,
Forgea, façonna
Des couronnes pour son front.

Que l'eau coule seulement!
Elle coule librement
Des rochers dans les campagnes;
Elle attire sur sa trace
Les hommes et le bétail.
Les poissons y foisonnent;
Les oiseaux en font leurs délices;
L'onde leur appartient.
Onde inconstante,
A la vie turbulente!...
Que l'homme industrieux
Quelquefois l'enchaîne,
Nous trouvons qu'il fait bien.

La terre est stable, immobile.
Comme elle se laisse tourmenter!
Comme on la déchire et la foule!
Comme on l'écorche et la dépèce!
Il faut qu'elle produise.
Des sillons, de longues fosses

Lui sont creusés sur le dos
Par des colons en sueur;
Et, si de fleurs elle ne brille,
On la tance vertement.

Passe, souffle lumineux,
Passe loin de mon visage!
Si tu n'excites la flamme,
Tu n'es d'aucune valeur.
Vers le foyer si tu t'élances,
Tu seras le bienvenu,
Comme c'est justice.
Pénètre dans la maison :
Quand tu voudras en sortir,
Tu seras consumé.

A l'ouvrage promptement!
Le feu flambe maintenant;
Le feu caresse la voûte.
Il le voit sans doute, le père
Qui le déroba.
Celui qui l'alluma,
Qui se l'associa,
Forgea, façonna
Des couronnes pour son front.

PROMÉTHÉE.

Le plaisir de l'homme actif doit être la partialité; c'est pourquoi j'aime à voir que, méconnaissant la valeur des autres éléments, vous estimiez le feu par-dessus tout. Vous qui agissez au dedans, les yeux sur l'enclume, et qui imposez au dur métal la forme que veut votre pensée, je vous sauvai, quand ma race perdue s'élança, les regards enflammés, les bras ouverts, à la poursuite d'images vaporeuses et flottantes, pour saisir ce qui est insaisissable et qui, pût-il être saisi, ne sert ni ne profite. Mais vous, vous êtes les hommes utiles. Les rochers les plus rigides ne vous résistent pas; l'airain est arraché de la mine par vos leviers; il est fondu, il coule, puis, transformé en instrument, en une main nouvelle, il centuple la force; les marteaux agités durcissent le métal; les tenailles le saisissent adroitement; vous augmentez ainsi vos propres forces et les forces fraternelles, avec une activité, une industrie sans bornes. Ce que la puissance a entrepris, ce que l'esprit a inventé, que votre labeur l'accomplisse! Poursuivez donc l'œuvre du jour avec pleine intelligence et libre courage ; car la troupe de ceux qui sont nés après vous déjà s'approche, demandant les instruments achevés, admirant vos rares ouvrages.

LES BERGERS.

Gravissez la montagne ;
Suivez le cours des ruisseaux ;
Où la roche est fleurie,
Où s'étend le pâturage,
Cheminez doucement.

Il se trouve partout quelque chose,
Gazons et fraîche rosée ;
Promenez-vous et cherchez,
Allez pas à pas, broutez en silence
Ce qu'il vous faut.

UN BERGER, *aux forgerons.*

Robustes frères,
Pourvoyez-nous !
Donnez-moi de vos lames
La plus tranchante :
Syrinx en souffrira !
Pour tailler les roseaux,
Donnez-moi d'abord la mieux affilée !
Que les sons soient doux !
En célébrant vos louanges,
Nous quitterons ces lieux.

DEUXIÈME BERGER, *à un forgeron.*

Ainsi ton obligeance
A fourni ces voluptueux,
Et, qui plus est encore,
Ils te l'ont emprunté !
Donne-nous une arme d'airain,
A pointe vive, et large à l'autre bout,
Que nous puissions attacher fortement
Au bois de nos bâtons.

Nous avons affaire au loup,
Aux hommes malveillants ;
Car les bons eux-mêmes
Ne voient pas avec plaisir
Qu'on s'attribue quelque chose.
Mais, de près ou de loin,
On en vient aux prises,
Et qui n'est pas guerrier
Ne doit pas être pasteur.

ACTE I.

TROISIÈME BERGER, *à un forgeron.*

Qui veut être berger
Aura des loisirs ;
Il comptera les étoiles qui luisent ;
Il sifflera sur la feuille.
Les feuilles, l'arbre nous les donne,
Et le marais nous donne les roseaux.
Habile forgeron,
Donne-nous autre chose :
Donne-nous un tuyau d'airain,
Artistement appointi pour la bouche,
Fendu par le bout en feuille délicate !
Plus éclatant que le chant de l'homme,
Au loin il retentira ;
Les vierges, dans les vastes campagnes,
Entendront ces accents.

(*Les bergers se répandent dans les environs ; les uns chantent, les autres jouent des instruments.*)

PROMÉTHÉE.

Retirez-vous paisiblement.... vous ne trouverez point la paix ; car tel est le sort des hommes, comme celui des animaux, sur le modèle desquels je me traçai une œuvre plus parfaite, que, seuls ou réunis en troupes, l'un s'oppose à l'autre ; la haine les met aux prises, jusqu'à ce que l'un fasse sentir à l'autre sa supériorité. C'est pourquoi tenez-vous fermes, vous, enfants d'un même père ! Lequel tombe, lequel reste debout ? C'est ce qui doit peu l'inquiéter. Dans ses foyers repose une tribu puissante, qui sans cesse porte ses vues au loin et de toutes parts autour d'elle ; elle est à l'étroit dans ses demeures, où les uns sont pressés contre les autres ; maintenant elle se met en marche et refoule tout le monde. Qu'il soit béni le moment du départ tumultueux ! C'est pourquoi, forgerons, amis, ne fabriquez plus que des armes, laissant les autres choses, que l'ingénieux cultivateur, que le pêcheur pourrait, sans cela, vous demander aujourd'hui.... Ne forgez que des armes !... Alors vous aurez tout produit, jusqu'à la suprême jouissance de mes plus durs enfants. A vous maintenant, qui travaillez péniblement pendant les heures sombres, à vous un repas qui vous délasse ! En effet, qui a travaillé la nuit doit repaître, quand les autres sortent le matin pour le travail. (*Il s'approche d'Épiméthée endormi.*) Mais toi, ô mon unique frère, tu reposes là? Pauvre somnambule, esprit soucieux, triste rêveur! Tu me fais pitié, et pourtant je souscris à ton sort; il faut pâtir, que ce soit par le travail ou par la souffrance.

LES FORGERONS.

Celui qui l'alluma,
Qui se l'associa,
Forgea, façonna
Des couronnes pour son front.

(*Les forgerons disparaissent dans les cavernes, qui se ferment.*)

ÉPIMÉTHÉE, ELPORE. *Épiméthée sommeille dans le portique ouvert; Elpore, l'étoile matinale sur le front, en vêtements aériens, s'élève derrière la colline.*

ÉPIMÉTHÉE, rêvant.

Je vois venir les étoiles en foule serrée. Un astre surtout brille d'un éclat magnifique. Quel gracieux objet monte après lui? Quelle est la tête chérie qu'il couronne, qu'il éclaire? Elle ne m'est pas inconnue, la figure svelte, gracieuse, charmante, qui se lève là-haut. Elpore, est-ce toi?

ELPORE, de loin.

Oui, mon père! D'ici je caresse ton front d'une haleine rafraîchissante.

ÉPIMÉTHÉE.

Approche, viens!

ELPORE.

Cela ne m'est pas permis.

ÉPIMÉTHÉE.

Plus près du moins.

ELPORE, s'approchant.

Comme cela?

ÉPIMÉTHÉE.

Encore plus près.

ELPORE.

Ainsi?

ÉPIMÉTHÉE.

Je ne te connais plus.

ELPORE.

Je le pensais bien. (*Elle s'éloigne.*) Mais à présent?

ÉPIMÉTHÉE.

Oui, c'est toi, fille chérie, que ta mère m'enleva en me quittant. Où es-tu demeurée? Viens-tu auprès de ton vieux père?

ELPORE, *s'approchant.*

Je viens, mon père, mais c'est inutile.

ÉPIMÉTHÉE.

Quel aimable enfant me visite de près?

ELPORE.

Celle que tu méconnais et que tu connais, c'est ta fille.

ÉPIMÉTHÉE.

Viens donc dans mes bras!

ELPORE.

On ne peut me saisir.

ÉPIMÉTHÉE.

Eh bien, embrasse-moi.

ELPORE, *à son chevet.*

J'effleure ton front de mes lèvres. (*Elle s'éloigne.*) Déjà je m'en vais! je m'en vais!

ÉPIMÉTHÉE.

Où donc? Où vas-tu?

ELPORE.

Luire sur les amants.

ÉPIMÉTHÉE.

Pourquoi? Ils n'en ont pas besoin.

ELPORE.

Oui, ils en ont besoin, et personne davantage.

ÉPIMÉTHÉE.

Eh bien promets-moi!...

ELPORE.

Eh quoi donc? quoi?

ÉPIMÉTHÉE.

Le bonheur de l'amour, le retour de Pandore.

ELPORE.

Il me sied bien de promettre l'impossible....

ÉPIMÉTHÉE.

Et elle reviendra?

ELPORE.

Oui, oui! (*Aux spectateurs.*)

« Bons humains, les dieux ont mis dans mon jeune sein un cœur tendre, compatissant. Ce que vous voulez, ce que vous souhaitez, je ne puis jamais vous le refuser, et de moi, de la bonne jeune fille, vous entendrez toujours oui!

« Hélas! les autres démons, désobligeants, fâcheux, crient cependant sans cesse, avec une maligne joie, un cruel non!

« Mais, au chant du coq, j'entends souffler les brises de l'aurore, et je dois courir, matinale, courir auprès de ceux qui s'éveillent.

« Pourtant je ne puis vous quitter ainsi. Qui veut encore entendre quelque chose d'agréable? Qui de vous a besoin d'un oui?

« Quel vacarme! quel tumulte! Est-ce le mugissement des flots du matin? Attelage de Phébus, hennissez-vous derrière les portes d'or?

« Non, c'est la foule qui s'agite, murmurante; les désirs impétueux se précipitent des cœurs oppressés, s'élancent jusqu'à moi.

« Ah! que voulez-vous de la tendre fille, vous, mécontents, orgueilleux? Vous voulez richesse, puissance et gloire, éclat et magnificence? La jeune fille ne peut vous donner ces choses; ses dons, ses accents, tout chez elle est virginal.

« Voulez-vous la puissance? Elle est pour le puissant. Voulez-vous la richesse? Prenez-la. L'éclat? Décorez-vous. L'influence? Rampez. Que nul n'espère ces biens-là! Qui les veut, les prenne!

« On se tait! Mais j'entends distinctement (j'ai l'oreille fine), j'entends soupirer un murmure! Paix!... J'entends murmurer un soupir! Oh! c'est l'accent de l'amour!

« Amant, venez à moi; voyez en moi la délicieuse, la parfaite image de la douce et fidèle amie!

« Demandez-moi, comme vous lui demandez, lorsqu'elle est devant vous et sourit, et que ses lèvres, closes jusqu'à ce jour, veulent et osent vous faire un aveu.

« Aimera-t-elle? — Oui! — Et c'est moi? — Oui! — Elle sera mienne? — Oui! — Et le sera toujours? — Oui! oui! — Nous retrouverons-nous? — Oui, sans doute! — Et fidèles?... Pour ne jamais nous quitter? — Oui! oui! » (*Éplore se voile et disparaît, répétant comme l'écho :*) « Oui! oui! » (*Épiméthée s'éveille.*)

ACTE I.

ÉPIMÉTHÉE.

O monde aimable des songes, quelle douceur dans tes adieux!
(*On entend partir du jardin un cri de femme, un cri perçant d'angoisse.*)

ÉPIMÉTHÉE, *se levant en sursaut.*

Quelle horrible détresse vient fondre sur ceux qui s'éveillent!
(*Les cris redoublent.*) Un cri de femme! Elle fuit! Elle approche!
Elle est déjà près!

ÉPIMÉLIE, *dans le jardin, près de la haie.*

Ah! Ah! Malheur! Malheur à moi! Malheur! Ah! Ah!

ÉPIMÉTHÉE.

La voix d'Épimélie!... au bord du jardin!

ÉPIMÉLIE, *franchissant la haie avec précipitation.*

Malheur! Au meurtre! Au meurtre! Ah! Ah! Au secours!

PHILÉROS, *s'élançant après elle.*

Inutile! Je saisirai bientôt tes cheveux tressés.

ÉPIMÉLIE.

Ah! je sens déjà sur mon cou l'haleine du meurtrier.

PHILÉROS.

Maudite! Tu sentiras bientôt sur ton cou ma hache tranchante.

ÉPIMÉTHÉE.

Ici!... Coupable ou non coupable, ma fille, je te sauve.

ÉPIMÉLIE, *s'élançant à sa gauche.*

O mon père! Un père est donc toujours un dieu!

ÉPIMÉTHÉE.

Et quel voisin téméraire ose ici t'assaillir?

PHILÉROS, *à la droite d'Épiméthée.*

Ne protége pas la tête exécrable de la femme la plus criminelle!

ÉPIMÉTHÉE, *la couvrant de son manteau.*

Je la protége, meurtrier, contre toi et contre tous.

PHILÉROS, *passant à la gauche d'Épiméthée, en tournant autour de lui.*

Je l'atteindrai, même sous l'ombre de ce manteau.

ÉPIMÉLIE, *se jetant au-devant de son père, du côté droit.*

Je suis perdue, mon père! O violence! violence!

PHILÉROS, *derrière Épiméthée, en se tournant vers la droite.*

Si mon arme s'égare, il n'importe, en s'égarant elle frappera! (*Il blesse Épimélie au cou.*)

ÉPIMÉLIE.

Ah! ah! Malheur! malheur à moi!

ÉPIMÉTHÉE, *le repoussant.*

Malheur à nous! malheur! violence!

PHILÉROS.

Ce n'est qu'une égratignure! Je vais ouvrir à son âme de plus larges portes.

ÉPIMÉLIE.

O douleur! douleur!

ÉPIMÉTHÉE, *défendant sa fille.*

Malheur à nous! Au secours!... Malheur! malheur!

PROMÉTHÉE, *accourant.*

Quel cri de meurtre éclate dans ce séjour tranquille?

ÉPIMÉTHÉE.

Au secours, frère! Homme fort, hâte-toi d'accourir!

ÉPIMÉLIE.

Presse tes pas! Ici, sauveur!

PHILÉROS.

Achève, ô mon bras, et vienne ensuite, avec ignominie, la délivrance au pied boiteux!

PROMÉTHÉE, *se plaçant entre eux.*

Arrière, misérable! Arrière, furieux! Est-ce toi, Philéros? Cœur indomptable, cette fois, je te tiens. (*Il le saisit.*)

PHILÉROS.

Laisse-moi, mon père! Je respecte ta présence.

PROMÉTHÉE.

Un bon fils respecte l'absence de son père. Je te tiens.... A l'étreinte de ma forte main, tu sentiras comme d'abord le crime s'empare de l'homme, et comme un sage pouvoir saisit aussitôt le criminel! Ici, assassiner?... Des gens sans armes?... Cours au pillage et à la guerre! Va où la violence fait la loi! Car, dans les lieux où la loi, où la volonté paternelle s'est assuré le pouvoir, tu n'es pas à ta place. N'as-tu pas vu ces chaînes, ces chaînes d'airain, forgées pour les cornes du taureau sauvage, mais plus encore pour les rebelles d'entre le peuple? Elles chargeront tes membres, elles battront bruyamment de çà et de là, et leur cliquetis accompagnera ta marche. Mais qu'ai-je besoin de chaînes? Tu es convaincu! Tu es jugé! Là-haut, des rochers s'avancent en saillie sur la terre et la mer : de là nous précipitons avec justice le furieux qui, comme l'animal, comme les éléments, court et se précipite avec insolence dans les derniers égarements. (*Il le laisse aller.*) A présent je te relâche. Fuis! Va-t'en bien loin! Tu trouveras en toi-même le repentir ou le supplice.

PHILÉROS.

Tu crois donc, mon père, que tout est fini? Tu me frappes avec des lois inflexibles, et ne tiens nul compte de la puissance infinie qui m'a plongé du bonheur dans l'infortune?... Quelle est cette femme ici prosternée, affligée et sanglante? C'est la souveraine qui me tenait sous sa loi. Les mains se tordent, les bras s'agitent : ce sont les mains et les bras qui m'ont enveloppé. Pourquoi ces lèvres tremblantes? Pourquoi ce sein palpitant? Témoins muets d'un perfide, oui, d'un perfide plaisir! Ce qu'elle m'avait donné avec tendresse, elle l'accorde à un second.... à un troisième peut-être. Maintenant, mon père, dis-moi, qui donna à la beauté la puissance unique, redoutable, suprême? Qui l'amena en silence, par un chemin secret, du haut de l'Olympe? du sein de l'enfer? Tu échapperais bien plutôt à l'inflexible destinée qu'à ce regard qui nous perce et nous dévore; au danger pressant de la mort qu'aux tresses et aux anneaux de cette chevelure; au sable mobile du désert qu'aux légers tourbillons de cette robe flottante (*Épiméthée a relevé Épimélie; il la promène en la consolant, de sorte que les attitudes de la jeune fille répondent aux paroles de Philéros.* Dis-moi, est-ce Pandore? Tu la vis un jour, fatale aux pères, funeste aux fils. Vulcain la forma avec de brillants dehors, et les dieux logèrent la ruine au dedans. Comme le vase brille! Quelle pose élégante! C'est ainsi que les cieux offrent une boisson enivrante! Que recèle cet air timide? Les actes audacieux. Et le sourire, la tendresse, que recèlent-ils? La trahison. Ces regards célestes? Une mortelle moquerie. Ce sein de déesse? Un cœur cynique.

Oh! dis-moi que j'ai menti! dis qu'elle est pure! La folie me sera plus chère que la raison. De la folie à la raison, quel heureux passage! De la raison à la folie!... Qui souffrit jamais ce que j'ai souffert? Maintenant il me vient à propos ton ordre sévère : je me hâte de fuir; je cherche la mort. Elle a absorbé ma vie dans la sienne : je n'ai plus rien en moi pour vivre encore. (*Il s'éloigne.*)

PROMÉTHÉE, *à Épimélie.*

Es-tu confondue? Est-ce que tu avoues les choses dont il t'accuse?

ÉPIMÉTHÉE.

Je vois avec consternation cette étrange aventure.

ÉPIMÉLIE, *s'avançant entre eux.*

« Dans leur marche commune, constante, harmonieuse, les étoiles nous versent leur lumière éternelle; la lune éclaire tous les sommets; et dans le feuillage murmurent les haleines du vent, et dans ces haleines soupire Philomèle, et joyeusement soupire avec elle le jeune cœur, animé par le doux rêve du printemps. O dieux! d'où vient que tout dure sans cesse, que notre bonheur seul doit cesser?

« La clarté des étoiles et l'éclat plus brillant de la lune, la profondeur des ombres, la chute et le murmure des eaux durent sans cesse : notre bonheur seul doit cesser. Écoutez! Le pasteur s'est formé d'une feuille deux lèvres délicates, et il fait retentir, dès le matin, dans les campagnes le joyeux prélude des grillons que le midi réveille; mais les sons de la lyre aux cordes nombreuses saisissent tout autrement le cœur. On écoute. Et qui, si matin, peut déjà courir les campagnes? Et qui, dans les campagnes, chante avec la lyre d'or? La jeune fille voudrait le savoir; la jeune fille ouvre doucement la porte; elle écoute par la porte entr'ouverte. Et le jeune homme s'en aperçoit. Quelqu'un remue à cette place! Qui? Il voudrait le savoir; il guette, il observe. Ainsi ils s'observent l'un l'autre; tous deux ils se voient dans le demi-jour. Et ce qu'on a vu, le cœur aussitôt désire le bien connaître, et ce que l'on connaît une fois, il désire se l'approprier, et l'on se tend les bras et les bras se ferment. Une sainte union (le cœur triomphe désormais), une sainte union est conclue.

« O dieux! d'où vient que tout dure sans cesse, que notre bonheur seul doit cesser? La splendeur des astres, une douce promesse, la clarté de la lune, la tendre confiance, la profondeur des ombres, l'ardeur du véritable amour, sont éternelles et notre bonheur seul passager.

« Laisse saigner ma blessure, laisse, mon père! En coulant, le sang aisément s'étanche de lui-même; la blessure négligée se cicatrise; mais le sang du cœur, arrêté dans la poitrine, pourra-t-il jamais se ranimer et reprendre son cours? O mon cœur glacé, pourras-tu palpiter encore?

« Il s'est enfui!... C'est vous, cruels, qui le chassez! Moi, repoussée, je ne pouvais, hélas! le retenir, tandis qu'il m'insultait, me maudissait, m'outrageait avec fureur. Mais je la bénis, cette fureur de l'outrage : car il m'aime comme il m'insultait; il brûle pour moi comme il me maudissait. Ah! pourquoi méconnaissait-il son amante? Vivra-t-il pour la connaître encore? Pour lui était entr'ouverte la porte du jardin; je l'avoue : pourquoi le devrais-je nier? Le malheur étouffe la honte.... Un berger pousse la porte, il l'ouvre, et, sans bruit, l'audacieux s'avance, en cherchant dans le jardin; il me trouve, moi qui attendais; il me saisit, et, dans ce moment, Philéros, qui le suivait à la trace, le saisit lui-même. Le ravisseur m'abandonne; il se défend d'abord et prend la fuite, bientôt poursuivi, atteint peut-être.... que sais-je?... Alors, se tournant contre moi, l'écume, l'insulte à la bouche, Philéros me presse : je fuis éperdue, à travers les fleurs et les buissons; la haie m'arrête à la fin, mais l'angoisse m'enlève et me donne des ailes; je suis au large; il se précipite aussitôt sur mes pas : le reste, vous le savez.

« O mon père, Épimélie a pris souci de toi longtemps, et maintenant, hélas! elle prend souci d'elle-même, et au souci se mêle un secret repentir. L'aurore reviendra colorer mes joues, mais non auprès des siennes; le soleil reviendra éclairer de beaux sentiers, où Philéros ne repassera plus. O mes pères, laissez-moi me cacher. Ne vous courroucez pas contre l'infortunée : laissez-la pleurer!... Ah! comme je le sens! c'est un sujet de douleur infinie de perdre un amour bien acquis! » (*Elle s'éloigne.*)

PROMÉTHÉE.

Cette divine enfant, cette admirable beauté, qui est-elle? Elle ressemble à Pandore, mais elle paraît plus caressante et plus aimable. La beauté de Pandore causait presque de l'effroi.

ÉPIMÉTHÉE.

J'en fais gloire, c'est la fille de Pandore, c'est ma fille. Nous l'appelons Épimélie, la rêveuse.

PROMÉTHÉE.

Pourquoi m'as-tu caché ton bonheur de père?

ÉPIMÉTHÉE.

O mon excellent frère, mon cœur s'était éloigné de toi.

PROMÉTHÉE.

Pour l'amour de celle que je n'accueillis pas avec faveur.

ÉPIMÉTHÉE.

Celle que tu repoussas, je me l'appropriai.

PROMÉTHÉE.

Tu cachas dans ton fort cette beauté dangereuse?

ÉPIMÉTHÉE.

Cette beauté céleste!... pour éviter avec mon frère une pénible querelle.

PROMÉTHÉE.

L'inconstante ne te resta pas longtemps fidèle?

ÉPIMÉTHÉE.

Son image m'est restée fidèle : elle est toujours devant mes yeux.

PROMÉTHÉE.

Elle te tourmente dans sa fille une seconde fois.

ÉPIMÉTHÉE.

Pour un tel joyau, les douleurs mêmes ont leurs délices.

PROMÉTHÉE.

Le bras de l'homme lui procure chaque jour des joyaux.

ÉPIMÉTHÉE.

Sans valeur!... s'il ne produit pas en échange le souverain bien.

PROMÉTHÉE.

Le souverain bien? Tous les biens me semblent égaux.

ÉPIMÉTHÉE.

Nullement. Il en est un qui excelle : je l'ai possédé.

PROMÉTHÉE.

Je devine à peu près dans quel chemin tu t'égares.

ÉPIMÉTHÉE.

Je ne m'égare point : la beauté conduit au droit chemin.

PROMÉTHÉE.

Sous les traits de la femme, elle ne séduit que trop aisément.

ÉPIMÉTHÉE.

Tu as formé des femmes qui ne sont nullement séduisantes.

PROMÉTHÉE.

Cependant je les ai formées d'une plus tendre argile, même les plus grossières.

ÉPIMÉTHÉE.

En songeant d'abord à l'homme et les lui donnant pour servantes.

PROMÉTHÉE.

Deviens donc serviteur, si tu dédaignes la fidèle servante.

ÉPIMÉTHÉE.

J'évite de contredire. Ce qui s'est gravé dans mon cœur et dans mon esprit, j'aime à le repasser en silence. O souvenir, pour moi trésor divin ! Tu me rends tout entière l'auguste et vive image !

PROMÉTHÉE.

Elle se présente aussi devant moi, après une longue nuit, cette beauté sublime. Vulcain lui-même n'a pas réussi à la produire une seconde fois.

ÉPIMÉTHÉE.

Et toi aussi, tu rappelles la vaine fable de cette origine !... Elle est sortie de l'antique et forte race des dieux, pareille à Uranie, à Junon, et sœur de Jupiter.

PROMÉTHÉE.

Du moins Vulcain, dans sa bienveillance, l'avait richement ornée ; tressant d'abord, de ses mains habiles, un réseau d'or pour sa tête ; fabriquant les fils les plus délicats, qu'il entrelaça diversement.

ÉPIMÉTHÉE.

Ce divin réseau ne pouvait contenir sa chevelure, sa brune chevelure bouclée, luxuriante, qui se répandait de sa tête en gerbe de flamme.

PROMÉTHÉE.

C'est pourquoi il l'enveloppa de chaînes d'or pur.

ÉPIMÉTHÉE.

Sa merveilleuse longueur se pliait en tresses brillantes, et, laissée libre, elle serpentait jusqu'à ses talons.

PROMÉTHÉE.

Le diadème!... Celui d'Aphrodite est seul aussi éclatant. Il jetait, comme l'escarboucle, une lumière merveilleuse, inexprimable.

ÉPIMÉTHÉE.

Il brillait pour moi doucement, à travers la couronne de fleurs épanouies. Elles voilaient le front et les sourcils, les jalouses! Comme le compagnon d'armes couvre l'archer de son bouclier, elles couvraient les flèches meurtrières de ses regards.

PROMÉTHÉE.

Je contemplais cette couronne attachée avec des bandelettes, qui, radieuses, chatoyantes, se pliaient amoureusement sur son épaule.

ÉPIMÉTHÉE.

Je vois encore à son oreille se balancer la perle, aux libres et gracieux mouvements de sa tête.

PROMÉTHÉE.

Elle portait rangés autour de son cou les dons d'Amphitrite. Et sa robe, semée de mille fleurs, comme elle entourait merveilleusement son sein d'une parure diaprée, image du printemps!

ÉPIMÉTHÉE.

Sur ce beau sein elle pressa l'heureux Épiméthée!

PROMÉTHÉE.

Le travail de la ceinture était surtout admirable.

ÉPIMÉTHÉE.

Et cette ceinture, je la déliai avec amour!

PROMÉTHÉE.

Le dragon courbé en cercle autour de son bras m'apprit comment le métal rigide s'allonge et se ferme en anneau de serpent.

ÉPIMÉTHÉE.

Elle m'entoura de ces bras amoureux.

PROMÉTHÉE.

Des bagues ornaient et relevaient sa main délicate.

ACTE I.

ÉPIMÉTHÉE.

Qu'elle me tendit si souvent, pour la joie de mon cœur.

PROMÉTHÉE.

Et cette main égalait-elle en industrieuse adresse la main de Minerve?

ÉPIMÉTHÉE.

Je ne sais, je n'ai connu d'elle que ses caresses.

PROMÉTHÉE.

Son vêtement de dessus révélait le métier de Minerve.

ÉPIMÉTHÉE.

Comme il flottait sur sa trace en ondes brillantes!

PROMÉTHÉE.

Le bord éblouissait, en la captivant, la vue même la plus perçante.

ÉPIMÉTHÉE.

Elle entraînait le monde sur ses pas.

PROMÉTHÉE.

C'étaient de larges fleurs, chacune pareille à une corne d'abondance.

ÉPIMÉTHÉE.

Des riches calices s'élançaient maintes bêtes sauvages.

PROMÉTHÉE.

Le chevreuil bondissait pour fuir, le lion pour le suivre.

ÉPIMÉTHÉE.

A qui regardait la bordure, le pied se montrait, dans sa marche, mobile comme la main, répondant à la pression de l'amour.

PROMÉTHÉE.

Ici l'artiste infatigable redoubla les ornements : des sandales souples, dorées, qui rendaient la marche plus légère.

ÉPIMÉTHÉE.

Elles avaient des ailes! Pandore touchait à peine la terre.

PROMÉTHÉE.

Des courroies d'or articulées les attachaient avec des lacets.

ÉPIMÉTHÉE.

Oh! ne me rappelle pas cette magnifique parure! Je ne savais plus que donner à celle qui avait reçu tous les dons. La plus belle des femmes, la plus richement parée, était à moi! Je me donnai moi-même à elle; je me donnai à moi aussi pour la première fois.

PROMÉTHÉE.

Et, de la sorte, hélas! elle te ravit pour jamais à toi-même.

ÉPIMÉTHÉE.

Et pour jamais elle m'appartient, l'admirable!

« J'ai connu la félicité suprême; j'ai possédé la beauté; elle m'enchaîna; elle apparut avec magnificence dans le cortége du printemps. Je la reconnus, je la saisis : c'en était fait! Le sombre égarement s'évanouit comme un nuage; elle m'entraîna vers la terre; elle m'emporta dans le ciel.

« Tu cherchais des paroles pour la louer dignement; tu veux l'exalter : elle plane déjà sur nos têtes. Compare-lui les meilleures choses, tu les trouveras mauvaises. Elle parle : tu réfléchis, mais tu es déjà convaincu; tu lui résistes : elle remporte la victoire; tu balances à la servir, et tu es déjà son esclave.

« La bonté, l'amour, elle sait y répondre. Que sert une mine hautaine? Elle l'abaissera. Elle se place au but lointain, et donne des ailes à la course. Si elle se présente sur ton chemin, soudain elle t'arrête. Tu veux faire une offre; elle enchérit sur toi : trésors et sagesse, tu donnes tout pour l'acheter.

« Elle descend ici-bas sous mille formes; elle flotte sur les eaux; elle marche dans les campagnes; selon des modes sacrés, elle brille, elle retentit, et la forme seule ennoblit la matière, lui donne, se donne à elle-même la suprême puissance : elle m'apparut sous la figure de la jeunesse, sous les traits de la femme. »

PROMÉTHÉE.

Je déclare la beauté semblable au bonheur de la jeunesse : ni l'un ni l'autre ne séjourne au sommet.

ÉPIMÉTHÉE.

Et, même dans le changement, l'un et l'autre sont encore, sont toujours beaux; car un bonheur éternel est assuré aux élus. Ainsi brilla pour moi, d'un éclat nouveau, le visage de Pandore, dégagé du voile diapré qu'elle avait maintenant déployé autour d'elle, enveloppant sa taille divine. Contemplée seule, elle paraissait bien plus belle encore sa figure, avec laquelle rivalisaient auparavant les formes harmonieuses de son corps; elle était la pure image, le limpide miroir de son âme. Elle-même, la bien-aimée, la gracieuse beauté, était plus affable, plus confiante, plus caressante avec mystère.

PROMÉTHÉE.

Une telle métamorphose présage de nouveaux plaisirs.

ÉPIMÉTHÉE.

Elle me donna de nouveaux plaisirs en m'affligeant.

PROMÉTHÉE.

Écoutons! La douleur naît facilement du plaisir.

ÉPIMÉTHÉE.

Dans le plus beau jour (le monde s'éveillait florissant), je la rencontrai dans le jardin, encore voilée, mais non plus seule; sur chaque bras elle berçait un gracieux enfant, abrité sous le voile : c'étaient deux filles jumelles. Elle s'approcha, afin que dans ma surprise et ma joie, je pusse la contempler et l'embrasser à souhait.

PROMÉTHÉE.

Ces deux enfants, dis-le moi, étaient-elles diverses ou pareilles ?

ÉPIMÉTHÉE.

Pareilles et diverses : on pouvait dire semblables.

PROMÉTHÉE.

L'une au père, l'autre à la mère, je suppose.

ÉPIMÉTHÉE.

Tu rencontres la vérité, en homme d'expérience. « Choisis, me dit-elle : l'une te sera confiée; l'autre est réservée à mes soins. Choisis promptement. Tu nommeras celle-ci Épimélie, celle-là Elpore. » Je les regardai. L'une jetait des œillades par-dessous le bord du voile. Quand elle eut rencontré mon regard, elle recula et se cacha dans le sein de sa mère. L'autre, paisible, au contraire, et presque souffrante, dès que sa vue eut trouvé la mienne, regarda fixement de mon côté, arrêta son œil sur le mien avec tendresse, ne le quitta plus et gagna mon cœur. Se penchant vers moi et me tendant les mains, elle s'élançait avec un regard profond, comme ayant besoin d'affection, besoin de secours. Comment aurais-je résisté ? Je pris celle-ci. Je me sentais père : je la pressai contre mon sein, pour écarter de son front la tristesse prématurée. Je m'arrêtai, sans remarquer que

Pandore poursuivait sa marche. Je suivis, en l'appelant avec joie, celle qui s'était éloignée; mais elle, se tournant à demi vers moi, qui accourais, elle me jeta, de la main, un adieu manifeste. Je demeurai pétrifié; je la suivis des yeux; je la vois encore! Trois cyprès de haute taille se dressent vers le ciel, à la place où tourne le chemin. Elle, marchant d'un pas agile, me montra encore une fois l'enfant, qu'elle élevait en l'air, et qui, hors d'atteinte, me tendait ses petites mains; puis, tournant derrière les cyprès, elle disparut soudain! Je ne l'ai jamais revue.

PROMÉTHÉE.

Nul ne doit trouver étrange ce qui arrive, s'il s'unit aux démons envoyés des dieux. Époux délaissé, je ne blâme point les transports de ta douleur. Qui fut heureux repasse son bonheur dans les larmes.

ÉPIMÉTHÉE.

Oui, c'est mon sort. Ce fut toujours vers les cyprès que mes pas se dirigèrent. Je regardais de préférence du côté où, disparaissant à la fin, elle me laissa son image. « Par là, me disais-je, elle me reviendra peut-être. » Et je versais des torrents de larmes, en pressant contre moi cette enfant, au lieu de sa mère. L'enfant me regardait et pleurait avec moi, émue de compassion, étonnée, ne sachant rien.... C'est ainsi que je traîne ma vie dans un éternel veuvage, soutenu par mes tendres soucis pour ma fille, qui a besoin de mes soins paternels, aujourd'hui que les peines de l'amour lui causent d'insupportables douleurs.

PROMÉTHÉE.

Dans l'intervalle, n'as-tu rien appris de ta deuxième enfant?

ÉPIMÉTHÉE.

Cruelle et prévenante, elle descend vers moi souvent, avec Phosphorus, parée comme un songe du matin. La flatteuse promesse coule de ses lèvres; elle s'approche de moi, caressante, et balance et s'enfuit. Elle trompe ma peine par ses changements éternels, et, par ses oui répétés, elle trompe enfin mes prières, en m'annonçant même le retour de Pandore.

PROMÉTHÉE.

Je connais Elpore, mon frère; c'est pourquoi je suis sensible à tes douleurs et reconnaissant pour mon peuple terrestre. Avec la déesse, tu lui formas un gracieux visage, semblable aussi, je l'avoue, à cette race éclose de la fumée; mais, toujours complaisante, elle trompe plus innocemment, indispensable à chaque fils de la terre. Elle est comme l'œil secourable des gens à courte vue. Qu'il soit donné à chacun! Mais toi, relevant le courage de ta fille, relève aussi le tien. Tu n'écoutes pas? Tu te plonges dans le passé?

ÉPIMÉTHÉE.

« Êtes-vous condamné à quitter une belle, fuyez en détournant les yeux. Lorsqu'à la contempler, on s'enflamme jusqu'au fond du cœur, elle attire, hélas! elle entraîne pour jamais.

« Ne te demande pas, à l'approche des caresses : « Partira-« t-elle? Partirai-je?... » Une douleur cruelle te saisit dans ses étreintes convulsives; tu tombes à ses pieds, et le désespoir te déchire le cœur.

« Alors, peux-tu pleurer, et la vois-tu à travers les larmes, les larmes qui éloignent, comme si elle était loin en effet? Demeure! Il est possible encore!... La plus immobile des étoiles de la nuit s'incline à l'amour, au désir.

« Presse-la de nouveau dans tes bras! Sentez bien tous deux votre possession et votre perte! La foudre ne saurait vous séparer; le cœur ne se presse que plus vivement contre le cœur.

« Êtes-vous condamné à quitter une belle, fuyez en détournant les yeux. Lorsqu'à la contempler, on s'enflamme jusqu'au fond du cœur, elle attire, hélas! elle entraîne pour jamais. »

PROMÉTHÉE.

Peut-on nommer un bien ce qui, durant la présence, repousse absolument tout ce qui charme et séduit, et qui, durant l'absence, tourmente, en refusant toute consolation?

ÉPIMÉTHÉE.

Être inconsolable est la plus belle consolation de l'amour; poursuivre un bien perdu est même un plus grand avantage que de saisir un bien nouveau. Cependant, hélas! quelle inutile peine de se représenter un bonheur évanoui, un bonheur irréparable! Frivole, funeste tourment!

« Avec effort, avec angoisse, la pensée se plonge dans la nuit; elle cherche en vain l'image. Ah! comme autrefois elle brillait devant mes yeux, à la clarté du jour!

« Flottante, elle paraît à peine encore. Si seulement elle s'avançait ainsi !... S'approche-t-elle de moi, me saisit-elle.... vaporeuse figure, elle voltige et passe.

« Elle revient, ardemment désirée; mais elle balance encore et flotte toujours, semblable en même temps à d'autres et à soi; puis elle échappe au regard plus perçant.

« Enfin elle se montre pourtant; elle se présente vivement à mes yeux. Admirable !... Vite les pinceaux et le burin !... Un clin d'œil la fait évanouir.

« Est-il un effort plus inutile ?... Certes, il n'en est pas de plus douloureux, de plus cruel. Si sévère que soit l'arrêt de Minos, une ombre est désormais d'un prix éternel[1].

« Essayons encore de te ramener, ô mon épouse !... L'ai-je saisie? Mon bonheur m'est-il rendu ?... Ce n'est qu'une image, une apparence. Elle s'envole fugitive, et passe et s'anéantit. »

PROMÉTHÉE.

Ne te laisse pas anéantir, ô mon frère, brisé par la douleur! Songe à ta haute origine, à ton grand âge! Je puis voir des pleurs dans l'œil du jeune homme : ils défigurent l'œil du vieillard. Bon frère, ne pleure pas!

ÉPIMÉTHÉE.

Le don des larmes adoucit la plus cruelle douleur. Elles coulent avec délices, quand l'âme consolée s'attendrit.

PROMÉTHÉE.

Lève les yeux, oublie ta souffrance. Regarde au loin cette rougeur. L'aurore manque-t-elle aujourd'hui sa route accoutumée? C'est du midi que s'élève ce rouge embrasement. Un incendie semble éclater dans tes forêts, dans tes demeures. Cours! La présence du maître augmente tous les biens et détourne les malheurs qui peuvent survenir.

ÉPIMÉTHÉE.

Qu'ai-je à perdre encore? Pandore m'a quitté. Que le feu consume ces demeures! On les rebâtira bien plus belles.

PROMÉTHÉE.

Je conseille d'abattre ces bâtiments; ils ne suffisent plus. Je

---

1. Allusion à la fable d'Orphée et d'Eurydice.

le ferais volontairement; mais un accident est odieux. C'est pourquoi, rassemble promptement ce que tu as d'hommes actifs dans le voisinage; résiste à la fureur des flammes. Moi, je serai entendu sur-le-champ de cette troupe tumultueuse, qui se tient prête pour détruire comme pour protéger.

ÉPIMÉLIE.

« Mon cri d'angoisse, non pour moi-même.... je n'en ai pas besoin.... mais écoutez-le ! Secourez ces gens là-bas qui périssent ! car, pour moi, j'ai péri dès longtemps.

« Lorsqu'il fut tombé mort, ce berger, mon bonheur aussi s'écroula. Maintenant, la vengeance est déchaînée; sa tribu se répand chez nous pour détruire.

« Les clôtures sont brisées, et une forêt jette des flammes puissantes. A travers l'ardente fumée, le baume s'embrase sur le tronc résineux.

« Le feu gagne la toiture, qui déjà s'enflamme. Les chevrons éclatent ! Ah ! ils se brisent sur ma tête, ils m'écrasent, même dans le lointain ! Mon crime se dresse devant moi; son œil me menace; son sourcil m'appelle en jugement.

« Mes pieds ne me portent pas à la place où Philéros, en délire, se précipite dans les flots de la mer. Celle qu'il aime doit être digne de lui ! L'amour et le repentir me poussent dans les flammes que l'ardeur de l'amour a fait jaillir avec fureur. » (*Épimélie s'éloigne.*)

ÉPIMÉTHÉE.

« Je sauve celle-ci, je sauve mon unique enfant ! A ceux-là, je résisterai avec les forces de ma maison, en attendant que Prométhée m'envoie ses guerriers. Alors nous recommencerons la lutte furieuse; nous nous délivrerons; ces hommes prendront fuite et la flamme s'éteindra. » (*Épiméthée s'éloigne.*)

PROMÉTHÉE.

« Vous, maintenant, approchez ! vous qui déjà, comme un essaim, autour de la roche béante de votre asile nocturne, hors du hallier qui vous abrite, bourdonnez avec impatience.

« Avant de partir pour les terres lointaines, portez secours à ce voisin, et le délivrez des attaques d'une vengeance sauvage. »

LES GUERRIERS.

« La voix du maître, du père, a retenti : nous obéissons avec jolé ; nous y sommes accoutumés. Nous sommes tous nés pour le combat ; comme le bruit et le vent, prêts à marcher.

« Nous marchons, nous marchons, et ne disons pas : « Où « allons-nous ? où allons-nous ? » Nous ne le demandons pas ; et la lance et l'épée, nous les portons loin ; et toute entreprise, nous la risquons volontiers.

« C'est ainsi qu'on s'avance hardiment dans le monde. Ce que nous occuperons sera nôtre ; si quelqu'un y prétend, nous le repousserons ; s'il a quelque chose, nous en ferons notre proie.

« Quelqu'un a-t-il suffisamment et veut-il davantage, la terrible troupe ravage tout. On se charge du butin et l'on brûle la maison ; on plie bagage et l'on court.

« Loin de sa demeure, ainsi le premier s'avance d'un pas ferme et entraîne le second. Quand le plus vaillant a ouvert la carrière, le reste vient à la file après lui. »

PROMÉTHÉE.

« Portez à l'instant dommage et secours ! Ici je vous consacre pour l'attaque et la défense. En avant, alertes et joyeux, d'une course rapide ! Frappez rudement ! Malheur au vaincu ! »

L'effort de la haute puissance prête ici, avec vigueur et sagesse, un secours désiré. Déjà diminue l'incendie, et ma race porte fraternellement un glorieux secours. Mais l'aurore s'avance, d'une marche irrésistible ; dans sa course légère, comme une jeune fille, elle sème à pleines mains les fleurs pourprées. Comme, sur le bord de tout nuage, elles fleurissent, richement épanouies, sous mille formes diverses ! Elle s'avance toujours, gracieuse, souriante ; elle prépare doucement les faibles yeux des fils de la terre, afin que les traits du soleil n'aveuglent pas ma race, destinée à voir les objets illuminés, mais non la lumière.

L'AURORE, *s'élevant du sein de la mer.*

« Les roses de la jeunesse, les fleurs du jour viennent sur mes pas, aujourd'hui plus belles que jamais, des profondeurs inexplorées de l'Océan. Secouez plus vivement le sommeil aujourd'hui, vous qui habitez le golfe environné de roches escarpées, laborieux pêcheurs ; quittez vivement votre couche ; reprenez les instruments du travail.

« Déployez promptement vos filets, enveloppez les ondes connues. Je vous invite et vous appelle à une belle et certaine capture. Vous, nageurs, nagez; plongez, vous, plongeurs; guetteurs, observez sur le rocher. Que le rivage foisonne comme les flots; qu'il foisonne promptement de travailleurs. »

PROMÉTHÉE.

Quel sujet suspend ta course? ô fugitive! Quel objet enchaîne ton regard sur les bords de ce golfe? O toi, toujours silencieuse, qui donc appelles-tu? à qui donnes-tu des ordres? Toi qui ne réponds à personne, parle-moi cette fois.

L'AURORE.

« Sauvez, sauvez ce jeune homme, qui, désespéré, ivre d'amour, ivre de vengeance, durement outragé, s'est précipité du rocher dans les ondes, que la nuit enveloppait de ses voiles. »

PROMÉTHÉE.

Qu'entends-je? Philéros a-t-il obéi à la menace du châtiment? S'est-il fait justice lui-même? A-t-il cherché une froide mort dans les flots? Courons! hâtons-nous! Je le rendrai à la vie!

L'AURORE.

« Arrête, ô père! Tes reproches l'ont poussé à la mort : ta science, tes efforts, ne le rendront pas cette fois à la vie. Cette fois, c'est la volonté des dieux, c'est son propre mouvement, c'est le pur, l'irrésistible effort de la vie, qui te rendront Philéros renaissant. »

PROMÉTHÉE.

Est-il sauvé? Parle, et le vois-tu?

L'AURORE.

« Là-bas il reparaît déjà au milieu des flots, le fort nageur; car le plaisir de vivre ne permet pas au jeune homme de périr; autour de lui jouent les ondes matinales, agitées à petits plis; il joue lui-même avec le flot qui porte une charge si belle. Tous les pêcheurs, tous les nageurs, se rassemblent vivement autour de lui, mais non pour le sauver : ils folâtrent et se baignent avec lui. Des dauphins même l'accompagnent et s'unissent à la troupe mobile; ils nagent à la surface, et portent le beau jeune homme plein d'une vigueur nouvelle. Toute la foule tourbillonne et s'élance au rivage.

« Et le rivage ne veut pas le céder aux ondes en mouvement, en allégresse; toutes les collines, tous les écueils sont couronnés d'une foule vivante! Tous les vignerons, sortant de leurs pressoirs, de leurs caves rocheuses, répandent coupe après coupe, cruche après cruche, dans les flots animés. Et lui, pareil aux dieux, quittant le dos écumeux des monstres marins caressants, richement couronné de mes roses, nouvel Anadyomène, il monte sur le rocher. Un vieillard à longue barbe, souriant et joyeux, lui présente la plus riche et la plus belle coupe, à lui, qui semble un autre Bacchus!

« Que les coupes s'entre-choquent! que l'airain retentisse! Ils se pressent autour de lui, et me portent envie, de voir d'en haut le ravissant spectacle de sa beauté. La peau de panthère, attachée à ses épaules, se balance autour de ses flancs, et, le thyrse à la main, il s'avance comme un dieu. Entends-tu ces cris d'allégresse? Entends-tu l'airain retentir? Oui, la grande solennité du jour, la fête générale commence. »

PROMÉTHÉE.

Quelles fêtes viens-tu m'annoncer? Je ne les aime pas. Chaque nuit apporte assez de rafraîchissement aux travailleurs fatigués. La véritable fête de l'homme sage, c'est l'action.

L'AURORE.

« Maints avantages furent communs à toutes les heures. Mais que celle-ci, choisie par les dieux, soit fêtée! L'aurore lève les yeux vers les espaces célestes, et la destinée de ce jour se dévoile à sa vue. La majesté, la beauté, descendent, d'abord cachées, pour se manifester; manifestées, pour se cacher encore. Des flots s'avance Philéros; des flammes s'avance Épimélie : ils se rencontrent, et chacun d'eux se sent tout entier dans l'autre, et sent l'autre tout entier. Ainsi réunis par l'amour, doublement heureux, ils embrassent l'univers. Soudain du ciel descendent l'action et la parole qui bénissent; des faveurs descendent, imprévues auparavant. »

PROMÉTHÉE.

« La nouveauté ne me charme point, et cette race est suffisamment dotée pour la terre. A la vérité, elle ne travaille que pour le jour présent; elle ne songe que rarement aux événements de la veille; ses maux, ses plaisirs passés sont perdus pour elle. Même, dans l'heure présente, elle saisit brusquement, elle prend ce qu'elle rencontre, se l'approprie, le rejette, sans songer, sans réfléchir comment on pourrait le façonner pour un plus haut usage. Cela, je le blâme, mais les leçons et les paroles, l'exemple même, profiteront peu. Ainsi, avec une légèreté enfantine et avec une rudesse grossière, ils traversent le jour. S'ils voulaient mieux prendre conseil du passé, et, réglant le présent, se l'approprier davantage, ce serait le bien de chacun : tel serait mon désir. »

L'AURORE.

« Je ne puis m'arrêter plus longtemps : les rayons de Phébus me chassent plus avant avec une force irrésistible. Déjà, pour s'évanouir devant son regard, tremble la rosée qui perle ma couronne. Adieu, père des hommes! Écoute : ce qu'il faut désirer, vous le sentez ici-bas; ce qu'il faut donner, ils le savent là-haut. Vous entreprenez de grandes choses, vous autres Titans; mais de conduire au bien éternel, à la beauté éternelle, c'est l'œuvre des dieux : laissez-les agir. »

FIN DE PANDORE.

TORQUATO TASSO

DRAME

PERSONNAGES.

ALPHONSE II, duc de Ferrare.
ÉLÉONORE D'ESTE, sa sœur.
ÉLÉONORE SANVITALE, comtesse de Scandiano.
TORQUATO TASSO.
ANTONIO MONTECATINO, secrétaire d'État.

La scène est à Belriguardo, château de plaisance.

TORQUATO TASSO.

DRAME[1].

ACTE PREMIER.

SCÈNE I.

Un jardin, orné des bustes des poètes épiques. Sur le devant de la scène, à droite, Virgile, à gauche, l'Arioste.

LA PRINCESSE, ÉLÉONORE.

LA PRINCESSE.

Tu me regardes en souriant, Éléonore, et tu te regardes toi-même et tu souris encore. Qu'as-tu donc? Apprends-le à ton amie! Tu parais pensive, et pourtant tu parais satisfaite.

ÉLÉONORE.

Oui, princesse, je me plais à nous voir toutes deux ici sous cette parure champêtre. Nous semblons de bienheureuses bergères, et nous sommes aussi occupées que ces fortunées jeunes filles : nous tressons des couronnes. Celle-ci, émaillée de fleurs, s'enfle de plus en plus dans ma main; mais toi, avec un sen-

---

1. Gœthe a écrit ce drame, ainsi que la *Fille naturelle* et *Iphigénie*, en vers iambiques de cinq pieds.

timent plus élevé et un plus grand cœur, tu as choisi l'élégant et flexible laurier.

LA PRINCESSE.

Ces rameaux, que j'ai entrelacés en rêvant, ont trouvé d'abord une digne tête : je les place, avec reconnaissance, sur celle de Virgile. (*La princesse couronne le buste de Virgile.*)

ÉLÉONORE.

Et moi, je presse de ma riche et riante couronne le vaste front de maître Ludovico. (*Elle couronne le buste de l'Arioste.*) Lui, dont les grâces badines ne se flétriront jamais, qu'il reçoive d'abord sa part du nouveau printemps.

LA PRINCESSE.

Mon frère est charmant de nous avoir amenées dès à présent à la campagne. Nous pouvons être à nous-mêmes, et passer des heures à vivre en songe dans l'âge d'or des poëtes. J'aime ce Belriguardo, où j'ai passé dans la joie plus d'un jour de ma jeunesse; et cette verdure nouvelle et ce soleil me rendent les impressions d'un temps qui n'est plus.

ÉLÉONORE.

Oui, un nouveau monde nous environne. L'ombre de ces arbres toujours verts déjà devient agréable; déjà nous récrée de nouveau le murmure de ces fontaines; les jeunes rameaux se balancent, bercés par le vent matinal; les fleurs des parterres nous sourient de leurs yeux enfantins; le jardinier ouvre avec confiance la maison d'hiver des citronniers et des orangers; le ciel bleu est calme sur nos têtes; et, à l'horizon, la neige des montagnes lointaines se résout en légères vapeurs.

LA PRINCESSE.

Je verrais avec une vive joie l'arrivée du printemps, s'il ne m'enlevait pas mon amie.

ÉLÉONORE.

Ne me fais pas souvenir dans ces belles heures, ô princesse, qu'elle est si proche, celle où je dois te quitter.

LA PRINCESSE.

Ce que tu auras laissé, tu le retrouveras au double dans cette grande ville.

ÉLÉONORE.

Le devoir m'appelle, l'amour m'appelle auprès de l'époux

qui est privé de moi depuis si longtemps. Je lui ramène son fils, que cette année a vu grandir et se former rapidement, et je partagerai sa joie paternelle. Florence est grande et magnifique, mais le prix de tous ses trésors entassés n'égale pas les joyaux de Ferrare. C'est le peuple qui a fait de Florence une illustre cité : Ferrare est devenue grande par ses princes.

LA PRINCESSE.

Plus encore par les hommes excellents qui s'y sont rencontrés par hasard et heureusement réunis.

ÉLÉONORE.

Le hasard disperse aisément ce qu'il rassemble. Un noble esprit attire de nobles esprits, et sait les fixer, comme vous faites. Autour de ton frère et de toi, se réunissent des cœurs qui sont dignes de vous, et vous égalez vos illustres ancêtres. Ici s'alluma heureusement la belle lumière de la science et du libre penser, quand la barbarie enveloppait encore le monde de son ombre pesante. Dès mon enfance, le nom d'Hercule d'Este, le nom d'Hippolyte d'Este, retentirent à mon oreille. Ferrare était, avec Rome et avec Florence, beaucoup vantée par mon père. Je souhaitai souvent de la voir, et j'y suis maintenant. Ici Pétrarque fut accueilli, fut entouré de soins, et l'Arioste y trouva ses modèles. L'Italie ne cite pas un grand nom que cette maison n'ait appelé son hôte; et il est avantageux d'accueillir chez soi le génie; pour le don de l'hospitalité, que nous lui offrons, il nous en laisse un plus beau. Le séjour que visita un grand homme est consacré. Après des siècles, ses paroles et ses actions retentissent chez les descendants.

LA PRINCESSE.

Les descendants!... S'ils sentent vivement comme toi! Bien souvent je t'enviai ce bonheur....

ÉLÉONORE.

Dont tu jouis, comme peu de gens, sans bruit et sans mélange. Si mon cœur, qui déborde, me presse d'exprimer soudain ce que je sens vivement, tu le sens mieux, tu le sens profondément, et.... en silence! L'éclat du moment ne t'éblouit point; les saillies ne te séduisent pas; vainement la flatterie se glisse avec adresse vers ton oreille; ton sentiment garde sa fermeté et ton goût sa justesse, ton jugement sa rectitude; toujours ta sympathie est grande pour ce qui est grand, où tu te retrouves toi-même.

LA PRINCESSE.

Tu ne devais pas prêter à cette extrême flatterie le voile de l'intime amitié.

ÉLÉONORE.

L'amitié est juste; elle seule peut apprécier toute l'étendue de ton mérite. Et, s'il te plaît que j'attribue aussi aux circonstances, à la fortune, une part dans ta culture, cependant tu la possèdes; enfin, voilà ce que tu es; et le monde t'honore, avec ta sœur, au-dessus de toutes les femmes illustres de votre temps.

LA PRINCESSE.

Cela ne peut guère me toucher, Éléonore, quand je réfléchis combien l'on est peu de chose; et, ce qu'on est, on s'en trouve redevable à d'autres. La connaissance des langues anciennes et des plus beaux ouvrages que nous a laissés l'antiquité, c'est à ma mère que je la dois; cependant aucune de ses deux filles ne lui fut jamais égale en science, en jugement; et, si même l'une de nous lui doit être comparée, c'est Lucrèce assurément qui en a le droit. Aussi puis-je te l'assurer, je n'ai jamais regardé comme un titre et comme une propriété, ce que la nature, ce que la fortune m'ont dispensé. Je me félicite, quand les sages parlent, de pouvoir comprendre leurs opinions. Que ce soit un jugement sur un homme de l'antiquité et sur le mérite de ses actions; que l'on s'entretienne d'une science, qui, développée par l'usage, est utile aux hommes, en les élevant.... quelque direction que prenne l'entretien de ces nobles esprits, je le suis volontiers, parce qu'il m'est facile de le suivre. J'assiste avec plaisir aux débats des sages, quand la voix de l'orateur joue agréablement avec les forces, si douces et si terribles, qui agitent le cœur de l'homme; quand la passion des princes pour la gloire et les conquêtes devient la matière du penseur, et quand la fine politique, ingénieusement développée par un homme habile, au lieu de nous tromper, nous instruit.

ÉLÉONORE.

Et puis, après ces sérieux entretiens, notre oreille et notre cœur se reposent doucement aux chants du poëte, qui, par ses suaves accents, fait passer dans les âmes les plus intimes et les plus aimables sentiments. Ton esprit élevé embrasse un vaste domaine : je m'arrête plus volontiers dans l'île de la poésie, sous les bosquets de lauriers.

LA PRINCESSE.

Dans ce beau pays (on a voulu me l'assurer), plus que les autres plantes, le myrte aime à fleurir. Et, bien que les muses soient nombreuses, on cherche plus rarement à choisir entre elles une amie, une compagne, qu'à rencontrer le poëte, qui semble nous éviter et même nous fuir; qui semble chercher quelque chose que nous ne connaissons pas, et qu'enfin peut-être il ne connaît pas lui-même. Aussi serait-ce une chose toute charmante, s'il nous rencontrait à l'heure favorable; si, tout à coup ravi, il nous reconnaissait pour le trésor qu'il avait cherché longtemps en vain dans le vaste univers!

ÉLÉONORE.

Je dois me prêter à la plaisanterie; le trait a porté, il est vrai, mais l'atteinte n'est pas profonde. J'honore en tout homme le mérite, et je ne suis que juste envers le Tasse. Son œil s'arrête à peine sur cette terre; son oreille saisit l'harmonie de la nature; ce que fournit l'histoire, ce que présente la vie, son cœur le recueille aussitôt avec empressement; son génie rassemble ce qui est au loin dispersé, et son sentiment anime les choses inanimées. Souvent il ennoblit ce qui nous paraissait vulgaire, et ce qu'on estime s'anéantit devant lui. Cet homme prodigieux s'avance dans ce cercle magique, qui lui est propre, et nous engage à marcher avec lui, à sentir avec lui : il semble s'approcher de nous, et il en demeure éloigné; il semble nous regarder, et peut-être, à notre place, lui apparaissent de merveilleux génies.

LA PRINCESSE.

Tu as tracé une fine et délicate peinture du poëte, qui plane dans les régions des aimables songes. Mais la réalité me semble aussi l'attirer et le retenir puissamment. Les beaux vers que nous trouvons parfois attachés à nos arbres, et qui, semblables aux pommes d'or, nous représentent, avec ses parfums, un nouveau jardin des Hespérides, ne les reconnais-tu pas tous pour les fruits gracieux d'un véritable amour?

ÉLÉONORE.

Je prends aussi plaisir à ces belles poésies. Avec un esprit varié, il célèbre un objet unique dans tous ses chants. Tantôt il l'élève, dans une brillante auréole, jusqu'au ciel étoilé, et, comme les anges, il se courbe, avec respect, sur les nues devant cette image; tantôt il se glisse sur sa trace à travers les tranquilles campagnes, et, de toutes fleurs, il tresse une couronne. L'image adorée s'éloigne-t-elle, il consacre le sentier que ses jolis pieds ont parcouru d'une marche légère. Caché dans le buisson, comme le rossignol, le cœur malade d'amour, il fait résonner de ses plaintes mélodieuses les airs et le bocage. Sa douleur charmante, sa délicieuse mélancolie, captivent toutes les oreilles, et tous les cœurs sont entraînés.

LA PRINCESSE.

Et, s'il nomme l'objet de sa flamme, il lui donne le nom d'Éléonore.

ÉLÉONORE.

C'est ton nom comme le mien. Je serais choquée, s'il en célébrait un autre. Je suis charmée que, sous cette équivoque, il puisse cacher ses sentiments pour toi. Je veux bien qu'au doux bruit de ce nom, il se souvienne aussi de moi. Ce n'est point ici un amour qui veuille s'emparer de son objet, le posséder exclusivement, en interdire, avec jalousie, la vue à tout autre; lorsque, dans une contemplation ravissante, il s'occupe de ton mérite, il peut bien aussi se plaire à moi, créature légère. Ce n'est pas nous qu'il aime, pardonne-moi de le dire! De toutes les sphères, il reporte ce qu'il aime sur un nom, qui est le nôtre, et il nous fait éprouver ce qu'il éprouve : nous semblons aimer l'homme, et, avec lui, nous aimons uniquement l'objet le plus sublime que nous puissions aimer.

LA PRINCESSE.

Tu as bien approfondi cette science, Éléonore; tu me dis des choses qui ne font guère qu'effleurer mon oreille, et qui ont peine à pénétrer jusqu'à mon âme.

ÉLÉONORE.

Toi, disciple de Platon, ne pas comprendre ce qu'une novice se hasarde à bégayer devant toi? Quand il serait vrai que je me suis trop abusée, cependant je ne m'abuse pas tout à fait, je le sais bien. L'amour, dans cette noble école, ne se montre pas, comme ailleurs, sous les traits d'un enfant gâté; c'est l'adolescent, qui fut l'époux de Psyché, qui a siége et voix dans le conseil des dieux. Il ne porte pas çà et là ses coupables fureurs d'un cœur dans un autre ; il ne s'attache pas soudain, avec une douce erreur, à la beauté et à la figure, et n'expie point, par le dégoût et l'ennui, une rapide ivresse.

LA PRINCESSE.

Voici mon frère. Ne lui laissons pas deviner le cours que, cette fois encore, la conversation avait pris; nous aurions à souffrir ses plaisanteries, comme notre habillement a essuyé ses discours moqueurs.

SCÈNE II.

LA PRINCESSE, ALPHONSE, ÉLÉONORE.

ALPHONSE.

Je cherche le Tasse, que je ne trouve nulle part, et ne le rencontre pas même.... auprès de vous. Ne pouvez-vous me donner de ses nouvelles?

LA PRINCESSE.

Je l'ai peu vu hier et point aujourd'hui.

ALPHONSE.

C'est chez lui un ancien défaut de rechercher la solitude plus que la société. Si je lui pardonne, lorsqu'il fuit la foule tumultueuse des hommes, et qu'il préfère s'entretenir librement en silence avec son génie, je ne puis l'approuver de fuir même un cercle d'amis.

ÉLÉONORE.

O prince, si je ne me trompe, tu changeras bientôt le blâme en un joyeux éloge. Je l'ai vu aujourd'hui de loin; il tenait un livre et des tablettes; il écrivait, il marchait, il écrivait. Un mot qu'il me dit hier en passant semblait m'annoncer la fin de son ouvrage. Il ne songe plus qu'à polir quelques petits détails, pour offrir enfin un digne hommage à ta bienveillance, dont il a reçu tant de marques.

ALPHONSE.

Il sera le bienvenu quand il me l'offrira, et je le tiendrai quitte pour longtemps. Autant je m'intéresse à son travail, et autant ce grand ouvrage me charme et doit me charmer à plusieurs égards, autant s'augmente aussi à la fin mon impatience. Il ne peut finir, il ne peut achever; il change sans cesse, il avance lentement, il s'arrête encore.... il trompe l'espérance. On voit avec chagrin reculée bien loin la jouissance que l'on croyait prochaine.

LA PRINCESSE.

J'approuve la réserve, la précaution avec laquelle il marche pas à pas vers le but. C'est par la seule faveur des Muses que tant de vers se peuvent enchaîner pour former un ensemble, et son âme ne nourrit pas d'autre désir; il faut que son poëme s'arrondisse en un tout régulier; il ne veut pas entasser contes sur contes, qui amusent par leurs agréments, et, se perdant enfin dans les airs, comme paroles vaines, ne font que nous abuser. Laisse-le, mon frère, car le temps n'est pas la mesure d'un bon ouvrage, et, pour que la postérité puisse en jouir à son tour, il faut que les contemporains de l'artiste s'oublient.

ALPHONSE.

Agissons de concert, ma chère sœur, comme nous l'avons fait souvent pour l'avantage de tous deux. Si mon ardeur est trop vive, tu me calmeras, et si tu es trop calme, je te presserai. Alors peut-être le verrons-nous soudain arrivé au but où nous avons depuis longtemps souhaité de le voir. Alors la patrie, alors le monde s'étonnera de voir quelle œuvre s'est accomplie. Je prendrai ma part de cette gloire, et le poëte entrera dans la vie. Un noble esprit ne peut acquérir dans un cercle étroit son développement. Il faut que la patrie et le monde agissent sur lui; il faut qu'il apprenne à supporter la louange et le blâme. Il est forcé de bien connaître et lui-même et les autres. La solitude ne le berce plus de ses illusions flatteuses. L'ennemi ne veut pas.... l'ami ne doit pas le ménager. Ainsi le jeune homme exerce ses forces en luttant; il sent ce qu'il est, et sent bientôt qu'il est homme.

ÉLÉONORE.

Ainsi, monseigneur, tu feras désormais tout pour lui, comme tu as déjà beaucoup fait jusqu'à présent. Un talent se forme dans le silence, un caractère, dans le torrent du monde. Oh!

puisse-t-il former son caractère, comme son art, à tes leçons, ne pas éviter plus longtemps les hommes, et puisse sa défiance ne pas se changer à la fin en crainte et en aversion!

ALPHONSE.

Celui-là seul craint les hommes, qui ne les connaît pas, et celui qui les évite doit bientôt les méconnaître. Tel est le Tasse, et, de la sorte, un cœur libre peu à peu s'égare et s'enchaîne. C'est ainsi que souvent il s'inquiète de ma faveur bien plus qu'il ne devrait; il nourrit de la méfiance contre beaucoup de gens qui, je le sais fort bien, ne sont pas ses ennemis. S'il arrive qu'une lettre s'égare, qu'un valet passe de son service à celui d'un autre, qu'un papier sorte de ses mains, aussitôt il voit un dessein, il voit une trahison et une ruse qui travaillent sourdement à sa perte.

LA PRINCESSE.

N'oublions pas, mon cher frère, que l'homme ne peut se séparer de lui-même. Si un ami, qui devait cheminer avec nous, se blesse le pied, nous préférons ralentir notre marche et lui prêter, de bon cœur, une main secourable.

ALPHONSE.

Il vaudrait mieux pouvoir le guérir, essayer d'abord un traitement, sur l'avis fidèle du médecin, et puis prendre gaiement, avec le malade guéri, le nouveau chemin d'une florissante vie. Toutefois j'espère, mes amies, ne mériter jamais le reproche d'être un médecin rigoureux. Je fais ce que je puis pour imprimer dans son cœur la sécurité et la confiance. Je lui donne souvent, en présence de nombreux témoins, des marques décisives de ma faveur. S'il m'adresse quelque plainte, je la fais examiner, comme je fis dernièrement, lorsqu'il supposa qu'on avait forcé sa chambre. Si l'on ne découvre rien, je lui expose avec calme comment je vois l'affaire, et, comme il faut s'exercer à tout, je m'exerce à la patience avec le Tasse, parce qu'il le mérite, et vous, je le sais, vous me seconderez volontiers. Je vous ai amenées à la campagne, et je retournerai ce soir à la ville. Vous verrez un moment Antonio : il arrive de Rome, et viendra me chercher. Nous avons beaucoup de choses à dire, à terminer; des résolutions à prendre, beaucoup de lettres à écrire : tout cela me force de rentrer à la ville.

LA PRINCESSE.

Nous permets-tu de t'accompagner?

ALPHONSE.

Restez à Belriguardo, passez ensemble à Consandoli; jouissez des beaux jours au gré de votre désir.

LA PRINCESSE.

Tu ne peux rester avec nous? Tu ne peux régler ici les affaires aussi bien qu'à la ville?...

ÉLÉONORE.

Tu nous enlèves d'abord Antonio, qui devait nous conter tant de choses de Rome?

ALPHONSE.

Cela ne se peut, enfants que vous êtes; mais je reviendrai avec lui aussitôt que possible; alors il vous fera ses récits, et vous m'aiderez à récompenser l'homme qui vient encore de prendre tant de peine pour mon service; et, quand nous aurons tout dit entre nous, que la foule des courtisans vienne alors animer nos jardins, et, comme de raison, m'offrir aussi, sous l'ombrage, quelque beauté, dont j'aurai cherché la trace.

ÉLÉONORE.

En amies, nous saurons fermer les yeux.

ALPHONSE.

Vous savez, en revanche, que je suis indulgent.

LA PRINCESSE, *se tournant vers le fond de la scène.*

Depuis longtemps je vois le Tasse approcher. Il marche à pas lents; quelquefois il s'arrête tout à coup, comme irrésolu, puis il vient à nous d'un pas plus rapide et s'arrête encore.

ALPHONSE.

S'il médite et compose, ne le troublez pas dans ses rêves, et laissez-le poursuivre son chemin.

ÉLÉONORE.

Non, il nous a vus, il vient ici.

SCÈNE III.

LES PRÉCÉDENTS, LE TASSE.

LE TASSE. *Il tient un livre relié en parchemin.*

Je viens lentement t'apporter un ouvrage que j'hésite toujours à t'offrir. Je sais trop bien qu'il reste encore imparfait, quand même il pourrait sembler terminé; mais, si j'ai craint de te l'offrir inachevé, une nouvelle crainte me fait violence aujourd'hui : je ne voudrais pas sembler trop inquiet, je ne voudrais pas sembler ingrat; et, de même que l'homme, pour satisfaire ses amis et gagner leur indulgence, ne peut que leur dire : « Me voici ! » à mon tour, je ne puis que dire : « Accepte mon ouvrage. » (*Il offre le volume.*)

ALPHONSE.

Ton présent me cause une surprise, et tu me fais de ce beau jour une fête. Je le tiens donc enfin dans mes mains, et je puis, dans un certain sens, dire qu'il est à moi ! Dès longtemps je souhaitais de te voir te résoudre et dire enfin : « Arrêtons-nous; c'est assez ! »

LE TASSE.

Si vous êtes contents, l'ouvrage est parfait; car il vous appartient à tous les titres. Quand je considérais le travail qu'il m'a coûté; quand j'observais les traits de ma plume, je pouvais dire : « C'est mon ouvrage; » mais, quand j'observe de plus près ce qui donne à ce poëme sa valeur propre et sa dignité, je reconnais bien que je le tiens de vous seuls. Si la nature bienveillante m'a dispensé, avec un généreux caprice, l'heureux don de la poésie, la fortune bizarre m'avait repoussé loin d'elle avec une violence barbare, et, si le bel univers attirait, avec toute sa richesse et sa magnificence, les regards de l'enfant, bientôt son jeune cœur fut attristé par la détresse imméritée de parents bien aimés. Mes lèvres s'ouvraient-elles pour chanter, il s'en échappait une douloureuse mélodie, et j'accompagnais de faibles accents les douleurs de mon père et les tourments de ma mère. Toi seul tu m'élevas de cette vie étroite à une belle liberté; tu bannis tout souci de ma pensée; tu me donnas l'indépendance, en sorte que mon âme put s'ouvrir et faire entendre d'héroïques accents; et maintenant, quelques louanges qu'obtienne mon ouvrage, je vous en suis redevable, car il vous appartient.

ALPHONSE.

Pour la seconde fois, tu mérites tous nos éloges, et, par ta modestie, tu t'honores toi-même et nous avec toi.

LE TASSE.

Oh! si je pouvais dire comme je sens vivement que je tiens de vous seuls ce que je vous présente! Le jeune homme obscur a-t-il puisé en lui-même la poésie? L'habile conduite de la guerre impétueuse, l'a-t-il imaginée? La science des armes, que chaque héros déploie avec énergie au jour marqué, la sagesse du chef, le courage des chevaliers, la lutte de la ruse et de la vigilance, n'est-ce pas toi, ô sage et valeureux prince, qui m'as tout inspiré, comme un génie, qui mettrait son plaisir à révéler par la voix d'un mortel sa sublime et inaccessible nature?

LA PRINCESSE.

Jouis maintenant de l'œuvre qui fait notre joie.

ALPHONSE.

Sois heureux du suffrage de tous les nobles cœurs.

ÉLÉONORE.

Sois heureux de ta gloire universelle.

LE TASSE.

Cet instant me suffit. Je ne pensais qu'à vous, en méditant et en écrivant; vous plaire était mon suprême désir; vous récréer était mon dernier but. Celui qui ne voit pas le monde dans ses amis ne mérite pas que le monde s'occupe de lui. Ici est ma patrie, ici le cercle dans lequel mon âme se plaît à s'arrêter. Ici j'entends, ici je respecte le moindre signe; ici parle l'expérience, le savoir, le goût : oui, j'ai devant mes yeux le monde présent et le monde à venir. La foule égare et intimide l'artiste : celui qui vous ressemble, celui qui peut comprendre et sentir, celui-là seul doit juger et récompenser.

ALPHONSE.

Et si nous représentons le monde présent et le monde à venir, nous ne devons pas recevoir froidement ton offrande.

Le glorieux insigne qui honore le poëte, que les héros eux-mêmes, qui ont toujours besoin de lui, voient sans envie ceindre sa tête, je le rencontre ici, sur le front de ton devancier. (*Il indique le buste de Virgile.*) Est-ce le hasard, est-ce un génie qui a tressé et apporté cette couronne? Ce n'est pas en vain qu'elle s'offre à nous ici. J'entends Virgile me dire : « Pourquoi honorez-vous les morts? Ils ont eu, lorsqu'ils vivaient, leur récompense et leur joie. Et, si vous nous admirez, si vous nous honorez, donnez aussi aux vivants leur part. Mon marbre est déjà couronné : le rameau vert appartient à la vie. » (*Alphonse fait un signe à sa sœur; elle prend la couronne sur le buste de Virgile et s'approche du Tasse, qui fait un pas en arrière.*)

ÉLÉONORE.

Tu refuses! Vois quelle main te présente la belle, l'impérissable couronne!

LE TASSE.

Ah! laissez-moi hésiter! Car je ne vois pas comment je pourrai vivre après une heure pareille.

ALPHONSE.

Dans la jouissance du noble trésor qui t'effraye au premier moment.

LA PRINCESSE, *en élevant la couronne.*

O Tasse, ne m'envie pas le rare plaisir de te dire sans paroles ce que je pense.

LE TASSE.

Je reçois à genoux, de tes mains chéries, ce noble fardeau sur ma faible tête. (*Le Tasse plie les genoux, la Princesse le couronne.*)

ÉLÉONORE, *applaudissant.*

Vive celui que l'on vient de couronner pour la première fois! Que la couronne sied bien à l'homme modeste! (*Le Tasse se lève.*)

ALPHONSE.

Ce n'est qu'un présage de celle qui doit ceindre ton front au Capitole.

LA PRINCESSE.

Là te salueront des voix éclatantes; ici l'amitié te récompense à petit bruit.

LE TASSE.

Oh! reprenez-la de mon front, reprenez-la! Elle me brûle les cheveux, et, comme un rayon de soleil trop ardent, qui frapperait ma tête, elle consume dans mon cerveau la puissance de la pensée. Une fiévreuse ardeur agite mon sang. Grâce! C'en est trop!

ÉLÉONORE.

Ce rameau protége au contraire la tête de l'homme qui doit marcher dans les brûlantes régions de la gloire, et il rafraîchit le front.

LE TASSE.

Je ne suis pas digne de sentir le rafraîchissement, qui ne doit récréer de son haleine que le front des héros. O dieux, enlevez-la cette couronne, et la transfigurez au sein des nuages; qu'elle plane à des hauteurs immenses, inaccessibles; que ma vie soit une marche continuelle vers ce but.

ALPHONSE.

Celui qui obtient de bonne heure apprend de bonne heure à estimer la haute valeur des biens aimables de cette vie; celui qui jouit de bonne heure ne renonce jamais volontairement à ce qu'il posséda une fois; et celui qui possède doit être armé.

LE TASSE.

Et celui qui veut prendre les armes doit sentir dans son cœur une force qui ne lui manque jamais. Ah! elle me manque à cet instant même. Elle me délaisse dans le bonheur la force native, qui m'apprit à lutter constamment avec le malheur, fièrement avec l'injustice. La joie, les transports de ce moment ont-ils consumé la moelle de mes os? Mes genoux fléchissent. O princesse, tu me vois encore prosterné devant toi. Exauce ma prière; ôte-moi cette couronne. Comme réveillé d'un beau songe, que je sente une vie fortifiée, une vie nouvelle!

LA PRINCESSE.

Si tu sais porter avec une tranquille modestie le talent que les dieux t'ont donné, apprends aussi à porter ces rameaux, le plus beau don que nous puissions te faire. Celui qu'ils ont une fois couronné dignement les verra toujours se balancer autour de son front.

LE TASSE.

Eh bien, souffrez que, dans ma confusion, je m'éloigne d'ici. Souffrez que je cache mon bonheur dans ce bocage épais, comme j'y cachais autrefois mes douleurs. Là je veux errer solitaire; là nul regard ne me rappellera mon bonheur immérité. Et, si par hasard une claire fontaine me montre dans son miroir limpide un homme, qui, merveilleusement couronné, repose rêveur, dans le reflet du ciel, au milieu des arbres, au milieu des rochers : il me semblera que je vois l'Élysée représenté dans ce miroir magique; je me consulterai en silence et me demanderai qui peut être cette ombre, ce jeune homme des siècles passés, si gracieusement couronné. Qui me dira son nom, ses mérites? J'attendrai longtemps, et je me dirai : « Oh! s'il en venait un autre et un autre encore, pour se joindre à lui dans un agréable entretien! Oh! si je voyais les héros, les poëtes des jours antiques, rassemblés autour de cette fontaine! Si je les voyais ici toujours inséparables, comme ils furent pendant leur vie étroitement unis!... » Comme l'aimant, par sa puissance, unit le fer avec le fer, la même tendance unit le héros et le poëte. Homère s'oublia lui-même; toute sa vie fut consacrée à la contemplation de deux guerriers; et Alexandre, dans l'Élysée, s'empresse de chercher Achille et Homère. Oh! fussé-je auprès d'eux, pour voir ces grandes âmes désormais réunies!

ÉLÉONORE.

Réveille-toi! réveille-toi! Ne nous fais pas sentir que tu méconnais tout à fait le présent.

LE TASSE.

C'est le présent qui élève mes pensées. Je parais absent : je suis ravi!

LA PRINCESSE.

J'aime à voir que, dans ton commerce avec les génies, tu parles un langage humain, et j'ai du plaisir à l'entendre. (*Un Page s'approche du Prince et lui parle bas.*)

ALPHONSE.

Il est arrivé!... C'est bien à propos.... Antonio!... Qu'il vienne!... Le voici.

SCÈNE IV.

LES PRÉCÉDENTS, ANTONIO.

ALPHONSE.

Sois le bienvenu, toi qui nous rends un ami, et nous apportes en même temps une bonne nouvelle.

LA PRINCESSE.

Nous te saluons.

ANTONIO.

J'ose à peine vous dire quelle joie me ranime en votre présence. A votre aspect, je retrouve tout ce que j'ai si longtemps regretté. Vous semblez contents de ce que j'ai fait, de ce que j'ai accompli, et par là je suis récompensé de tous mes soins, de mainte journée, tantôt passée dans une pénible attente, tantôt perdue avec dessein. Nous avons enfin ce que nous désirons, et tous débats sont finis.

ÉLÉONORE.

Je te salue aussi, bien que je sois fâchée : tu n'arrives qu'à l'heure même où je dois partir.

ANTONIO.

Afin que mon bonheur ne soit pas complet, tu m'en retranches d'abord une belle part.

LE TASSE.

Reçois aussi mon salut! J'espère jouir à mon tour du commerce d'un homme si plein d'expérience.

ANTONIO.

Tu me trouveras sincère, si jamais tu veux regarder de ta sphère dans la mienne.

ALPHONSE.

Bien que tu m'aies déjà annoncé par tes lettres ce que tu as fait et ce qui t'est arrivé, j'ai plusieurs choses encore à te demander sur les moyens par lesquels l'affaire a réussi. Dans ce singulier pays, il faut marcher d'un pas bien mesuré pour arriver enfin à son but. Celui qui songe purement aux intérêts de son maître a dans Rome une position fort difficile : en effet, Rome veut tout prendre et ne donner rien, et, si l'on y va pour obtenir quelque avantage, on n'obtient rien, à moins qu'on n'y porte soi-même une offrande : heureux encore, si l'on obtient quelque chose.

ANTONIO.

Ce n'est ni par ma conduite, ni par mon adresse, monseigneur, que j'ai accompli ta volonté. En effet, quel politique ne trouverait son maître au Vatican? Bien des choses se sont rencontrées, que je pouvais employer à notre avantage. Grégoire te considère et te salue et te bénit. Ce vieillard, le plus digne qui fut jamais de porter une couronne, se souvient avec joie du temps où il te serrait dans ses bras. Cet homme, qui sait juger les hommes, te connaît et te célèbre hautement. Il a fait beaucoup pour l'amour de toi.

ALPHONSE.

Je me réjouis de son estime, pour autant qu'elle est sincère. Mais, tu le sais bien, du haut du Vatican on voit déjà les royaumes bien petits à ses pieds : que sera-ce des princes et des hommes ? Avoue seulement ce qui t'a le plus aidé.

ANTONIO.

Eh bien! puisque tu le veux, c'est le grand sens du pape. Il voit petit ce qui est petit, et grand ce qui est grand; afin de régner sur le monde, il cède volontiers et amicalement à ses voisins. Il sait bien apprécier, comme ton amitié, l'étroit territoire qu'il t'abandonne. Il veut que l'Italie soit tranquille; il veut voir des amis dans son voisinage, maintenir la paix à ses frontières, afin que les forces de la chrétienté, qu'il dirige de sa main puissante, détruisent ici les Turcs, là les hérétiques.

LA PRINCESSE.

Connaît-on les hommes qui sont, plus que d'autres, l'objet de sa faveur, ceux qui sont admis à sa familiarité ?

ANTONIO.

L'homme expérimenté possède seul son oreille; l'homme actif, sa confiance, sa faveur. Lui, qui a servi l'État dès sa jeunesse, il le gouverne aujourd'hui, et il agit sur les cours qu'il a vues autrefois comme ambassadeur, qu'il a connues et souvent dirigées. Le monde est aussi nettement devant ses yeux que l'avantage de ses propres États. Quand on le voit agir, on le loue; et l'on est réjoui, quand le temps découvre ce qu'il a longuement préparé et accompli en silence. Il n'est pas au monde un plus beau spectacle que de voir un prince qui gouverne sagement; de voir un royaume où chacun est fier d'obéir, où chacun croit ne servir que soi-même, parce qu'on ne lui commande que des choses justes.

ÉLÉONORE.

Que je souhaiterais passionnément voir ce monde un jour de tout près!

ALPHONSE.

Mais sans doute pour y prendre ta part d'influence? Car jamais Éléonore ne sera simple spectatrice. Ce serait charmant, en vérité, mon amie, si nous pouvions aussi mêler parfois ces mains délicates dans le grand jeu de la politique!... N'est-ce pas?

ÉLÉONORE.

Tu veux me piquer : tu ne pourras y réussir.

ALPHONSE.

Je suis depuis quelque temps bien en reste avec toi.

ÉLÉONORE.

Soit, je demeure aujourd'hui ta débitrice. Pardonne et ne trouble pas mes questions. (*A Antonio :*) A-t-il fait beaucoup pour ses neveux?

ANTONIO.

Ni plus ni moins qu'il n'est convenable. Un homme puissant, qui ne sait pas s'occuper des siens, est blâmé du peuple même. Grégoire sait faire du bien, avec réserve et mesure, à ses parents, qui servent l'État en hommes de mérite, et, d'un seul coup, il remplit deux devoirs qui se touchent de près.

LE TASSE.

Les sciences, les arts, ont-ils à se louer aussi de sa protection? Est-ce qu'il rivalise avec les grands princes des temps passés?

ANTONIO.

Il honore la science, en tant qu'elle est utile, qu'elle enseigne à gouverner l'État, à connaître les peuples; il estime les arts, en tant qu'ils décorent, qu'ils embellissent sa ville de Rome, et qu'ils font de ses palais et de ses temples des merveilles du monde. Près de lui, nul n'ose rester oisif. Qui veut être estimé, doit agir et doit servir.

ACTE I, SCÈNE IV.

ALPHONSE.

Et crois-tu que nous puissions bientôt terminer cette affaire; qu'enfin ils ne nous élèveront pas encore çà et là des obstacles?

ANTONIO.

Je serais fort trompé, si ta signature, si quelques lettres de toi, ne mettaient pas fin pour toujours à ce débat.

ALPHONSE.

Je célèbre donc ces jours de ma vie comme un temps de bonheur et de conquêtes. Je vois s'agrandir mes domaines; je les sens tranquilles pour l'avenir. Sans coup férir, tu m'as valu cet avantage : tu as bien mérité une couronne civique. Il faut que, dans le plus beau jour, nos dames la tressent des premiers rameaux de chêne et la posent sur ton front. Cependant le Tasse m'a aussi enrichi; il a conquis pour nous Jérusalem, et il a couvert ainsi de confusion la chrétienté moderne; avec un joyeux courage et une ferme persévérance, il a atteint un but placé bien haut et bien loin : tu le vois couronné pour ses travaux.

ANTONIO.

Tu m'expliques une énigme. A mon arrivée, j'ai vu, avec étonnement, deux fronts couronnés.

LE TASSE.

Si tes yeux sont témoins de mon bonheur, je voudrais que ce même regard pût voir la confusion de mon âme.

ANTONIO.

Je savais depuis longtemps que, dans ses récompenses, Alphonse ne connaît point de bornes, et tu éprouves ce que chacun des siens a déjà éprouvé.

LA PRINCESSE.

Quand tu connaîtras le présent qu'il nous a fait, tu nous trouveras justes et modérés. Nous ne sommes ici que les premiers et secrets témoins des applaudissements que le monde ne lui refusera pas, et que lui donneront au centuple les âges futurs.

ANTONIO.

Il est déjà assuré par vous de sa gloire. Qui oserait douter, quand vous pouvez applaudir? Mais, dis-moi, qui a placé cette couronne sur le front de l'Arioste?

ÉLÉONORE.

Cette main.

ANTONIO.

Et certes elle a bien fait! Ces fleurs le parent mieux que le laurier même ne saurait le parer. Comme la nature couvre d'une robe verte, diaprée, les secrets trésors de son sein, il enveloppe du brillant tissu de la fable tout ce qui peut rendre l'homme digne de respect et d'amour. Le contentement, l'expérience et la raison et la force d'esprit, le goût et le sens pur du vrai bon, idéalisés, et pourtant personnifiés dans ses chants, semblent reposer comme sous des arbres fleuris, couverts de la neige des corolles légères, couronnés de roses, capricieusement entourés par les danses et la magie des folâtres amours. La source de l'abondance murmure à leur côté, et nous laisse voir des poissons merveilleux aux diverses couleurs; l'air est peuplé d'oiseaux rares; les prairies et les buissons, de troupeaux étrangers; la ruse est aux aguets, à demi cachée dans la verdure; d'un nuage d'or, la sagesse fait retentir quelquefois des sentences sublimes; tandis que, sur un luth harmonieux, la folie semble se livrer à des écarts sauvages, et se maintient pourtant dans la plus parfaite mesure. Celui qui ose se risquer auprès d'un tel homme, mérite déjà la couronne pour son audace. Pardonnez-moi, si je me sens moi-même inspiré; si, comme en extase, je ne puis bien considérer ni le temps, ni le lieu, ni ce que je dis: c'est que tous ces poëtes, ces couronnes, ce costume tout nouveau de nos belles, me transportent hors de moi-même dans un monde étranger.

LA PRINCESSE.

Celui qui sait si bien apprécier l'un de ces mérites ne méconnaîtra pas l'autre. Un jour tu nous signaleras dans les chants du Tasse ce que nous avons senti, et que tu peux seul approfondir.

ALPHONSE.

Viens, Antonio! J'ai bien des choses encore sur lesquelles je suis très-impatient de t'interroger. Ensuite, jusqu'au coucher du soleil, tu appartiendras aux dames. Viens! adieu! (*Antonio suit le Prince, le Tasse suit les dames.*)

ACTE DEUXIÈME.

Un salon.

SCÈNE I.

LA PRINCESSE, LE TASSE.

LE TASSE.

Je te suis, ô princesse, d'un pas incertain, et des pensées sans ordre et sans mesure s'agitent dans mon âme. La solitude semble m'appeler, me dire tout bas, d'une voix caressante : « Viens, je dissiperai les doutes nouveaux qui se sont élevés dans ton cœur. » Cependant, si je jette un regard sur toi, si mon oreille attentive recueille un mot de tes lèvres, un nouveau jour se lève autour de moi, et tous mes liens se détachent. Je te l'avouerai volontiers, cet homme arrivé soudainement auprès de nous m'a brusquement réveillé d'un beau rêve. Ses manières, ses paroles, m'ont si étrangement affecté, que je sens plus que jamais deux hommes en moi, et que je suis de nouveau avec moi-même dans un pénible combat.

LA PRINCESSE.

Il est impossible qu'un ancien ami, qui, longtemps éloigné, a vécu d'une vie étrangère, au moment où il nous rejoint, se trouve d'abord tel qu'autrefois. Il n'est pas changé au fond ; vivons seulement quelques jours avec lui, nous nous mettrons d'accord de part et d'autre, jusqu'à ce qu'une heureuse et belle harmonie nous unisse de nouveau. Quand lui-même il connaîtra mieux l'ouvrage que tu viens de produire, il te placera certainement à côté du poëte qu'il t'oppose aujourd'hui comme un géant.

LE TASSE.

Ah! ma princesse, l'éloge de l'Arioste dans sa bouche m'a réjoui bien loin de me blesser. Il est consolant pour nous d'entendre célébrer l'homme qui se présente à nous comme un grand modèle. Nous pouvons nous dire, dans le secret du cœur : « Si tu peux atteindre à une part de son mérite, une part de sa gloire ne saurait non plus te manquer. » Non, ce qui m'a ému, jusqu'au fond du cœur, ce qui remplit encore toute mon âme, ce sont les figures de ce monde, qui, plein de vie, infatigable, immense, tourne exactement autour d'un homme, seul grand, seul sage, et accomplit la course que le demi-dieu ose lui prescrire. J'écoutais avidement, je recueillais avec plaisir les fermes paroles de l'homme expérimenté. Mais, hélas! plus j'écoutais, plus je m'abîmais à mes propres yeux; je craignais de disparaître comme la nymphe Écho, le long des rochers, et de me perdre comme une vaine résonnance, comme un néant.

LA PRINCESSE.

Et, peu auparavant, tu paraissais encore sentir si nettement comme le héros et le poëte vivent l'un pour l'autre, comme le héros et le poëte se cherchent l'un l'autre, sans que l'un doive jamais regarder l'autre avec envie! Certes elle est magnifique l'action digne d'amour; mais il est glorieux aussi de transmettre à la postérité, par de dignes chants, les actions, avec toute leur grandeur et leur force. Qu'il te suffise, au sein du petit duché qui te protège, de contempler tranquillement, comme du rivage, le cours orageux du monde.

LE TASSE.

Et n'ai-je pas vu ici, pour la première fois, comme on récompense magnifiquement l'homme brave? J'arrivai, enfant sans expérience, dans le temps où fêtes sur fêtes paraissaient faire de cette ville le centre de l'honneur. Oh! quel spectacle! La vaste place, où la vaillance exercée devait se montrer dans tout son éclat, était environnée d'une assemblée telle que le soleil n'en éclairera pas de sitôt une semblable. Là étaient assises en foule les plus belles femmes, en foule les premiers hommes de nos jours. Le regard parcourait avec étonnement cette noble multitude. On s'écriait : « C'est la patrie, la patrie seule, l'étroite péninsule, qui les a tous envoyés ici. Ils forment ensemble le plus auguste tribunal qui ait jamais prononcé sur l'honneur, le mérite et la vertu. Si tu les passes en revue l'un après l'autre, tu n'en trouveras aucun qui doive rougir de son voisin....» Alors les barrières s'ouvrirent : les chevaux battaient du pied; les casques et les boucliers étincelaient; les écuyers se pressaient; les trompettes sonnaient et les lances fracassées volaient en éclats; les casques et les boucliers résonnaient sous les coups; les tourbillons de poussière enveloppaient, pour un instant, la gloire du vainqueur et la honte du vaincu. Oh! laisse-moi tirer le rideau devant ce spectacle trop brillant pour moi, afin qu'en ce beau moment mon indignité ne me soit pas trop cruellement sensible.

LA PRINCESSE.

Si cette noble assemblée, si ces exploits t'enflammaient d'une généreuse émulation, je pouvais, jeune ami, t'offrir en même temps la secrète leçon de la patience. Les fêtes que tu vantes, que cent témoins me vantaient alors, et m'ont vantées bien des années après, je ne les ai pas vues. Dans un secret asile, où, presque sans cesse, le dernier écho de la joie pouvait s'évanouir, j'avais à supporter bien des douleurs et bien des tristes pensées. Avec ses larges ailes, l'image de la mort planait devant mes yeux, et me cachait la vue du monde toujours nouveau. Cette image ne s'éloigna que peu à peu, et me laissa entrevoir, comme à travers un crêpe, pâles encore, mais agréables, les mille couleurs de la vie. Je voyais de nouveau se mouvoir doucement des formes vivantes. Pour la première fois, encore soutenue par mes femmes, je sortis de ma chambre de douleur; Lucrèce, pleine d'allégresse et de vie, vint à moi, te conduisant par la main. Tu fus le premier étranger, le premier inconnu, que je rencontrai dans cette vie nouvelle. J'en espérai beaucoup pour toi et pour moi; et jusqu'ici l'espérance ne nous a pas trompés.

LE TASSE.

Et moi, troublé par le tourbillon de la foule, ébloui par tant d'éclat, et agité de maintes passions, le long des tranquilles galeries du palais, je marchais en silence à côté de ta sœur, puis j'entrai dans la chambre, où bientôt, appuyée sur tes femmes, tu parus devant nous.... Quel moment pour moi que celui-là!... Oh! pardonne! Ainsi que l'homme égaré par de vains prestiges est aisément et doucement guéri par l'approche de la divinité, je fus de même guéri de toute fantaisie, de tout égarement, de tout désir trompeur, aussitôt que mon regard eut rencontré le tien. Tandis qu'auparavant mes vœux sans expérience s'égaraient entre mille objets, pour la première fois, je rentrai avec confusion en moi-même, et j'appris à connaître le bien désirable. C'est ainsi qu'on cherche vainement, dans le vaste sable des mers, une perle, qui repose cachée dans l'écaille, sa retraite solitaire.

LA PRINCESSE.

Alors commencèrent de beaux jours, et, si le duc d'Urbin ne nous avait pas enlevé ma sœur, les années se seraient écoulées pour nous dans un bonheur pur et charmant. Mais hélas! il nous manque trop aujourd'hui, le caractère enjoué, le cœur plein de force et de vie, l'esprit fécond de cette aimable femme.

LE TASSE.

Je ne le sais que trop, depuis le jour où elle quitta ces lieux, personne n'a pu te rendre la joie pure. Que de fois cette pensée a déchiré mon cœur! Que de fois, à ton sujet, ai-je confié mes plaintes aux bois silencieux! « Hélas! m'écriais-je, la sœur a-t-elle donc seule le bonheur, le droit, d'être appréciée de cette femme chérie? N'est-il donc plus de cœur qui mérite qu'elle veuille se confier à lui? N'est-il plus aucune âme qui réponde à la sienne? L'esprit et l'enjouement sont-ils éteints? Et cette seule femme, si excellente qu'elle fût, était-elle donc tout? » O princesse, pardonne! je pensais alors quelquefois à moi-même, et je souhaitais de pouvoir être quelque chose pour toi; bien peu sans doute, mais quelque chose; je souhaitais de l'être non pas en paroles, mais en effet, et de te montrer, dans la vie, comme mon cœur s'est consacré à toi en secret. Mais cela ne m'a point réussi, et je n'ai fait que trop souvent, par erreur, ce qui devait t'affliger; j'offensais l'homme que tu protégeais; j'embrouillais, par imprudence, ce que tu voulais démêler; et, dans le moment où je voulais m'approcher, je me sentais plus loin, toujours plus loin.

LA PRINCESSE.

Ami, je n'ai jamais méconnu tes intentions, et je sais comme tu prends à tâche de te nuire à toi-même. Au lieu que ma sœur sait vivre avec chacun, quel qu'il soit, tu peux à peine, même après beaucoup d'années, te retrouver dans un ami.

LE TASSE.

Condamne-moi; mais dis-moi ensuite où est l'homme, où est la femme, avec qui je puisse risquer de parler à cœur ouvert comme avec toi.

LA PRINCESSE.

Tu devrais te fier à mon frère.

LE TASSE.

Il est mon prince !... Ne crois pas toutefois qu'un souffle sauvage de liberté gonfle mon cœur. L'homme n'est pas fait pour être libre, et, pour un noble esprit, il n'est point de sort plus beau que de servir un prince qu'il honore. Mais enfin il est mon maître, et je sens toute l'étendue de ce grand mot. Je dois apprendre à me taire quand il parle, et à faire ce qu'il ordonne, mon cœur et ma raison voulussent-ils même vivement le contredire.

LA PRINCESSE.

Cela n'arrive jamais avec mon frère, et maintenant, que nous avons Antonio, tu es assuré d'un sage ami de plus.

LE TASSE.

Je m'en flattais autrefois : maintenant je suis près d'en désespérer. Que son commerce me serait profitable, et ses conseils utiles en mille rencontres! Il possède, je puis bien le dire, tout ce qui me manque. Mais.... si tous les dieux se sont réunis pour offrir leurs dons à son berceau, les Grâces, par malheur, ne sont pas venues, et celui à qui manquent les dons de ces immortelles peut sans doute beaucoup posséder, beaucoup donner, mais on ne pourra jamais reposer sur son sein.

LA PRINCESSE.

On peut du moins se fier à lui, et c'est beaucoup. Il ne faut pas tout exiger d'un seul homme, et celui-ci donne ce qu'il promet. S'est-il une fois déclaré ton ami, il veillera pour toi, quand tu te feras défaut à toi-même. Il faut que vous soyez unis. Je me flatte d'accomplir en peu de temps ce bel ouvrage. Seulement, ne résiste pas, comme c'est ta coutume. Nous avons, par exemple, possédé longtemps Éléonore, qui est pleine de finesse et d'élégance, avec laquelle il est facile de vivre, et jamais tu n'as consenti non plus à te rapprocher d'elle, comme elle l'aurait désiré.

LE TASSE.

Je t'ai obéi; autrement je me fusse éloigné d'elle, au lieu de m'en rapprocher. Si aimable qu'elle puisse paraître, je ne sais comment il s'est fait que j'ai pu rarement être entièrement ouvert avec elle; et, lors même qu'elle a l'intention d'obliger ses amis, l'intention se fait sentir et l'on est choqué.

LA PRINCESSE.

O mon ami, par ce chemin nous ne trouverons jamais de société. Ce sentier nous séduit et nous entraîne à travers les bois solitaires et les secrètes vallées; l'âme s'égare de plus en plus, et l'âge d'or, qu'elle ne trouve pas au dehors, elle s'efforce de le reproduire dans son sein, si peu que la tentative lui réussisse.

LE TASSE.

Oh! quelle parole a prononcée ma princesse! Où s'est-il envolé cet âge d'or, après lequel tous les cœurs soupirent en vain; cet âge, où, sur la terre libre, les humains, comme de joyeux troupeaux, se répandaient pour jouir; où un arbre antique, dans la prairie émaillée de fleurs, offrait son ombre au berger et à la bergère; où de plus jeunes arbrisseaux entrelaçaient discrètement leurs branches flexibles, pour abriter les transports de l'amour; où, tranquille et transparente, sur un sable toujours pur, l'onde obéissante embrassait mollement la nymphe; où le serpent craintif se perdait, sans nuire, dans le gazon; où le faune hardi s'enfuyait, bientôt châtié par une vaillante jeunesse; où chaque oiseau, dans le libre espace de l'air, où chaque animal, errant par les monts et les vallées, disait à l'homme : « Ce qui plaît est permis! »

LA PRINCESSE.

Mon ami, l'âge d'or est passé sans doute, mais les nobles cœurs le ramènent. Et, s'il faut t'avouer ce que je pense, l'âge d'or, dont le poëte a coutume de nous flatter, ce beau temps exista, ce me semble, aussi peu qu'il existe; et, s'il fut jamais, il n'était assurément que ce qu'il peut toujours redevenir pour nous. Il est encore des âmes sympathiques, qui se rencontrent et jouissent ensemble de ce bel univers. Il ne faut, mon ami, que changer un seul mot dans la devise : « Ce qui est convenable est permis. »

LE TASSE.

Ah! si un tribunal universel, composé seulement d'hommes nobles et bons, décidait de ce qui convient, au lieu que chacun juge convenable ce qui lui profite!... Nous le voyons en effet, tout sied bien à l'homme puissant, à l'homme habile, et il se permet tout.

LA PRINCESSE.

Veux-tu apprendre parfaitement ce qui convient, ne le demande qu'aux nobles femmes; car il leur importe plus qu'à personne, que tout ce qui se passe soit bienséant. La convenance entoure d'un rempart le sexe faible, aisément vulnérable. Où règne la moralité, les femmes règnent; où domine la licence, elles ne sont rien; et, si tu veux interroger l'un et l'autre, tu verras que l'homme aspire à la liberté, la femme à la décence.

LE TASSE.

Tu nous déclares indomptables, grossiers, insensibles?

LA PRINCESSE.

Non pas! Mais vous poursuivez des biens éloignés, et il faut que votre poursuite soit violente. Vous hasardez d'agir pour l'immortalité, tandis que nous ne pouvons posséder sur cette terre qu'un unique bien, étroitement limité, et nous souhaitons qu'il nous reste fidèle. Nous ne sommes jamais sûres du cœur d'un homme, avec quelque ardeur qu'il se soit donné à nous une fois. La beauté est passagère, et vous semblez n'avoir des hommages que pour elle. Ce qui reste ensuite ne charme plus, et ce qui ne charme plus est mort. S'il y avait des hommes capables d'apprécier un cœur de femme, de reconnaître quel précieux trésor d'amour et de fidélité le sein d'une femme peut receler; si le souvenir des heures les plus belles pouvait rester vivant dans vos âmes; si votre regard, d'ailleurs pénétrant, pouvait aussi percer le voile que jette sur nous l'âge ou la maladie; si la possession, qui doit rendre paisible, ne vous rendait pas désireux de biens étrangers : alors certes un beau jour aurait lui pour nous, et nous pourrions célébrer notre âge d'or.

LE TASSE.

Tu me tiens des discours qui réveillent vivement dans mon cœur des craintes déjà presque endormies.

LA PRINCESSE.

O Tasse, quelle est ta pensée? Parle-moi librement.

LE TASSE.

J'ai entendu souvent, et, ces jours derniers, j'entendais encore, et, quand même je ne l'aurais pas appris, encore le devrais-je imaginer.... de nobles princes aspirent à ta main! Ce que nous devons prévoir, nous le craignons, et nous en sommes presque au désespoir. Tu nous quitteras, c'est une chose naturelle, mais comment nous le supporterons, c'est ce que j'ignore.

LA PRINCESSE.

Pour le moment, soyez tranquilles. Je pourrais presque dire, soyez tranquilles pour toujours. Je me vois ici volontiers, et volontiers j'y resterai. Je ne sais encore aucune liaison qui puisse m'attirer; et, si vous voulez en effet me retenir, montrez-le-moi par la concorde; faites-vous à vous-mêmes une vie heureuse, et à moi par vous!

LE TASSE.

Oh! enseigne-moi à faire ce qui est possible! Tous mes jours te sont consacrés. Quand mon cœur s'ouvre pour te louer, pour te rendre grâce, alors seulement je goûte la félicité la plus pure que l'homme puisse sentir; la plus divine, je ne l'éprouvai qu'en toi. Les dieux de la terre se distinguent des autres hommes, autant que le destin suprême se distingue du jugement et de la volonté des hommes même les plus sages. Quand nous voyons flots sur flots se heurter violemment, les princes laissent beaucoup de murmures passer inaperçus à leurs pieds, comme des ondes légères; ils n'entendent pas l'orage qui gronde autour de nous et nous renverse; nos prières parviennent à peine à leurs oreilles, et, comme nous le faisons envers de pauvres enfants tenus dans la contrainte, ils nous laissent remplir les airs de soupirs et de cris. Pour toi, ô femme divine, tu m'as souvent supporté, et, comme le soleil, ton regard a séché la rosée de mes paupières.

LA PRINCESSE.

Il est bien juste que les femmes t'accueillent avec l'amitié la plus vive : ton poëme les célèbre de plusieurs manières. Tendres ou courageuses, tu as su toujours les représenter nobles et charmantes. Et, si Armide nous paraît digne de haine, ses attraits et son amour nous réconcilient bientôt avec elle.

LE TASSE.

Tous les échos qui retentissent dans mes chants, c'est à une seule femme, à une seule, que je les dois. Ce que je vois planer devant mon front n'est point une image idéale, indécise, qui tantôt s'approche de l'âme avec un éclat éblouissant, tantôt se retire. Je l'ai vu de mes yeux le modèle de chaque vertu, de chaque beauté. Ce que j'ai peint d'après ce modèle subsistera. L'amour héroïque de Tancrède pour Clorinde, la silencieuse et secrète fidélité d'Herminie, la grandeur de Sophronie et la souffrance d'Olinde : ce ne sont pas des ombres que l'illusion enfanta, ce sont des choses immortelles, je le sais, parce qu'elles existent. Et qui a plus le droit de vivre des siècles, et de perpétuer son influence secrète, que le mystère d'un noble amour discrètement confié à l'aimable poésie?

LA PRINCESSE.

Et dois-je te dire encore un privilége que la poésie sait surprendre à notre insu? Elle nous attire par degrés; nous prêtons l'oreille; nous écoutons et nous croyons comprendre; ce que nous comprenons, nous ne pouvons le blâmer, et par là cette poésie nous subjugue à la fin.

LE TASSE.

Quels cieux ouvres-tu devant moi, ô princesse? Si leur éclat ne m'aveugle point, je vois un bonheur éternel, inespéré, descendre avec magnificence sur des rayons d'or.

LA PRINCESSE.

O Tasse, ne va pas plus avant!... Il est beaucoup de choses que nous devons saisir avec ardeur; mais il en est d'autres que nous ne pouvons nous approprier que par la modération et le renoncement. Il en est ainsi de la vertu, nous dit-on, ainsi de l'amour, qui est son frère.... Songes-y bien. (*Elle sort.*)

SCÈNE II.

LE TASSE, *seul*.

Est-ce qu'il t'est permis d'ouvrir les yeux? Oses-tu regarder autour de toi? Tu es seul. Ces colonnes ont-elles entendu ce qu'elle disait? Et dois-tu craindre ces témoins, ces muets témoins de ta félicité suprême? Il se lève le soleil du nouveau jour de ta vie, qui ne se peut comparer avec ceux qui l'ont précédé. En descendant jusqu'au mortel, la déesse l'élève soudain jusqu'à elle. Quelle sphère nouvelle se découvre à mes yeux! Quel empire! Que mon ardent désir est richement comblé! Je rêvais que j'approchais du bonheur suprême, et ce bonheur est au-dessus de tous les rêves. Que l'aveugle-né se figure la lumière, les couleurs, comme il voudra : quand le nouveau jour lui apparaît, c'est pour lui un nouveau sens. Plein de courage et d'espérances, ivre de joie et chancelant, j'entre dans cette carrière. Tu me donnes beaucoup; tu donnes, comme la terre et le ciel nous versent, sans mesure, leurs dons à pleines mains, et tu demandes en échange ce qu'un tel présent t'autorise seul à me demander. Il faut que je renonce, il faut que je me montre modéré, et qu'ainsi je mérite que tu te confies à moi. Qu'ai-je fait jamais, pour qu'elle ait pu me choisir? Que dois-je faire pour être digne d'elle? Elle a pu se fier à moi, et par là je le suis. Oui, princesse, que mon âme soit pour jamais absolument vouée à tes paroles, à tes regards. Oui, demande ce que tu veux, car je suis à toi! Qu'elle m'envoie dans les pays lointains chercher le travail et le danger et la gloire; que, dans un secret bocage, elle me présente la lyre d'or; qu'elle me consacre au repos et à son culte : je suis à elle; qu'elle me possède pour me former. Mon cœur gardait pour elle tous ses trésors. Oh! si un dieu m'avait accordé mille facultés nouvelles, elles suffiraient à peine pour exprimer mon ineffable adoration. Je me souhaiterais le pinceau du peintre et les lèvres du poëte, les plus douces que jamais ait nourries le miel nouveau. Non, le Tasse n'ira plus à l'avenir se perdre solitaire, faible et troublé, dans les forêts, parmi les hommes! Il n'est plus seul; il est avec toi. Oh! si la plus noble des entreprises s'offrait ici devant mes yeux, environnée d'affreux dangers!... Je courrais au-devant, et risquerais volontiers la vie, que je tiens désormais de ses mains; j'inviterais les plus vaillants hommes à me suivre, pour accomplir l'impossible avec ces nobles guerriers, sur son ordre et son geste. Homme impatient, pourquoi ta bouche n'a-t-elle pas caché ce que tu sentais, jusqu'au jour où, digne et toujours plus digne d'elle, tu aurais pu tomber à ses pieds? C'était ton dessein, c'était ton sage désir. Mais soit!... Il est bien plus beau de recevoir purement et sans titre un pareil don, que d'imaginer, en quelque façon, qu'on aurait pu y prétendre. Regarde avec joie!... Ce qui est devant toi est si grand et si vaste! et la jeunesse, riche d'espérance, t'appelle de nouveau dans le mystérieux et brillant avenir. Oh! gonfle-toi, mon cœur! Secrètes influences du bonheur, favorisez une fois cette plante! Elle s'élance vers le ciel; mille rameaux sortent de sa tige, et s'épanouissent en fleurs. Oh! qu'elle produise des fruits! qu'elle produise la joie! Qu'une main chérie cueille la parure d'or sur ses frais et riches rameaux!

SCÈNE III.

LE TASSE, ANTONIO.

LE TASSE.

Sois le bienvenu, toi qu'il me semble voir en ce moment pour la première fois! Jamais homme ne me fut annoncé sous de plus beaux présages. Sois le bienvenu! Je te connais maintenant, et tout ce que tu vaux. Je t'offre, sans hésiter, mon amitié et ma main, et toi aussi, je l'espère, tu ne me dédaigneras pas.

ANTONIO.

Tu m'offres libéralement de nobles dons, et j'en reconnais le prix comme je dois. C'est pourquoi, laisse-moi réfléchir avant de les accepter. Je ne sais pas si je pourrais t'offrir en échange quelque chose qui les égale. Je voudrais bien ne paraître ni inconsidéré ni ingrat. Permets que je sois sage et prudent pour tous deux.

LE TASSE.

Qui blâmera la prudence? Chaque pas dans la vie montre combien elle est nécessaire; mais il est plus beau que le cœur sache nous dire quand nous n'avons pas besoin de subtile prévoyance.

ANTONIO.

Que chacun consulte là-dessus ses sentiments; car c'est lui-même qui doit expier la faute.

LE TASSE.

Soit!... J'ai fait mon devoir; j'ai suivi avec respect les ordres de la princesse, qui désire que nous soyons amis, et je me suis offert à toi. Je ne devais pas rester en arrière, Antonio; mais, assurément, je ne veux pas t'importuner. Qu'il en soit donc ainsi! Le temps et la fréquentation t'engageront peut-être à réclamer plus chaudement le don que tu écartes aujourd'hui avec froideur, et que tu sembles presque dédaigner.

ANTONIO.

L'homme modéré est souvent appelé froid par ceux qui se croient plus chauds que les autres, parce qu'une ardeur soudaine les saisit en passant.

LE TASSE.

Tu blâmes ce que je blâme, ce que j'évite. Je sais bien aussi, tout jeune que je suis, préférer la durée à la vivacité.

ANTONIO.

Parole très-sage! Reste toujours dans ce sentiment.

LE TASSE.

Tu as droit de me conseiller, de m'avertir, car l'expérience demeure à ton côté, comme une amie longtemps éprouvée; mais crois bien qu'un cœur tranquille écoute les avis de chaque jour, de chaque heure, et s'exerce en secret à chacune des vertus que ton esprit sévère croit lui enseigner comme nouvelles.

ANTONIO.

Il peut être agréable de s'occuper de soi-même : il faudrait seulement que ce fût profitable. Ce n'est point en lui-même que l'homme apprend à connaître le fond de son cœur; car il se juge avec sa propre mesure, quelquefois trop petite et souvent, hélas! trop grande. L'homme ne se connaît que dans les hommes; la vie peut seule apprendre à chacun ce qu'il est.

LE TASSE.

Je t'écoute avec approbation et respect.

ANTONIO.

Et cependant tu entends sous ces paroles tout autre chose que je ne veux dire.

LE TASSE.

De cette manière nous ne pouvons nous rapprocher. Il n'est pas sage, il n'est pas équitable de méconnaître, à dessein, un homme, quel qu'il soit. Les ordres de la princesse étaient à peine nécessaires; je t'ai deviné aisément. Je sais que tu veux et que tu fais le bien. Ta propre fortune te laisse sans inquiétude; tu penses aux autres; tu viens à leur aide, et ton cœur demeure inébranlable sur le flot inconstant de la vie. C'est ainsi que je te vois. Et que serais-je, si je n'allais pas au-devant de toi; si je ne recherchais pas aussi avec ardeur une part du trésor caché que tu tiens en réserve? Je sais que tu n'as pas regret de t'ouvrir; je sais que tu seras mon ami, quand tu me connaîtras; et depuis longtemps j'avais besoin d'un pareil ami. Je ne rougis point de mon inexpérience et de ma jeunesse. Le nuage doré de l'avenir repose encore doucement autour de ma tête. O noble Antonio, prends-moi sur ton cœur; initie le jeune homme fougueux, inexpérimenté, à l'usage modéré de la vie.

ANTONIO.

Tu demandes en un moment ce que le temps n'accorde qu'après mûre réflexion.

LE TASSE.

L'amitié accorde en un moment ce que le travail obtient à peine au bout d'un long temps. Je n'implore pas cette faveur de toi, j'ose la réclamer. Je t'adjure, au nom de la vertu, qui s'empresse d'unir les belles âmes. Et dois-je te nommer encore un nom? La princesse l'espère, elle le veut.... Éléonore veut nous conduire l'un à l'autre. Allons au-devant de ses vœux! Montrons-nous unis devant la déesse; offrons-lui nos services, toute notre âme, afin de faire ensemble pour elle ce qui sera le plus digne de lui plaire. Encore une fois, voici ma main!... Prends-la! Ne recule pas, et ne refuse pas plus longtemps, noble Antonio, et accorde-moi la joie, la plus grande pour l'honnête homme, de se donner avec confiance et sans réserve à l'homme qui vaut mieux que lui!

ANTONIO.

Tu vogues à pleines voiles! Il paraît bien que tu es accoutumé à vaincre, à trouver partout les voies larges, les portes ouvertes. Je te souhaite volontiers tous les mérites, tous les succès; mais, je le vois trop bien, nous sommes encore à une trop grande distance l'un de l'autre.

LE TASSE.

Par les années, par le mérite éprouvé, je le veux bien : pour le joyeux courage et la bonne volonté, je ne le cède à personne.

ANTONIO.

La bonne volonté n'entraîne pas les actions; le courage se figure les chemins plus courts. Celui qui est arrivé au but est couronné, et souvent un plus digne n'obtient pas la couronne. Mais il est des couronnes faciles; il est des couronnes d'espèces très-diverses; elles s'obtiennent parfois commodément, au milieu d'une promenade.

LE TASSE.

Ce qu'une divinité accorde à l'un librement et refuse sévèrement à l'autre, un tel avantage, chacun ne l'obtient pas comme il voudrait.

ANTONIO.

Attribue-le à la fortune plutôt qu'aux autres dieux : j'y souscrirai volontiers, car son choix est aveugle.

LE TASSE.

La justice porte aussi un bandeau, et ses yeux se ferment à tout prestige.

ANTONIO.

Que l'homme fortuné se plaise à célébrer la fortune; qu'il lui suppose cent yeux pour le mérite et un choix sage et des soins attentifs; qu'il l'appelle Minerve; qu'il l'appelle comme il voudra; qu'il tienne une pure grâce comme une récompense, une parure de hasard comme un ornement bien mérité!

LE TASSE.

Tu n'as pas besoin de parler plus clairement. Il suffit! Je lis au fond de ton cœur et te connais pour toute la vie. Oh! si ma princesse te connaissait de même! Ne prodigue pas les traits que lancent tes yeux et ta langue! Tu les diriges vainement vers cette couronne impérissable, posée sur ma tête. Sois d'abord assez grand pour ne pas me l'envier! Peut-être ensuite oseras-tu me la disputer. Je la regarde comme sacrée et comme le bien suprême : cependant montre-moi l'homme qui soit parvenu où je m'efforce d'arriver; montre-moi le héros dont les histoires m'aient parlé seulement; présente-moi le poëte qui se puisse comparer à Homère, à Virgile; oui, pour dire plus encore, montre-moi l'homme qui ait mérité trois fois cette récompense, et que cette belle couronne ait, plus que moi, fait trois fois rougir : alors tu me verras à genoux devant la Divinité qui m'a fait ce don; je ne me lèverai pas, avant qu'elle ait fait passer cet ornement de mon front sur celui de ce vainqueur.

ANTONIO.

Jusque-là tu en es digne assurément.

LE TASSE.

Que l'on me juge, je ne veux point m'y soustraire; mais je n'ai pas mérité le mépris. La couronne, dont mon prince m'a jugé digne, que la main de ma princesse a tressée pour moi, nul ne m'en fera un sujet de doute et de raillerie.

ANTONIO.

Ce ton hautain, cette ardeur impétueuse, ne te sied pas avec moi, ne te sied pas dans ce lieu.

LE TASSE.

Ce que tu te permets dans ce lieu me sied aussi à moi. Et la vérité en est-elle donc bannie? L'esprit indépendant est-il prisonnier dans ce palais? Ici, un noble cœur n'a-t-il plus qu'à souffrir l'oppression? Il me semble que la grandeur, la grandeur de l'âme, est ici surtout à sa place. Ne peut-elle obtenir l'avantage d'approcher les puissants de la terre? Elle le peut, elle le doit. Nous n'approchons du prince que par la noblesse, qui nous est venue de nos pères : pourquoi pas par le cœur, que la nature n'a pas donné grand à chaque homme, de même qu'elle ne pouvait donner à chacun une suite de grands ancêtres? La seule petitesse devrait ici se sentir gênée; l'envie, qui se montre à sa honte, de même que la toile impure d'aucune araignée, ne doit jamais s'attacher à ces murs de marbre.

ANTONIO.

Tu me montres toi-même mon droit à te dédaigner. L'enfant inconsidéré veut arracher de force la confiance et l'amitié de l'homme. Incivil comme tu l'es, te crois-tu bon ?

LE TASSE.

J'aime bien mieux ce que vous appelez incivil que ce qu'il me faudrait appeler ignoble.

ANTONIO.

Tu es encore assez jeune pour qu'une bonne discipline te puisse enseigner une meilleure voie.

LE TASSE.

Pas assez jeune pour me courber devant les idoles, et assez mûr pour réprimer l'orgueil par l'orgueil.

ANTONIO.

Où les lèvres et la lyre décideront, tu pourras sortir du combat en héros, en vainqueur.

LE TASSE.

Je serais téméraire de vanter mon bras, car il n'a rien fait; mais je me fie à lui.

ANTONIO.

Tu te fies aux ménagements qui ne t'ont que trop gâté dans la marche insolente de ta fortune.

LE TASSE.

Je suis homme, je le sens maintenant. C'est avec toi que j'aurais le moins souhaité d'essayer le sort des armes : mais tu attises braise sur braise. Je brûle jusqu'à la moelle. Le douloureux désir de la vengeance bouillonne écumant dans mon sein. Si tu es l'homme que tu prétends être, fais-moi tête !

ANTONIO.

Tu sais aussi peu qui tu es que le lieu où tu es.

LE TASSE.

Aucun sanctuaire ne nous commande de supporter l'outrage. C'est toi qui insultes, qui profanes ce lieu; ce n'est pas moi, moi qui venais t'offrir confiance, respect, amitié, le plus bel hommage; c'est ton esprit qui infecte ce paradis, et tes paroles cette salle pure, et non les sentiments tumultueux de mon cœur, qui se soulève à l'idée de souffrir la moindre tache.

ANTONIO.

Quel esprit hautain dans un cœur étroit!

LE TASSE, *posant la main sur sa poitrine.*

Il est encore ici de l'espace pour mettre ce cœur à l'aise.

ANTONIO.

Le vulgaire se met aussi à l'aise avec des mots.

LE TASSE.

Si tu es gentilhomme ainsi que moi, fais-le voir.

ANTONIO.

Je le suis certes, mais je sais où je suis.

LE TASSE.

Viens avec moi là-bas, où nous pourrons user de nos armes.

ANTONIO.

Comme tu ne devais pas m'appeler, je ne te suivrai pas.

LE TASSE.

Un pareil obstacle est bienvenu pour la lâcheté.

ANTONIO.

Le lâche ne menace qu'en lieu sûr.

LE TASSE.

Je puis renoncer avec joie à cette sauvegarde.

ANTONIO.

Ménage-toi du moins, si tu ne ménages pas le lieu où nous sommes.

LE TASSE.

Que ce lieu me pardonne de l'avoir souffert! (*Il met l'épée à la main.*) En garde! ou suis-moi, si tu ne veux pas que je te méprise éternellement, comme je te hais!

SCÈNE IV.

ANTONIO, ALPHONSE, LE TASSE.

ALPHONSE.

Dans quel débat vous trouvé-je soudain?

ANTONIO.

Tu me vois tranquille, ô prince, devant un homme que la fureur a saisi.

LE TASSE.

Je t'adore comme une divinité, et, d'un seul regard, tu m'avertis, tu m'enchaînes.

ALPHONSE.

Parle, Antonio; dis-moi, Tasse, comment la discorde a pénétré dans ma maison. Comment vous a-t-elle saisis? Comment vous a-t-elle entraînés dans son délire, vous, hommes sages, loin du sentier des convenances et des lois? Je suis confondu.

LE TASSE.

Tu ne nous connais pas tous deux, je le vois bien. Cet homme que voici, renommé comme sage et moral, s'est conduit envers moi avec grossièreté et malice, en homme sans noblesse et sans éducation. Je l'ai abordé avec confiance, il m'a repoussé; je l'ai sollicité avec instance, avec amitié, et lui, amer et toujours plus amer, il n'a pas eu de repos qu'il n'eût changé en fiel le plus pur de mon sang. Pardonne! Tu m'as trouvé ici comme un furieux. A lui tout le crime, si je me suis rendu criminel. Il a, par sa violence, attisé la flamme qui m'a saisi et qui nous a blessés tous deux.

ANTONIO.

Le sublime élan poétique l'a entraîné. O prince, tu t'es d'abord adressé à moi; tu m'as interrogé : qu'il me soit permis de parler à mon tour après ce fougueux orateur.

LE TASSE.

Oh oui! rapporte, rapporte mot pour mot; et, si tu peux exposer devant ce juge chaque syllabe, chaque geste, ose-le seulement! ose te flétrir une seconde fois toi-même, et témoigne contre toi! Je ne veux pas démentir un souffle, un battement d'artère.

ANTONIO.

Si tu as quelque chose à dire encore, parle; sinon, tais-toi et ne m'interromps pas. Si c'est moi, mon prince, ou cette tête chaude qui a commencé la querelle, quel est celui qui a tort : c'est une grande question, qui, préalablement, demeure encore indécise.

LE TASSE.

Comment cela? Il me semble que la première question est de savoir qui de nous deux a tort ou raison.

ANTONIO.

Pas tout à fait, comme peut le supposer l'esprit sans retenue.

ALPHONSE.

Antonio!

ANTONIO.

Monseigneur, je respecte un signe de ta volonté, mais fais qu'il se taise. Quand j'aurai parlé, il pourra répondre; tu décideras. Je dirai donc seulement que je ne puis lutter avec lui; je ne puis ni l'accuser ni me défendre moi-même, ni m'offrir à lui donner maintenant satisfaction ; car, tel que le voilà, il n'est pas libre. Il est dominé par une loi sévère, que ta bonté pourra tout au plus adoucir. Il m'a menacé dans ce lieu, il m'a défié. C'est à peine s'il a caché devant toi son épée nue; et, si tu n'étais pas survenu entre nous, seigneur, moi-même je paraîtrais maintenant coupable, complice et humilié devant toi.

ALPHONSE, *au Tasse.*

Tu n'as pas bien agi.

LE TASSE.

O prince, mon propre cœur m'absout, et sans doute aussi le tien. Oui, c'est vrai, je l'ai menacé, défié, j'ai tiré l'épée. Mais avec quelle perfidie sa langue m'a blessé par des mots adroitement choisis; comme ses dents acérées et rapides ont versé le subtil poison dans mon sang; comme il a de plus en plus allumé la fièvre.... tu ne peux l'imaginer! Impassible et froid, il m'a rebuté, il m'a poussé aux dernières limites. Oh! non, tu ne le connais pas, et tu ne le connaîtras jamais. Je lui offrais avec chaleur l'amitié la plus belle; il a jeté mes présents à mes pieds, et, si mon âme n'eût été révoltée, j'étais à jamais indigne de ta faveur, de ton service. Si j'ai oublié la loi et ce lieu, pardonne-moi! Nulle part au monde je ne puis être vil; nulle part je ne puis souffrir l'avilissement. Si ce cœur, en quelque lieu que ce soit, peut te manquer et se manquer à lui-même, alors punis-moi, alors chasse-moi, et ne permets pas que je revoie jamais ton visage.

ANTONIO.

Avec quelle aisance ce jeune homme porte un pesant fardeau et secoue ses fautes, comme la poussière de son vêtement! Il y aurait de quoi s'étonner, si l'on connaissait moins le pouvoir magique de la poésie, qui aime tant à jouer avec l'impossible. Mais toi, mon prince, mais tous tes serviteurs, jugerez-vous de même cette action si insignifiante? J'ai quelque peine à le croire. La majesté étend sa protection sur tout homme qui s'approche d'elle, comme d'une divinité et de son inviolable demeure. Comme au pied de l'autel, chaque passion s'apaise sur le seuil. Là ne brille aucune épée, là n'échappe aucune parole menaçante, là l'offensé même ne demande point vengeance. Les vastes campagnes offrent encore un assez grand espace pour la colère et l'implacable haine. Là aucun lâche ne menacera, aucun brave ne fuira. Mais tes ancêtres ont bâti ces murailles sur la sécurité; ils ont fondé ce sanctuaire pour leur dignité; ils ont sagement et sévèrement maintenu ce repos avec des châtiments rigoureux: le bannissement, la prison, la mort, atteignaient le coupable. On n'avait point égard à la personne; la clémence n'arrêtait point le bras de la justice, et le coupable lui-même se sentait effrayé. Maintenant nous voyons, après une longue et belle paix, une fureur brutale reparaître en délire dans l'asile des mœurs. Seigneur, décide, châtie! Qui peut en effet marcher dans les bornes étroites de son devoir, si la loi, si le pouvoir du prince ne le protégent?

ALPHONSE.

Plus que vous ne le dites et ne pouvez le dire tous deux, mon cœur me permet d'écouter d'une manière impartiale. Vous eussiez mieux fait votre devoir, si je n'avais pas à prononcer cet arrêt; car ici le tort et le droit se touchent de bien près. Si Antonio t'a offensé, il devra, de quelque manière, te donner satisfaction, comme tu le demanderas. Il me serait agréable que vous me choisissiez pour arbitre. Cependant, ô Tasse, ta faute mérite la prison. Comme je t'excuse, j'adoucis la loi en ta faveur. Laisse-nous; reste dans ta chambre, seul et sans autre garde que toi-même.

LE TASSE.

Est-ce là, ô prince, ta sentence?

ANTONIO.

Ne reconnais-tu pas la douceur d'un père?

LE TASSE, à Antonio.

Je n'ai plus, pour le moment, à parler avec toi. (*A Alphonse :*) O prince, ta parole sévère me condamne, moi, homme libre, à la captivité. Soit! Tu le crois juste. Respectant ton ordre sacré, j'impose à mon cœur le plus profond silence. Ceci est nouveau pour moi, si nouveau, que je reconnais à peine et mon prince et moi-même et ce beau lieu. Mais cet homme, je le connais bien!... Je veux obéir, quand même je pourrais dire et devrais dire ici bien des choses encore. Mes lèvres restent muettes. Était-ce un crime? Il paraît du moins que je suis considéré comme un criminel, et, quoi que mon cœur me dise, je suis prisonnier.

ALPHONSE.

O Tasse, tu prends la chose plus sérieusement que moi-même.

LE TASSE.

Elle reste incompréhensible pour moi.... Non pas incompréhensible!... Je ne suis pas un enfant; je crois même que j'aurais pu me la figurer. Tout à coup une clarté me luit, mais elle disparaît aussitôt. Je n'entends que mon arrêt : je m'incline. Voilà déjà trop de paroles inutiles! Accoutume-toi désormais à obéir, chétive créature! Tu oubliais en quel lieu tu te trouves. Le palais des dieux te semblait au niveau de la terre, et une chute rapide t'entraîne. Obéis de bon cœur, car il sied à l'homme de faire sans répugnance, même une chose pénible. (*A Alphonse :*) Reçois d'abord l'épée que tu me donnas quand je suivis le cardinal en France. Je l'ai portée sans gloire, mais sans honte, même aujourd'hui. Ce don, plein d'espérance, je m'en dépouille, avec un cœur profondément ému.

ALPHONSE.

Tu ne sens pas comme je suis disposé pour toi.

LE TASSE.

Mon lot est d'obéir et non de penser! Hélas, et le sort exige de moi que je renonce à un plus magnifique présent. La couronne n'est pas l'insigne du prisonnier : j'enlève moi-même de mon front l'ornement qui me semblait décerné pour l'immortalité. Il me fut dispensé trop tôt ce suprême bonheur, et, comme si je m'en étais prévalu, il ne m'est que trop tôt ravi. Tu t'enlèves à toi-même ce que nul ne pouvait t'enlever, et ce qu'un Dieu ne donne pas deux fois. Nous sommes merveilleusement éprouvés, nous autres hommes! Nous ne pourrions le supporter, si la nature ne nous avait accordé la bienfaisante légèreté d'esprit. La nécessité nous instruit à jouer négligemment, comme des prodigues, avec des biens inestimables. Nous ouvrons les mains sans contrainte, pour laisser irrévocablement échapper un trésor.... A ce baiser s'unit une larme, qui te consacre à la fragilité! Il est permis, ce tendre signe de notre faiblesse! Qui ne verserait des pleurs, à voir que les biens immortels ne sont pas eux-mêmes à l'abri de la destruction? Joins-toi à cette épée, qui malheureusement ne t'avait pas conquise. Entrelacée autour d'elle, repose, comme sur le cercueil du brave, sur le tombeau de mon bonheur et de mon espérance! Je les dépose l'une et l'autre volontairement à tes pieds. Car quel homme est assez armé contre ta colère? Et quel ornement, monseigneur, sied à celui que tu méconnais? Je vais en prison, j'exécute la sentence. (*Le Tasse se retire. Sur un signe du Prince, un Page ramasse et emporte l'épée et la couronne.*)

SCÈNE V.

ALPHONSE, ANTONIO.

ANTONIO.

Où s'égare ce jeune homme? Avec quelles couleurs se représente-t-il son mérite et son sort? Bornée et sans expérience, la jeunesse se regarde comme une nature excellente et choisie, et se permet tout avec chacun. Qu'il se sente puni. Punir, c'est faire du bien au jeune homme, pour qu'il nous en remercie dans l'âge mûr.

ALPHONSE.

Sa punition, je le crains, n'est que trop sévère.

ANTONIO.

Si tu veux le traiter avec indulgence, ô prince, rends-lui sa liberté, et que l'épée décide notre querelle.

ALPHONSE.

Si l'opinion l'exige, je le veux bien. Mais dis-moi comment tu as excité sa colère.

ANTONIO.

A peine saurais-je dire comment cela s'est fait. Comme homme je l'ai peut-être mortifié ; comme gentilhomme je ne l'ai pas offensé ; et, dans sa plus grande colère, aucune parole outrageante ne s'est échappée de ses lèvres.

ALPHONSE.

C'est ainsi que j'avais jugé votre débat, et, ce que j'avais supposé d'abord, tes paroles me le confirment encore. Quand deux hommes se querellent, on regarde avec raison le plus sage comme le coupable. Tu ne devais pas t'échauffer avec lui ; il te siérait mieux de le diriger. Il en est temps encore. Il n'y a point ici de circonstance qui vous oblige de combattre. Aussi longtemps que la paix me demeure, je souhaite d'en jouir dans ma maison. Rétablis le calme : tu le peux facilement. Éléonore Sanvitale peut chercher d'abord à l'apaiser par son doux langage : va le joindre ensuite ; rends-lui, en mon nom, une entière liberté, et gagne sa confiance par de nobles et sincères paroles. Termine cette affaire aussi promptement que tu pourras. Tu lui parleras comme un ami et un père. Avant notre départ, je veux savoir la paix conclue ; et, si tu le veux, il n'est rien d'impossible pour toi. Nous resterons, s'il le faut, une heure de plus, et nous laisserons ensuite les dames achever doucement ce que tu auras commencé ; et, quand nous reviendrons, elles auront effacé la dernière trace de ces rapides impressions. Il semble, Antonio, que tu veuilles t'entretenir la main : tu viens à peine de terminer une affaire, tu reviens, et aussitôt tu t'en fais une nouvelle. J'espère qu'elle te réussira également.

ANTONIO.

Je suis confus, et je vois ma faute dans tes paroles, comme dans le miroir le plus clair. On obéit bien aisément à un noble maître, qui persuade en même temps qu'il nous commande.

ACTE TROISIÈME.

SCÈNE I.

LA PRINCESSE, *seule*.

Où s'arrête Éléonore ? A chaque instant l'inquiétude agite plus douloureusement le fond de mon cœur. Je sais à peine ce qui s'est passé ; je sais à peine lequel des deux est coupable. Oh ! qu'elle vienne ! Je ne voudrais pas parler à mon frère, à Antonio, avant d'être plus calme, avant d'avoir appris où en sont les choses et ce qui en peut arriver.

SCÈNE II.

LA PRINCESSE, ÉLÉONORE.

LA PRINCESSE.

Que viens-tu m'apprendre, Éléonore ? Dis-moi, que deviennent nos amis ? Que s'est-il passé ?

ÉLÉONORE.

Je n'en ai pas appris plus que nous ne savons. Ils se sont querellés ; le Tasse a mis l'épée à la main ; ton frère les a séparés : mais il semble que le Tasse a commencé cette querelle. Antonio se promène librement et parle avec son prince : le Tasse, au contraire, est relégué dans sa chambre et solitaire.

LA PRINCESSE.

Sans doute Antonio l'a provoqué ; il a offensé cette âme fière par sa froideur et son indifférence.

ÉLÉONORE.

Je le crois aussi ; car, lorsqu'il s'est présenté à nous, un nuage enveloppait déjà son front.

LA PRINCESSE.

Ah! pourquoi négligeons-nous si fort de suivre la pure et secrète voix du cœur! Un Dieu parle tout bas dans notre sein, tout bas, mais distinctement; il nous indique ce qu'il faut choisir, ce qu'il faut éviter. Antonio m'a paru ce matin beaucoup plus âpre encore que jamais, plus renfermé en lui-même. Mon cœur m'avertissait, quand le Tasse s'est placé auprès de lui. Observe seulement l'extérieur de l'un et de l'autre, le visage, le ton, le regard, la démarche : tout se repousse; ils ne pourront jamais faire échange d'amitié. Cependant l'espérance m'a persuadée; la flatteuse me disait : « Ils sont raisonnables tous deux; ils sont nobles, éclairés, ils sont tes amis : et quel plus sûr lien que celui des cœurs vertueux? » J'ai encouragé ce jeune homme; il s'est donné tout entier. Avec quelle grâce, quelle chaleur, il s'est donné à moi tout entier! Ah! si j'avais d'abord prévenu Antonio! J'hésitais; je n'avais que peu de temps; je me faisais un scrupule de lui recommander, dès les premiers mots et trop vivement, ce jeune homme. Je me suis reposée sur les mœurs et la politesse, sur l'usage du monde, qui s'entremet si doucement même entre les ennemis; je n'appréhendais pas de l'homme éprouvé cet emportement de la fougueuse jeunesse. La chose est faite. Le mal était loin de moi : le voilà maintenant! Oh! donne-moi un conseil! Que faut-il faire?

ÉLÉONORE.

Combien le conseil est difficile, tu le sens toi-même, d'après ce que tu as dit. Ce n'est pas ici une brouillerie entre des caractères sympathiques, à laquelle des paroles, au besoin même les armes, donnent une issue heureuse et facile. Ce sont deux hommes, je l'ai senti depuis longtemps, qui sont ennemis, parce que la nature n'a pas formé un seul homme des deux. Et, s'ils entendaient sagement leur intérêt, ils s'uniraient d'amitié : alors ils seraient comme un seul homme, et traverseraient la vie avec puissance et bonheur et joie. Je l'espérais moi-même : maintenant je vois bien que c'était en vain. Le débat d'aujourd'hui, quel qu'il soit, peut être apaisé, mais cela ne nous rassure pas pour l'avenir, pour le lendemain. Le mieux serait, je crois, que le Tasse s'éloignât d'ici quelque temps; il pourrait se rendre à Rome et à Florence; je l'y trouverais dans quelques semaines, et pourrais agir sur son cœur comme une amie. Ici cependant tu rapprocherais de toi et de tes amis Antonio, qui nous est devenu si étranger : ainsi le temps salutaire, qui peut beaucoup donner, ferait peut-être ce qui semble impossible aujourd'hui.

LA PRINCESSE.

Tu veux t'assurer la jouissance, ô mon amie, et m'imposer la privation : est-ce là être juste?

ÉLÉONORE.

Tu ne seras privée que d'un bien dont tu ne pourrais d'ailleurs jouir dans cette conjoncture.

LA PRINCESSE.

Dois-je si tranquillement bannir un ami?

ÉLÉONORE.

Dis plutôt conserver celui que tu ne banniras qu'en apparence.

LA PRINCESSE.

Mon frère ne le laissera point partir de bon gré.

ÉLÉONORE.

S'il voit la chose comme nous, il cédera.

LA PRINCESSE.

Il est si pénible de se condamner dans un ami!

ÉLÉONORE.

Et cependant tu sauves ton ami par ce sacrifice.

LA PRINCESSE.

Je ne donne pas mon consentement à ce départ.

ÉLÉONORE.

Attends-toi donc à un plus grand mal.

LA PRINCESSE.

Tu m'affliges, sans savoir si tu me rends service.

ÉLÉONORE.

Nous apprendrons bientôt qui se trompe.

LA PRINCESSE.

Si cela doit être, ne me consulte pas plus longtemps.

ÉLÉONORE.

Qui peut se résoudre triomphe de la douleur.

LA PRINCESSE.

Je ne suis point résolue; mais soit : s'il ne s'éloigne pas pour longtemps!... Et prenons soin de lui, Éléonore, en sorte qu'il n'ait pas à souffrir par la suite quelques privations; que le duc veuille pourvoir à son entretien, même pendant l'absence. Parle à Antonio; car il peut beaucoup sur mon frère, et il ne voudra pas nous garder rancune de cette querelle à nous et à notre ami.

ÉLÉONORE.

Un mot de toi, princesse, aurait plus d'effet.

LA PRINCESSE.

Je ne puis, tu le sais, mon amie, comme ma sœur d'Urbin, solliciter quelque faveur pour moi et pour les miens. J'aime à vivre sans bruit, au jour le jour, et je reçois de mon frère, avec reconnaissance, ce qu'il peut et ce qu'il veut me donner. Autrefois je me suis fait là-dessus à moi-même plus d'un reproche : maintenant j'ai pris mon parti. Une amie m'en blâmait souvent. « Tu es désintéressée, disait-elle, cela est fort beau; mais tu l'es au point de ne pouvoir bien sentir les besoins même de tes amis. » Je laisse les choses suivre leur cours, et dois par conséquent souffrir le même reproche. Je me félicite d'autant plus de pouvoir actuellement offrir à notre ami des secours efficaces : la succession de ma mère m'est échue, et j'aiderai avec joie à l'entretien de l'exilé.

ÉLÉONORE.

Moi-même, ô princesse, je me trouve en position de pouvoir aussi me montrer comme amie. Il n'est point un hôte facile : si quelque chose lui manque, je saurai bien y pourvoir avec adresse.

LA PRINCESSE.

Eh bien, emmène-le : s'il faut me passer de lui, je te le cède plus volontiers qu'à tout autre. Je le vois bien, ce sera mieux ainsi. Faut-il donc que je prenne en gré cette nouvelle douleur, comme bonne et salutaire? Ce fut mon sort dès l'enfance; j'y suis désormais accoutumée. La perte du bonheur le plus doux est moins sensible de moitié, quand nous n'avons pas compté sur la possession.

ÉLÉONORE.

J'espère te voir heureuse, comme tu le mérites si bien.

LA PRINCESSE.

Heureuse, Éléonore?... Qui donc est heureux?... Mon frère sans doute, devrais-je dire, parce que son grand cœur porte sa destinée avec un courage toujours égal; mais il n'obtint jamais ce qu'il mérite. Ma sœur d'Urbin est-elle heureuse? Cette belle femme, au grand et noble cœur, elle ne donne point d'enfants à son jeune époux. Il la respecte et ne lui fait point expier sa stérilité; mais aucune joie n'habite dans leur maison. Eh! que servit à notre mère sa sagesse, ses connaissances en tout genre, son grand sens? A-t-il pu la préserver des erreurs étrangères? On nous emporta loin d'elle. Maintenant, elle n'est plus : elle n'a pas laissé à ses enfants la consolation de la voir mourir réconciliée avec son Dieu.

ÉLÉONORE.

Ah! ne regarde pas ce qui manque à chacun; considère ce qui lui reste encore. Que de biens ne te restent pas, ô princesse!

LA PRINCESSE.

Ce qui me reste? La patience, Éléonore! J'ai pu l'exercer dès mon premier âge. Quand nos amis, quand mon frère et ma sœur se livraient ensemble à la joie dans les fêtes et les jeux, la maladie me tenait chez moi prisonnière, et, dans la compagnie de nombreuses douleurs, je dus m'exercer de bonne heure aux privations. Une seule chose me charmait dans la solitude, le plaisir du chant; je m'entretenais avec moi-même; je berçais par de doux accents ma douleur et ma mélancolie et tous mes vœux; ainsi la peine devenait souvent une jouissance, et même les tristes sentiments une harmonie : ce plaisir ne me fut pas longtemps permis; le médecin me le ravit encore. Son ordre sévère me prescrivit le silence; il me fallut vivre et souffrir; il me fallut renoncer à cette unique et faible consolation.

ÉLÉONORE.

Tant d'amis étaient auprès de toi!... Et maintenant tu es guérie, tu jouis de l'existence.

LA PRINCESSE.

Je suis guérie, c'est-à-dire que je ne suis pas malade; et j'ai quelques amis, dont la fidélité me rend heureuse. J'en avais un aussi....

ÉLÉONORE.

Tu l'as encore.

LA PRINCESSE.

Et je le perdrai bientôt. Le moment où je le vis pour la première fois fut bien mémorable. Je me relevais à peine de nombreuses souffrances; la douleur et la maladie venaient de céder à peine; je portais de nouveau sur la vie un regard silencieux et timide; je recommençais à jouir de la lumière, de mon frère et de ma sœur; et, reprenant courage, je respirais le baume le plus pur de la douce espérance; j'osais porter mes regards plus avant dans la vie, et de gracieuses images venaient à moi de ce lointain : ce fut alors, ô mon amie, que ma sœur me présenta ce jeune homme. Il s'avançait en lui donnant la main, et, pour te l'avouer, mon cœur le choisit soudain et ne s'en détachera jamais.

ÉLÉONORE.

O ma princesse, n'en aie point de regret : sentir ce qui est noble est un avantage qu'on ne peut jamais nous ravir.

LA PRINCESSE.

Le beau, l'excellent est à craindre comme une flamme, qui rend de si précieux services, tant qu'elle brûle sur notre foyer, tant qu'elle nous éclaire d'un flambeau. Qu'elle est bienfaisante! Qui voudrait, qui pourrait s'en passer? Et si, n'étant pas surveillée, elle dévore ce qui l'entoure, qu'elle peut faire de maux! Laisse-moi maintenant. Je parle trop, et je ferais mieux de te cacher à toi-même combien je suis faible et souffrante.

ÉLÉONORE.

La souffrance de l'âme ne se peut mieux dissiper que par la plainte et la confiance.

LA PRINCESSE.

Si la confiance guérit, je guérirai bientôt. J'ai mis la mienne en toi, je l'ai mise pure et entière. Ah! mon amie, il est vrai, je suis décidée. Qu'il parte! Mais déjà je sens quelle sera la longue, l'immense tristesse des jours, quand je serai privée de ce qui faisait ma joie. Le soleil ne chassera plus de mes paupières sa brillante image, transfigurée dans mes songes; l'espérance de le voir ne remplira plus d'une douce mélancolie mes sens à peine éveillés; mon premier regard là-bas dans nos jardins le cherchera vainement sous les humides ombrages. Qu'il se sentait doucement satisfait, mon désir de passer avec lui chaque belle soirée! Que, dans ces entretiens, s'augmentait le besoin de mieux se connaître, de mieux se comprendre! Et chaque jour nos cœurs s'unissaient plus doucement dans une harmonie plus pure. Quelles ombres descendent maintenant devant moi! La splendeur du soleil, le joyeux sentiment du grand jour, la brillante présence du magnifique univers est vide et profondément plongée dans le nuage qui m'environne. Autrefois chaque journée était pour moi toute une vie; le souci se taisait; le pressentiment lui-même était muet; heureux passagers, le fleuve nous emportait sans rames sur ses vagues légères : maintenant, dans la triste contemplation de l'avenir, l'effroi saisit secrètement mon cœur.

ÉLÉONORE.

L'avenir te rendra tes amis, et t'apportera de nouveaux plaisirs, un nouveau bonheur.

LA PRINCESSE.

Ce que je possède, j'aime à le garder; le changement amuse, mais rarement il profite. Jamais, avec l'ardeur de la jeunesse, je ne plongeai avidement la main dans l'urne d'un monde étranger, afin de saisir au hasard un objet pour mon cœur agité de besoins inconnus. Mais lui, il me fallut l'honorer : c'est pourquoi je l'aimai; il me fallut l'aimer, parce qu'avec lui je vivais d'une vie telle que je n'en avais jamais connu. D'abord je me dis : « Éloigne-toi de lui. » Je fuyais, je fuyais, et ne faisais que m'approcher toujours davantage, si doucement attirée.... si durement punie!... Un bien véritable et pur s'évanouit pour moi; un mauvais génie dérobe à mes désirs le bonheur et la joie, et met à leur place les douleurs, qui les touchent de près.

ÉLÉONORE.

Si les paroles d'une amie ne peuvent te consoler, la secrète puissance du bel univers, du temps salutaire, te ranimeront insensiblement.

LA PRINCESSE.

Oui, le monde est beau! Tant de biens flottent çà et là dans son étendue! Mais, hélas! ces biens semblent toujours s'éloigner de nous d'un pas seulement, et attirent de même, pas à pas, nos désirs inquiets, à travers la vie, jusqu'au bord du tombeau. Il est si rare que les hommes trouvent ce qui leur semblait pourtant destiné; si rare qu'ils conservent même ce que leur main fortunée put saisir une fois! Ce qui venait seulement de se livrer à nous s'arrache de nos bras; nous délais-

sons ce que nous avions saisi avec ardeur : le bonheur existe,
mais nous ne le connaissons pas; que dis-je? nous le connaissons, et nous ne savons pas l'estimer.

SCÈNE III.

ÉLÉONORE, seule.

Que je plains cette âme noble et belle! Quel triste sort est échu à sa grandeur! Ah! elle perd!... et crois-tu de gagner? Est-ce donc si nécessaire qu'il s'éloigne? Le dis-tu nécessaire, pour posséder, à toi seule, le cœur et les talents que jusqu'ici tu partages avec une autre, et d'une manière inégale? Est-ce loyal d'agir ainsi? N'es-tu pas assez riche? Que te manque-t-il encore? Un époux, un fils, la fortune, le rang et la beauté, tous ces biens t'appartiennent, et tu veux le posséder encore avec tout cela? L'aimes-tu? D'où vient, sans cela, que tu ne saurais plus te passer de lui? Ose te l'avouer.... c'est un charme de se contempler soi-même dans ce beau génie! Le bonheur n'est-il pas doublement grand et magnifique, lorsque ses chants nous portent et nous élèvent comme sur les nuées du ciel? C'est alors que tu es digne d'envie. Non-seulement tu possèdes ce que la foule désire, mais aussi chacun sait, chacun connaît ce que tu possèdes. Ta patrie te célèbre et te contemple. C'est le faîte suprême du bonheur. Le nom de Laure est-il donc le seul que doivent redire les bouches de tous les amants, et Pétrarque seul avait-il le droit de diviniser la beauté inconnue? Où est l'homme qui ose se comparer à mon ami? Comme ses contemporains l'honorent, la postérité le nommera avec respect. Quel triomphe de l'avoir à ses côtés dans la gloire de sa vie! de s'avancer avec lui d'un pas léger vers l'avenir! Alors le temps, la vieillesse, ne peuvent rien sur toi, et rien l'insolente renommée, qui pousse çà et là le flot de la louange : ce qui est périssable, ses chants le maintiennent. Tu es belle encore, heureuse encore, quand le tourbillon des choses humaines t'a depuis longtemps emportée avec soi. Oui, tu le posséderas, le poëte, sans le ravir à la princesse ; car son inclination pour ce grand homme est semblable à ses autres passions : elles brillent comme, dans la nuit, la lune paisible éclaire faiblement le sentier du voyageur; elles brillent, elles n'échauffent pas, et ne répandent autour d'elles aucun plaisir, aucune allégresse. Elle sera satisfaite de le savoir heureux loin d'elle, comme elle jouissait de le voir tous les jours. D'ailleurs je ne veux pas me bannir, avec mon ami, loin d'elle et de cette cour. Je reviendrai et je le ramènerai. Il faut qu'il en soit ainsi!... Voici notre farouche ami : voyons si nous pourrons l'apprivoiser.

SCÈNE IV.

ÉLÉONORE, ANTONIO.

ÉLÉONORE.

Tu nous apportes la guerre au lieu de la paix! On dirait que tu arrives d'un camp, d'une bataille, où la force commande, où le bras décide, et non de Rome, où une sagesse solennelle lève les mains pour bénir, et voit à ses pieds un monde qui lui obéit avec joie.

ANTONIO.

Il faut, belle amie, que je souffre ce blâme : cependant mon excuse n'est pas loin. Il est dangereux d'avoir à se montrer trop longtemps sage et modéré; le mauvais génie veille à nos côtés, et veut aussi de temps en temps nous arracher un sacrifice. Par malheur, je l'ai offert cette fois aux dépens de mes amis.

ÉLÉONORE.

Tu t'es si longtemps contraint pour des hommes étrangers et réglé sur leur volonté : maintenant que tu revois tes amis, tu les méconnais et tu contestes comme avec des étrangers.

ANTONIO.

Voilà le péril, chère amie! Avec des étrangers on se recueille, on observe, on cherche son but dans leurs bonnes grâces, afin qu'ils nous servent; mais, avec les amis, on s'abandonne librement; on se repose sur leur affection; on se permet un caprice; la passion agit sans frein, et par là nous offensons plus tôt ceux que nous aimons le plus tendrement.

ÉLÉONORE.

Dans ces réflexions tranquilles, mon cher ami, déjà je te retrouve avec joie tout entier.

ANTONIO.

Oui, j'ai regret, je le confesse, d'avoir perdu la mesure aujourd'hui comme j'ai fait. Mais, tu l'avoueras, quand un brave homme revient, le front brûlant, de son pénible travail, et qu'il espère enfin, le soir, se reposer, pour de nouvelles fatigues, sous l'ombrage souhaité; s'il trouve alors la place largement occupée par un oisif, ne doit-il pas aussi sentir dans son cœur quelque faiblesse humaine?

ÉLÉONORE.

S'il est vraiment humain, il partagera volontiers l'ombrage avec un homme qui, par son entretien, par de suaves accents, lui rendra le repos agréable et le travail facile. Il est vaste, mon ami, l'arbre qui donne l'ombrage, et nul n'a besoin de déplacer les autres.

ANTONIO.

Éléonore, ne jouons pas l'un et l'autre avec une image. Il est beaucoup de choses dans ce monde que l'on cède à un autre et que l'on partage volontiers; mais il est un trésor qu'on ne peut céder avec plaisir qu'au mérite éminent; il en est un autre que jamais on ne partagera de bon gré avec le mérite suprême; et, si tu me demandes quels sont ces deux trésors, l'un est le laurier, l'autre la faveur des femmes.

ÉLÉONORE.

Cette couronne, sur le front de notre jeune poëte, a-t-elle offensé l'homme grave? Tu n'aurais pu cependant trouver toi-même pour ses travaux, pour sa belle poésie, une plus modeste récompense; car un mérite qui n'a rien de terrestre, qui plane dans les airs, qui amuse seulement notre esprit par des sons, par des images légères, n'est récompensé non plus que par une belle image, par un signe gracieux; et, si lui-même il effleure à peine la terre, cette suprême récompense effleure à peine son front. Un stérile rameau est le don que la stérile affection des admirateurs lui fait volontiers, pour acquitter, aussi aisément que possible, sa dette. Tu n'envieras guère à l'image du martyr l'auréole dorée qui entoure sa tête chauve; et assurément la couronne de laurier est, sur le front où tes yeux la voient, un signe de souffrance plus que de bonheur.

ANTONIO.

Ta bouche aimable veut-elle peut-être m'enseigner à mépriser les vanités du monde?

ÉLÉONORE.

Estimer chaque bien à sa valeur, c'est ce qu'il n'est pas nécessaire que je t'apprenne. Il semble néanmoins que le sage ait parfois besoin, autant que les autres, qu'on lui montre dans leur vrai jour les biens qu'il possède. Toi, noble Antonio, tu ne prétendras nullement à un fantôme de faveur et de gloire. Le service par lequel tu enchaînes et toi-même à ton prince et à toi tes amis, est réel, est vivant, et la récompense en doit être aussi réelle et vivante. Ton laurier est la confiance du prince, fardeau chéri, qui pèse sur tes épaules, plus grand chaque jour et légèrement porté; ta gloire, c'est la confiance publique.

ANTONIO.

Et la faveur des femmes, n'en dis-tu rien? Tu ne veux pas cependant me la peindre comme une chose dont on se puisse passer.

ÉLÉONORE.

C'est comme on l'entend. Car elle ne te manque point, et il te serait plus facile de t'en passer qu'à ce bon jeune homme. En effet, dis-moi, une femme réussirait-elle, si elle voulait prendre soin de toi à sa manière; si elle entreprenait de s'occuper de toi? Chez toi règne en toutes choses l'ordre, la sûreté; tu songes à toi, comme tu songes aux autres; tu possèdes ce qu'on voudrait te donner : le Tasse nous occupe dans notre propre domaine. Il manque de cent bagatelles, qu'une femme se donne avec plaisir la tâche de procurer. Il aime à porter le plus beau linge, un habit de soie avec quelque broderie; il aime à se voir paré, même il ne peut souffrir sur sa personne l'étoffe grossière qui ne sied qu'à un valet; il faut que sur lui tout soit délicat et bon et noble et beau. Et cependant il n'a aucun savoir-faire pour se procurer tout cela, et pour le conserver quand il le possède. Sans cesse il manque d'argent, d'attention. Il laisse tantôt ici, tantôt là, quelque pièce de son ajustement; il ne revient jamais d'un voyage, qu'un tiers de ses effets ne lui manque; quelquefois un domestique le vole : ainsi, Antonio, on a toute l'année à prendre soin de lui.

ANTONIO.

Et ces soins le font chérir toujours davantage. Heureux jeune homme, à qui l'on compte ses défauts comme des vertus; à qui il est si doucement permis de jouer, étant homme, le rôle d'un enfant, et qui peut se faire honneur de sa gracieuse faiblesse! Tu devrais me pardonner, belle amie, si je ressentais encore ici quelque amertume. Tu ne dis pas tout; tu ne dis pas ce qu'il ose, et qu'il est plus habile qu'on ne pense. Il se glorifie de deux flammes; il serre et délie les nœuds tour à tour, et, avec de tels artifices, il fait de telles conquêtes!... Est-ce croyable?

ÉLÉONORE.

Bon! Cela même prouve déjà que c'est la seule amitié qui nous anime. Et, quand nous rendrions amour pour amour, ne serait-ce pas l'équitable récompense de ce noble cœur, qui s'oublie lui-même entièrement, s'abandonne, et vit, pour ses amis, dans d'aimables songes?

ANTONIO.

Eh bien, gâtez-le de plus en plus; faites passer son égoïsme pour de l'amour; offensez tous vos amis, qui se consacrent à vous avec une âme fidèle; payez à l'orgueilleux un tribut volontaire; brisez enfin le cercle charmant d'une familière confiance.

ÉLÉONORE.

Nous ne sommes pas aussi partiales que tu le crois : nous reprenons notre ami dans bien des cas; nous désirons le former, pour qu'il jouisse davantage de lui-même, et qu'il puisse en faire jouir davantage les autres. Ce qui est blâmable en lui ne nous reste point caché.

ANTONIO.

Mais vous louez beaucoup de choses qu'il faudrait blâmer. Je le connais depuis longtemps : il est facile à connaître, et il est trop fier pour se cacher. Tantôt il s'abîme en lui-même, comme si tout l'univers était dans son sein, comme si lui-même se suffisait dans son univers, et tout ce qui l'environne disparaît à ses yeux. Il laisse passer, il laisse tomber, il repousse tout bien loin, et se repose en lui-même. Tout à coup, comme une étincelle inaperçue embrase la mine, que ce soit douleur ou joie, colère ou caprice, il éclate avec violence : alors il veut tout saisir, tout posséder; alors doit s'accomplir tout ce qu'il imagine. En un moment doit naître ce que des années devraient préparer; en un moment, disparaître ce que le travail des années pourrait à peine abolir. Il exige de lui l'impossible, afin de pouvoir l'exiger des autres. Son esprit veut embrasser à la fois les dernières extrémités de toutes choses, ce qui réussit à peine à un seul homme entre des millions, et il n'est pas cet homme-là : enfin il retombe sur lui-même, sans être du tout corrigé.

ÉLÉONORE.

Il ne fait pas tort aux autres : il se fait tort à lui-même.

ANTONIO.

Et cependant il ne blesse que trop les autres. Peux-tu nier que, dans le moment de la passion, qui le saisit soudain, il n'ose invectiver, s'emporter contre le prince, contre la princesse elle-même, contre qui que ce soit? Ce n'est qu'un moment, il est vrai, mais c'est bien assez : cet instant revient. Il gouverne aussi peu sa langue que son cœur.

ÉLÉONORE.

Je suis disposée à croire que, s'il s'éloignait d'ici pour un peu de temps, cela serait bon pour lui et pour les autres.

ANTONIO.

Peut-être, mais peut-être aussi que non. Au reste, pour le moment, il ne faut pas y songer : car je ne veux pas en porter le blâme sur mes épaules. Il pourrait sembler que je le chasse, et je ne le chasse point. Pour ce qui me regarde, il peut demeurer tranquille à la cour. Et, s'il veut se réconcilier avec moi, et s'il veut suivre mon conseil, nous pourrons vivre tout à fait tolérablement.

ÉLÉONORE.

Ainsi tu espères toi-même agir sur un caractère qui, tout à l'heure encore, te semblait sans ressource?

ANTONIO.

Nous espérons toujours, et en toutes choses l'espérance vaut mieux que le désespoir. Car qui peut mesurer le possible? Il est précieux à notre prince. Il faut qu'il nous reste. Et, si nous essayons vainement de le former, il n'est pas le seul que nous supporterons.

ÉLÉONORE.

Je ne te croyais pas si exempt de passion, si impartial. Tu t'es promptement converti.

ANTONIO.

Il faut bien que l'âge ait une prérogative; que, lors même qu'il n'échappe pas à l'erreur, il puisse du moins se remettre sur-le-champ. Tu t'efforçais d'abord de me réconcilier avec ton ami : maintenant c'est moi qui t'en prie. Fais ce que tu pourras pour que cet homme revienne à lui, et que tout soit bientôt calmé. J'irai moi-même auprès de lui, aussitôt que je saurai par toi qu'il est tranquille; aussitôt que tu croiras que ma présence n'augmentera pas le mal. Mais, ce que tu feras, fais-le à l'heure même; car Alphonse repartira dès ce soir et je l'accompagnerai. En attendant, adieu!

SCÈNE V.

ÉLÉONORE, *seule*.

Pour cette fois, cher ami, nous ne sommes pas d'accord; mon intérêt et le tien ne marchent pas aujourd'hui la main dans la main. Je vais profiter de ce moment et chercher à gagner le Tasse. Hâtons-nous.

ACTE QUATRIÈME.

Une chambre.

SCÈNE I.

LE TASSE, *seul.*

Te réveilles-tu d'un songe, et cette belle illusion t'a-t-elle abandonné soudain? Dans un jour de félicité suprême, es-tu saisi d'un sommeil qui retient et tourmente ton âme dans ses chaînes pesantes? Oui, tu veilles et tu rêves. Où sont les heures qui jouaient autour de ton front avec des couronnes de fleurs; les jours où ton esprit pénétrait, avec une libre ardeur, dans le vaste azur des cieux? Et cependant tu vis encore, et tu as le sentiment de toi-même; tu te sens et tu ne sais si tu existes. Est-ce ma faute, est-ce la faute d'un autre, si je me trouve ici maintenant comme coupable? Ai-je failli, pour que je doive souffrir? Toute ma faute n'est-elle pas un mérite? Je le vis et fus entraîné par la bienveillance, par la confiante illusion du cœur, qu'il était un homme celui qui portait la figure humaine. Je courus à lui les bras ouverts, et je sentis une serrure et des verrous, mais point de cœur. Et pourtant j'avais sagement réfléchi à la manière dont je devais accueillir cet homme, qui dès longtemps m'était suspect! Mais, quoi qu'il te soit arrivé, attache-toi fermement à la certitude : je l'ai vue; elle était devant moi; elle m'a parlé : je l'ai comprise! Le regard, l'accent, le sens aimable de ses paroles, sont à moi pour toujours; rien ne peut me les ravir, ni le temps, ni le sort, ni l'injurieuse fortune. Et si mon esprit s'est trop vite emporté, et si j'ai trop brusquement livré passage en mon sein à la flamme, qui maintenant me dévore moi-même, je ne puis m'en repentir, le bonheur de ma vie fût-il à jamais perdu. Je me suis dévoué à la princesse; j'ai suivi avec joie le signe qui m'appelait à ma perte. Soit! Je me suis du moins montré digne de la précieuse confiance qui me fortifie, qui me fortifie, à l'heure même où la *porte noire d'un long avenir de deuil s'ouvre violemment devant moi!...* Oui, c'en est fait! Le soleil disparaît soudain avec la faveur la plus belle; le prince détourne de moi son gracieux regard, et me laisse égaré dans un sentier étroit et sombre; l'affreux volatile à la double nature, funeste satellite de l'antique Nuit, prend son essor et voltige autour de ma tête. Où donc, où porterai-je mes pas, pour fuir la hideuse troupe que j'entends frémir; pour éviter l'abîme qui s'ouvre devant moi?

SCÈNE II.

ÉLÉONORE, LE TASSE.

ÉLÉONORE.

Que s'est-il passé? Cher Tasse, ton ardeur, ta défiance, ont-elles pu t'emporter ainsi? Comment cela est-il arrivé? Nous sommes tous consternés. Et ta douceur et tes manières prévenantes, ton coup d'œil rapide, la droite raison avec laquelle tu rends à chacun ce qui lui appartient; ton humeur égale, qui supporte ce qu'une âme généreuse apprend bien vite à supporter, ce qu'une âme vaine apprend rarement; ce sage empire sur ta langue et tes lèvres.... Mon cher ami, j'ai peine à te reconnaître.

LE TASSE.

Et si tout cela était perdu maintenant? Si un ami, que tu avais cru riche un jour, se trouvait être tout à coup comme un mendiant? Tu as bien raison; je ne suis plus moi-même, et pourtant je le suis aussi bien que je l'étais. Cela semble une énigme, et toutefois ce n'en est pas une. Cette lune paisible, qui te charme pendant la nuit, dont la lumière attire invinciblement tes yeux et ton cœur, elle passe pendant le jour comme un petit nuage, pâle et insignifiant. Je suis effacé par l'éclat du jour; vous me connaissez : je ne me connais plus.

ÉLÉONORE.

Ce que tu me dis, mon ami, je ne comprends pas comment tu peux le dire. Explique-toi : l'offense de cet homme dur a-t-elle pu si fort te blesser, que tu veuilles méconnaître absolument et nous et toi-même ? Ouvre-moi ton cœur.

LE TASSE.

Je ne suis pas l'offensé : tu me vois puni comme auteur de l'offense. L'épée délie bien aisément et bien vite les nœuds de mille paroles, mais je suis prisonnier. Tu le sais peut-être à peine.... (ne t'effraye pas, tendre amie) tu trouves ton ami dans une prison. Le prince me châtie comme un écolier. Je ne veux pas contester avec lui ; je ne peux.

ÉLÉONORE.

Tu parais plus ému que de raison.

LE TASSE.

Me crois-tu si faible, si enfant, qu'un pareil accident puisse d'abord me troubler? Ce qui est arrivé ne m'afflige pas si profondément : ce qui m'afflige, c'est l'augure que j'en tire. Laisse seulement agir mes envieux, mes ennemis! Le champ est libre et ouvert.

ÉLÉONORE.

Tu as de faux soupçons sur beaucoup de gens : j'ai pu m'en convaincre. Antonio lui-même n'est pas ton ennemi, comme tu l'imagines. Le démêlé d'aujourd'hui....

LE TASSE.

Je le laisse entièrement de côté; je me contente de prendre Antonio pour ce qu'il était, pour ce qu'il est encore. J'ai toujours été choqué de sa sagesse empesée, et de ce qu'il ne cesse de jouer le rôle de pédant. Au lieu de s'enquérir si l'esprit de celui qui l'écoute ne marche pas déjà par lui-même dans de bonnes voies, il vous enseigne maintes choses que vous sentez mieux et plus profondément, et n'entend pas un mot de ce que vous lui dites, et vous méconnaîtra toujours. Être méconnu, méconnu par un orgueilleux, qui croit vous dominer en souriant! Je ne suis pas encore assez vieux et assez sage, pour me contenter d'en sourire à mon tour patiemment. Tôt ou tard.... cela ne pouvait durer.... il fallait rompre. Plus tard cela eût été pire encore. Je ne reconnais qu'un maître, le maître qui me nourrit ; je lui obéis volontiers, mais je ne veux point de pédagogue. Je veux être libre dans mes pensées et mes inspirations : le monde ne nous gêne que trop dans notre conduite.

ÉLÉONORE.

Antonio parle assez souvent de toi avec estime.

LE TASSE.

Avec ménagement, veux-tu dire, par finesse et par prudence. Et c'est justement ce qui me fâche ; car il sait parler avec tant de politesse et de précautions, que son éloge finit par devenir une véritable censure, et que rien ne blesse plus vivement, plus profondément, qu'une louange de sa bouche.

ÉLÉONORE.

Si tu avais entendu, mon ami, comme il parlait de toi et du talent que la nature favorable t'a dispensé par préférence à la foule! Assurément, il sent ce que tu es, ce que tu possèdes, et il sait l'estimer aussi.

LE TASSE.

Ah! crois-moi, un cœur égoïste ne peut échapper au tourment de l'étroite envie. Un tel homme pardonnera peut-être à un autre la richesse, le rang et les honneurs, parce qu'il se dit : « Tu possèdes cela toi-même ; tu le posséderas, si tu veux, si tu persévères, si la fortune te favorise. » Mais, ce que dispense la seule nature, ce qui reste à jamais inaccessible à tout labeur, à tout effort ; ce que ni l'or, ni l'épée, ni l'habileté, ni la persévérance, ne peuvent conquérir, il ne le pardonnera jamais. Il ne me l'envie pas! Lui, qui, avec son esprit guindé, pense extorquer la faveur des Muses, et, lorsqu'il ramasse les pensées de quelques poëtes, se croit poëte lui-même? Il me cédera bien plutôt la faveur du prince, qu'il serait charmé pourtant de concentrer sur lui, que le talent dont ces filles célestes ont doué le jeune et pauvre orphelin.

ÉLÉONORE.

Oh! que ne vois-tu la chose aussi clairement que je la vois! Tu te trompes sur Antonio : il n'est pas comme cela.

LE TASSE.

Et si je me trompe sur lui, je me trompe volontiers! Je le regarde comme mon plus perfide ennemi, et je serais inconsolable, si je devais maintenant me le figurer plus doux. C'est une folie d'être équitable de tout point : c'est vouloir détruire sa propre nature. Les hommes sont-ils donc si équitables pour nous? Non, oh! non. Dans sa nature bornée, l'homme a besoin de deux sentiments, l'amour et la haine. N'a-t-il pas besoin de la nuit comme du jour, du sommeil comme de la veille? Oui, je dois désormais tenir cet homme pour l'objet de ma haine la plus profonde; rien ne pourra m'arracher le plaisir de penser mal et toujours plus mal de lui.

ÉLÉONORE.

Si tu ne veux pas, cher ami, changer de sentiments, j'ai peine à comprendre que tu veuilles rester plus longtemps à la cour. Tu sais comme il est considéré, et comme il doit l'être!

LE TASSE.

A quel point, et depuis longtemps, ma belle amie, je suis ici de trop, je le sais fort bien.

ÉLÉONORE.

Tu ne l'es point, tu ne le seras jamais! Tu sais, au contraire, combien le prince, combien la princesse aiment à vivre avec toi; et, quand la duchesse d'Urbin vient ici, elle y vient presque autant pour toi que pour sa sœur et son frère. Ils te sont tous attachés et tous également; et chacun d'eux se fie en toi sans réserve.

LE TASSE.

Éléonore, quelle confiance!... M'a-t-il jamais dit un mot, un mot sérieux de ses affaires d'État? S'il survenait un incident, sur lequel il conférait, même en ma présence, avec sa sœur, avec d'autres, il ne m'a jamais consulté. On n'avait alors qu'une parole à la bouche : « Antonio vient! Il faut écrire à Antonio! Consultez Antonio! »

ÉLÉONORE.

Tu te plains et tu devrais le remercier; s'il veut te laisser dans une liberté absolue, c'est qu'il t'honore comme il peut t'honorer.

LE TASSE.

Il me laisse en repos, parce qu'il me juge inutile.

ÉLÉONORE.

C'est précisément parce que tu te reposes, que tu n'es pas inutile. Peux-tu nourrir si longtemps dans ton cœur, comme un enfant chéri, le souci et le chagrin? Je l'ai souvent observé, et je puis l'observer comme je le veux, dans ces beaux lieux, où le bonheur semblait t'avoir transplanté, tu ne prospères point. O Tasse!.... te le conseillerai-je? dois-je le dire?... Tu devrais t'éloigner!

LE TASSE.

N'épargne pas le malade, aimable médecin! Offre-lui le remède; ne songe point s'il est amer.... Pourra-t-il guérir, voilà ce qu'il te faut bien considérer, ô sage et bienveillante amie! Je vois tout cela moi-même : c'est fini! Je peux bien lui pardonner : il ne me pardonnera pas. Hélas! et l'on a besoin de lui et non pas de moi. Il est sage, hélas! et je ne le suis pas. Il travaille à ma perte, et je ne puis, je ne veux pas lutter contre lui. Mes amis laissent aller la chose; ils la voient autrement; ils résistent à peine, et ils devraient combattre. Tu crois qu'il faut que je parte : je le crois aussi. Adieu donc! Je supporterai encore cela. Vous vous êtes séparés de moi.... Que la force et le courage me soient aussi donnés pour me séparer de vous!

ÉLÉONORE.

Dans l'éloignement se montre aussi avec plus de pureté tout ce qui nous trouble en présence de l'objet. Tu reconnaîtras peut-être quelle affection t'environnait partout, quelle valeur a la fidélité de véritables amis, et que le vaste monde ne remplace point l'intimité.

LE TASSE.

Nous en ferons l'épreuve! Cependant je connais le monde dès ma jeunesse; je sais comme aisément il nous laisse dénués, solitaires, et passe son chemin, ainsi que le soleil et la lune et les autres dieux.

ÉLÉONORE.

Veux-tu m'en croire, mon ami, tu ne répéteras jamais cette triste expérience. Si je puis te donner un conseil, tu te rendras d'abord à Florence, et une amie prendra soin de toi avec la plus grande affection. Sois tranquille : c'est moi-même. Je pars, pour y rejoindre mon mari au premier jour; je ne puis rien ménager de plus agréable pour lui et pour moi que de t'introduire dans nos foyers. Je ne dis rien de plus; tu sais toi-même de quel prince tu vas approcher, et quels hommes cette belle cité renferme dans son sein et quelles femmes!... Tu gardes le silence? Songes-y bien! Décide-toi!

LE TASSE.

Ce que tu me proposes est bien séduisant et tout à fait conforme au désir que je nourris en secret; mais c'est trop nouveau. Je t'en prie, laisse-moi réfléchir : je me résoudrai bientôt.

ÉLÉONORE.

Je pars avec la plus belle espérance pour toi et pour nous et aussi pour cette maison. Songes-y seulement! et, si tu y songes bien, tu imagineras difficilement quelque chose de meilleur.

LE TASSE.

Encore un mot, chère amie!... Dis-moi, comment la princesse est-elle disposée à mon égard? Était-elle irritée contre moi? Que disait-elle?... Elle m'a beaucoup blâmé?... Parle librement!

ÉLÉONORE.

Comme elle te connaît, elle t'a facilement excusé.

LE TASSE.

Ai-je perdu dans son esprit? Ne me flatte point!

ÉLÉONORE.

On ne perd pas si aisément la faveur des femmes.

LE TASSE.

Me laissera-t-elle aller de bon gré, si je pars?

ÉLÉONORE.

Assurément, si cela tourne à ton bien.

LE TASSE.

Ne perdrai-je pas les bonnes grâces du prince?

ÉLÉONORE.

Tu peux te reposer avec confiance sur sa générosité.

LE TASSE.

Et laisserons-nous la princesse toute seule? Tu t'en vas, et, si peu que je sois, je sais pourtant que j'étais quelque chose pour elle.

ÉLÉONORE.

Un ami absent nous est encore une très-agréable compagnie,

quand nous le savons heureux. Et cela ira bien; je te vois satisfait. Tu ne partiras pas d'ici mécontent. Sur l'ordre du prince, Antonio te cherche, il condamne lui-même les paroles amères par lesquelles il t'a offensé. Je t'en prie, reçois-le de sang-froid, comme il viendra lui-même.

LE TASSE.

De toute manière, je puis me montrer devant lui.

ÉLÉONORE.

Et qu'avant ton départ, cher ami, le ciel m'accorde de te faire voir que personne, dans toute la patrie, ne te poursuit et ne te hait, ne t'opprime et ne te persécute secrètement! Tu te trompes assurément, et, comme tu inventes souvent pour le plaisir des autres, tu inventes, hélas! dans cette circonstance, une trame bizarre, pour t'affliger toi-même. Je veux tout faire pour la rompre, afin que tu puisses parcourir librement le beau chemin de la vie. Adieu, j'espère bientôt une heureuse réponse.

SCÈNE. III.

LE TASSE, *seul*.

Je devrais reconnaître que personne ne me hait, que personne ne me persécute; que toute la ruse, toute la trame secrète est filée et ourdie uniquement dans ma tête! Je devrais avouer que j'ai tort et que je fais tort à des gens qui ne l'ont pas mérité de moi! Et cela, à l'heure où mon plein droit, comme leur malice, se montre clairement à la face du soleil! Il faut que je sente profondément comme, d'un cœur ouvert, le prince m'assure sa faveur, m'en dispense les dons avec une large mesure, au moment où il est assez faible pour souffrir que mes ennemis lui obscurcissent la vue, et sans doute enchaînent aussi sa main! Il est trompé, et il ne peut le voir; ils sont les trompeurs, et je ne puis le prouver. Et seulement pour qu'il se trompe d'un cœur tranquille, pour que mes ennemis puissent le tromper à leur aise, je dois me taire, je dois même quitter la place! Et qui me donne ce conseil? Qui me presse sagement, avec un sentiment affectueux et fidèle? Éléonore elle-même, Éléonore Sanvitale, la tendre amie! Ah! je te connais maintenant! Pourquoi me suis-je fié jamais à ses lèvres? Elle n'était pas sincère, si vivement qu'elle me témoignât, par de douces paroles, sa bienveillance, sa tendresse! Non, elle avait, elle a toujours le cœur perfide; elle se tourne, d'une marche habile et légère, vers la faveur.... Que de fois me suis-je plu moi-même à me tromper aussi sur elle! Et cependant, au fond, c'est la vanité seule qui m'a trompé. Oui, je la connaissais et je me flattais moi-même. « Elle est ainsi avec les autres, me disais-je; mais avec toi son cœur est ouvert et fidèle. » Maintenant je le vois bien, et je le vois trop tard, j'étais en faveur et elle s'attachait tendrement.... à l'homme heureux. Aujourd'hui je tombe, et, comme la fortune, elle me tourne le dos.... Elle vient à moi maintenant comme instrument de mon ennemi; elle s'approche en rampant, et, de sa langue flatteuse, la petite vipère, elle siffle un chant magique. Comme elle semblait aimable! Plus aimable que jamais! Comme chaque mot de ses lèvres était caressant! Mais la flatterie n'a pu longtemps me cacher l'intention perfide : sur son front paraissait trop clairement écrit le contraire de tout ce qu'elle disait. Je le sens bientôt, lorsqu'on cherche le chemin de mon cœur, et que l'on n'a pas des sentiments sincères. Il faut que je parte? Il faut que je me rende à Florence aussitôt que possible? Pourquoi donc à Florence? Je le vois bien. Là règne la nouvelle maison de Médicis; elle n'est pas, il est vrai, en hostilité ouverte avec Ferrare, mais la secrète jalousie sépare, avec sa main glacée, les plus nobles cœurs. Si je recevais de ces illustres princes des marques signalées de faveur, comme j'oserais certainement les attendre, le courtisan rendrait bientôt suspectes ma fidélité et ma reconnaissance : cela lui réussirait aisément.... Oui, je partirai, mais non comme vous voulez; je partirai, et j'irai plus loin que vous ne pensez. Que fais-je ici? Qui me retient! Ah! j'ai bien compris chaque parole que je tirais des lèvres d'Éléonore. J'arrachais à peine syllabe par syllabe, et, cette fois, je sais parfaitement ce que pense la princesse.... Oui, oui, cela aussi est vrai : ne te désespère pas. « Elle me laissera aller de bon gré, si je pars, puisque c'est pour mon bien. » Ah! si elle sentait dans le cœur une passion qui détruisît mon bonheur et moi-même!... Bien venue la mort, qui me saisirait, plutôt que cette main qui m'abandonne avec froideur et sécheresse!... Je pars.... Maintenant observe-toi, et ne te laisse séduire par aucun dehors d'amitié ou de bienveillance. Nul ne t'abusera cette fois, si tu ne t'abuses toi-même.

SCÈNE IV.

ANTONIO, LE TASSE.

ANTONIO.

Je viens, Tasse, pour te dire quelques mots, si tu veux et si tu peux m'écouter tranquillement.

LE TASSE.

L'action, tu le sais, me demeure interdite : mon rôle est d'attendre et d'écouter.

ANTONIO.

Je te trouve tranquille, comme je souhaitais, et je te parlerai, avec plaisir, d'un cœur sincère. D'abord je brise, au nom du prince, le faible lien qui semblait te tenir captif.

LE TASSE.

Le bon plaisir me délivre comme il m'enchaîna : j'accepte et ne demande point de jugement.

ANTONIO.

Je te dirai ensuite en mon nom : Je t'ai offensé, semble-t-il, profondément par mes paroles et plus que je ne l'ai senti moi-même, étant agité de diverses passions. Mais aucune parole injurieuse ne s'est échappée inconsidérément de mes lèvres; le gentilhomme n'a rien à venger, et l'homme ne refusera pas le pardon.

LE TASSE.

Ce qui blesse le plus de l'humiliation ou de l'insulte, je ne veux pas l'examiner; l'une pénètre jusqu'à la moelle et l'autre égratigne la peau. Le trait de l'insulte rejaillit contre celui qui croit nous blesser; l'épée, bien maniée, satisfait aisément l'opinion : mais un cœur humilié guérit avec peine.

ANTONIO.

C'est à moi maintenant de te dire avec instance : ne recule

pas; remplis mon désir, le désir du prince, qui m'envoie auprès de toi.

LE TASSE.

Je connais mon devoir et je cède. Que tout soit oublié, autant que la chose est possible! Les poëtes nous parlent d'une lance qui, par son attouchement salutaire, pouvait guérir les blessures qu'elle avait faites. La langue de l'homme a cette vertu : je ne veux pas lui résister avec aigreur.

ANTONIO.

Je te remercie et je souhaite que sur-le-champ tu veuilles avec confiance me mettre à l'épreuve, ainsi que ma volonté de te servir. Parle, puis-je t'être utile? Je le montrerai volontiers.

LE TASSE.

Tu m'offres justement ce que je pouvais souhaiter. Tu m'as rendu la liberté : à présent, je t'en prie, procure-m'en l'usage.

ANTONIO.

Que veux-tu dire? Explique-toi clairement.

LE TASSE.

Tu sais que j'ai fini mon poëme : il s'en faut beaucoup encore qu'il soit achevé. Je l'ai présenté aujourd'hui au prince; j'espérais, en même temps, lui adresser une prière. Je trouverai maintenant beaucoup de mes amis réunis à Rome. Déjà chacun à part m'a ouvert ses avis par lettres sur plusieurs passages : j'en ai pu souvent profiter; bien des choses me semblent devoir être encore méditées; il est divers endroits que je n'aimerais pas à changer, si l'on ne peut me convaincre mieux qu'on ne l'a fait. Tout cela ne se peut faire par lettres; une entrevue lèvera bientôt ces difficultés. Je songeais donc à demander moi-même aujourd'hui cette grâce au prince; je n'en ai pas trouvé l'occasion : maintenant je n'ose pas le risquer, et je n'espère plus cette permission que par toi.

ANTONIO.

Il ne me semble pas sage que tu t'éloignes au moment où ton poëme achevé te recommande au prince et à la princesse. Un jour de faveur est comme un jour de moisson : il faut être à l'œuvre aussitôt qu'elle est mûre. Si tu t'éloignes, tu ne gagneras rien, et tu perdras peut-être tes premiers avantages. La présence est une puissante déesse : apprends à connaître son influence; reste ici!

LE TASSE.

Je n'ai rien à craindre : Alphonse est généreux; il s'est montré toujours grand à mon égard, et, ce que j'espère, je veux le devoir uniquement à son cœur, et ne surprendre aucune grâce. Je ne veux rien recevoir de lui qu'il pût regretter d'avoir donné.

ANTONIO.

Alors ne lui demande pas de te laisser partir maintenant : il le fera à regret, et je crains même qu'il ne le fasse pas.

LE TASSE.

Il le fera volontiers, s'il en est prié comme il faut, et tu le pourras sans doute, aussitôt que tu voudras.

ANTONIO.

Mais quel motif, dis-moi, présenterai-je?

LE TASSE.

Laisse parler mon poëme par chacune[1] de ses stances. Ce que j'ai voulu faire est louable, quand même le but resterait inaccessible à mes efforts. L'ardeur et le travail n'ont pas manqué : la course brillante de maints beaux jours, la paisible durée de maintes nuits profondes, furent consacrées uniquement à ce pieux ouvrage. J'espérais, sans orgueil, m'approcher des grands maîtres de l'antiquité; j'espérais, dans mon audace, réveiller, pour d'illustres exploits, nos contemporains d'un long sommeil, et peut-être partager, avec une noble armée de chrétiens, le péril et la gloire de la guerre sainte. Et, si mon poëme doit enflammer l'élite des guerriers, il faut aussi qu'il soit digne d'elle. Je suis redevable à Alphonse de ce que j'ai fait : je voudrais lui devoir aussi l'achèvement.

ANTONIO.

Et ce même prince est ici avec d'autres hommes, qui pourront te guider aussi bien que les Romains. Achève ici ton ouvrage. C'est ici le lieu. Et, pour agir, cours ensuite à Rome.

LE TASSE.

C'est Alphonse qui m'inspira le premier : il sera certainement

---

1. Nous lisons *jeder*.

mon dernier guide. Et tes conseils, les conseils des hommes sages que rassemble notre cour, je les estime hautement. Vous déciderez, quand mes amis de Rome ne m'auront pas entièrement convaincu. Cependant il faut que je les voie. Gonzague a réuni pour moi un tribunal devant lequel je dois d'abord me présenter. A peine puis-je attendre. Flaminio de Nobili, Angelio de Barga, Antoniano et Sperone Speroni!... Tu dois les connaître!... Quels noms que ceux-là! Ils inspirent à la fois la confiance et la crainte à mon esprit, qui se soumet volontiers.

ANTONIO.

Tu ne songes qu'à toi et tu ne songes pas au prince. Je te l'ai dit, il ne te laissera point aller; et, s'il le fait, il ne cédera pas volontiers. Tu ne veux pas demander ce qu'il ne peut t'accorder qu'à regret. Et dois-je ici m'employer pour une chose que je ne puis moi-même approuver?

LE TASSE.

Me refuses-tu le premier service, quand je veux mettre à l'épreuve l'amitié que tu m'as offerte?

ANTONIO.

La véritable affection se montre en refusant à propos; et l'amitié accorde bien souvent un funeste avantage, quand elle considère le désir plus que le bien de celui qui la sollicite. Tu me sembles, dans ce moment, juger avantageux ce que tu désires avec passion, et tu exiges, à l'instant même, ce que tu désires. Celui qui est dans l'erreur remplace par la vivacité ce qui lui manque en vérité et en force. Mon devoir m'oblige à modérer, autant que je puis, la fougue qui t'égare.

LE TASSE.

Je connais dès longtemps cette tyrannie de l'amitié, qui de toutes les tyrannies me paraît la plus insupportable. Tu penses autrement, et, par cela seul, tu crois penser juste. Je reconnais volontiers que tu désires mon bien; mais ne demande pas que je le cherche par ton chemin.

ANTONIO.

Et dois-je sur-le-champ, de sang-froid, te nuire, avec une évidente et pleine persuasion?

LE TASSE.

Je veux te délivrer de ce souci. Tu ne m'arrêteras point par ces discours. Tu m'as déclaré libre; elle m'est donc ouverte, cette porte qui conduit chez le prince. Je te laisse le choix. Toi ou moi! Le prince va partir; il n'y a pas un moment à perdre. Choisis promptement. Si tu ne vas pas, j'irai moi-même, quel que puisse être l'événement.

ANTONIO.

Que du moins j'obtienne de toi quelques moments; attends jusqu'au retour du prince; laisse seulement passer aujourd'hui.

LE TASSE.

Non, à cette heure même, s'il est possible! Les pieds me brûlent sur ce pavé de marbre; mon esprit ne peut trouver de repos, avant que la poussière des routes ouvertes enveloppe mes pas précipités. Je t'en prie! Tu vois comme je suis incapable, en ce moment, de parler à mon maître; tu vois (comment te le cacherai-je?) que je ne puis dans ce moment me commander à moi-même; qu'aucune force humaine ne le pourrait. Des chaînes seulement peuvent me retenir. Alphonse n'est pas un tyran : il m'a déclaré libre. Avec quelle joie j'obéissais autrefois à ses ordres! Aujourd'hui je ne puis obéir. Aujourd'hui seulement laissez-moi en liberté, afin que mon esprit se retrouve. Je reviendrai bientôt à mon devoir.

ANTONIO.

Tu me fais chanceler. Que dois-je faire? Je le vois bien, l'erreur est contagieuse.

LE TASSE.

Si tu veux que je te croie, si tu me veux du bien, fais ce que je désire, ce que tu peux. Alors le prince me donnera congé, et je ne perdrai pas sa faveur; je ne perdrai pas son secours. Je t'en serai redevable, et le reconnaîtrai avec joie. Mais, si tu gardes dans le cœur une vieille haine; si tu veux me bannir de cette cour; si tu veux détruire à jamais ma fortune, m'exiler sans ressource dans le vaste monde : reste dans ton sentiment et résiste-moi.

ANTONIO.

O Tasse, puisqu'il faut donc que je te nuise, je choisirai le moyen que tu choisis. Le résultat décidera qui se trompe. Tu veux partir! Je te l'annonce, tu auras à peine tourné le dos à cette maison, que ton cœur t'y rappellera, et que l'obstination te poussera en avant. La douleur, le trouble, la tristesse, t'attendent à Rome, et tu manqueras ton but ici et là-bas. Mais je ne dis plus cela pour te conseiller; je te prédis seulement ce qui arrivera bientôt, et je t'invite aussi d'avance à te confier en moi, quelque malheur qui t'arrive. Je vais maintenant parler au prince, comme tu l'exiges.

SCÈNE V.

LE TASSE, seul.

Oui, va, va, persuadé que tu me fais croire ce que tu veux. J'apprends à me déguiser; car tu es un grand maître, et je saisis promptement. Ainsi la vie nous force de paraître et même d'être semblables à ceux que nous pouvions hardiment et fièrement mépriser. Je vois désormais clairement tout l'artifice de cette trame de cour. Antonio veut me chasser d'ici, et ne veut pas qu'il paraisse que c'est lui qui me chasse. Il joue l'homme indulgent, l'homme sage, afin qu'on me trouve bien malade et bien déraisonnable. Il se pose en tuteur, pour me réduire à n'être qu'un enfant, moi qu'il n'a pu forcer d'être esclave. Il couvre ainsi de nuages le front du prince et les yeux de la princesse. Il faut me retenir, dit-il; après tout, la nature m'a départi un beau talent; mais elle a, par malheur, accompagné ce don excellent de maintes faiblesses, d'un orgueil effréné, d'une sensibilité outrée et d'une sombre obstination. C'est comme cela; la destinée a formé de la sorte cet homme unique : il faut maintenant le prendre comme il est, le souffrir, le supporter, et peut-être, dans ses bons jours, recevoir, comme un gain inattendu, ce qu'il peut procurer de plaisir; du reste, tel qu'il est né, il faut le laisser vivre et mourir.... Puis-je reconnaître encore la ferme volonté d'Alphonse, qui brave ses ennemis et protége fidèlement ses amis? le reconnaître dans la manière dont il me traite aujourd'hui? Oui, je vois bien maintenant tout mon malheur. C'est dans ma destinée, que celui qui demeure fidèle et sûr pour les autres, se change pour moi seul, se change aisément, au moindre souffle, en un instant.... La seule arrivée de cet homme n'a-t-elle pas, en une heure, détruit toute ma fortune? N'a-t-il pas renversé, jusqu'à ses derniers fondements, l'édifice de mon bonheur? Ah! me faut-il éprouver tout cela! l'éprouver aujourd'hui! Oui, comme tout se pressait de venir à moi, maintenant tout m'abandonne; comme chacun s'efforçait de m'entraîner à soi, de s'emparer de moi, chacun me repousse et m'évite. Et pourquoi cela? Le seul Antonio l'emporte-t-il donc dans la balance sur mon mérite et sur tout l'amour que j'ai possédé dans une si large mesure?... Oui, tout me fuit maintenant. Toi aussi!... Toi aussi, chère princesse, tu te dérobes à moi! Dans ces tristes heures, elle ne m'a pas envoyé le moindre signe de sa faveur. L'ai-je mérité de sa part?... Pauvre cœur, pour qui c'était une chose si naturelle de l'honorer!... Lorsque j'entendais sa voix, quel ineffable sentiment pénétrait mon sein! Quand je la voyais, la claire lumière du jour me semblait obscure; son œil, sa bouche, m'attiraient irrésistiblement; mes genoux me soutenaient à peine, et il me fallait toute la force de ma volonté pour demeurer debout et ne pas tomber à ses pieds. A peine pouvais-je dissiper cette ivresse. Sois ferme, mon cœur. Lumineuse raison, ne te laisse pas obscurcir. Oui, elle aussi!... Osé-je le dire? Je le crois à peine.... Ah! je le crois, et je voudrais me le dissimuler. Elle aussi!... elle aussi! Pardonne-lui entièrement, mais ne te flatte pas! Elle aussi!... elle aussi!... Ah! ce mot, dont je devrais douter, tant que vivra dans mon cœur un souffle de foi, il se grave, comme un suprême arrêt du sort, sur le bord de la table d'airain que remplissent les souvenirs de mes douleurs. C'est seulement de cette heure, que mes ennemis sont puissants; de cette heure, que toute force m'est pour jamais ravie. Comment puis-je combattre, lorsqu'elle est dans l'armée ennemie? Comment puis-je attendre avec patience, lorsqu'elle ne me tend pas la main de loin, que son regard ne vient pas au-devant du suppliant? Tu as osé le penser, tu l'as dit, et, il faut l'avouer, avant que tu pusses le craindre! Et maintenant, avant que le désespoir déchire ton cœur avec ses griffes d'airain, oui, n'accuse que le sort cruel, et répète seulement : « Elle aussi! elle aussi! »

ACTE CINQUIÈME.

SCÈNE I.

Un jardin.

ALPHONSE, ANTONIO.

ANTONIO.

Sur ton ordre, je suis retourné auprès du Tasse, et je viens de le quitter. Je l'ai exhorté, et même sollicité, mais il ne change pas de pensée, et te prie instamment de permettre qu'il aille passer quelque temps à Rome.

ALPHONSE.

Je suis fâché, à te parler sans détour, et j'aime mieux te le dire que de cacher et d'augmenter ainsi mon chagrin. Il veut partir, bien! je ne le retiens pas. Il veut partir; il veut se rendre à Rome : soit! Pourvu que Scipion Gonzague, que le sage Médicis, ne me l'enlèvent pas! Ce qui a rendu l'Italie si grande, c'est que chaque prince lutte avec son voisin pour posséder, pour mettre en œuvre les meilleurs esprits. Il me semble un général sans armée, le prince qui ne rassemble pas autour de lui les talents; et celui qui est sourd à la voix de la poésie est un barbare, quel qu'il soit. J'ai trouvé ce poëte et je l'ai choisi; je suis fier de lui, comme de mon serviteur; et, après avoir tant fait pour lui, je ne voudrais pas le perdre sans nécessité.

ANTONIO.

Je suis embarrassé; car, à tes yeux, je suis responsable de ce qui s'est passé aujourd'hui. Aussi veux-je de bon cœur avouer ma faute; elle attend que ta grâce l'excuse. Mais, si tu pouvais croire que je n'ai pas fait mon possible pour me réconcilier avec lui, je serais tout à fait inconsolable. Oh! jette-moi un regard favorable, afin que je puisse me remettre, que je reprenne confiance en moi.

ALPHONSE.

Non, Antonio, sois tranquille, je ne t'attribue ceci en aucune façon. Je connais trop bien le caractère de l'homme, et ne sais que trop ce que j'ai fait, combien je l'ai épargné, comme j'ai complétement oublié que j'ai sur lui de véritables droits. L'homme peut se rendre maître de bien des choses : la nécessité et la longueur du temps triomphent à peine de son caractère.

ANTONIO.

Quand les autres hommes font beaucoup pour un seul, il est juste aussi qu'à son tour il se demande avec attention ce qui est utile aux autres. Celui qui a tant cultivé son esprit, celui qui amasse avidement tous les trésors du savoir et des connaissances qu'il nous est permis d'embrasser, ne serait-il pas doublement tenu de se dominer?... Et y songe-t-il?

ALPHONSE.

Nous ne devons jamais goûter le repos!... Lorsque nous croyons en jouir, un ennemi nous est donné soudain pour exercer notre courage; un ami, pour exercer notre patience.

ANTONIO.

Le premier devoir des hommes, de choisir leur boisson et leur nourriture, puisque la nature ne le borne pas aussi étroitement que les animaux, ce devoir, le remplit-il? Et ne se laisse-t-il pas plutôt séduire, comme un enfant, par tout ce qui flatte son palais? Quand mêle-t-il de l'eau avec son vin? Mets épicés, friandises, boissons fortes, satisfont tour à tour son avidité; et puis il se plaint de sa mélancolie, de son sang échauffé, de son humeur impétueuse, et invective contre la nature et le sort. Avec quelle amertume et quelle folie ne l'ai-je pas vu souvent disputer avec son médecin! C'était presque risible, si l'on pouvait rire de ce qui tourmente un homme et fatigue les autres. « Je suis malade, dit-il, inquiet et tout chagrin. Pourquoi vantez-vous votre art? Guérissez-moi! — Bien! reprend le médecin; évitez donc ceci et cela. — Je ne puis. — Prenez donc ce breuvage. — Oh! non, le goût en est détestable : il me répugne. — Eh bien, buvez de l'eau. — De l'eau? Jamais! Je crains l'eau comme un hydrophobe. — On ne peut donc vous secourir. — Et pourquoi? — Un mal s'ajoute sans cesse aux autres maux, et, s'il ne peut vous tuer, du moins il vous tourmentera chaque jour davantage. — Fort bien! Pourquoi êtes-vous médecin? Vous connaissez mon mal, vous devriez aussi connaître les remèdes, les rendre aussi savoureux, afin que je n'eusse pas d'abord à souffrir pour être délivré de la souffrance. » Tu souris toi-même, et pourtant cela est vrai; tu l'as peut-être entendu de sa bouche.

ALPHONSE.

Je l'ai entendu souvent et souvent excusé.

ANTONIO.

Il est certain que, tout comme une vie intempérante nous donne d'affreux et pénibles songes, elle nous fait à la fin rêver en plein jour. Sa défiance, qu'est-elle autre chose qu'un rêve? Où qu'il paraisse, il se croit environné d'ennemis. Personne ne peut voir son talent qui ne l'envie; personne ne peut l'envier qui ne le haïsse et ne le persécute cruellement. C'est ainsi qu'il t'a fatigué souvent de ses plaintes : serrures brisées, lettres surprises, et le poison et le poignard! Tout ce qu'il peut rêver! Tu as ordonné des recherches, tu les as faites, et qu'as-tu trouvé? À peine des apparences. La protection d'aucun prince ne le rassure; le sein d'aucun ami ne le console. Et veux-tu promettre à un tel homme le repos et le bonheur? Veux-tu t'en promettre à toi-même quelque plaisir?

ALPHONSE.

Tu dirais vrai, Antonio, si je voulais chercher en lui mon avantage prochain. C'est, il est vrai, déjà mon avantage, en ce que je n'attends pas l'utilité directe et absolue. Tout ne nous sert pas de même sorte. Qui veut employer de nombreux ressorts doit user de chacun selon sa nature : c'est ainsi qu'il est bien servi. Voilà ce que les Médicis nous ont enseigné; voilà ce que nous ont appris les papes eux-mêmes. Avec quelle indulgence, quelle longanimité, quelle douceur de prince, ces hommes ont-ils supporté plus d'un grand talent, qui semblait n'avoir pas besoin de leur faveur libérale et en avait pourtant besoin!

ANTONIO.

Qui ne sait, mon prince, que les peines de la vie nous apprennent seules à en estimer les biens? Si jeune, il a déjà trop obtenu pour être capable de jouir modérément. Ah! s'il devait d'abord gagner ce qui lui est maintenant offert à pleines mains, il emploierait courageusement ses forces, et pas à pas il se sentirait satisfait. Un pauvre gentilhomme touche au but de son plus beau souhait, dès qu'un noble prince veut bien le choisir pour son courtisan, et, d'une main bienfaisante, le tire de la pauvreté.... Lui accorde-t-il encore sa confiance et sa faveur, et daigne-t-il l'élever à son côté au-dessus des autres, soit dans les armes, soit dans les affaires ou dans sa familiarité : il me semble que l'homme modeste pourrait jouir humblement de son bonheur avec une tranquille reconnaissance. Et, avec tout cela, le Tasse possède encore ce qui est pour un jeune homme le plus bel avantage, que déjà sa patrie le connaît et qu'elle espère en lui. Oh! crois-moi, son capricieux mécontentement repose sur le large oreiller de son bonheur. Il vient, donne-lui congé avec bienveillance; donne-lui le temps de chercher à Rome ou à Naples, où il voudra, ce qui lui manque chez toi, et qu'il ne peut retrouver que chez toi.

ALPHONSE.

Veut-il retourner d'abord à Ferrare?

ANTONIO.

Il désire séjourner à Belriguardo; il se fera envoyer par un ami les choses les plus nécessaires pour son voyage.

ALPHONSE.

J'y consens. Ma sœur va retourner à la ville avec son amie; j'y vais à cheval et serai avant elles à la maison. Tu nous suivras bientôt, quand tu te seras occupé du Tasse. Donne au châtelain les ordres nécessaires, en sorte qu'il puisse rester au château aussi longtemps qu'il voudra, en attendant ses effets, que lui enverront ses amis, et les lettres que je me propose de lui donner pour Rome. Il vient. Adieu! (*Antonio s'éloigne.*)

SCÈNE II.

ALPHONSE, LE TASSE.

LE TASSE, *avec réserve*.

La faveur que tu m'as si souvent témoignée brille aujourd'hui pour moi dans tout son jour. Tu as pardonné la faute que, sans réflexion et témérairement, j'ai commise dans ta demeure; tu m'as réconcilié avec mon adversaire; tu veux bien permettre que je m'éloigne quelque temps de ta présence; tu veux généreusement me conserver ta faveur : je pars donc avec une pleine confiance, et j'ai l'espoir secret que ce court intervalle me guérira de tout ce qui m'oppresse maintenant. Mon esprit s'élèvera de nouveau, et dans la route où, encouragé par ton regard, je m'avançai d'abord plein de joie et d'audace, je me rendrai de nouveau digne de ta faveur.

ALPHONSE.

Je souhaite que ton voyage soit heureux, et j'espère que tu reviendras à nous joyeux et en pleine santé. Alors, satisfait, tu nous dédommageras doublement pour chaque heure que tu nous dérobes. Je te donnerai des lettres pour mes serviteurs et pour mes amis de Rome, et je souhaite fort que tu saches témoigner partout aux miens de la confiance, de même que, malgré ton absence, je te regarde assurément comme étant à moi.

LE TASSE.

O prince! tu combles de faveurs celui qui s'en juge indigne, et qui même ne sait pas en ce moment t'exprimer sa reconnaissance. Au lieu de remercîments, je t'adresse une prière. Mon poëme est l'objet de ma plus vive sollicitude. J'ai fait beaucoup, et n'ai épargné aucune peine et aucun soin : mais je le juge encore trop imparfait. Je voudrais, dans les lieux où plane encore le génie des grands hommes, où il exerce encore son influence, je voudrais retourner à leur école. Mon poëme en deviendrait plus digne de ton suffrage. Oh! rends-moi les feuilles que je ne puis sans confusion savoir en tes mains.

ALPHONSE.

Tu ne voudras pas me reprendre aujourd'hui ce qu'aujourd'hui même tu viens à peine de me présenter. Laisse-moi me placer, comme médiateur, entre ton poëme et toi; garde-toi d'altérer, par une étude sévère, l'aimable naturel qui respire dans tes vers, et n'écoute pas les conseils de toutes parts. Ces mille pensées diverses de tant d'hommes différents, qui se contredisent dans leur vie et dans leurs opinions, le poëte en forme habilement un ensemble, et ne craint pas de déplaire aux uns, afin de pouvoir plaire aux autres d'autant mieux. Je ne dis pas toutefois que tu ne doives passer çà et là ta lime avec précaution; je te promets aussi que, dans peu de temps, tu recevras une copie de ton poëme. L'exemplaire de ta main restera dans les miennes, afin que je puisse d'abord en jouir pleinement avec mes sœurs. Si tu rapportes ensuite l'ouvrage plus parfait, nous y trouverons une jouissance plus grande encore, et, comme amis seulement, nous te donnerons nos avis sur quelques passages.

LE TASSE.

Je ne répète qu'avec confusion ma prière : fais que je reçoive promptement la copie. Mon âme est maintenant tout entière à cet ouvrage. C'est maintenant qu'il faut que mon poëme devienne ce qu'il peut devenir.

ALPHONSE.

J'approuve le zèle qui t'anime. Mais, cher Tasse, s'il était possible, tu devrais d'abord jouir quelque temps du monde en liberté, te distraire, te rafraîchir le sang par un bon régime. Alors la belle harmonie de tes sens renouvelés te donnerait ce que, dans ton ardeur inquiète, tu cherches vainement aujourd'hui.

LE TASSE.

Mon prince, cela semble ainsi; mais j'ai la santé, quand je puis me livrer à mon travail, et c'est ainsi que mon travail me rend à son tour la santé. Tu me connais depuis longtemps : je ne me sens pas bien dans une oisive mollesse. C'est le repos même qui me laisse le moins de repos. Ce cœur, je le sens, hélas! ne fut pas destiné par la nature à voguer joyeusement, sur le flot paisible des jours, vers l'immense océan des âges.

ALPHONSE.

Tout ce que tu penses et ce que tu poursuis te ramène au fond de ton être. Il est autour de nous de nombreux abîmes, que le sort a creusés; mais le plus profond est dans notre cœur, et c'est un charme de s'y plonger. Je t'en prie, arrache-toi à toi-même. L'homme y gagnera ce que perdra le poëte.

LE TASSE.

Je réprime vainement cette ardeur, qui s'agite jour et nuit dans mon sein. Si je ne puis ni méditer ni composer, la vie n'est plus une vie pour moi. Défends au ver de filer sa soie, quand même en filant il avance sa mort. De sa propre substance, il développe la trame précieuse, et ne cesse pas avant de s'être enfermé dans son tombeau. Ah! veuille, quelque jour, un Dieu favorable nous accorder aussi le sort de l'insecte digne d'envie, de déployer, vifs et joyeux, nos ailes dans la vallée, aux rayons d'un nouveau soleil!

ALPHONSE.

Écoute-moi! Tu sais doubler pour tant de mortels les jouissances de la vie : apprends, je t'en conjure, à connaître le prix de l'existence, que tu possèdes encore, riche de mille trésors. Adieu! Plus tôt tu reviendras à nous, plus tu seras chez nous le bienvenu. (*Il s'éloigne.*)

SCÈNE III.

LE TASSE, *seul.*

Courage! Tiens ferme, mon cœur! C'était bien ainsi! Cela t'est difficile; c'est la première fois que tu veux et que tu peux dissimuler ainsi. Tu l'as bien entendu : ce n'était pas son cœur; ce n'était pas son langage. Il me semblait n'entendre encore que la voix d'Antonio. Oh! prends garde! Tu continueras à l'entendre ainsi de tous côtés. Courage! courage! Encore un moment de combat. Celui qui apprend tard à dissimuler conserve l'apparence de la franchise. Cela ira bien : exerce-toi seulement avec eux. (*Après une pause.*) Tu triomphes trop tôt. Elle vient ici! Elle vient, l'aimable princesse! Oh! quels sentiments! La voici : le dépit et la défiance se changent en douleur dans mon sein.

SCÈNE IV.

LA PRINCESSE, LE TASSE, *et, vers la fin de la scène, les autres personnages.*

LA PRINCESSE.

O Tasse, tu songes à nous quitter, ou plutôt tu restes à Belriguardo, et puis tu t'éloigneras de nous? J'espère que c'est pour peu de temps. Tu vas à Rome?

LE TASSE.

C'est là que je porterai d'abord mes pas, et, si mes amis m'accueillent avec bonté, comme j'ose l'espérer, là peut-être mettrai-je, avec soin et patience, la dernière main à mon poëme. Je trouverai rassemblés dans cette ville beaucoup d'hommes, qui, en tout genre, se peuvent appeler maîtres. Et dans cette ville, la première du monde, chaque place, chaque pierre, ne nous parlent-elles pas? Quelle foule d'instituteurs muets nous attirent doucement avec une sérieuse majesté! Si je n'achève pas en ce lieu mon poëme, je ne pourrai jamais l'achever. Mais, hélas! déjà je le prévois, aucune entreprise ne me réussira. Je changerai mon ouvrage, et ne l'achèverai jamais. Oui, je le sens, l'art sublime, qui nourrit tout le monde, qui fortifie et restaure une âme saine, me détruira; il me bannira. Je me hâte de fuir. J'irai bientôt à Naples.

LA PRINCESSE.

L'oseras-tu? L'arrêt sévère qui t'a proscrit, en même temps que ton père, n'est pas encore aboli.

LE TASSE.

Ton avis est sage : j'y ai déjà pensé. J'irai déguisé; je prendrai le pauvre vêtement du pèlerin ou du berger. Je me glisse à travers la ville, où le mouvement de la foule cache un homme aisément. Je cours au rivage, j'y trouve d'abord une barque avec de bonnes gens, des paysans, venus au marché, qui retournent chez eux, des gens de Sorrente : car je veux me hâter de passer à Sorrente. Là demeure ma sœur, qui fut avec moi la douloureuse joie de mes parents. Dans la barque, je reste tranquille, et, toujours silencieux, j'aborde au rivage; je monte doucement le sentier, et, à la porte de la ville, je m'informe et je dis : « Où demeure Cornélie, Cornélie Sersale? Indiquez-le-moi. » Une fileuse me montre la rue avec complaisance; elle me désigne la maison. Je monte encore. Les enfants courent à mes côtés, et observent le sombre étranger, sa chevelure en désordre. J'arrive ainsi vers le seuil.... Déjà la porte est ouverte; j'entre dans la maison [1]....

LA PRINCESSE.

O Tasse, ouvre les yeux! Reconnais, s'il est possible, le péril qui t'environne. Je te ménage; sans cela, je te dirais : Est-ce généreux de parler comme tu parles? Est-ce généreux de ne penser qu'à soi, comme si tu n'affligeais pas les cœurs de tes amis? Ignores-tu ce que pense mon frère? comme les deux sœurs savent t'estimer? Ne l'as-tu pas éprouvé et reconnu? Tout est-il donc changé en quelques instants? O Tasse, si tu veux partir, ne nous laisse pas la douleur et l'inquiétude. (*Le Tasse détourne la tête.*) Qu'il est doux d'offrir à l'ami qui s'éloigne pour un peu de temps un modeste cadeau, ne fût-ce qu'un manteau neuf ou une arme! A toi, on ne peut plus rien te donner, car tu rejettes avec chagrin ce que tu possèdes. Tu choisis pour ton partage les coquilles, la robe brune et le bourdon du pèlerin, et tu t'en vas, pauvre par ton choix, et tu nous emportes les biens que tu ne pouvais goûter qu'avec nous.

LE TASSE.

Tu ne veux donc pas me chasser tout à fait? O douce parole! O belle et chère consolation! Prends ma défense! Prends-moi sous ta protection!... Laisse-moi ici à Belriguardo; transporte-moi à Consandoli, où tu voudras! Le prince a tant de châteaux magnifiques, tant de jardins, qui sont gardés toute l'année, et que vous visitez à peine un seul jour, une heure peut-être. Oui, choisissez le plus éloigné, que vous ne visitez pas de toute l'année, et qui maintenant reste peut-être sans soins. Envoyez-moi dans cette retraite. Là, que je sois à vous! Comme je soignerai tes arbres! Comme, en automne, je couvrirai de plan-

---

[1]. On sait que le Tasse, errant et fugitif, a fait réellement la visite dont le poète lui prête ici le projet.

ches et de tuiles les citronniers, et les préserverai bien avec des nattes de roseaux! Les belles fleurs pousseront de larges racines dans le parterre; chaque allée, chaque retraite, sera propre et bien tenue. Et laissez-moi aussi le soin du palais. J'ouvrirai à propos les fenêtres, afin que l'humidité ne gâte point les tableaux; les murs, élégamment décorés d'ouvrages en stuc, j'aurai soin d'en chasser la poussière. Les pavés brilleront de blancheur et de propreté; pas une pierre, pas une tuile, qui se déplacent; pas une ouverture où l'on voie germer un brin d'herbe.

LA PRINCESSE.

Je ne trouve nul conseil dans mon cœur, et je n'y trouve aucune consolation pour toi.... et pour nous. Mon œil cherche de tous côtés, si quelque dieu ne viendra pas à notre secours; s'il ne me découvrira point une plante salutaire, un breuvage, qui rende la paix à tes sens, qui nous rende la paix! La plus sincère parole qui s'échappe de nos lèvres, le plus doux moyen de salut n'a plus de pouvoir. Il faut que je te laisse, et mon cœur ne peut te laisser.

LE TASSE.

O dieux, est-ce bien elle qui te parle, et qui prend pitié de toi? Et pouvais-tu méconnaître ce noble cœur? Était-il possible qu'en sa présence le découragement te saisît et se rendît maître de toi? Non, non, c'est toi, et maintenant c'est aussi moi. Oh! poursuis et laisse-moi recueillir de ta bouche toutes les consolations! Ne me refuse pas tes conseils! Oh! parle, que dois-je faire, pour que ton frère puisse me pardonner; pour que tu veuilles bien me pardonner toi-même; pour que vous puissiez encore me compter avec joie parmi les vôtres? Parle!

LA PRINCESSE.

Ce que nous te demandons est très-peu de chose, et pourtant il semble que ce soit beaucoup trop. Il faut te livrer toi-même à nous avec amitié. Nous n'exigeons point de toi ce que tu n'es pas; tout ce que nous voulons, c'est que tu sois satisfait de toi-même. Tu nous donnes la joie quand tu l'éprouves, et tu nous affliges quand tu la fuis; et, si tu nous causes aussi de l'impatience, c'est seulement parce que nous voudrions te secourir, et que nous voyons, hélas! tout secours impossible, si tu ne saisis toi-même la main d'un ami, la main qui s'offre avec ardeur et qui ne peut arriver jusqu'à toi.

LE TASSE.

Tu es toujours celle qui m'apparut, dès le premier moment, comme un ange sacré. Pardonne au regard troublé du mortel, s'il t'a méconnue quelques instants. Il te reconnaît! Son âme s'ouvre tout entière pour t'adorer toi seule à jamais. Tout mon cœur se remplit de tendresse.... C'est elle; elle est devant moi. Quel sentiment!... Est-ce un délire qui m'entraîne vers toi? Est-ce une frénésie, ou un sens plus relevé, qui saisit, pour la première fois, la plus haute, la plus pure vérité? Oui, c'est le sentiment qui seul peut me rendre heureux sur cette terre; qui seul m'a laissé si misérable, quand je lui résistais, et voulais le bannir de mon cœur. Cette passion, je songeais à la combattre; je luttais, et je luttais contre le fond de mon être; je détruisais ma propre nature, à laquelle tu appartiens si complétement.

LA PRINCESSE.

Si tu veux, ô Tasse, que je t'écoute plus longtemps, modère ces transports qui m'effrayent.

LE TASSE.

Le bord de la coupe retient-il un vin qui bouillonne et déborde à flots écumants? A chaque parole, tu augmentes mon bonheur; à chaque parole, ton œil brille d'un plus vif éclat. Je me sens transformé au dedans de moi; je me sens délivré de toute souffrance, libre comme un dieu, et c'est à toi que je dois tout. Une puissance ineffable, qui me domine, découle de tes lèvres; oui, tu t'empares de tout mon être. Rien de tout ce que je suis ne m'appartient plus désormais. Mon œil se trouble dans le bonheur et la lumière; mes sens vacillent, mon pied ne me retient plus! Tu m'entraînes par une force irrésistible, et mon cœur me pousse invinciblement vers toi. Tu m'as absolument subjugué pour jamais; eh bien, prends donc aussi tout mon être! (*Il saisit la Princesse dans ses bras et la presse contre son sein.*)

LA PRINCESSE. *Elle repousse le Tasse et recule avec précipitation.*

Loin de moi!

ÉLÉONORE, *qui s'est montrée depuis quelques moments dans le fond du théâtre.*

Qu'est-il arrivé? O Tasse! Ô Tasse! (*Elle suit la Princesse.*)

LE TASSE, *sur le point de les suivre.*

O Dieu!

ALPHONSE, *qui s'est approché, avec Antonio, depuis quelques instants.*

Il perd l'esprit! Qu'on l'arrête! (*Alphonse s'éloigne.*)

SCÈNE V.

ANTONIO, LE TASSE.

ANTONIO.

Ah! si quelqu'un des ennemis dont tu te crois sans cesse environné était maintenant auprès de toi, comme il triompherait! Infortuné! J'en reviens à peine! Si un spectacle tout à fait inattendu se présente à nous; si nos yeux voient quelque chose de monstrueux, notre esprit reste un moment immobile; nous ne savons à quoi comparer ce que nous voyons.

LE TASSE, *après une longue pause.*

Remplis ton office! Je vois qu'il t'est réservé.... Oui, tu mérites la confiance du prince.... Remplis donc ton office, et, puisque le bâton est brisé pour moi[1], torture-moi lentement jusqu'à la mort. Arrache, arrache le trait, afin que je sente douloureusement la pointe recourbée qui me déchire! Tu es un précieux instrument du tyran : sois le chef des geôliers, sois le valet du bourreau! Comme l'un et l'autre emploi te vont bien! comme ils t'appartiennent! (*Il s'avance vers la rampe.*) Va, va, tyran! Tu n'as pu feindre jusqu'au bout : triomphe! Tu as bien enchaîné ton esclave; tu l'as bien réservé pour des tourments médités. Va! Je te hais, je sens toute l'horreur qu'inspire la force, quand elle se montre injuste et violente. (*Après une pause.*) Je me vois donc enfin banni, rejeté et banni comme un mendiant! On m'a donc couronné pour me conduire à l'autel, paré comme une victime! On m'a donc, au dernier jour, soustrait mon unique bien, mon poëme, par de flatteuses paroles, et on

---

1. Allusion à l'ancienne coutume de briser un bâton en signe de condamnation à mort.

l'a gardé pour jamais! Il est à présent dans vos mains, mon unique trésor, qui m'aurait recommandé en tout lieu; qui me restait encore pour me sauver de la faim. Je vois bien maintenant pourquoi on veut que je me livre au repos. C'est une conjuration et tu en es le chef. Afin que mon poëme ne puisse être porté à sa perfection; que mon nom ne se répande pas davantage; que mes envieux trouvent mille endroits faibles; qu'on m'oublie enfin tout à fait : il faut que je m'accoutume à l'oisiveté; il faut que je ménage ma personne et mes facultés. O digne amitié! chère sollicitude! Je me la figurais affreuse, la conjuration, qui, invisiblement et sans relâche, m'enveloppait de ses trames, mais elle s'est montrée plus affreuse encore.... Et toi, sirène, qui m'as si tendrement, si délicieusement séduit, je te connais maintenant tout d'un coup! O Dieu, pourquoi si tard?... Mais nous aimons à nous tromper nous-mêmes, et nous honorons les misérables qui nous honorent. Les hommes ne se connaissent point entre eux. Les seuls esclaves des galères se connaissent, qui gémissent, étroitement enchaînés au même banc; aucun n'ayant rien à demander et aucun n'ayant rien à perdre, ils se connaissent; chacun se donnant pour un scélérat, et prenant aussi pour des scélérats ses pareils. Mais nous ne méconnaissons les autres que par politesse, afin qu'ils nous méconnaissent à leur tour.... Comme ta sainte image me cacha longtemps la coquette, qui met en œuvre ses petits artifices! Le masque tombe : je vois Armide maintenant, dépouillée de tous ses charmes.... Oui, c'est toi! c'est toi, que, par divination, mes vers ont chantée! Et la rusée, la petite médiatrice! Que je la vois profondément abaissée devant moi! J'entends maintenant le bruit de ses pas légers; je connais maintenant le cercle autour duquel elle rampait. Je vous connais tous! Que cela me suffise! Et, si l'infortune m'a tout ravi, je l'apprécie encore : elle m'apprend la vérité!

ANTONIO.

Je t'écoute, ô Tasse, avec étonnement, quoique je sache avec quelle facilité ton esprit impétueux passe d'un extrême à l'autre. Reviens à toi! Commande à cette fureur! Tu invectives, tu te permets paroles sur paroles, qu'il faut pardonner à ta douleur, mais que tu ne pourras toi-même jamais te pardonner.

LE TASSE.

Oh! ne me parle pas d'une voix douce! Ne me fais ouïr de toi aucune parole sage! Laisse-moi ce triste bonheur, afin que je ne retrouve pas ma raison pour la perdre encore. Je me sens déchiré jusqu'à la dernière fibre et je vis pour le sentir. Le désespoir me saisit avec toute sa rage, et, dans le supplice d'enfer qui m'anéantit, l'insulte n'est plus qu'un faible cri de douleur. Je veux partir! Et, si tu es loyal, montre-le-moi, et me laisse sur-le-champ m'éloigner d'ici.

ANTONIO.

Je ne te quitterai pas dans cette extrémité; et, si tu manques tout à fait de constance, assurément la patience ne me manquera pas.

LE TASSE.

Il faut donc que je me rende à toi prisonnier? Je me rends, et c'en est fait. Je ne résiste pas, et je m'en trouve bien.... Et maintenant laisse-moi redire avec douleur combien était beau ce que je me suis moi-même ravi. Ils partent.... O Dieu! je vois déjà la poussière qui s'élève des voitures.... Les cavaliers les devancent.... Ils vont à la ville; ils y courent! N'en suis-je pas aussi venu? Ils partent; ils sont irrités contre moi. Oh! si du moins je baisais encore une fois la main du prince! Oh! si je pouvais du moins prendre congé de lui; lui dire encore une fois : « Oh! pardonnez! » L'entendre dire encore : « Va; je te pardonne. » Mais je ne l'entendrai pas, je ne l'entendrai jamais.... Je veux aller!... Laissez-moi seulement leur dire adieu, oui, leur dire adieu! Rendez-moi, rendez-moi, un seul instant, leur présence! Peut-être je guérirai. Non, je suis repoussé, banni; je me suis banni moi-même. Je n'entendrai plus cette voix; je ne rencontrerai plus ce regard....

ANTONIO.

Sois docile aux avis d'un homme qui n'est pas sans émotion auprès de toi. Tu n'es pas aussi malheureux que tu crois l'être. Prends courage. Tu te laisses trop accabler.

LE TASSE.

Et suis-je donc aussi malheureux que je le semble? Suis-je aussi faible que je me montre devant toi? Tout est-il donc perdu? Et, comme si la terre tremblait, la douleur a-t-elle changé l'édifice en un affreux amas de ruines? Ne me reste-t-il aucun talent, qui de mille manières m'amuse et me soutienne? Toute la force qui s'agitait autrefois dans mon sein est-elle évanouie? Suis-je anéanti, complétement anéanti? Non, tout est là.... et je ne suis rien!... Je me sens ravi à moi-même; elle m'est ravie!

ANTONIO.

Et, quand tu sembles te perdre tout entier, compare-toi à d'autres : reconnais ce que tu es!

LE TASSE.

Oui, tu me le rappelles à propos!... Aucun exemple de l'histoire ne viendra-t-il plus à mon secours? Ne s'offre-t-il à mes yeux aucun noble caractère, qui ait plus souffert que je ne souffris jamais, afin que je prenne courage, en me comparant à lui? Non, tout est perdu.... Une seule chose me reste. La nature nous a donné les larmes, le cri de la douleur, quand l'homme enfin ne la supporte plus.... Elle m'a laissé encore par-dessus tout.... elle m'a laissé, dans la douleur, la mélodie et l'éloquence, pour déplorer toute la profondeur de ma misère : et, tandis que l'homme reste muet dans sa souffrance, un Dieu m'a donné de pouvoir dire combien je souffre. (*Antonio s'approche de lui et le prend par la main.*) Noble Antonio, tu demeures ferme et tranquille; je ne parais que le flot agité par la tempête : mais réfléchis, et ne triomphe pas de ta force. La puissante nature, qui fonda ce rocher, a donné aussi aux flots leur mobilité; elle envoie sa tempête : la vague fuit et se balance et s'enfle et se brise par-dessus en écumant. Dans cette vague, le soleil se reflétait si beau; les étoiles reposaient sur son sein doucement agité. L'éclat a disparu, le repos s'est enfui.... Je ne me reconnais plus dans le péril, et ne rougis plus de l'avouer. Le gouvernail est brisé, le navire craque de toutes parts; le plancher éclate et s'ouvre sous mes pieds! Je te saisis de mes deux bras! Ainsi le matelot s'attache encore avec force au rocher contre lequel il devait échouer.

FIN DE TORQUATO TASSO.

LA
FILLE NATURELLE

TRAGÉDIE

PERSONNAGES.

LE ROI.
LE DUC.
LE COMTE.
EUGÉNIE.
LA GOUVERNANTE.
LE SECRÉTAIRE.
L'ABBÉ.
LE CONSEILLER.
LE GOUVERNEUR
L'ABBESSE.
LE MOINE.

LA FILLE NATURELLE.

TRAGÉDIE.

ACTE PREMIER.

Un bois touffu.

SCÈNE I.

LE ROI, LE DUC.

LE ROI.

La proie fugitive, qui, attachant, comme par magie, sur sa trace les chiens, les chevaux et les hommes, les entraîne après elle, le noble cerf, nous a égarés si loin, à travers montagnes et vallées, que moi-même, quoique je connaisse fort bien le pays, je ne m'y retrouve pas. Où sommes-nous, mon oncle? Duc, dis-moi, vers quelles collines allions-nous courir?

LE DUC.

Sire, le ruisseau qui murmure autour de nous coule à travers les terres de ton serviteur, qui en fut investi par ta faveur royale et celle de tes ancêtres, comme premier vassal de ton royaume. De l'autre côté de ce rocher, sur la pente verte, se cache une jolie maison, qui ne fut nullement bâtie pour un hôte tel que toi, mais qui est prête à te recevoir avec le respect qui t'est dû.

LE ROI.

Laisse les hautes voûtes de ces arbres nous prêter leur ombre agréable pour le moment du repos; laisse les jeux caressants de ces zéphyrs nous envelopper doucement, afin qu'au tumulte et à l'ardeur du plaisir de la chasse se joigne aussi le plaisir du repos.

LE DUC.

Comme toi, sire, derrière ce boulevard de la nature, je me sens tout à coup entièrement séparé du monde. Ici tu n'es pas assiégé par la voix des mécontents, par les mains ouvertes d'impudents solliciteurs. Solitaire par choix, tu ne remarques pas si les ingrats s'éloignent furtivement. Ici n'arrive pas le monde importun, qui demande sans cesse et ne veut jamais servir.

LE ROI.

Si tu veux que j'oublie ce qui chaque jour m'obsède, il faut que nulle parole ne m'en fasse souvenir. Que le retentissement des bruits lointains du monde expire peu à peu dans mon oreille. Oui, cher oncle, tourne la conversation sur des objets plus convenables à ce lieu. Ici des époux doivent se promener ensemble, considérer avec délices leur bonheur croissant dans des enfants bien nés; ici un ami doit s'approcher de son ami pour lui livrer avec confiance le secret de son cœur; et naguère ne m'as-tu pas fait entendre avec mystère que tu espérais, dans un moment tranquille, me déclarer une liaison secrète.... et m'avouer avec candeur, dans l'espérance de les voir accomplis, le gracieux objet de vœux ardents?

LE DUC.

Sire, tu ne pouvais m'accorder une faveur plus grande et plus chère, que de m'inviter en ce moment à rompre le silence. Ce que j'ai à dire pourrait-il être mieux écouté par un autre que par mon roi, pour qui, parmi tous ses trésors, aucun ne brille comme ses enfants, et qui partagera cordialement avec son sujet la suprême jouissance, la plénitude de la joie paternelle?

LE ROI.

Tu parles de joies paternelles! Les as-tu donc jamais senties? Ton fils unique n'a-t-il pas attristé, par son caractère dur et sauvage, par ses désordres, sa prodigalité, son inflexible orgueil, tes jours bien remplis, ta paisible vieillesse? A-t-il changé tout à coup de nature?

LE DUC.

Je n'attends point de lui des jours heureux.... Son esprit sombre n'enfante que des nuages, qui souvent, hélas! obscurcissent mon horizon. Une autre étoile, une autre lumière, me réjouit. Et, comme la fable dit que les escarboucles brillent dans les noires cavernes, et animent agréablement, de leur magnifique et doux éclat, la mystérieuse horreur de la nuit solitaire, j'ai aussi obtenu en partage, moi, mortel fortuné, un merveilleux trésor, que je garde avec joie et crainte, avec plaisir et souci, plus soigneusement que la possession de nos biens acquis ou héréditaires, que la lumière de mes yeux, de ma vie.

LE ROI.

Ne parle pas mystérieusement d'un mystère.

LE DUC.

Qui parlerait avec assurance de ses fautes devant la majesté royale, si elle ne pouvait, elle seule, changer la faute en légitime jouissance et en bonheur?

LE ROI.

Cet heureux trésor, secrètement gardé?...

LE DUC.

Est une fille.

LE ROI.

Une fille? Comment? Mon oncle, pareil aux dieux de la fable, s'est-il tourné furtivement vers le monde inférieur, pour y chercher le bonheur de l'amour et les joies paternelles?

LE DUC.

La grandeur, comme la bassesse, nous force de nous conduire et d'agir mystérieusement. Elle n'était que trop élevée, la condition de la femme qui, par un sort étrange, me fut secrètement unie : c'est pour elle que la cour porte encore le deuil, et partage les secrètes douleurs de mon âme.

LE ROI.

La princesse ? Cette femme respectée, ma proche parente, qui vient de mourir !...

LE DUC.

C'était la mère. Laisse-moi, oh ! laisse-moi ne te parler que de cette enfant, qui, toujours plus digne de ses parents, jouit de la vie avec des sentiments élevés. Que le reste soit enseveli avec cette femme au noble esprit, au noble cœur. Sa mort m'ouvre la bouche ; j'ose nommer ma fille devant mon roi ; j'ose le prier de l'élever à moi, de l'élever à lui, de lui accorder, par sa pleine grâce, le rang de princesse devant sa cour, devant son royaume, devant le monde entier.

LE ROI.

Si la nièce que tu songes à me produire tout élevée, réunit en elle les vertus de son père et de sa mère, la cour, la maison royale, devront, à l'heure qu'un astre nous est ravi, admirer le lever d'un astre nouveau.

LE DUC.

Oh ! apprends à la connaître, avant de te résoudre tout à fait en sa faveur. Ne te laisse pas séduire par les discours d'un père. La nature a fait pour elle beaucoup de choses, que j'observe avec ravissement, et j'ai établi, pour veiller sur son enfance, tout ce qui vit dans mon entourage. Une femme cultivée, un homme sage, dirigèrent ses premiers pas. Avec quelle vive intelligence elle jouit du présent, tandis que l'imagination sait lui peindre les biens à venir avec les flatteuses couleurs de la poésie ! Son cœur pieux s'attache à son père ; et, tandis que son esprit, se développant par degrés, écoute paisiblement les leçons d'excellents maîtres, les exercices chevaleresques ne manquent pas à son corps élégant et robuste. Toi-même, sire, tu l'as vue autour de toi, sans la connaître, dans le tumulte de la chasse. Oui, aujourd'hui même !... La jeune amazone qui, la première, sur un cheval fougueux, s'est élancée vivement dans la rivière à la suite du cerf !

LE ROI.

Nous étions tous inquiets pour cette noble enfant! Je suis charmé d'apprendre qu'elle est ma parente.

LE DUC.

Et ce n'est pas aujourd'hui la première fois que j'ai senti combien l'orgueil et le souci, la joie paternelle et l'angoisse se confondent en un sentiment trop fort pour l'humanité.

LE ROI.

D'une course vive et prompte, le cheval s'est porté, avec son écuyère, sur l'autre bord, sous les épais ombrages de collines boisées, et c'est ainsi qu'elle a disparu à ma vue.

LE DUC.

Mes yeux l'ont vue encore une fois, avant qu'elle se perdît dans les détours de la chasse rapide. Qui sait quelles campagnes lointaines elle parcourt, le cœur blessé de ne pas se trouver au rendez-vous, où il ne lui est permis encore de s'approcher qu'à une respectueuse distance de son monarque adoré, jusqu'au moment où il daignera la saluer, avec la grâce royale, comme une fleur de sa tige antique?

LE ROI.

Quel tumulte vois-je naître là-bas? Quel concours vers les parois du rocher? (*Il fait un signe vers le fond du théâtre.*).

SCÈNE II.

LE DUC, LE ROI, LE COMTE.

LE ROI.

Pourquoi la foule se rassemble-t-elle là-bas?

LE COMTE.

L'audacieuse écuyère vient, à l'instant même, de se précipiter de ces rochers.

LE DUC.

Dieu!

LE ROI.

Est-elle grièvement blessée?

LE COMTE.

Sire, on a bien vite appelé ton chirurgien.

LE DUC.

Qu'est-ce que j'attends? Si elle est morte, il ne me reste rien qui puisse m'attacher encore à la vie. (*Il s'éloigne.*)

SCÈNE III.

LE ROI, LE COMTE.

LE ROI.

Sais-tu la cause de l'accident?

LE COMTE.

Il s'est passé sous mes yeux. Une troupe nombreuse de cavaliers, qui s'étaient vus par hasard séparés de la chasse, conduits par cette belle, se sont montrés sur le haut de ces roches boisées. Ils entendent, ils voient en bas, dans le vallon, la chasse terminée; ils voient le cerf livré en pâture à la meute bruyante. Aussitôt la troupe se disperse, et chacun se cherche à part un sentier, ici ou là, par un détour plus ou moins long. Elle seule n'hésite pas un moment, et oblige son cheval de courir droit à nous, de rocher en rocher. Nous observons avec étonnement le bonheur de cette action téméraire, car elle lui réussit quelques moments, mais enfin, vers le bas, le long de la pente escarpée, les étroites saillies du rocher finissent par échapper au cheval: il se précipite; elle avec lui. C'est tout ce que j'ai pu observer, avant que la foule me l'ait dérobée. Mais bientôt j'ai entendu appeler ton médecin. C'est alors que je suis accouru, sur ton signal, pour t'apprendre l'accident.

LE ROI.

Oh! puisse-t-elle lui rester! Il est redoutable, l'homme qui n'a rien à perdre.

LE COMTE.

L'effroi lui a donc arraché soudain le secret qu'il s'efforçait jusqu'ici de cacher avec tant de soin?

LE ROI.

Il m'avait déjà tout confié.

LE COMTE.

La mort de la princesse lui ouvre la bouche, pour avouer maintenant ce qui était depuis longtemps pour la cour et la ville un secret public. C'est une idée singulière et bizarre, que nous croyions par notre silence anéantir pour nous et pour les autres ce qui est arrivé.

LE ROI.

Oh! laisse à l'homme ce noble orgueil. Il peut, il doit arriver beaucoup de choses que la bouche ne peut avouer.

LE COMTE.

On l'apporte ici, et, je le crains, sans vie!

LE ROI.

Quel événement terrible et inattendu!

SCÈNE IV.

LES PRÉCÉDENTS, EUGÉNIE, *comme morte, portée sur des rameaux entrelacés*, LE DUC, LE CHIRURGIEN, SUITE.

LE DUC, *au Chirurgien*.

Si ton art peut quelque chose, homme expérimenté, auquel est confiée la vie de notre roi, trésor inestimable, fais que cette jeune fille ouvre encore une fois son œil brillant, afin que l'espérance m'apparaisse encore dans ce regard; que je sois arraché, du moins quelques moments, à l'abîme de ma douleur! Si tu ne peux ensuite rien de plus; si tu ne peux me la conserver que quelques instants, laissez-moi me hâter de mourir avant elle, afin qu'au moment de la mort, je m'écrie encore, avec consolation : « Ma fille est vivante! »

LE ROI.

Éloigne-toi, mon oncle, et laisse-moi remplir ici fidèlement les devoirs de père. Cet homme habile tentera tous les moyens. Il fera, en conscience, pour ta fille tout ce qu'il ferait pour moi-même, si j'étais là couché.

LE DUC.

Elle a fait un mouvement!

LE ROI.

Est-il vrai?

LE COMTE.

Elle a fait un mouvement!

LE DUC.

Elle regarde fixement le ciel ; elle regarde autour d'elle avec égarement. Elle vit ! elle vit !

LE ROI, *se retirant un peu.*

Redoublez vos soins.

LE DUC.

Elle vit ! elle vit ! Elle a rouvert ses yeux à la lumière. Oui, elle reconnaîtra bientôt son père, ses amis. Ma chère enfant, ne disperse pas ainsi autour de toi tes regards étonnés, incertains ; tourne-les d'abord sur moi, sur ton père. Reconnais-moi ; que ma voix frappe la première ton oreille, à présent que tu reviens à nous de cette nuit silencieuse.

EUGÉNIE, *qui est revenue à elle-même par degrés et s'est relevée.*

Que nous est-il arrivé ?

LE DUC.

Reconnais-moi d'abord !... Me reconnais-tu ?

EUGÉNIE.

Mon père !

LE DUC.

Oui, ton père, que cette douce parole arrache des bras du désespoir.

EUGÉNIE.

Qui nous a portés sous ces arbres ?

LE DUC, *à qui le Chirurgien a donné un linge blanc.*

Reste tranquille, ma fille ! Prends ce fortifiant avec calme, avec confiance !

EUGÉNIE. *Elle prend des mains de son père le linge qu'il lui a présenté, et en couvre son visage; ensuite elle se relève soudain, en se découvrant la figure.*

Je reviens à moi !... Oui, je sais tout maintenant. J'étais là-haut ; j'ai hasardé de descendre à cheval, en droite ligne. Pardonne ! N'est-ce pas, je me suis précipitée ? Me pardonnes-tu ? On m'a relevée pour morte ? Mon bon père ! Et pourras-tu encore aimer la téméraire qui t'a causé une si amère douleur !

LE DUC.

Je croyais savoir, ô ma fille, quel noble trésor m'a été dispensé en toi : maintenant la crainte que j'ai eue de te perdre augmente en moi jusqu'à l'infini le sentiment du bonheur.

LE ROI, *au Comte, après s'être jusque-là entretenu, dans le fond du théâtre, avec lui et le Chirurgien.*

Fais éloigner tout le monde. Je veux lui parler.

SCÈNE V.

LE DUC, LE ROI, EUGÉNIE.

LE ROI, *s'approchant.*

La vaillante écuyère a-t-elle repris ses forces? Ne s'est-elle point blessée?

LE DUC.

Non, sire! Et ce qui lui reste encore de douleur et d'effroi, tu le dissiperas, ô mon maître, par ton regard favorable et par le doux son de ta voix.

LE ROI.

Et à qui appartient cette chère enfant?

LE DUC, *après une pause.*

Puisque tu m'interroges, j'ose te l'avouer; puisque tu l'ordonnes, j'ose te la présenter comme ma fille.

LE ROI.

Ta fille? La fortune a donc fait pour toi, mon cher oncle, infiniment plus que la loi.

EUGÉNIE.

Je puis bien demander si je suis réellement revenue à la vie de ce mortel étourdissement, et si ce qui m'arrive n'est pas un songe. Mon père me nomme sa fille devant son roi! Oh! je la suis donc! L'oncle d'un roi me reconnaît pour son enfant!... Je suis donc la parente du grand monarque! Oh! que Sa Majesté me pardonne, si, d'une situation mystérieuse et cachée, entraînée tout à coup à la lumière, et éblouie, je ne puis, incertaine, chancelante, être maîtresse de moi! (*Elle se jette aux pieds du Roi.*)

LE ROI.

Cette attitude peut témoigner la résignation avec laquelle, dès ton enfance, tu as accepté ton sort; l'humilité, dont tu as rempli le fâcheux devoir en silence, durant plusieurs années, sachant ton illustre origine : mais, puisque je t'ai relevée de mes pieds vers mon cœur; (*il la relève et la presse dans ses bras*) puisque ton oncle a déposé sur ce beau front un saint baiser paternel; que ce soit aussi un signe et un sceau : je t'ai reconnue pour ma parente, et bientôt je répéterai, en présence de ma cour, ce qui s'est fait ici en secret.

LE DUC.

Une si grande faveur exige une reconnaissance, sans partage et sans bornes, de toute la vie.

EUGÉNIE.

De nobles esprits m'ont enseigné beaucoup de choses, et j'ai puisé plus d'une leçon dans mon propre cœur; mais, de parler à mon roi, je suis bien loin de m'y sentir préparée. Cependant, si je ne sais pas te dire tout ce qui conviendrait, je ne voudrais pas, seigneur, rester malhonnêtement muette devant toi. Que te manquait-il? Que serait-il possible de t'offrir? L'abondance même, qui se presse vers toi, n'en découle ensuite à flots que pour les autres. Des milliers d'hommes sont là pour te défendre; des milliers agissent à ton moindre signe; et, quand un seul voudrait te consacrer avec joie son cœur et son âme et son bras et sa vie : dans une si grande foule, il ne compte pas, il doit disparaître devant toi et devant lui-même.

LE ROI.

Douce et noble enfant, si la foule te paraît avoir de l'importance, je ne te blâme pas : elle a son importance sans doute, mais il en a davantage encore le petit nombre des hommes créés pour diriger cette foule par leurs actes, leur influence et leur autorité. Si le roi y fut appelé par sa naissance, ses plus proches parents sont ses conseillers naturels, qui, réunis avec lui, devraient protéger et rendre heureux le royaume. Plût au ciel qu'avec de secrètes menées la discorde hypocrite ne pénétrât jamais dans ces régions, pour conseiller ces suprêmes gardiens! Noble nièce, je te donne un père par une décision souveraine, royale : à ton tour, conserve-moi maintenant, gagne-moi le cœur et la voix de mon proche parent! Un prince a de nombreux contradicteurs : oh! ne le laisse pas renforcer ce parti!

LE DUC.

De quels reproches tu affliges mon cœur!

ACTE I, SCÈNE V.

EUGÉNIE.

Que ces paroles sont incompréhensibles pour moi!

LE ROI.

Ah! n'apprends pas trop vite à les comprendre! Je t'ouvre, de ma propre main, les portes de notre maison royale; je t'y introduis sur des pavés de marbre glissant. Tu es encore étonnée; tout te surprend, et tu ne présages, dans ces profondes demeures, que dignité tranquille et contentement. Tu trouveras autre chose! Oui, tu es venue en un temps où ton roi ne te conviera point à une joyeuse et riante fête, lorsqu'il célébrera prochainement le jour qui lui donna la vie : mais, à cause de toi, ce jour me doit être agréable : là je te verrai dans une grande assemblée, et tous les yeux seront fixés sur toi. La nature te donna le plus bel ornement : laisse ton père, laisse ton roi veiller à ce que la parure soit digne de la princesse.

EUGÉNIE.

Les cris éclatants de la joyeuse surprise, les vives démonstrations de gestes expressifs pourraient-ils témoigner le ravissement que tu as fait naître dans mon cœur? Laisse-moi, seigneur, me taire à tes pieds. (*Elle veut se mettre à genoux.*)

LE ROI, *la retenant.*

Tu ne dois pas plier le genou.

EUGÉNIE.

Laisse-moi, oh! laisse-moi goûter ici le bonheur du plus parfait dévouement. Si, dans les moments rapides où le courage nous enflamme, nous restons debout, et, prompts et hardis, nous prenons une joyeuse confiance en nous-mêmes, comme en notre propre soutien, alors la terre et le ciel semblent nous appartenir; mais ce qui, dans les moments d'extase, fait ployer les genoux, est aussi un doux sentiment; et ce que nous voudrions offrir, en pur sacrifice d'actions de grâces, d'amour sans bornes, à notre Dieu, notre roi, notre père, c'est dans cette attitude qu'on l'exprime le mieux. (*Elle se prosterne devant lui.*)

LE DUC. *Il se met aussi à genoux.*

Permets-moi de renouveler mon hommage.

EUGÉNIE.

Reçois-nous pour tes vassaux à jamais.

LE ROI.

Relevez-vous donc et placez-vous auprès de moi, dans le chœur des fidèles qui défendent à mes côtés la justice, la permanence ! Ah ! ce temps offre des signes terribles. Les inférieurs s'élèvent, les grands s'abaissent, comme si chacun ne pouvait trouver qu'à la place de l'autre l'accomplissement de ses vœux égarés ; ne se sentait heureux, que si toute distinction était effacée ; si tous, emportés pêle-mêle dans un même courant, nous nous perdions dans l'Océan sans laisser de traces. Oh ! sachons résister, et, ce qui peut nous conserver, nous et notre peuple, que nos forces doublées et de nouveau réunies sachent le maintenir avec courage ! Oublions enfin l'ancienne discorde, qui excite les grands contre les grands, et perce par dedans le navire, qui ne se peut sauver qu'en opposant aux vagues ennemies un rempart bien fermé.

EUGÉNIE.

Quel nouvel et bienfaisant éclat m'environne et m'anime, au lieu de m'éblouir ! Comment ? Notre roi nous estime assez pour avouer qu'il a besoin de nous ? Nous ne sommes pas seulement ses parents ; par sa confiance, nous sommes élevés à la plus haute place ; et, quand les nobles de son royaume se pressent autour de lui pour couvrir sa poitrine, il nous appelle à un service plus important. Conserver les cœurs au monarque est le premier devoir de tous les gens de bien ; car, si le prince chancelle, la chose publique chancelle également, et, s'il tombe, tout s'écroule avec lui. La jeunesse, dit-on, présume trop de sa force, de sa volonté : mais cette force, cette volonté, ce qu'elles peuvent t'appartient à jamais.

LE DUC.

La confiance de cette enfant, auguste prince, tu sais l'apprécier, tu sais la pardonner. Et, si le père, l'homme expérimenté, sent et apprécie, dans toute sa valeur, la faveur de ce jour, son espoir le plus cher, tu es assuré de sa pleine reconnaissance.

LE ROI.

Nous nous reverrons bientôt à cette fête, où mes fidèles célébreront l'heure qui m'a donné la lumière. C'est ce jour-là, noble enfant, que je te donnerai au grand monde, à la cour, à ton père et à moi. Que ta destinée brille auprès du trône ! Mais jusque-là je vous demande à tous deux le silence. Que nul n'apprenne ce qui s'est passé entre nous. L'envie est aux aguets; elle soulève bien vite flot sur flot, tempête sur tempête; elle pousse le navire contre les âpres rochers, où le pilote lui-même ne saurait le sauver. Le mystère protége seul nos actions. Un projet communiqué n'est plus à nous; le hasard se joue dès lors de notre volonté. Celui même qui peut commander doit surprendre. Oui, avec la meilleure volonté, nous faisons bien peu, parce que mille volontés nous traversent. Ah! si, avec mes intentions pures, la force pleine m'était aussi donnée pour un peu de temps, on ressentirait jusqu'au dernier foyer du royaume les soins zélés du père; des heureux habiteraient sous l'humble toit; des heureux habiteraient dans le palais; et, quand j'aurais une fois joui de leur félicité, volontiers je renoncerais au trône, je renoncerais au monde! (Il s'éloigne.)

SCÈNE VI.

LE DUC, EUGÉNIE.

EUGÉNIE.

Oh! quel jour de bonheur et d'allégresse!

LE DUC.

Oh! puissé-je n'en voir que de pareils!

EUGÉNIE.

De quel bonheur céleste le roi nous a comblés!

LE DUC.

Jouis purement de grâces si inattendues.

EUGÉNIE.

Il ne semble pas heureux, hélas! et il est si bon!

LE DUC.

La bonté elle-même éveille souvent la résistance.

EUGÉNIE.

Qui est assez dur pour lui résister?

LE DUC.

Celui qui attend de la sévérité le salut de l'État.

EUGÉNIE.

La douceur du roi devrait produire la douceur.

LE DUC.

La douceur du roi produit l'audace.

EUGÉNIE.

De quelle noblesse la nature l'a doué!

LE DUC.

Mais elle l'a placé trop haut.

EUGÉNIE.

Et elle lui a départi tant de vertus!

LE DUC.

Pour la famille, non pour le gouvernement.

EUGÉNIE.

C'est le rejeton d'une antique souche de héros.

LE DUC.

La force manque peut-être au rejeton tardif.

EUGÉNIE.

Nous sommes là pour suppléer à sa faiblesse.

LE DUC.

Pourvu qu'il ne méconnaisse pas notre force.

EUGÉNIE, *pensive*.

Ses discours me font naître un soupçon.

LE DUC.

Quelle est ta pensée? Ouvre-moi ton cœur.

EUGÉNIE, *après un moment de silence*.

Toi aussi, tu es au nombre de ceux qu'il craint.

LE DUC.

Qu'il craigne ceux qui sont à craindre.

EUGÉNIE.

Des ennemis secrets le menaceraient-ils?

LE DUC.

Celui qui cache le danger est un ennemi. Sur quel sujet sommes-nous tombés? Ma fille, comme l'accident le plus extraordinaire nous a entraînés tout à coup vers le but! Je parle sans y être préparé; avec ma précipitation, je t'égare au lieu de t'éclairer. Ainsi le paisible bonheur de la jeunesse devait s'évanouir pour toi, dès ton entrée dans la vie. Tu n'as pu goûter, dans une douce ivresse, une satisfaction décevante. Tu touches au but, mais les épines cachées d'une trompeuse couronne déchirent ta main. Chère enfant, il ne devait pas en être ainsi.

C'était seulement par degrés, je l'espérais, qu'au sortir de ta vie recluse, tu devais t'accoutumer au monde; c'était par degrés seulement que tu devais apprendre à renoncer aux plus chères espérances, à plus d'un vœu charmant; et maintenant, tout à coup, comme cette chute soudaine te le présage, tu es précipitée au milieu des soucis et des dangers. Dans cette atmosphère on respire la défiance. L'envie allume un sang fiévreux et abandonne ses malades au chagrin. Hélas! ne dois-je plus désormais retourner le soir dans ce paradis qui t'entourait, et fuir la farce tumultueuse du monde dans le saint asile de ton innocence! Enveloppée avec moi dans le filet, asservie, troublée, tu pleureras à l'avenir sur ton père et sur toi.

EUGÉNIE.

Non pas, mon père! Si, jusqu'à ce jour, inactive, isolée et recluse, chétive enfant, qui ne comptais point, j'ai déjà pu, créature insignifiante, te donner la joie la plus pure, le délassement, la consolation, l'allégresse : combien ta fille, enfin associée à ton sort, ne doit-elle pas briller désormais, comme un fil aux riantes couleurs, dans la trame de ta vie! Je prendrai part à toute noble action, à toute grande entreprise, qui rendront mon père plus cher au monarque et au royaume. Mon humeur vive, la jeune gaieté qui m'anime, se communiqueront à toi, dissiperont ces soucis, que l'immense, l'insupportable fardeau du monde amasse sur un cœur d'homme pour l'écraser. Si autrefois, dans de tristes moments, je t'offris, enfant que j'étais, une bonne volonté impuissante, un vain amour, de frivoles badinages, j'espère maintenant, initiée à tes desseins, instruite de tes désirs, me conquérir glorieusement le droit de naissance légitime.

LE DUC.

Ce que tu perds à ce grave changement te paraît sans valeur et sans dignité : ce que tu espères, tu en fais trop d'estime.

EUGÉNIE.

Partager avec des hommes d'une haute dignité, d'une haute fortune, un puissant crédit, une honorable influence, quelle ravissante conquête pour les nobles âmes!

LE DUC.

Sans doute! Pardonne-moi, si tu me trouves plus faible en ce moment qu'il ne convient à un homme. Nous avons fait un singulier échange de nos devoirs : je dois te conduire et c'est toi qui me conduis.

EUGÉNIE.

Eh bien, mon père, monte avec moi dans les régions où se lève aujourd'hui pour moi ce nouveau soleil d'un éclat si pur. Mais que, dans ces belles heures, je provoque ton sourire, en te découvrant aussi l'objet de mes inquiétudes.

LE DUC.

Explique-toi.

EUGENIE.

Il y a dans la vie bien des circonstances importantes, où le cœur des mortels est assailli par la joie et la douleur. Si, vous autres hommes, vous oubliez alors votre extérieur, et vous présentez souvent avec négligence devant la foule, une femme désire encore de plaire à chacun, et, par un costume recherché, une toilette accomplie, elle veut être distinguée et paraître sur tous digne d'envie. On me l'a dit souvent, et je l'ai souvent observé, et je sens aujourd'hui, dans le moment le plus décisif de ma vie, que je dois aussi mon tribut à la faiblesse des jeunes filles.

LE DUC.

Quelles choses peux-tu souhaiter que tu n'obtiennes pas ?

EUGÉNIE.

Tu es disposé à tout m'accorder, je le sais. Mais le grand jour est proche, trop proche pour tout préparer dignement; et ce qu'il faut d'étoffes, de broderies, de dentelles et de joyaux pour ma parure, comment pourra-t-on se le procurer, comment achever ces apprêts ?

LE DUC.

Un bonheur longtemps souhaité nous surprend; mais nous pouvons nous être préparés à le recevoir. Tout ce qu'il te faut est prêt, et, aujourd'hui même, tu recevras, dans une précieuse cassette, des présents que tu n'attendais pas. Cependant je t'impose une légère épreuve, comme présage de bien d'autres plus difficiles. Voici la clef : garde-la bien; réprime ton désir; n'ouvre pas ce trésor avant que je te revoie. Ne te confie à personne, qui que ce puisse être. La prudence le conseille; le roi lui-même le commande.

EUGÉNIE.

Tu imagines une dure épreuve pour la jeune fille : cependant je la soutiendrai, je le jure.

LE DUC.

Mon coupable fils épie déjà les secrets chemins que je t'ai ouverts. Déjà il t'envie la petite portion de mes biens que je t'ai consacrée jusqu'à présent. S'il apprenait que tu es élevée plus haut par la faveur de notre roi, que bientôt tes droits pourront, à quelques égards, égaler les siens, quelle serait sa fureur! Ne ferait-il pas méchamment tous ses efforts pour empêcher ce beau progrès?

EUGÉNIE.

Attendons ce jour en silence; et, l'acte une fois accompli, qui m'autorise à me nommer sa sœur, je ne manquerai ni de procédés obligeants, ni de bonnes paroles, de condescendance et d'affection. Il est ton fils, et ne serait-il pas formé à ton image, pour l'amour, pour la raison?

LE DUC.

Je te crois capable de tous les miracles : accomplis-les pour le bien de ma maison, et reçois mon adieu! Mais, hélas! au moment de te quitter, je frissonne, saisi violemment d'une terreur soudaine. Ici je t'ai vue morte dans mes bras; ici m'a vaincu le désespoir avec sa griffe de tigre : qui éloignera de mes yeux cette image? Je t'ai vue morte! Et la nuit et le jour, tu m'apparaîtras souvent ainsi. Loin de toi, n'étais-je pas toujours inquiet? Maintenant, ce n'est plus un rêve de malade; c'est une image vraie, ineffaçable. Eugénie, la vie de ma vie, pâle, gisante, inanimée!

EUGÉNIE.

Ne rappelle pas ce que tu devrais éloigner. Que cette chute, que cette délivrance, te paraissent comme un précieux gage de mon bonheur. Tu me vois vivante devant tes yeux, (*elle l'embrasse*) et tu me sens vivante sur ton cœur. Laisse-moi revenir toujours, toujours ainsi. Et que, devant la vie ardente et pleine d'amour, s'évanouisse l'image de l'odieuse mort!

LE DUC.

Un enfant peut-il bien sentir comme la crainte d'une perte possible tourmente un père? Que j'avoue seulement combien de fois déjà le courage téméraire avec lequel, comme incorporée à ton cheval, dans le plein sentiment de ta force doublée, ta force de centaure, tu t'élances à travers vallons et montagnes, rivières et fossés, comme un oiseau traverse les airs : combien de fois ce courage m'a plus alarmé que ravi. De grâce, que désormais ton ardeur se livre plus modérément à l'exercice du cheval !

EUGÉNIE.

Le danger fléchit devant la témérité, et la modération est en butte à ses surprises. Oh! que ton cœur sente aujourd'hui comme au temps où, avec une hardiesse sereine, tu m'initiais gaiement, moi, petite fille, dans l'art du cavalier.

LE DUC.

J'avais tort en ce temps-là; et maintenant une longue vie d'alarmes doit-elle me punir! Et la pratique des actes dangereux n'amorce-t-elle pas le danger?

EUGÉNIE.

C'est le bonheur et non la crainte qui maîtrise le danger. Adieu, mon père, suis ton roi, et sois désormais, même pour l'amour de ta fille, son vassal dévoué, son fidèle ami. Adieu!

LE DUC.

Arrête! et demeure encore une fois, à cette place, vivante, debout, comme tu es revenue à la vie, quand tu as guéri, en le remplissant de joie, mon cœur déchiré. Que cette joie ne demeure pas stérile! Je consacre ce lieu en souvenir éternel. Ici s'élèvera un temple consacré à l'heureuse guérison. Alentour, ta main fera surgir un royaume de fées; un labyrinthe d'agréables allées enlacera la forêt sauvage et les buissons incultes; la roche escarpée devient accessible; ce ruisseau se répand çà et là en miroirs limpides; ici le voyageur étonné se sent transporté dans le paradis; ici, tant que je vivrai, ne retentira aucune arme à feu; nul oiseau, sur sa branche, nul animal sauvage, en son gîte, ne sera effrayé, blessé, immolé. Enfin, quand ma vue obscurcie, quand mes pieds affaiblis me refuseront leur secours, je veux, appuyé sur ton bras, venir ici en pèlerinage; le même sentiment de reconnaissance m'animera toujours. Et maintenant, adieu!... Mais quoi?... Tu pleures?

EUGÉNIE.

Ah! si mon père peut craindre avec angoisse de perdre sa

fille, ne doit-il s'élever en moi aucune crainte que peut-être....
(comment puis-je le penser, le dire?...) que peut-être je ne le
perde un jour? Les pères privés de leurs enfants sont à plaindre; mais les enfants privés de leurs parents le sont davantage. Et moi, la plus indigente, je resterais toute seule dans ce monde immense, étranger, barbare, si je devais me séparer de toi, mon unique ami!

LE DUC.

Comme tu m'as fortifié, je veux te rendre la pareille. Marchons en avant, comme toujours, avec courage. La vie est le gage de la vie; elle ne repose que sur elle-même, et doit être à elle-même son garant. Ainsi donc séparons-nous promptement l'un de l'autre. Un joyeux revoir nous consolera de cet adieu trop tendre. (*Ils se séparent vivement; de loin ils s'adressent, par gestes, un adieu et s'éloignent à la hâte.*)

ACTE DEUXIÈME.

L'appartement d'Eugénie; une salle d'un style gothique.

SCÈNE I.

LA GOUVERNANTE, LE SECRÉTAIRE.

LE SECRÉTAIRE.

Tu me fuis, l'ai-je mérité, au moment où je t'apporte une nouvelle souhaitée ? Du moins écoute d'abord ce que j'ai à dire !

LA GOUVERNANTE.

Je ne sens que trop bien quelle en est la portée. Ah ! laisse mon œil se détourner du regard et mon oreille de la voix connue. Laisse-moi échapper à la puissance, qui, autrefois agissante par l'amour et l'amitié, terrible maintenant comme un spectre, se dresse à mon côté.

LE SECRÉTAIRE.

Lorsque, après un long espoir, je verse tout à coup devant tes pieds la corne d'abondance; quand l'aurore de ce jour qui doit fonder pour jamais notre alliance se lève à l'horizon avec un air de fête : indécise, mécontente, tu sembles fuir les offres d'un fiancé.

LA GOUVERNANTE.

Tu ne me présentes qu'un côté ; il brille et resplendit, comme la terre sourit aux rayons du soleil : mais derrière est la nuit ténébreuse, menaçante, dont je sens déjà l'horreur.

LE SECRÉTAIRE.

Eh bien, voyons d'abord le beau côté ! Veux-tu une habitation au milieu de la ville ? une habitation spacieuse, gaie, parfaitement meublée, comme on la désire pour soi, ainsi que pour ses hôtes ? Elle est prête ; l'hiver prochain nous y trouvera, si tu veux, brillamment entourés. Au printemps, soupires-tu après la campagne ? Là nous sont aussi réservés une maison, un jardin, une terre fertile. Et ce que l'imagination peut se représenter de charmant en forêts, bocages, prairies, lacs et ruisseaux, nous en jouissons, en partie comme de notre bien propre, en partie comme du bien commun ; à côté de cela, quelques rentes nous permettent encore de nous élever très-commodément, par l'économie, à une plus sûre aisance.

LA GOUVERNANTE.

Ce tableau, si brillant que tu le présentes, s'enveloppe à mes yeux de tristes nuages. Ce n'est pas d'une manière désirable, mais horrible, que le dieu du monde s'approche de moi environné de l'abondance. Quel sacrifice demande-t-il ? Il me faudrait aider à détruire le bonheur de ma gracieuse élève ? Et le fruit d'un tel crime, je devrais en jouir d'un cœur libre ? Eugénie, toi dont l'aimable naturel, sous mes yeux, dès ton enfance, développa sans mélange ses riches trésors, puis-je encore distinguer chez toi ce qui t'appartient et ce que tu me dois ? Toi que je porte dans mon cœur, comme mon propre ouvrage, je devrais maintenant te détruire ? De quelle matière êtes-vous donc formés, cruels, pour oser demander un acte pareil, et pour croire de le récompenser ?

LE SECRÉTAIRE.

Un bon et noble cœur garde maint trésor dès l'enfance, et ne le forme, toujours plus beau et plus digne d'amour, que pour la gracieuse divinité du temple secret ; mais, quand la puissance qui nous gouverne commande un grand sacrifice, nous finissons néanmoins par l'offrir, le cœur saignant, à la nécessité. Ce sont deux mondes, mon amie, qui, se combattant avec violence, nous tyrannisent.

LA GOUVERNANTE.

Tu sembles marcher dans un monde tout à fait étranger à mes sentiments, quand tu prépares traîtreusement à ton maître, le noble duc, de si tristes jours, et te ranges dans le parti de son fils.... Quand la volonté suprême semble favoriser le crime, nous la nommons hasard ; mais l'homme qui, avec pleine réflexion, agit de la sorte par choix, est une énigme.... Cependant.... Et ne suis-je pas aussi une énigme pour moi, de te garder encore un tel attachement, quand tu t'efforces de m'entraîner dans l'abîme? Ah! pourquoi la nature te donna-t-elle un extérieur charmant, aimable, irrésistible, puisqu'elle avait résolu de mettre dans ton sein un cœur froid, un cœur malfaisant?

LE SECRÉTAIRE.

Ne crois-tu pas à la chaleur de mon affection?

LA GOUVERNANTE.

Ah! je voudrais m'anéantir, si je pouvais. Mais pourquoi m'assiéger encore avec cet odieux projet? N'as-tu pas juré d'ensevelir cette horreur dans une nuit éternelle?

LE SECRÉTAIRE.

Hélas! elle éclate malheureusement avec plus de violence. On force le jeune prince à prendre une résolution. Eugénie resta d'abord, plusieurs années, un enfant inconnu, insignifiant. Tu l'as élevée toi-même, dès ses premiers jours, dans ces salles antiques, visitée de peu de gens et seulement en secret. Mais comment s'est caché l'amour paternel? Le duc, fier du mérite de sa fille, la laisse peu à peu paraître publiquement; elle se montre à cheval, en voiture. Chacun demande et chacun sait enfin qui elle est. Maintenant la mère est morte. Cette enfant était pour l'orgueilleuse femme un objet d'horreur, qui semblait incessamment lui reprocher sa faiblesse. Elle n'a jamais reconnu sa fille, et à peine l'a-t-elle vue. Par sa mort, le duc se sent libre; il forme des plans secrets, se rapproche de la cour et renonce enfin à son ancien ressentiment; il se réconcilie avec le roi, et il y met pour condition de voir cette enfant reconnue princesse du sang royal.

LA GOUVERNANTE.

Vous n'enviez pas, je suppose, à cette nature excellente l'avantage d'appartenir au sang des princes?

LE SECRÉTAIRE.

Chère amie, séparée du monde par ces murs, tu parles bien légèrement, et dans un esprit monacal, du prix des biens terrestres. Jette les yeux au dehors : là on apprécie mieux de si nobles trésors. Le père les envie à son fils; le fils compte les années de son père; un droit incertain divise les frères, à la vie et à la mort ; le religieux lui-même oublie le but qu'il devrait poursuivre, et il poursuit la richesse. Trouverait-on mauvais que le prince, qui s'est toujours senti fils unique, ne veuille pas s'accommoder d'une sœur qu'on lui impose, et qui diminue sa portion héréditaire ? Qu'on se mette à sa place et qu'on juge.

LA GOUVERNANTE.

Et n'est-il pas déjà un riche prince ? Et ne le sera-t-il pas outre mesure, à la mort de son père ? Oh ! comme une part de ces biens serait employée avec avantage, s'il savait, à ce prix, gagner son aimable sœur !

LE SECRÉTAIRE.

Agir selon le caprice est le bonheur du riche. Il résiste à l'appel de la nature, à la voix de la justice, de la raison, et répand ses dons au hasard. Posséder le nécessaire s'appellerait être indigent. Il faudrait tout avoir ! Des biens immenses sont désirables à une prodigalité sans bornes. Ne songe pas ici à conseiller, à modérer : si tu ne peux nous seconder, laisse-nous.

LA GOUVERNANTE.

En quoi donc vous seconder ? Dès longtemps vous menacez de loin le bonheur de cette aimable enfant. Qu'avez-vous enfin résolu sur elle dans votre affreux conseil ? Exigez-vous peut-être que je m'associe aveuglément à votre dessein ?

LE SECRÉTAIRE.

Nullement ! Tu peux et tu dois savoir sur-le-champ ce que nous sommes nous-mêmes réduits à faire et à te demander. Tu emmèneras Eugénie ! Elle doit tout à coup disparaître du monde, si bien que nous puissions en sûreté la pleurer comme morte ; son sort futur doit, comme celui des morts, rester éternellement caché.

LA GOUVERNANTE.

Vous la consacrez vivante à la tombe ; vous me désignez méchamment pour sa compagne ; vous m'y précipitez avec elle : instrument de la trahison, il faut qu'avant la mort, je partage avec la victime la destinée des morts !

LE SECRÉTAIRE.

Tu l'emmèneras et tu reviendras aussitôt.

LA GOUVERNANTE.

Doit-elle terminer ses jours dans un cloître ?

LE SECRÉTAIRE.

Non pas dans un cloître : nous ne voulons pas confier un tel gage à des prêtres, qui pourraient bien s'en servir comme d'un instrument contre nous.

LA GOUVERNANTE.

Doit-elle donc aller aux Iles ? Explique-toi.

LE SECRÉTAIRE.

Tu l'apprendras. Pour le moment, calme-toi.

LA GOUVERNANTE.

Comment puis-je être calme, en présence du péril et du malheur qui menacent ma chère enfant, qui me menacent moi-même ?

LE SECRÉTAIRE.

Ta chère enfant peut aussi être heureuse là-bas, et toi, le bonheur et la joie t'attendent ici.

LA GOUVERNANTE.

Oh ! ne vous flattez pas d'une pareille espérance. Que vous sert de m'assaillir, de m'engager, de me pousser au crime ? Elle-même, la noble enfant, elle déjouera votre dessein. Ne croyez pas l'entraîner sans danger, comme une victime résignée. Cet esprit courageux, qui l'anime, cette force héréditaire, la suivront où qu'elle porte ses pas, et briseront le piége trompeur dont vous l'entourez.

LE SECRÉTAIRE.

La maintenir ?... Que cela te réussisse ! Veux-tu me faire croire qu'une enfant, bercée jusqu'à ce jour dans les bras caressants du bonheur, montrera, dans cette crise imprévue, la réflexion et la force, l'adresse et la prudence ? Son esprit est formé, mais non pour l'action, et, si elle sent avec justesse et parle sagement, il lui manque beaucoup encore pour agir avec mesure. Le grand et libre courage de l'homme sans expérience dégénère aisément en faiblesse et en désespoir, quand la nécessité se présente devant lui. Ce que nous avons résolu, à toi de l'exécuter. Il en résultera un peu de mal et beaucoup de bien.

LA GOUVERNANTE.

Donnez-moi donc le temps de réfléchir et de me déterminer.

LE SECRÉTAIRE.

Déjà le moment d'agir nous presse. Le duc paraît certain que le roi, dans la fête prochaine, lui fera cette haute faveur et consentira à reconnaître sa fille. Car les habits et les joyaux sont prêts, tous enfermés dans un coffre magnifique, dont il garde lui-même soigneusement la clef, et pense garder un secret. Mais nous le connaissons bien et nous sommes prêts. Il faut maintenant que notre dessein s'exécute sans délai. Ce soir tu en apprendras davantage. Adieu.

LA GOUVERNANTE.

Vous poursuivez méchamment votre œuvre par des chemins ténébreux, et vous imaginez voir clairement votre avantage. Avez-vous donc fermé votre cœur à tout pressentiment, que sur le crime et l'innocence plane un Dieu qui répand la lumière, un Dieu sauveur et vengeur?

LE SECRÉTAIRE.

Qui pourrait nier un Maître tout-puissant, qui se réserve de régler l'issue de nos actions selon son unique volonté? Mais quel homme ose s'associer à son conseil suprême? Qui peut reconnaître la règle et la loi selon lesquelles il décide et prononce? Nous avons reçu l'intelligence, pour nous conduire librement nous-mêmes dans le monde terrestre, et ce qui nous est utile est notre loi suprême.

LA GOUVERNANTE.

Et vous niez par conséquent ce qu'il y a de plus divin, si les avis du cœur ne signifient rien pour vous! Il m'appelle à détourner, de toutes mes forces, l'affreux danger loin de mon aimable élève; à me munir de courage contre toi, contre la force et la ruse. Aucune promesse, aucune menace, ne me feront quitter mon poste. Ici, dévouée à son salut, je reste inébranlable.

LE SECRÉTAIRE.

O ma chère, ce salut, toi seule tu peux le lui procurer; toi seule tu peux détourner le danger loin d'elle, et c'est en nous écoutant! Prends vite cette charmante fille; emmène-la aussi loin que tu pourras; dérobe-la aux regards de tous les hommes: car.... tu frissonnes, tu prévois ce que j'ai à te dire.... Soit! puisque tu me presses, je le dis enfin : l'éloigner est le moyen le plus doux. Si tu ne veux pas concourir à ce dessein, si tu songes à t'y opposer secrètement, et si, d'une manière quelconque, tu oses, à bonne intention, trahir ce que je t'ai confié : tu la verras morte dans tes bras. Il m'en coûtera des pleurs à moi-même, mais il faut que cela soit ainsi. (*Il sort.*)

SCÈNE II.

LA GOUVERNANTE, *seule*.

Cette audacieuse menace ne me surprend point. Dès longtemps je vois couver ce feu, et il éclatera bientôt en flammes ardentes. Pour te sauver, chère enfant, il faut que je t'arrache à ton beau rêve du matin. Une seule espérance adoucit ma douleur; mais elle disparaît au moment où je la saisis. Eugénie!... si tu pouvais renoncer à la haute fortune, qui semble infinie, sur le seuil de laquelle tu rencontres le danger et la mort, et, comme un sort plus doux, le bannissement! Oh! si j'osais t'éclairer! si j'osais te découvrir les secrets repaires où te guette perfidement la troupe de tes persécuteurs conjurés! Hélas! je dois me taire. Je ne puis que faire entrevoir le danger par mes avis. Dans l'ivresse de ta joie, sauras-tu me comprendre?

SCÈNE III.

EUGÉNIE, LA GOUVERNANTE.

EUGÉNIE.

Je te salue, amie de mon cœur, que j'aime comme une mère. Je te salue.

LA GOUVERNANTE.

Je te presse avec délice sur mon sein, chère enfant, et je me réjouis de la joie que ta vive jeunesse épanche à flots abondants. Que ton œil brille d'un pur éclat! Quel ravissement voltige autour de ta bouche et de tes joues! Quel bonheur déborde de ton sein agité!

EUGÉNIE.

Un grave accident m'était arrivé : le cheval et l'écuyère s'étaient précipités d'un rocher.

LA GOUVERNANTE.

Ô Dieu!

EUGÉNIE.

Sois tranquille. Tu me revois, après cette chute, bien portante et au comble de la joie.

LA GOUVERNANTE.

Et comment?

EUGÉNIE.

Je t'apprendrai comme le bonheur est admirablement sorti de cet accident.

LA GOUVERNANTE.

Hélas! la souffrance vient souvent à la suite du bonheur.

EUGÉNIE.

Évite les paroles de mauvais présage, et n'éveille pas en moi la frayeur et le souci.

LA GOUVERNANTE.

Oh! si tu voulais tout me confier sur-le-champ!

EUGÉNIE.

A toi avant tout le monde! Mais à présent, chère amie, laisse-moi. Il faut que j'apprenne à me trouver seule avec mes propres sentiments. Tu sais combien mon père est charmé, quand il est accueilli, à l'improviste, par quelques petits vers, tels que la faveur de la Muse m'en accorde en mainte circonstance. Laisse-moi. Dans cet instant même mon esprit voit flotter de riantes images : je veux les saisir avant qu'elles m'échappent.

LA GOUVERNANTE.

Quand viendra, comme autrefois, une suite d'heures paisibles, qui nous récrée dans de longs entretiens? Comme d'heureuses jeunes filles, qui se lassent à peine de se montrer cent fois leurs parures, quand ouvrirons-nous les plus secrets replis de nos cœurs, pour jouir, dans un facile épanchement, de leurs mutuelles richesses?

EUGÉNIE.

Elles reviendront aussi ces heures, dont on aime à redire le bonheur tranquille, avec une confiance que le souvenir fait renaître. Mais aujourd'hui laisse-moi trouver, dans une complète solitude, le besoin de ces jours d'autrefois. (*La Gouvernante sort.*)

SCÈNE IV.

EUGÉNIE, *seule*, *et ensuite* LA GOUVERNANTE, *au dehors.*

EUGÉNIE. *Elle tient un portefeuille.*

Et maintenant, vite, les tablettes et le crayon! Je l'ai tout entier, et je le rassemble à la hâte, ce que je dois offrir au roi, comme un sincère hommage, dans cette fête, où, recevant de sa parole une nouvelle naissance, j'entrerai dans la vie. (*Elle récite lentement et elle écrit.*)

« Quelle vie délicieuse est ici dispensée! Ne veux-tu pas, ô maître de ces hautes régions, ménager la faiblesse de la novice? Je succombe, éblouie par la majesté.

« Mais bientôt, rassurée et levant les yeux vers toi, je jouis de me voir heureusement au pied de ton trône inébranlable, moi, rejeton de ta race, et tout mon premier espoir est comblé.

« Qu'elle coule donc l'aimable source des grâces! Ici le cœur fidèle veut s'arrêter avec joie et se raffermir auprès de la bienveillance royale.

« Tout mon être tient à un fil léger; je me sens comme entraînée invinciblement à sacrifier pour toi la vie que tu m'as donnée. »

(*Elle regarde avec complaisance ce qu'elle vient d'écrire.*)

O mon cœur agité, il y a longtemps que tu ne t'es ainsi exprimé en paroles mesurées. Qu'on est heureux d'imprimer aux sentiments de son cœur le sceau de l'immortalité! Mais est-ce bien assez? (*Portant la main sur son cœur.*) Ici cela coule encore! ici cela déborde!... Tu approches, grand jour, qui nous donnas le roi, et qui maintenant me donneras à lui, à mon père, à moi-même, pour un bonheur immense. Que mes chants célèbrent cette fête solennelle! Mon imagination s'élance, en déployant ses ailes; elle me conduit devant le trône et me présente; elle me donne dans l'assemblée....

LA GOUVERNANTE, *du dehors.*

Eugénie!

EUGÉNIE.

Que veut-on?

ACTE II, SCÈNE IV.

LA GOUVERNANTE.

Écoute-moi, et ouvre à l'instant!

EUGÉNIE.

Fâcheuse interruption! Je ne puis ouvrir.

LA GOUVERNANTE.

Un message de ton père.

EUGÉNIE.

Comment? De mon père! A l'instant. (*A part.*) Il faut ouvrir.

LA GOUVERNANTE.

Je crois qu'il t'envoie de beaux présents.

EUGÉNIE.

J'y vais.

LA GOUVERNANTE.

Entends-tu?

EUGÉNIE.

J'y vais! (*A part.*) Mais où cacherai-je cette feuille? Elle parle trop clairement, cette espérance qui me ravit. Ici rien pour enfermer! Et, chez moi, il n'est rien de sûr nulle part.... cette poche à peine; car mes domestiques ne sont pas tous fidèles. On m'a déjà feuilleté et détourné bien des choses pendant mon sommeil. Ce secret, le plus grand que j'aie jamais gardé, où donc, où le cacher? (*Elle s'approche du mur.*) Bien! c'était ici, armoire secrète de la muraille, que tu cachais les innocents mystères de mon enfance! Toi que me fit découvrir mon infatigable activité, qui observait tout d'un regard enfantin, et naissait du loisir et de la curiosité; toi, qui es ignorée de tout le monde, ouvre-toi! (*Elle presse un ressort caché et une petite porte s'ouvre.*) Comme je déposais autrefois dans ta cachette des sucreries défendues, pour les manger furtivement : inquiète et charmée, je te confie aujourd'hui, pour un peu de temps, le bonheur de ma vie. (*Elle dépose les tablettes dans l'armoire et la ferme.*) Les jours avancent, et, avec de nouveaux pressentiments, s'approchent désormais la joie et la douleur. (*Elle ouvre la porte.*)

SCÈNE V.

EUGÉNIE, LA GOUVERNANTE.
Des Domestiques apportent une cassette magnifique.

LA GOUVERNANTE.

Si je t'ai dérangée, j'amène avec moi quelque chose qui sans doute m'excusera.

EUGÉNIE.

De mon père? Cette cassette magnifique? Quels précieux trésors annonce un meuble si beau! (*Aux Domestiques.*) Attendez! (*Elle leur donne une bourse.*) Prenez cette bagatelle, pour premier salaire de votre message. Vous recevrez mieux ensuite. (*Les Domestiques s'en vont.*) Et sans lettre et sans clef! Un pareil trésor me restera-t-il caché tout près de moi? O curiosité! ô impatience! Devines-tu ce que peut me présager ce cadeau?

LA GOUVERNANTE.

Je ne doute pas que tu ne l'aies toi-même deviné. Il présage certainement ta grandeur prochaine. On t'envoie la parure de la fille de prince, parce que le roi t'appellera bientôt.

EUGÉNIE.

Comment peux-tu le supposer?

LA GOUVERNANTE.

Je le sais pourtant. Les secrets des grands sont observés.

EUGÉNIE.

Et, si tu le sais, pourquoi te le cacherais-je? Dois-je, sans motif, réprimer devant toi le désir de voir ces présents?... J'ai pourtant ici la clef.... A la vérité, mon père l'a défendu. Mais qu'a-t-il défendu? De découvrir le secret avant le temps. Et tu l'as déjà découvert! Tu ne peux rien apprendre de plus que tu ne sais, et tu garderas le silence pour l'amour de moi. Que tardons-nous? Viens, ouvrons! Viens, que le brillant éclat de ces cadeaux nous ravisse.

LA GOUVERNANTE.

Arrête! Songe à la défense! Qui sait pourquoi le duc en a prudemment ordonné ainsi?

EUGÉNIE.

Il l'a ordonné avec intention, pour un but particulier, qui est manqué : tu sais déjà tout. Tu m'aimes ; tu es discrète et sûre. Fermons la porte! Examinons d'abord entre nous ce mystère. (*Elle ferme la porte de la chambre et court à la cassette.*)

LA GOUVERNANTE, *retenant Eugénie.*

Que l'or et les couleurs brillantes des étoffes magnifiques, le doux éclat des perles, le feu des bijoux, demeurent cachés! Hélas! ils l'entraîneront invinciblement à ce but lointain....

EUGÉNIE.

Ce qu'ils présagent est ce qui me ravit. (*Elle ouvre le coffre; on voit l'intérieur orné de glaces*). Quelle étoffe précieuse se déploie à mes regards, dès que je l'ai touchée! Et ces glaces, ne demandent-elles pas d'abord à réfléchir à la fois la jeune fille et la parure?

LA GOUVERNANTE.

Il me semble voir se déployer sous ma main le tissu mortel de Créuse.

EUGÉNIE.

Comment une idée si sombre s'offre-t-elle à ton esprit? Songe aux joyeuses fêtes d'heureuses fiancées! Viens! Passe-moi chaque objet l'un après l'autre. La robe de dessous. Qu'avec richesse et grâce brille et se marie le pur éclat de l'argent et des couleurs!

LA GOUVERNANTE. *Elle essaye la robe à Eugénie.*

Si jamais le soleil de la faveur voile son regard, cet éclat s'effacera soudain.

EUGÉNIE.

Une âme fidèle mérite ce regard, et, s'il voulait s'éloigner, elle le retient.... La robe de dessus, à l'étoffe d'or, attache-la de même. La queue traînera, largement déployée. L'émail des fleurs de métal forme aussi à cet or une bordure d'un goût délicat.

LA GOUVERNANTE.

Cependant les connaisseurs admirent davantage la simple beauté avec ses propres charmes.

EUGÉNIE.

La simple beauté est estimée du connaisseur, mais les ajustements parlent à la multitude.... Prête-moi maintenant la douce lumière des perles et le puissant éclat des joyaux.

LA GOUVERNANTE.

Et pourtant ce qui satisfait ton cœur et ton esprit, c'est le vrai, le solide mérite, et non l'apparence.

EUGÉNIE.

L'apparence, qu'est-elle, si la réalité manque? La réalité, que serait-elle, si elle ne paraissait pas?

LA GOUVERNANTE.

Et n'as-tu pas dans ces murs mêmes passé les jours sereins de la jeunesse? N'as-tu pas, sur le sein de celle qui t'aime, goûté avec ravissement le charme de la félicité secrète?

EUGÉNIE.

Il peut suffire au bouton de fermer ses feuilles, aussi longtemps que les frimas de l'hiver l'environnent; mais, une fois que, sous l'haleine du printemps, se développe la force de la vie, le bouton s'épanouit en fleur à l'air et à la lumière.

LA GOUVERNANTE.

De la modeste fortune découle un bonheur pur.

EUGÉNIE.

Si l'on se propose un but modeste.

LA GOUVERNANTE.

Celui qui jouit se cherche une limite.

EUGÉNIE.

Je ne puis te croire, étant ainsi parée. Oh! si cette chambre pouvait s'agrandir jusqu'à la mesure de la salle éclatante où trône le roi! Si sous mes pieds s'étendaient de moelleux tapis, et sur ma tête une tenture d'or en voûte! Si, dans ce lieu, en cercle devant Sa Majesté, humbles avec orgueil, les grands, animés par un sourire de ce soleil, brillaient avec magnificence; moi, dans cette fête si belle, parmi toutes ces femmes qu'on remarque, la plus remarquée! Oh! laisse-moi l'avant-goût de ce moment délicieux, où je me verrai le but de tous les regards!

LA GOUVERNANTE.

Non-seulement le but de l'admiration, mais bien plus le but de la haine et de l'envie.

ACTE II, SCÈNE V.

EUGÉNIE.

L'envieux est là pour donner du relief au bonheur ; la haine nous enseigne à être toujours armé.

LA GOUVERNANTE.

L'humiliation atteint souvent les orgueilleux.

EUGÉNIE.

Je lui opposerai la présence d'esprit. (*Elle se tourne vers la cassette.*) Nous n'avons pas encore tout examiné. Je ne pense pas à moi seule en ces jours. J'espère aussi pour d'autres quelques objets de prix.

LA GOUVERNANTE, *sortant du coffre une petite boîte.*

Ici est écrit : « Pour cadeaux. »

EUGÉNIE.

Prends, la première, ce qui pourra te faire plaisir parmi ces montres, ces boîtes. Choisis !... Non, réfléchis encore. Peut-être se cache-t-il, dans la riche cassette, quelque chose de plus précieux.

LA GOUVERNANTE.

Oh! s'il pouvait s'y trouver un talisman, assez fort pour gagner l'affection de ton farouche frère!

EUGÉNIE.

Que la pure influence d'un cœur sincère surmonte peu à peu son aversion!

LA GOUVERNANTE.

Mais le parti qui fomente sa haine est pour toujours opposé à tes vœux.

EUGÉNIE.

S'il a tâché, jusqu'à ce jour, d'empêcher mon bonheur, une décision souveraine intervient aujourd'hui, et chacun se résigne à la chose accomplie.

LA GOUVERNANTE.

Mais ce que tu espères n'est pas encore accompli.

EUGÉNIE.

Mais je puis le considérer comme achevé. (*Elle se tourne vers la cassette.*) Qu'y a-t-il là-dessus, dans cette longue boîte?

LA GOUVERNANTE, *après avoir sorti la boîte.*

Les plus beaux rubans, d'un choix délicat et nouveau.... N'amuse pas ton esprit à considérer curieusement de vaines frivolités. Oh! si tu pouvais prêter un moment d'attention à mes paroles! Tu passes maintenant d'un cercle paisible dans une vaste carrière, où t'attendent la foule des soucis, les piéges dressés avec art et peut-être la mort, sous les coups d'une main criminelle.

EUGÉNIE.

Tu me sembles malade! Autrement, mon bonheur pourrait-il te paraître effroyable comme un spectre? (*Elle regarde dans la cassette.*) Que vois-je? Ce rouleau! Assurément, c'est la décoration des premières princesses du sang! Et je la porterai aussi! Vite, voyons comme elle me siéra. Elle fait partie du costume : essayons-la donc aussi! (*La Gouvernante lui attache le ruban.*) Maintenant, parle de la mort! parle de danger! Qu'est-ce qui sied mieux à un homme que de pouvoir, au milieu de ses pairs, se montrer à son roi sous la parure des héros? Qu'est-ce qui charme plus les yeux que cet habit, qui décore les phalanges guerrières? Et cet habit et ses couleurs ne sont-ils pas l'emblème d'un perpétuel danger? Elle signifie la guerre, l'écharpe dont un noble soldat, fier de sa force, entoure sa ceinture. O ma chère, un emblème brillant est toujours dangereux. Laisse-moi aussi le courage d'attendre, si magnifiquement parée, ce qui peut m'arriver. Chère amie, mon bonheur est irrévocable.

LA GOUVERNANTE, *à part.*

Irrévocable, le sort qui va te frapper!

ACTE TROISIÈME.

Antichambre du duc, décorée dans le goût moderne.

SCÈNE I.

LE SECRÉTAIRE, L'ABBÉ.

LE SECRÉTAIRE.

Entre sans bruit au milieu de ce silence funèbre. Tu trouveras cette maison comme dévastée par la mort. Le duc sommeille, et tous les domestiques, pénétrés de sa douleur, courbent la tête, immobiles et muets. Il sommeille! Je le félicitais en moi-même, en le voyant, sans connaissance, respirer doucement sur sa couche. L'excès de la souffrance s'est dissipé dans ce salutaire bienfait de la nature. Je redoute le moment où il s'éveillera. Tu verras paraître un homme accablé de douleur.

L'ABBÉ.

J'y suis préparé, n'en doutez pas.

LE SECRÉTAIRE.

Il y a quelques heures, la nouvelle arriva qu'Eugénie était morte d'une chute de cheval; qu'on l'avait déposée dans votre monastère, comme dans le lieu le plus voisin où l'on avait pu la porter, de ces masses de rochers, où elle a couru témérairement à la mort.

L'ABBÉ.

Et, dans l'intervalle, on l'a déjà emmenée bien loin?

LE SECRÉTAIRE.

On l'entraîne en toute hâte.

L'ABBÉ.

A qui confiez-vous une affaire si difficile?

LE SECRÉTAIRE.

A la femme prudente qui nous appartient.

L'ABBÉ.

Dans quels lieux l'avez-vous envoyée ?

LE SECRÉTAIRE.

Dans un port, à l'extrémité de ce royaume.

L'ABBÉ.

De là elle doit passer dans le plus lointain pays ?

LE SECRÉTAIRE.

Un vent favorable l'emmènera bientôt.

L'ABBÉ.

Et ici elle doit à jamais passer pour morte ?

LE SECRÉTAIRE.

C'est toi qui es chargé de faire ce conte.

L'ABBÉ.

Il faut que, dès le premier instant, l'erreur agisse puissamment pour tout l'avenir; il faut que l'imagination soit glacée d'horreur devant sa fosse, devant son cadavre. Je déchirerai en mille lambeaux l'image chérie, et j'imprimerai en traits de feu ce malheur dans la mémoire de l'auditeur épouvanté. Elle est perdue pour tous; elle s'évanouit dans le néant de la poudre. Chacun tourne bientôt ses regards vers la vie, et, dans l'ivresse des impatients désirs, oublie qu'elle aussi elle passa dans la foule des vivants.

LE SECRÉTAIRE.

Tu te mets à l'œuvre avec beaucoup d'audace : ne crains-tu dans la suite aucun repentir ?

L'ABBÉ.

Quelle question me fais-tu là ? *Nous sommes décidés!*

LE SECRÉTAIRE.

Un malaise intérieur accompagne souvent l'action, même contre notre volonté.

L'ABBÉ.

Qu'entends-je ? Toi, scrupuleux ? Ou veux-tu seulement m'éprouver, pour savoir si vous avez réussi à me former parfaitement, moi, votre disciple ?

LE SECRÉTAIRE.

On ne réfléchit jamais assez aux choses importantes.

L'ABBÉ.

Que l'on réfléchisse avant de se mettre à l'œuvre.

LE SECRÉTAIRE.

Même quand on est à l'œuvre, la réflexion trouve sa place.

L'ABBÉ.

Pour moi, je n'ai plus à réfléchir. Cela eût été de saison, quand je vivais encore dans le paradis des plaisirs bornés; lorsque, dans l'étroit enclos de mon jardin, je greffais moi-même les arbres semés de mes mains; qu'un humble potager suffisait aux besoins de ma table; que le contentement répandait encore sur toutes choses, dans ma petite maison, le sentiment de l'abondance, et que, selon mes lumières, je parlais du cœur à mes paroissiens, comme ami, comme père; que je m'empressais de prêter aux bons une main secourable; que je résistais au méchant comme au mal. Oh! si un bon génie t'avait écarté de ma porte, le jour où tu vins y frapper, fatigué de la chasse et altéré; ce jour où tu sus me charmer par tes manières flatteuses et tes douces paroles! Ce beau jour, consacré à l'hospitalité, fut le dernier d'une paix goûtée sans mélange.

LE SECRÉTAIRE.

Nous t'avons procuré bien des jouissances.

L'ABBÉ.

Et vous m'avez imposé bien des besoins. Je devins pauvre alors, quand je connus les riches; je devins soucieux, car je sentais des privations; je fus indigent, car j'avais besoin de secours étrangers. Vous vîntes à mon aide : je le paye chèrement. Vous me prîtes pour associé à votre bonheur, pour compagnon dans vos entreprises. Vous engagez comme esclave, devrais-je dire, un homme, libre autrefois, opprimé maintenant. Vous le récompensez, il est vrai, mais vous lui refusez encore la récompense qu'il croit pouvoir demander.

LE SECRÉTAIRE.

Compte que, dans peu de temps, nous te comblerons de biens, d'honneurs et de bénéfices.

L'ABBÉ.

Ce n'est pas là ce que je dois attendre.

LE SECRÉTAIRE.

Et quelle nouvelle demande formes-tu donc?

L'ABBÉ.

Cette fois encore, vous m'employez comme un aveugle instrument. Vous écartez cette aimable jeune fille du milieu des vivants; il faut que je colore, que je couvre l'attentat, et vous le décidez, vous l'exécutez sans moi. Désormais je demande de siéger dans le conseil où l'on prend ces résolutions terribles, où chacun, fier de son génie et de ses forces, opine sur des forfaits inévitables.

LE SECRÉTAIRE.

A te joindre, cette fois aussi, avec nous, tu t'assures de nouveau de grands droits. Tu apprendras bientôt de nombreux secrets : jusque-là prends patience et sois ferme.

L'ABBÉ.

Je le suis, et plus encore que vous ne pensez. Il y a bien longtemps que j'ai pénétré vos desseins. Celui-là seul mérite l'initiation secrète, qui sait la devancer par ses pressentiments.

LE SECRÉTAIRE.

Que prévois-tu? Que sais-tu?

L'ABBÉ.

Réservons cela pour un entretien de minuit. Ah! le triste sort de cette jeune fille disparaît à mes yeux comme un ruisseau dans l'Océan, quand je considère comme vous vous élevez en secret à une factieuse puissance, et comme vous espérez, avec une ruse audacieuse, usurper la place de ceux qui gouvernent. Vous n'êtes pas seuls : d'autres aussi, qui luttent contre vous, tendent au même but. Ainsi, vous minez la patrie et le trône. Qui sera sauvé, si tout s'écroule à la fois?

LE SECRÉTAIRE.

Je l'entends venir! Retire-toi ici à l'écart. Je t'introduirai quand il en sera temps.

SCÈNE II.

LE DUC, LE SECRÉTAIRE.

LE DUC.

Funeste lumière! Tu me rappelles à la vie, au sentiment des objets extérieurs et de moi-même! Comme tout est devant moi dépouillé, désert et vide! Comme il est consumé, changé en vastes ruines, l'asile de mon bonheur!

LE SECRÉTAIRE.

Si chacun des tiens, qui, à cette heure, souffrent avec toi, pouvait porter une partie de tes douleurs, tu te sentirais soulagé et fortifié.

LE DUC.

La douleur que cause l'amour reste indivisible et infinie comme l'amour même. Je sens quel affreux malheur atteint celui qui perd son bien accoutumé, son bien de chaque jour! Oh! pourquoi laissez-vous paraître encore devant moi, avec leurs couleurs et leurs dorures, les murailles connues qui me rappellent froidement la veille, l'avant-veille et l'ancien état de mon bonheur parfait! Oh! pourquoi ne voilez-vous pas ces chambres et ces salles de crêpes funèbres, afin que, ténébreuse comme ma pensée, une ombre éternelle m'enveloppe de toutes parts!

LE SECRÉTAIRE.

Tant de biens qui te restent devraient pourtant, après cette perte, te sembler quelque chose.

LE DUC.

Ce n'est plus qu'un songe terrestre et inanimé. Elle était l'âme de toute cette maison. Comme autrefois l'image de l'aimable enfant volait au-devant de moi à mon réveil! Ici je trouvais souvent, pour salut matinal, une feuille écrite de sa main, une feuille pleine d'esprit et de tendresse.

LE SECRÉTAIRE.

Combien de fois son désir de te plaire ne s'exprima-t-il pas poétiquement en rimes précoces!

LE DUC.

L'espérance de la voir donnait leur unique charme aux heures d'une pénible journée.

LE SECRÉTAIRE.

Que de fois, s'il survenait un obstacle, un retard, on t'a vu tourner les yeux vers elle, comme l'ardent jeune homme vers son amante!

LE DUC.

Mais ne compare pas la passion du jeune homme, qui saisit,

avec une ardeur dévorante, une jouissance égoïste, au sentiment du père, qui, livré à l'extase, plongé secrètement dans une sainte contemplation, observe avec joie le développement de merveilleuses facultés et les progrès étonnants de la culture ! Aux transports de l'amour il faut l'heure présente ; mais l'avenir est le trésor du père. Là sont les vastes champs de son espérance ; là germent les jouissances qu'il a semées.

LE SECRÉTAIRE.

O douleur ! Tu as perdu maintenant cette joie immense, ce bonheur toujours nouveau !

LE DUC.

L'ai-je perdu ? Tout à l'heure encore, il était devant moi dans tout son éclat. Oui, je l'ai perdu ! Tu me le rappelles, malheureux ; cette heure vide me le rappelle encore. Oui, je l'ai perdu ! Coulez donc, mes pleurs ! Que la douleur détruise ce corps robuste, épargné jusqu'à ce jour par les années trop favorables. Je hais tout ce qui subsiste ; je hais ce qui se montre à moi, fier de sa durée ; j'aime ce qui passe et chancelle. Flots, enflez-vous ; déchirez les digues ; faites du pays une mer ! Mer furieuse, ouvre tes abîmes ! Engloutis les vaisseaux, les hommes et les trésors ! Répandez-vous au loin, bandes guerrières ; entassez morts sur morts dans les campagnes sanglantes ! Allumez-vous dans l'espace, foudres du ciel, et frappez les orgueilleuses têtes des tours audacieuses ! Que la fureur de la flamme les détruise, les embrase, et dévaste au loin les villes en tumulte, afin que, environné de tous les désastres, je me résigne au sort qui m'a frappé !

LE SECRÉTAIRE.

Noble seigneur, cette calamité inattendue t'accable horriblement.

LE DUC.

Elle m'a surpris, mais je fus averti. Un bon génie permit que ma fille se réveillât dans mes bras d'entre les morts. Il me montra, avec ménagement, et comme au passage, un affreux malheur, désormais éternel. Alors j'aurais dû punir la témérité, m'opposer par mes réprimandes à l'audace ; interdire cette fureur, qui, se croyant immortelle, invulnérable, rivalisant avec l'oiseau, à travers forêts, rivières et buissons, se précipite aveuglément d'un rocher !

LE SECRÉTAIRE.

Ce que font souvent et avec succès nos meilleurs cavaliers, comment devait-il être pour toi le présage du malheur?

LE DUC.

J'ai bien pressenti ces douleurs, quand, pour la dernière fois.... pour la dernière fois!... Tu le prononces le mot terrible, qui enveloppe de ténèbres ton sentier! Oh! si je l'avais seulement vue encore une fois! Peut-être aurais-je détourné ce malheur. Je l'aurais priée, suppliée, comme père; je l'aurais exhortée, de la manière la plus tendre, à se ménager pour moi, et à renoncer, en considération de notre bonheur, à des courses furieuses et téméraires. Hélas! cette heure ne me fut pas donnée; et maintenant je pleure ma chère enfant! Elle n'est plus. Elle n'est devenue plus audacieuse que pour avoir si aisément échappé à la première chute. Et personne pour l'avertir, pour la conduire! Elle était trop avancée pour cette discipline de femme. Dans quelles mains laissais-je un pareil trésor? Dans les mains faibles et complaisantes d'une femme. Pas une ferme parole, pour diriger vers une sage modération la volonté de mon enfant! On lui laissait le champ ouvert pour une liberté illimitée, pour toute audacieuse tentative. Souvent je le sentais, et me le disais confusément : chez cette femme elle était mal surveillée.

LE SECRÉTAIRE.

Oh! ne blâme pas cette infortunée! Poursuivie par la plus profonde douleur, elle erre maintenant désespérée, qui sait dans quel pays? Elle a pris la fuite : car qui oserait te regarder en face, ayant à craindre seulement le plus léger reproche?

LE DUC.

Oh! laisse-moi décharger sur d'autres une injuste colère, pour ne pas me déchirer moi-même avec désespoir. J'expie la faute, et je l'expie durement. Car n'ai-je pas appelé par mes folles entreprises le danger et la mort sur cette tête chérie? La voir partout exceller était mon orgueil! Je l'expie trop chèrement. Il fallait qu'à cheval, en voiture, domptant les chevaux, elle brillât comme une héroïne. Lorsqu'elle plongeait dans l'eau, qu'elle nageait, elle me semblait commander en déesse aux éléments. Ainsi, disait-on, elle pourra un jour échapper à tout danger. Au lieu de la préserver, la pratique du danger lui donne aujourd'hui la mort.

LE SECRÉTAIRE.

Hélas! c'est la pratique d'un noble devoir qui donne la mort à celle que nous ne pourrons oublier.

LE DUC.

Explique-toi!

LE SECRÉTAIRE.

Et j'animerai ta douleur par la peinture de cette naïve et généreuse action! Son premier, son ancien et cher instituteur et ami, demeure loin de cette ville, plongé dans la tristesse, la souffrance et la misanthropie. Elle seule pouvait l'égayer; elle s'attachait avec passion à ce devoir : elle ne demandait que trop souvent à visiter le vieillard, et souvent on refusait. Elle avait arrangé les choses en conséquence; elle employait hardiment les heures fixées pour la promenade du matin à courir, avec une incroyable vitesse, chez ce vieillard tant aimé. Un seul palefrenier était dans le secret; il lui préparait chaque fois le cheval; nous le présumons du moins, car il a aussi disparu. Ce pauvre homme et cette femme se sont enfuis à l'aventure, par crainte de toi.

LE DUC.

Heureux d'avoir encore quelque chose à craindre! Chez eux la douleur de voir perdue la félicité de leur maître se change en une frayeur aisément surmontée, aisément dissipée. Moi je n'ai rien à craindre, rien à espérer! C'est pourquoi, fais que je sache tout; retrace-moi les plus petites circonstances. Je suis prêt à t'entendre.

SCÈNE III.

LE SECRÉTAIRE, LE DUC, L'ABBÉ.

LE SECRÉTAIRE.

Très-honoré prince, j'ai retenu ici, pour ce moment, un homme que tu vois s'incliner aussi devant toi. C'est le prêtre qui a reçu ta fille des mains de la mort, et qui, lorsque tout secours fut reconnu inutile, l'a ensevelie avec un soin pieux.
(*Le Secrétaire se retire.*)

SCÈNE IV.

LE DUC, L'ABBÉ.

L'ABBÉ.

Grand prince, je nourrissais un vif désir de paraître devant toi ; et je le vois satisfait, à l'heure qui nous plonge tous deux dans un profond désespoir.

LE DUC.

Et néanmoins, messager de douleur, sois le bienvenu ! Tu l'as vue encore, tu as recueilli dans ton cœur son suprême et douloureux regard ; tu as reçu attentivement sa dernière parole ; tu as répondu avec compassion à son dernier soupir. Oh ! dis-le-moi, a-t-elle parlé encore ? Qu'a-t-elle dit ? A-t-elle pensé à son père ? M'apportes-tu de sa bouche de tendres adieux ?

L'ABBÉ.

Il semble bienvenu le messager de douleur, aussi longtemps qu'il se tait, et qu'il laisse en notre cœur une place à l'espérance, une place à l'illusion : le malheur énoncé est odieux.

LE DUC.

Que tardes-tu ? Que puis-je apprendre encore ? Elle n'est plus, et, dans ce moment, le silence et le repos couvrent son cercueil. Quoi qu'elle ait souffert, cela est passé pour elle ; c'est pour moi que la douleur commence : mais parle, toutefois !

L'ABBÉ.

La mort est un mal universel. Envisage ainsi la destinée de ta fille morte, et gardons le silence sur le passage, sombre comme la nuit du tombeau, qui l'a conduite chez les morts ! Chacun ne descend pas insensiblement, par un doux sentier, dans le paisible royaume des ombres. C'est souvent avec de violentes douleurs que la destruction nous entraîne, par des tortures infernales, dans le sein du repos.

LE DUC.

Elle a donc beaucoup souffert ?

L'ABBÉ.

Beaucoup, mais peu de temps.

LE DUC.

Il y eut un moment où elle souffrait, un moment où elle appelait du secours. Et moi? Où étais-je alors? Quelle affaire, quel plaisir m'enchaînait? Rien ne m'a-t-il annoncé l'horrible événement qui déchirait ma vie? Je n'ai pas entendu le cri, je n'ai pas senti le coup fatal qui me frappait sans remède. La sainte, la lointaine sympathie du pressentiment n'est qu'une fable : sensuel et endurci, renfermé dans le présent, l'homme sent le bien, il sent le mal qui le touchent, et l'amour même est sourd dans l'absence.

L'ABBÉ.

Quelle que soit la force des paroles, je sens combien peu elles sont capables de consoler.

LE DUC.

Les paroles blessent plus facilement qu'elles ne guérissent, et, par des redites éternelles, le chagrin s'efforce vainement de faire revivre le bonheur perdu. Aucun secours, aucun remède ne fut donc capable de la rappeler à la vie? Qu'as-tu fait, dis-le-moi? Qu'as-tu essayé pour la guérir? Assurément tu n'as rien négligé.

L'ABBÉ.

Hélas! on ne pouvait plus songer à rien au moment où je la trouvai.

LE DUC.

Et je dois donc pleurer pour jamais l'aimable force de sa vie! Laisse ma douleur se tromper elle-même, et assurer à ces restes la durée. Oh! viens! Où reposent-ils?

L'ABBÉ.

Son cercueil est gardé à part dans une sainte chapelle. De l'autel je vois chaque fois la place à travers la grille; je prierai pour elle aussi longtemps que je vivrai.

LE DUC.

Oh! viens et conduis-moi dans ce lieu! Le plus habile médecin nous accompagnera. Dérobons ce beau corps à la destruction. Conservons, avec les aromates les plus rares, cette image inestimable! Oui, que les atomes qui composèrent un jour cette admirable figure ne retournent pas aux éléments.

L'ABBÉ.

Que dois-je dire? Faut-il te l'avouer? Tu n'y peux venir. Hélas! ce corps défiguré.... aucun étranger né le contemplerait sans douleur!... Et devant les yeux d'un père!... Non! Dieu veuille t'en détourner! Tu ne dois pas la voir.

LE DUC.

Quelle nouvelle torture me menace?

L'ABBÉ.

Oh! laisse-moi me taire, afin que mes paroles mêmes n'outragent pas le souvenir de celle que tu as perdue! Laisse-moi passer sous silence comme, traînée à travers les bois, à travers les rochers, défigurée et sanglante, déchirée et meurtrie et brisée, méconnaissable, elle fut relevée de terre dans mes bras. Alors, baigné de larmes, j'ai béni l'heure propice où je renonçai solennellement à la douceur d'être père.

LE DUC.

Tu ne l'es pas? Tu es un de ces durs égoïstes, de ces hommes pervertis, qui livrent leur vie solitaire à un stérile désespoir? Éloigne-toi! Ta vue m'est odieuse.

L'ABBÉ.

Je le sentais bien. Qui peut pardonner au messager d'un tel malheur! (*Il veut se retirer.*)

LE DUC.

Pardonne et demeure. As-tu jamais contemplé avec extase une image, admirablement esquissée, qui s'efforce merveilleusement de te reproduire toi-même à tes yeux? Si tu avais eu ce bonheur, tu n'aurais pas cruellement mutilé cette figure, qui s'était développée, avec mille attraits divers, pour mon bonheur, pour les délices du monde; tu n'aurais pas troublé pour moi la douceur de ce triste souvenir.

L'ABBÉ.

Que devais-je faire? te conduire auprès du cercueil, que mille larmes étrangères avaient déjà baigné, quand je consacrai ces membres affaissés et meurtris à la silencieuse pourriture?

LE DUC.

Tais-toi, barbare! tu ne fais qu'augmenter l'amère douleur que tu crois adoucir. O malheur! les éléments, sur lesquels ne règne plus aucun esprit d'harmonie, détruisent, dans une lutte insensible, l'image divine. Autrefois l'amour paternel planait sur elle, couvant avec joie ses progrès naissants, et maintenant la joie de ma vie s'arrête, et tombe peu à peu en poussière devant le regard du désespoir.

L'ABBÉ.

Ce que l'air et la lumière ont produit de périssable, le sépulcre le garde longtemps.

LE DUC.

O sage coutume des anciens, de détruire, par l'action de flammes pures, cet ensemble parfait, que la nature avait laborieusement et lentement formé; cette sublime dignité de la figure humaine, aussitôt que l'esprit générateur l'avait quittée! Et lorsque l'embrasement dardait vers le ciel mille langues de feu, et qu'au milieu de la fumée et des nuages, l'aigle symbolique agitait ses ailes, alors les larmes tarissaient, et le libre regard des survivants s'élevait, avec le nouveau dieu, dans les brillants espaces de l'Olympe. Oh! rassemble-moi dans un vase précieux les tristes restes de la cendre et des ossements, afin que mes bras, vainement étendus, embrassent du moins quelque chose; afin que, sur ma poitrine, qui s'avance avec ardeur dans le vide, je presse ce douloureux trésor!

L'ABBÉ.

A nourrir son deuil, on le rend toujours plus amer.

LE DUC.

A nourrir son deuil, on en fait une jouissance. Oh! que je voudrais du moins, comme un pénitent, porter à pas lents, dans l'urne étroite, le reste de ses cendres éteintes, avançant toujours jusqu'au lieu où je la vis pour la dernière fois! Là elle fut couchée comme morte dans mes bras; là mon œil trompé la vit revenir à la vie. Je croyais la tenir, la posséder, et maintenant elle m'est pour jamais ravie. Mais je veux éterniser ma douleur en ce lieu. Dans les ravissements de mon songe, j'ai voué, sur cette place, un monument à la guérison : déjà la main du jardinier trace avec goût des allées secrètes, à travers les bocages et les rochers; déjà s'arrondit l'espace où mon roi la pressa sur son cœur comme son oncle, et l'ordre et la symétrie veulent embellir la place qui me vit si heureux. Mais que toutes les mains se reposent! A demi exécuté, ce plan doit s'arrêter soudain, comme mon bonheur. Mais le monument.... je veux le bâtir de pierres brutes, entassées sans ordre, pour m'y rendre en pèlerinage, y demeurer en silence, jusqu'au jour où je serai moi-même enfin délivré de la vie. Oh! laissez-moi y reposer pétrifié auprès de la pierre, jusqu'à ce que la trace visible de tout soin ait disparu de ce lugubre désert! Que l'herbe couvre la place libre; que le rameau s'entrelace confusément au rameau; que le bouleau chevelu balaye la terre; que le jeune arbrisseau s'élève en arbre, et que sa tige polie se couvre de mousse; je ne sens plus la course du temps, car elle n'est plus, celle dont les progrès étaient pour moi la mesure des années.

L'ABBÉ.

Éviter les tumultueux plaisirs du monde, embrasser l'uniformité de la vie solitaire, est-ce une chose que doive se permettre l'homme qui se livra souvent à une distraction bienfaisante, quand un malheur insupportable, venant à fondre, avec le poids d'un rocher, s'approche de lui et le menace? Quitte ces lieux. Aussi prompt que la flèche, parcours les pays, les royaumes étrangers, afin que les tableaux de la terre passent devant tes yeux et te guérissent.

LE DUC.

Que chercherai-je dans le monde, si je ne retrouve pas celle qui était seule un spectacle pour mes regards? Faut-il que rivières et collines, vallées et forêts et rochers passent devant mes yeux, pour n'éveiller en moi que le besoin de saisir cette image uniquement aimée? De la haute montagne jusqu'à la vaste mer, que me fait la richesse de la nature, qui me rappelle ma perte et mon indigence?

L'ABBÉ.

Et tu amasseras de nouveaux trésors!

LE DUC.

Ce n'est qu'en passant par l'œil animé de la jeunesse que les objets dès longtemps connus reprennent la vie et nous émeuvent, lorsque l'étonnement, que nous avons depuis longtemps dédaigné, nous envoie, par une bouche enfantine, son gracieux retentissement. J'espérais ainsi lui montrer les plaines cultivées du royaume, les profondeurs des bois, le cours des rivières jusqu'à la mer, et là, savourer, avec un amour immense, l'ivresse de son regard dans l'immensité.

L'ABBÉ.

Excellent prince, si ton dessein n'est pas de consacrer à la contemplation les jours heureux de ta grande vie ; si l'activité pour le bien d'un peuple innombrable t'a donné, auprès du trône, outre l'avantage de la naissance, l'avantage plus magnifique d'une glorieuse et universelle influence, je t'adjure, au nom de tous : sois homme ! et fais que les tristes heures qui enveloppent ton horizon deviennent pour d'autres, par les consolations, les conseils et les secours, deviennent pour toi-même aussi des heures de fête !

LE DUC.

Qu'une telle vie est insipide et sans charme, quand tous nos efforts, toutes nos fatigues mènent incessamment à de nouvelles fatigues, à de nouveaux efforts, et qu'à la fin aucun but chéri ne nous récompense ! Je ne voyais ce but qu'en elle, et par là je possédais, et par là j'acquérais avec plaisir, pour lui créer un petit empire de gracieux bonheur. Alors j'étais serein, ami de tous les hommes, secourable, vigilant, disposé au conseil et à l'action. « Ils aiment le père, me disais-je ; ils ont des obligations au père, et un jour ils salueront aussi la fille comme une digne amie. »

L'ABBÉ.

Il ne reste point de temps aujourd'hui pour des soins si doux. De tout autres te réclament, ô grand prince. Oserai-je te rappeler, moi, le plus humble de tes serviteurs ? Dans ces tristes jours, tous les regards sérieux se tournent vers ton mérite, vers ta force.

LE DUC.

L'homme heureux lui seul se sent du mérite et de la force.

L'ABBÉ.

Les angoisses brûlantes de si profondes douleurs assurent au moment une valeur infinie et à moi le pardon, si l'intime confiance ose couler de mes lèvres. Avec quelle violence une sauvage fermentation bouillonne dans les bas-fonds ; comme la faiblesse se maintient à peine en chancelant sur le faîte, chacun ne le voit pas clairement, mais tu le vois mieux que la foule, à laquelle j'appartiens. Oh! ne balance pas, dans la prochaine tempête, à saisir le gouvernail mal dirigé. Pour le bien de ta patrie, étouffe ta propre douleur ; sinon des milliers de pères pleureront comme toi leurs enfants ; des milliers d'enfants, et des milliers encore, perdront leurs pères ; le cri d'angoisse des mères retentira horriblement sous les voûtes des prisons. Immole ta douleur, ta souffrance, sur l'autel du bien public, et tous ceux que tu auras sauvés deviendront tes enfants et ta consolation.

LE DUC.

Ne fais pas sortir de ses affreux repaires la foule serrée des spectres, que l'aimable pouvoir de ma fille a, souvent et sans peine, chassée loin de moi par enchantement. Elle n'est plus la force charmante qui berçait mon esprit d'agréables songes. La réalité, avec ses masses serrées, s'avance sur moi et menace de m'accabler. Fuyons ! fuyons ! Sortons de ce monde ! Et, si l'habit sous lequel tu te montres ne me trompe pas, mène-moi dans l'asile de la patience, mène-moi au couvent, et là, au milieu du silence général, laisse-moi, muet, courbé, ensevelir dans la fosse une existence brisée.

L'ABBÉ.

A peine me sied-il d'appeler tes regards vers le monde ; mais je prononcerai plus hardiment d'autres paroles : un cœur généreux ne prodigue pas dans le tombeau, ni au delà du tombeau, le précieux trésor de la mélancolie. Il rentre en lui-même, et retrouve, avec étonnement, dans son cœur ce qu'il avait perdu.

LE DUC.

Que la possession se maintienne ici fermement, quand le bien perdu s'enfuit et s'éloigne de plus en plus, c'est la torture qui veut rattacher au corps souffrant le membre séparé et pour jamais arraché. La vie divisée, qui peut de nouveau la réunir ? La chose anéantie, qui peut la faire revivre ?

L'ABBÉ.

L'esprit, l'esprit de l'homme, pour lequel rien ne se perd, des biens précieux qu'il a possédés avec sécurité. Ainsi Eugénie respire devant toi ; elle vit dans ta pensée, qu'elle élevait autrefois, où elle éveillait la vive contemplation d'une magnifique nature ; ainsi elle agit encore comme un grand modèle ; elle te préserve des choses vulgaires, mauvaises, que chaque heure produit, et la vraie lumière de sa dignité dissipe le vain éclat qui veut te corrompre. Que ton être se sente animé par sa force, et par là lui rende une vie indestructible, que nulle puissance ne saurait te ravir.

LE DUC.

Oui, je déchire les filets de mort, les filets inextricables d'un songe triste et sombre. Image bien-aimée, reste pour moi parfaite, toujours jeune, toujours la même. Que la pure lumière de tes beaux yeux m'éclaire désormais sans cesse. Vole devant moi, où que je porte mes pas; montre-moi la route à travers le labyrinthe épineux de la vie. Tu n'es pas un fantôme, telle que je te vois! Tu existais : tu existes encore. La divinité t'avait conçue un jour, accomplie et produite à nos yeux; sous cette forme tu entres en partage de l'infini, de l'éternel : tu es éternellement à moi.

ACTE QUATRIÈME.

Une place près d'un port. D'un côté, un palais; de l'autre, une église; au fond, une rangée d'arbres, à travers lesquels on aperçoit le port.

SCÈNE I.

EUGÉNIE, *enveloppée d'un voile, assise dans le fond, sur un banc, le visage tourné vers la mer;* LA GOUVERNANTE, UN CONSEILLER, *sur le devant de la scène.*

LA GOUVERNANTE.

Une triste mission, à laquelle je n'ai pu me soustraire, me pousse du centre du royaume, loin de l'enceinte de la capitale, aux limites du continent, vers ce port; ainsi une grave inquiétude me suit pas à pas, et me montre avec alarme le lointain. Ah! que les conseils et la sympathie d'un homme dont tout le monde connaît la noblesse et la loyauté, doivent être pour moi une apparition ravissante et comme un astre fidèle! Pardonne donc, si, avec cette feuille, qui m'autorise à remplir cet acte rigoureux, je m'adresse à toi, que l'on a vanté longtemps comme défenseur, et que l'on vante maintenant comme juge dans les tribunaux, où tant d'hommes justes exercent leur pouvoir.

LE CONSEILLER, *qui a examiné la feuille d'un air pensif.*

Ce n'est point mon mérite, c'est seulement mon zèle, qui fut peut-être louable. Mais il me paraît singulier que ce soit précisément celui qu'il te plaît d'appeler noble et juste, que tu consultes dans une pareille affaire; que tu mettes, avec confiance, sous ses yeux un pareil papier, où il ne peut jeter la vue sans horreur. Il n'est pas question de droit et de justice. Ceci est une violence, une violence horrible, dût-elle même agir avec prudence, agir avec sagesse. Une noble enfant a été abandonnée, pour la vie et la mort, est-ce trop dire ? abandonnée à ton caprice. Et chacun, employés, hommes de guerre, citoyens, tous, ont l'ordre de te soutenir, et de traiter cette jeune fille comme il te plaira de l'ordonner. (*Il lui rend la feuille.*)

LA GOUVERNANTE.

Ici encore montre-toi juste, et ne laisse pas ce papier parler seul comme accusateur ! Écoute-moi aussi favorablement, moi, sévèrement accusée ; écoute mon récit sincère. Cette excellente jeune fille est née d'un noble sang ; la nature lui a fait la part la plus belle de chaque don, de chaque vertu, si la loi lui refuse d'autres avantages : et maintenant elle est bannie ! J'ai dû l'éloigner du milieu des siens, l'amener ici et la conduire aux îles.

LE CONSEILLER.

A une mort certaine, qui la surprendra furtivement dans les émanations de vapeurs brûlantes ! Là cette fleur céleste se flétrira, les couleurs de ces joues s'effaceront, et elle disparaîtra cette beauté, que l'œil souhaite, avec amour, de contempler sans cesse.

LA GOUVERNANTE.

Avant de juger, écoute encore. Cette enfant est innocente.... Est-il besoin de l'affirmer ?... Mais elle est la cause de beaucoup de maux. Un dieu irrité la jeta, comme une pomme de discorde, au milieu de deux partis qui se combattent, divisés maintenant pour jamais. L'un prétend qu'elle a droit à la plus haute fortune ; l'autre s'efforce de la rabaisser. Tous deux sont résolus. Ainsi un secret labyrinthe de menées subtiles a enveloppé doublement sa destinée ; la ruse a contre-balancé la ruse, jusqu'au jour où la passion, ne se possédant plus, a pressé enfin le moment d'une victoire décisive. Alors, des deux parts, on a brisé la barrière de la dissimulation ; une violence, dangereuse même pour l'État, a éclaté avec menace ; et, pour arrêter soudain, pour étouffer de criminels attentats, un arrêt suprême des dieux de la terre frappe mon élève, cause innocente du combat, et m'entraîne avec elle dans l'exil.

LE CONSEILLER.

Je ne condamne point l'instrument ; je conteste à peine avec ces arbitres souverains, qui peuvent se permettre une pareille mesure. Hélas! ils sont eux-mêmes liés et contraints. Ils agissent rarement par libre conviction. Le souci, la crainte d'un plus grand mal, arrachent au prince des actes injustes, mais utiles. Fais ce que tu dois. Éloigne-toi de ma sphère étroite et nettement tracée.

LA GOUVERNANTE.

C'est elle justement que je cherche! C'est là que je cours! là que j'espère le salut! Tu ne me repousseras point. Dès longtemps je souhaitais de convaincre ma noble élève du bonheur qui réside, avec une heureuse médiocrité, dans les rangs de la bourgeoisie. Si elle renonçait à la grandeur, qui ne lui est pas accordée; si elle se mettait sous la protection d'un honnête époux, et, de ces régions où la guettent le danger, le bannissement, la mort, tournait son gracieux regard vers la vie domestique : tout serait accompli; je serais déchargée de mon rigoureux devoir; je pourrais rester dans ma patrie et y passer des jours tranquilles.

LE CONSEILLER.

Tu m'exposes une étrange affaire.

LA GOUVERNANTE.

Je l'expose à un homme ferme et prudent.

LE CONSEILLER.

Tu la déclares libre, s'il se trouve un époux?

LA GOUVERNANTE.

Et je la donne richement dotée.

LE CONSEILLER.

Qui oserait se résoudre si soudainement?

LA GOUVERNANTE.

C'est toujours soudainement que l'amour se décide.

LE CONSEILLER.

Ce serait étourderie de choisir une inconnue.

LA GOUVERNANTE.

Le premier regard suffit pour la connaître et l'estimer.

LE CONSEILLER.

Les ennemis de l'épouse menaceront aussi l'époux.

LA GOUVERNANTE.

Tout s'apaisera, quand elle portera le titre d'épouse.

LE CONSEILLER.
Et son secret sera-t-il découvert à l'époux?
LA GOUVERNANTE.
On le confiera à celui qui se sera confié.
LE CONSEILLER.
Et choisira-t-elle librement ce lien?
LA GOUVERNANTE.
Un grand mal l'oblige à ce choix.
LE CONSEILLER.
La recherche, en pareil cas, est-elle loyale?
LA GOUVERNANTE.
Le libérateur agit et ne subtilise point.
LE CONSEILLER.
Que demandes-tu avant toutes choses?
LA GOUVERNANTE.
Il faut qu'elle se décide à l'instant.
LE CONSEILLER.
Êtes-vous réduites à une si pressante extrémité?
LA GOUVERNANTE.
Déjà dans le port on s'empresse pour le départ.
LE CONSEILLER.
Lui as-tu précédemment conseillé une pareille alliance?
LA GOUVERNANTE.
Je la lui ai fait entrevoir en termes généraux.
LE CONSEILLER.
A-t-elle repoussé avec indignation cette pensée?
LA GOUVERNANTE.
Son premier bonheur était encore trop près d'elle.
LE CONSEILLER.
Ces belles images pourront-elles s'effacer?
LA GOUVERNANTE.
La vaste mer l'a effrayée.
LE CONSEILLER.
Elle craint de quitter sa patrie?
LA GOUVERNANTE.
Elle le craint, et je le crains comme la mort. O noble cœur, heureusement trouvé, n'échangeons pas timidement de vaines paroles! Chez toi, jeune homme, vivent encore toutes les vertus

auxquelles une foi puissante, un amour sans bornes, sont nécessaires pour une action qui ne sera jamais assez estimée. Assurément tu es entouré d'un beau cercle d'hommes qui te ressemblent; je ne dis pas qui t'égalent!... Observe-toi; observe ton propre cœur et celui de tes amis : et, si tu trouves une mesure surabondante d'amour, de dévouement, de force et de courage, que ce joyau, avec une mystérieuse bénédiction, soit livré secrètement au plus digne.

LE CONSEILLER.

Je sais, je comprends ta position. Je ne puis, je ne saurais délibérer d'abord mûrement avec moi-même, comme la sagesse le demanderait : je veux lui parler. (*La Gouvernante s'approche d'Eugénie.*) Ce qui doit arriver arrivera! Dans les choses tout ordinaires le choix et la volonté ont beaucoup d'influence; mais les grands événements de notre vie, qui sait comment ils s'accomplissent?

SCÈNE II.

EUGÉNIE, LE CONSEILLER.

LE CONSEILLER.

Jeune beauté, que je révère, quand tu t'approches de moi, je doute presque qu'on m'ait bien informé. Tu es malheureuse, dit-on; et pourtant, où que tu paraisses, tu portes avec toi la joie et la félicité.

EUGÉNIE.

Si le premier auquel, du sein de ma profonde misère, j'ose adresser un regard et une parole, se trouve aussi noble et aussi doux que tu me parais l'être.... cette angoisse, je l'espère, se dissipera.

LE CONSEILLER.

Une personne de grande expérience serait à plaindre, si elle avait eu en partage le sort qui te poursuit : combien la douleur de la jeunesse, affligée pour la première fois, n'appelle-t-elle pas la compassion par sa détresse?

EUGÉNIE.

Naguère je me relevai de la nuit du tombeau à la lumière du jour; je ne savais ce qui m'était arrivé, avec quelle violence une rude chute m'avait abattue et paralysée; soudain je revins à moi; je reconnus ce bel univers; je vis le médecin occupé à rallumer le flambeau de ma vie; je la retrouvai dans le regard tendre, dans la voix de mon père : maintenant, pour la seconde fois, je m'éveille d'une chute plus rude encore ; ce qui m'environne me semble étranger et fantastique; le mouvement de ce peuple et même ta bonté me semblent un songe.

LE CONSEILLER.

Lorsque des étrangers sont sensibles à notre position, ils sont plus près de nous que nos proches, qui souvent considèrent légèrement notre chagrin, avec une indolente habitude, comme un mal bien connu. Ta situation est dangereuse. Qui osera même décider si elle n'est point sans remède ?

EUGÉNIE.

Je n'ai rien à dire. Les hommes puissants qui ont fait mon malheur me sont inconnus. Tu as parlé à cette femme : elle sait tout. Moi, je ne fais que souffrir, pour aboutir à la démence.

LE CONSEILLER.

Quelque motif qui ait attiré sur toi le violent décret du pouvoir suprême, c'est une faute légère, une erreur, que le hasard peut rendre funeste.... L'estime reste, l'affection parle pour toi.

EUGÉNIE.

Avec la conscience fidèle d'un cœur pur, je réfléchis à l'influence des fautes légères.

LE CONSEILLER.

Broncher dans la plaine est peu de chose : un faux pas précipite des hauteurs.

EUGÉNIE.

Je planais sur ces hauteurs avec ravissement. L'excès de la joie m'a égarée. Je touchais déjà, par la pensée, à mon bonheur prochain; déjà un gage précieux reposait dans mes mains. Un peu de calme seulement, un peu de patience, et, je dois le croire, tout m'appartenait. Mais je me suis trop hâtée; je me suis abandonnée soudain à une tentation pressante.... Fut-elle la cause?... J'ai vu, j'ai dit, ce qu'il m'était défendu de voir et de dire. Une faute si légère est-elle si durement punie? Une défense, qu'il paraissait loisible d'enfreindre, qui semblait une épreuve badine, condamne-t-elle sans ménagement le transgresseur? Elle est donc vraie la tradition incroyable que nous transmettent les peuples? La frivole et courte jouissance de manger une pomme a causé au monde entier des maux infinis. Pour moi, une clef m'avait été confiée; j'osai ouvrir des trésors défendus, et j'ai ouvert mon tombeau.

LE CONSEILLER.

Tu ne trouveras pas la source du mal, et, fût-elle trouvée, elle coulerait toujours.

EUGÉNIE.

Je la cherche dans des fautes légères, et, par une vaine illusion, je m'accuse de si grandes douleurs. Porte plus haut, plus haut tes soupçons. Les deux hommes auxquels j'espérais devoir tout mon bonheur, ces hommes éminents, semblaient se tenir par la main. La discorde intérieure de partis incertains, qui s'est éveillée seulement dans de sombres cavernes, éclatera bientôt peut-être au grand jour, et ce qui ne fut d'abord autour de moi que des craintes et des alarmes se prononce en me détruisant, et menace d'anéantir le monde entier.

LE CONSEILLER.

Que je te plains! Sous l'influence de ta douleur, tu présages le sort d'un monde. Et la terre ne te semblait-elle pas joyeuse et fortunée, lorsque, heureuse enfant, tu marchais sur les fleurs?

EUGÉNIE.

Qui l'a vu, plus ravissant que moi, le bonheur de la terre avec toutes ses fleurs? Hélas! autour de moi tout était riche, abondant et pur; ce qui est nécessaire à l'homme semblait dispensé à plaisir, à profusion. Et à qui devais-je ce paradis? Je le devais à l'amour paternel, qui, veillant aux plus petites choses comme aux plus grandes, semblait m'accabler, avec prodigalité, sous les jouissances du luxe, et formait en même temps mon corps et mon esprit à porter tant de biens. Tandis que toutes les vanités de la mollesse m'environnaient, pour me bercer dans les délices, une ardeur chevaleresque m'appelait au dehors à lutter avec le péril, à cheval et en voiture. Souvent je soupirais après les vastes lointains, après les espaces merveilleux et nouveaux de pays étrangers; mon noble père me promettait de m'y conduire; il promettait de me conduire à la mer; il espérait jouir, avec une tendre sympathie, de mon premier regard dans l'immensité : m'y voilà maintenant, et je contemple la vaste étendue, et il me semble qu'elle m'entoure, qu'elle me presse plus étroitement. O Dieu, comme se resserrent le monde et le ciel, quand notre cœur tremble dans ses propres barrières !

LE CONSEILLER.

Infortunée !... Comme un dangereux météore, tu tombes de tes hautes sphères, et tu troubles, en me touchant, la loi de mon orbite. Tu as attristé pour toujours à mes yeux le brillant spectacle de la vaste mer. Lorsque Phébus se préparera une couche enflammée, et que tous les yeux ravis seront mouillés de larmes, je me détournerai, je pleurerai sur toi et sur ton sort. Je te verrai au loin, sur le bord de l'Océan couvert de ténèbres, marcher enveloppée de douleurs et d'indigence, privée de tous les biens que l'habitude t'a rendus dès longtemps nécessaires, assiégée de souffrances nouvelles sans issue ! Les traits brûlants du soleil pénètrent une contrée humide, à peine arrachée aux flots ; autour des bas-fonds voltige la peste, gonflée de vapeurs empoisonnées, de brouillards bleuâtres. Je te vois, aux portes du trépas, faible et pâlie, traîner de jour en jour une vie douloureuse. Oh ! celle qui est devant moi florissante et sereine doit-elle sitôt disparaître dans une lente mort !

EUGÉNIE.

Tu excites mon horreur ! C'est là, c'est là qu'on m'exile ? Dans ce pays qu'on me représenta, dès mon enfance, sous des traits horribles, comme un repaire de l'enfer ! Là où les serpents et les tigres se glissent perfidement dans les marais, à travers les roseaux et les ronces ! où des volées d'insectes, comme des nuages vivants, enveloppent le voyageur, et lui font subir des tortures ; où chaque souffle du vent, pénible et funeste, dérobe des heures et abrége la vie ! Je voulais te prier : tu me vois maintenant te conjurer avec instance. Tu peux me sauver, tu me sauveras !

LE CONSEILLER.

Un puissant et redoutable talisman est dans les mains de ta conductrice.

EUGÉNIE.

Qu'est-ce donc que l'ordre et la loi ? Ne peuvent-ils protéger la jeunesse et l'innocence? Qui êtes-vous donc, vous qui vous glorifiez, avec un vain orgueil, de faire plier la force sous le droit?

LE CONSEILLER.

Dans les sphères bornées, nous réglons, avec une exacte justice, ce qui se passe et repasse dans les rangs moyens de la société; mais au-dessus, dans les espaces infinis, ce qui s'agite avec une étrange violence, ce qui sauve ou qui tue, sans conseils et sans jugement: cela est réglé peut-être d'après d'autres mesures et d'autres calculs, et reste une énigme pour nous.

EUGÉNIE.

Est-ce là tout? N'as-tu rien de plus à dire, à m'annoncer?

LE CONSEILLER.

Rien.

EUGÉNIE.

Je ne le crois pas. Je ne veux pas le croire.

LE CONSEILLER.

Laisse-moi, oh! laisse-moi m'éloigner. Me faut-il passer pour un homme lâche, irrésolu? Me faut-il te plaindre et gémir? Ne devrais-je pas, d'une main hardie, t'indiquer quelque refuge? Mais cette hardiesse même ne m'exposerait-elle pas au plus affreux danger, celui d'être méconnu de toi, de paraître indigne et téméraire, si le but est manqué?

EUGÉNIE.

Je ne te laisse point aller, toi que mon bonheur, mon ancien bonheur, m'a secrètement adressé. Il m'a gardé, soigné, dès mon enfance, et maintenant, dans ce violent orage, il m'envoie le noble représentant de sa faveur. N'ai-je pas dû voir et sentir que tu t'intéresses à moi et à mon sort? Je ne suis pas ici sans influence.... Tu médites.... tu réfléchis.... tu observes, tu parcours, en ma faveur, le vaste cercle de ton expérience de jurisconsulte: je ne suis pas encore perdue! Oui, tu cherches un moyen de me sauver! Tu l'as déjà trouvé peut-être! Ton regard, ton regard sérieux, profond, bienveillant et soucieux, me l'assure. Oh! ne te détourne pas! Oh! prononce une grande parole, qui retentisse pour mon salut!

LE CONSEILLER.

Ainsi se tourne, plein de confiance, vers le médecin l'homme atteint d'un mal profond; il implore du soulagement; il implore la conservation de ses jours gravement menacés. L'homme expérimenté lui paraît comme un Dieu. Mais, hélas! un remède douloureux, insupportable, est ordonné. Hélas! il faut peut-être lui annoncer la mutilation cruelle de membres précieux, une perte au lieu d'une guérison. Tu veux être sauvée? On peut te sauver, mais non te rétablir dans tes droits. Ce que tu étais est perdu, et ce que tu peux être, voudras-tu l'accepter?

EUGÉNIE.

Être arraché à la ténébreuse puissance de la mort, jouir de cette bienfaisante lumière, être assuré de la vie : voilà ce que réclame avant tout, du sein de sa détresse profonde, celui qui touche à sa perte. Ce que l'on peut ensuite réparer, ce que l'on peut remplacer, ce qu'il faut abandonner, on l'apprend de jour en jour.

LE CONSEILLER.

Et, après la vie, que demandes-tu encore?

EUGÉNIE.

Le sol bien-aimé de la patrie.

LE CONSEILLER.

Tu demandes beaucoup en un seul et grand mot!

EUGÉNIE.

Un seul mot renferme tout mon bonheur.

LE CONSEILLER.

Ce bannissement magique, qui osera le conjurer?

EUGÉNIE.

La résistance magique de la vertu en triomphera certainement.

LE CONSEILLER.

Il est difficile de résister au pouvoir suprême.

EUGÉNIE.

Le pouvoir suprême n'est pas tout-puissant. Assurément, la connaissance de ces formes, également obligatoires pour les grands et pour les petits, t'offre un moyen. Tu souris! Est-ce possible? Le moyen est-il trouvé? Parle!

LE CONSEILLER.

Où serait l'avantage, aimable étrangère, si je te parlais de possibilités? Presque tout semble possible à nos vœux : mais beaucoup de choses, au dedans comme au dehors, s'opposent à notre action, et la rendent absolument impossible. Je ne puis, je n'ose parler : souffre que je me retire.

EUGÉNIE.

Et quand tu devrais me tromper!... qu'un douteux, un rapide essor fût seulement permis pour quelques instants à ma fantaisie! Offre-moi un mal au lieu d'un autre! Je suis sauvée, si je puis choisir.

LE CONSEILLER.

Il est un moyen de te retenir dans la patrie. Il est doux, et même il a paru charmant à plusieurs. Il est en grande faveur devant Dieu et devant les hommes. De saintes forces l'élèvent au-dessus de l'arbitraire. Il procure le bonheur et le repos à quiconque l'accepte et sait se l'approprier. Nous lui devons la pleine consistance des biens terrestres qu'on désire, comme les plus belles perspectives de l'avenir. Le ciel lui-même l'établit, comme bien général de l'humanité, et laissa au bonheur, à l'audace, à l'inclination secrète, la liberté de le conquérir.

EUGÉNIE.

Quel paradis m'offres-tu dans ces énigmes?

LE CONSEILLER.

Un bonheur que l'on crée soi-même, et qui est le ciel sur la terre.

EUGÉNIE.

Que me sert de réfléchir? Je m'y perds.

LE CONSEILLER.

Si tu ne devines pas, il est loin de toi.

EUGÉNIE.

Nous le saurons, dès que tu te seras expliqué.

LE CONSEILLER.

Je hasarde beaucoup! C'est le mariage.

EUGÉNIE.

Comment?

LE CONSEILLER.

J'ai parlé : c'est à toi d'y réfléchir.

EUGÉNIE.

Ce mot m'étonne ; il m'inquiète.

LE CONSEILLER.

Regarde fixement ce qui t'étonne.

EUGÉNIE.

Il était loin de moi, dans le temps de mon bonheur : maintenant je ne puis en supporter l'approche. Mon souci, mon saisissement, ne font que s'en accroître. C'est de la main de mon père, de mon roi, que je devais un jour attendre un époux. Mon regard ne le cherchait pas, avant le temps, autour de moi, et aucun penchant ne se forma dans mon cœur. Maintenant il faut que je pense à ce qui jamais n'occupa ma pensée; il faut que je sente ce que la pudeur m'a fait repousser; il faut que je souhaite un époux, avant qu'il se soit offert un homme digne d'être aimé et digne de moi; et ce bonheur, que nous promet l'hyménée, il faut le profaner, et en faire la ressource de ma détresse.

LE CONSEILLER.

Une femme confie avec assurance à un honnête homme, fût-il même étranger, sa destinée incertaine. Il n'est pas étranger celui qui sait compatir. Et un opprimé s'attache promptement à son libérateur. Ce qui, dans le cours de la vie, unit et enchaîne l'épouse à son époux, cette assurance qu'elle ne manquera jamais de conseil, de consolation, d'appui et de secours : par une action hardie, l'homme courageux l'inspire en un moment, et pour toujours, au cœur de la femme environnée de dangers.

EUGÉNIE.

Et ce héros où s'est-il montré à moi?

LE CONSEILLER.

La foule des hommes est grande dans cette ville.

EUGÉNIE.

Mais à tous je suis et je resterai inconnue.

LE CONSEILLER.

Un tel regard ne reste pas longtemps ignoré.

EUGÉNIE.

Oh! n'abuse pas une espérance facile à séduire! Où se trouverait un homme, mon égal, qui voulût m'offrir sa main dans mon abaissement? Pourrais-je avoir, même à un égal, l'obligation d'un tel bonheur?

LE CONSEILLER.

Beaucoup de choses paraissent inégales dans la vie, mais bientôt, et sans qu'on l'ait prévu, elles s'égalisent. Dans une révolution éternelle, un bien balance le mal et de promptes douleurs nos plaisirs. Rien n'est permanent. Beaucoup de dissonances, insensiblement et avec la course des jours, se résolvent par degrés en harmonie, et l'amour sait rapprocher les plus grandes distances, rapprocher la terre du ciel.

EUGÉNIE.

Tu crois me bercer par de vains songes.

LE CONSEILLER.

Tu es sauvée, si tu peux y croire.

EUGÉNIE.

Montre-moi donc l'image fidèle de mon libérateur.

LE CONSEILLER.

Je te la montre : il t'offre sa main.

EUGÉNIE.

Toi? Quelle fantaisie t'a surpris?

LE CONSEILLER.

Mes sentiments sont fixés pour jamais.

EUGÉNIE.

Un moment fait-il de tels prodiges?

LE CONSEILLER.

Le miracle est fils du moment.

EUGÉNIE.

Et l'erreur est aussi fille de la précipitation.

LE CONSEILLER.

Un homme qui t'a vue ne s'égare plus.

EUGÉNIE.

L'expérience est toujours la maîtresse de la vie.

LE CONSEILLER.

Elle peut égarer, mais le cœur décide. Oh! laisse-moi te dire comme, il y a quelques heures, je délibérais en moi-même et me sentais solitaire; comme je considérais toute ma position, mes biens, mon état, mes affaires, et cherchais autour de moi une épouse. L'imagination me présentait maintes figures, en choisissant parmi les trésors du souvenir; elles passaient, charmantes, devant moi; mon cœur ne se portait vers aucune : tu parais; je sens maintenant ce qui me manquait. C'est ma destinée.

EUGÉNIE.

L'étrangère, menacée, entourée de méchants, pourrait se réjouir, sentir une orgueilleuse consolation, de se voir à ce point estimée et chérie, si elle ne songeait en même temps au bonheur de l'ami, de l'homme généreux, le seul peut-être de tous les hommes, qui veuille lui offrir ses secours. Ne t'abuses-tu point toi-même? Et oses-tu te mesurer avec la puissance qui me menace?

LE CONSEILLER.

Non pas seulement avec celle-là!... Pour échapper à la violence d'une impétueuse multitude, un Dieu nous a montré le port le plus beau. C'est seulement dans la maison où l'époux règne tranquille, que la paix habite, la paix, que tu chercherais en vain sur les rives lointaines. L'envie inquiète, la furieuse calomnie, les brigues impuissantes, partiales, sont sans effet contre cette enceinte sacrée. La raison et l'amour maintiennent toutes les joies, et leur main allége tous les malheurs. Viens, et te sauve auprès de moi! Je me connais, et je sais ce que j'ose et puis promettre.

EUGÉNIE.

Es-tu prince dans ta maison?

LE CONSEILLER.

Je le suis. Et nous le sommes tous, le bon comme le méchant. Est-il un pouvoir qui pénètre dans cette maison où le tyran afflige une aimable épouse, lorsqu'il agit avec turbulence, selon sa propre volonté, et, par ses caprices, ses paroles, ses actions, détruit ingénieusement, avec une maligne joie, chaque plaisir? Qui séchera les pleurs de l'épouse? Quelle loi, quel tribunal atteindra le coupable? Il triomphe, et la patience muette couche peu à peu, avec désespoir, la victime dans le tombeau. La nécessité, la loi, la coutume, ont donné à l'homme ces grands droits; elles ont compté sur sa force, sur sa loyauté.... Chère et vénérable étrangère, ce n'est pas le bras d'un héros, ce n'est pas une famille de héros, que je puis t'offrir, mais l'honorable et sûre condition du citoyen. Et, quand tu seras à moi, qui osera te toucher encore? Tu seras à moi pour toujours, gardée, protégée. Le roi viendrait te redemander, que je pourrais, comme époux, lutter contre le roi.

EUGÉNIE.

Pardonne! Ce que j'ai perdu se présente encore trop vivement à ma pensée. Toi, homme généreux, tu ne considères que le peu qui me reste encore. Que c'est peu de chose! Ce faible débris, tu m'apprends à l'estimer; par tes sentiments, tu me ranimes, tu me rends ma propre nature. Je t'offre en tribut le respect.... ou quel nom lui donnerai-je?... l'affection reconnaissante, l'enchantement d'une sœur. Je me sens ton ouvrage, hélas, et je ne puis t'appartenir comme tu le désires.

LE CONSEILLER.

Tu refuses sitôt pour toi et pour moi l'espérance!

EUGÉNIE.

Le désespoir s'annonce promptement.

SCÈNE III.

LES PRÉCÉDENTS, LA GOUVERNANTE.

LA GOUVERNANTE.

Déjà la flotte obéit au vent favorable; les voiles s'enflent; chacun s'empresse de partir. Ceux qui se séparent s'embrassent en pleurant, et, des vaisseaux et du rivage, les mouchoirs flottants envoient encore le dernier adieu. Bientôt notre navire aussi lèvera l'ancre. Viens! Partons! Aucun salut d'adieu ne nous accompagne; nous partons sans coûter des larmes.

LE CONSEILLER.

Non pas sans coûter des larmes, non pas sans une douleur amère des amis que vous laissez, et qui vous tendent les bras pour vous sauver. Oh! peut-être ce que vous dédaignez dans ce moment vous paraîtra-t-il bientôt une image digne de vos regrets, une image lointaine!... (*A Eugénie.*) Il y a quelques instants, l'âme ravie, je te disais bienvenue : un adieu rapide va-t-il sceller notre séparation pour jamais?

LA GOUVERNANTE.

Ai-je deviné l'objet de l'entretien?

LE CONSEILLER.

Tu me vois prêt à serrer des nœuds éternels.

LA GOUVERNANTE, *à Eugénie.*
Et comment sais-tu répondre à une offre si généreuse?
EUGÉNIE.
Par la reconnaissance la plus pure d'un cœur profondément touché.
LA GOUVERNANTE.
Et sans aucun penchant à saisir cette main?
LE CONSEILLER.
Elle s'offre avec instance à vous secourir.
EUGÉNIE.
Ce qui est le plus près de nous est souvent hors de notre portée.
LA GOUVERNANTE.
Hélas! nous ne serons que trop tôt loin de tout salut!
LE CONSEILLER.
As-tu réfléchi aux menaces de l'avenir?
EUGÉNIE.
Même à la dernière menace, à la mort.
LA GOUVERNANTE.
Tu refuses la vie qui t'est offerte?
LE CONSEILLER.
Et les aimables solennités de joyeuses noces?
EUGÉNIE.
Je fuirais une fête: il n'en est plus pour moi.
LA GOUVERNANTE.
Qui a beaucoup perdu peut gagner promptement.
LE CONSEILLER.
Une fortune durable après une brillante.
EUGÉNIE.
Loin de moi la durée, si l'éclat s'est évanoui!
LA GOUVERNANTE.
Qui mesure le possible s'en contente.
LE CONSEILLER.
Et qui ne se contenterait de l'amour et de la fidélité?
EUGÉNIE.
Mon cœur contredit ces paroles flatteuses, et vous résiste à tous deux avec impatience.

LE CONSEILLER.

Ah! je le sais bien, un secours qui nous importune semble un fardeau trop pesant; il n'excite que des combats intérieurs; nous voudrions être reconnaissants, et nous sommes ingrats, car nous n'acceptons pas. Il faut donc nous séparer. Je veux du moins remplir envers vous auparavant les civilités et les devoirs de l'habitant d'un port, et vous offrir, comme adieu, une provision des dons bienfaisants de la terre, pour votre passage sur la mer stérile; ensuite je me tiendrai là, les yeux immobiles, je verrai toujours, toujours plus loin, les voiles enflées, et fuir et disparaître mon espérance et mon bonheur. (*Il s'éloigne.*)

SCÈNE IV.

EUGÉNIE, LA GOUVERNANTE.

EUGÉNIE.

Dans ta main, je le sais, repose mon salut comme ma perte. Laisse-toi persuader; laisse-toi fléchir; ne me fais pas monter sur ce vaisseau!

LA GOUVERNANTE.

Toi seule tu règles ce qui doit nous arriver. Tu peux choisir. Je ne fais qu'obéir à la main puissante qui me chasse devant elle.

EUGÉNIE.

Pouvons-nous choisir, à ton avis, quand l'inévitable se trouve en présence de l'impossible?

LA GOUVERNANTE.

L'alliance est possible, comme l'exil évitable.

EUGÉNIE.

Elle est impossible l'action que ne peuvent se permettre les nobles cœurs.

LA GOUVERNANTE.

Tu peux beaucoup pour cet homme vertueux.

EUGÉNIE.

Ramène-moi à une meilleure situation, et je reconnaîtrai ses offres par des récompenses infinies.

LA GOUVERNANTE.

Qu'il obtienne sur-le-champ, pour sa récompense, ce qui

seul peut le récompenser; que ta main l'élève aux premiers
rangs! Si la vertu, si le mérite, n'avancent que lentement
l'homme de bien; s'il travaille, avec un renoncement secret, en
se dévouant pour les autres, qui le remarquent à peine, une
noble épouse le conduit aisément au but. Nul homme ne doit
regarder au-dessous de lui. Qu'il ose lever les yeux vers la plus
illustre femme! S'il réussit à l'obtenir, il voit bientôt le sentier
de la vie s'aplanir devant lui.

EUGÉNIE.

Je démêle aisément dans tes discours trompeurs le sens de
paroles séductrices et décevantes. Je ne vois que trop clairement
le contraire. L'époux entraine inévitablement sa femme dans les
limites de sa sphère. Elle s'y voit reléguée; elle ne peut, par ses
propres forces, se choisir des routes particulières; il l'élève à
lui d'une condition inférieure; il l'abaisse des sphères plus élevées; la forme première est effacée; tout vestige des jours passés disparaît. Ce qu'elle a gagné, qui voudra le lui arracher? Ce
qu'elle a perdu, qui le lui rendra?

LA GOUVERNANTE.

Ainsi tu nous condamnes à mort toutes deux sans pitié?

EUGÉNIE.

Mon regard, plein d'espérance, cherche encore le salut.

LA GOUVERNANTE.

Celui qui t'aime désespère, que peux-tu espérer?

EUGÉNIE.

Un homme de sang-froid nous donnerait un meilleur conseil.

LA GOUVERNANTE.

Il ne s'agit plus de conseil et de choix : tu me précipites dans
le malheur; suis-moi!

EUGÉNIE.

Oh! si je le voyais encore une fois en ma présence, ce regard
bienveillant et doux que tu me montras sans cesse dès mon enfance! La splendeur du soleil, qui réveille partout la vie, la
fraîche et paisible clarté de la lune brillante, n'étaient pas à ma
vue un plus aimable objet que toi. Que pouvais-je désirer? Tout
était prêt d'avance. Qu'avais-je à craindre? Tous les dangers
étaient écartés; et, si ma mère se déroba de bonne heure aux
regards de son enfant, tu m'offris une abondante mesure de

vigilant amour maternel. Es-tu donc entièrement changée ? Au dehors, tu me parais toujours la même, toujours ma bien-aimée ; mais on dirait ton cœur transformé. C'est encore à toi que mes prières demandaient si souvent de grandes ou de petites faveurs, à toi, qui ne me refusais rien. Le sentiment filial du respect accoutumé m'instruit maintenant à solliciter de toi la grâce la plus importante. Et serait-ce m'abaisser de t'invoquer au lieu de mon père, de mon roi, de mon Dieu, et de te demander à genoux ma délivrance ? (*Elle s'agenouille.*)

LA GOUVERNANTE.

Dans cette position, tu ne sembles que feindre et te railler de moi. La fausseté ne me touche point. (*Elle relève Eugénie brusquement.*)

EUGÉNIE.

Me faut-il subir, me faut-il essuyer de toi une parole si dure, un si cruel traitement ? Et tu dissipes violemment mon rêve. Je vois clairement mon sort. Ce n'est pas ma faute, ce n'est pas la discorde des grands, c'est la ruse de mon frère qui m'a chassée, et, conjurée avec lui, tu me tiens dans l'exil.

LA GOUVERNANTE.

Ton erreur est complète à tous égards. Ton frère, que peut-il entreprendre contre toi ? Il a les mauvaises intentions et non la puissance.

EUGÉNIE.

Quoi qu'il en soit, je ne languis pas encore dans les solitudes sans ressources de lointains déserts. Un peuple vivant s'agite autour de moi, un peuple aimant, qui apprendra avec allégresse le nom de mon père par la bouche de son enfant. Je les invoquerai : un cri puissant, sorti de la multitude grossière, m'annoncera ma liberté.

LA GOUVERNANTE.

La multitude grossière, tu ne l'as jamais connue. Elle regarde et s'étonne et balance et laisse faire ; et, si elle se lève, elle achève sans bonheur ce qu'elle a commencé par hasard et sans dessein.

EUGÉNIE.

Tu ne détruiras pas ma confiance par de froides paroles, comme mon bonheur par une action téméraire. Là-bas j'espère trouver la vie au sein de la vie; là-bas, où la foule active roule à grands flots, où tous les cœurs, satisfaits de peu, sauront s'ouvrir volontiers à la douce compassion. Tu ne me retiendras point. Je vais me précipiter dans cette foule agitée, et proclamer à haute voix l'affreux péril et le malheur qui me poursuivent.

ACTE CINQUIÈME.

Une place près du port.

SCÈNE I.

EUGÉNIE, LA GOUVERNANTE.

EUGÉNIE.

Avec quelles chaînes m'as-tu ramenée ? Cette fois encore, je t'obéis contre ma volonté. Puissance maudite de la voix qui m'accoutuma autrefois si doucement à l'obéissance ; qui s'empara, dans toute son étendue, de ma docilité première ! C'est de toi que j'appris d'abord le sens des mots, la force et l'ingénieux artifice du langage. C'est ta bouche qui m'apprit à connaître et le monde et mon propre cœur. Maintenant tu emploies contre moi cette magie ; tu m'enchaînes, tu me traînes çà et là ; mon esprit s'égare, mes sens s'épuisent, et je voudrais descendre chez les morts.

LA GOUVERNANTE.

Oh! si cette puissance magique avait opéré, quand je te priai avec instance, avec supplications, de renoncer à ces grands desseins!

EUGÉNIE.

Tu prévoyais un si grand mal, et tu n'avertissais pas mon courage trop confiant ?

LA GOUVERNANTE.

Je pouvais bien t'avertir, mais seulement avec réserve : une parole prononcée donnait la mort.

EUGÉNIE.

Et derrière ton silence était le bannissement! Une parole de mort était bien préférable.

LA GOUVERNANTE.

Ce malheur, prévu ou imprévu, nous a enveloppées l'une et l'autre dans le même filet.

EUGÉNIE.

Puis-je savoir quelle sera ta récompense, pour avoir perdu ta malheureuse élève ?

LA GOUVERNANTE.

Elle m'attend sur la rive étrangère. La voile s'enfle et nous emmènera toutes deux.

EUGÉNIE.

Le navire ne m'a pas reçue encore dans sa prison : devrais-je partir volontairement ?

LA GOUVERNANTE.

Et n'as-tu pas invoqué déjà le secours du peuple ? Il n'a fait que te regarder avec étonnement, et se taire et s'éloigner.

EUGÉNIE.

Troublée par mon affreuse détresse, j'ai paru aux yeux du vulgaire en proie au délire. Mais ni tes paroles ni ta violence n'arrêteront mes courageuses démarches pour obtenir du secours. Les premiers personnages de cette ville sortent de leurs maisons, pour aller sur la plage admirer les vaisseaux qui, rangés à la file, gagnent, contre nos vœux, la haute mer. Déjà la garde se met en mouvement au palais du gouverneur ; c'est lui qui, accompagné d'une suite nombreuse, descend les degrés. Je veux lui parler, lui exposer le cas, et, s'il est digne de présider, en la place de mon roi, aux plus grandes affaires, il ne me renverra pas sans m'avoir entendue.

LA GOUVERNANTE.

Je ne t'empêche pas de faire cette démarche ; mais n'articule aucun nom : conte seulement l'affaire.

EUGÉNIE.

Je ne dirai pas le nom, avant de pouvoir me confier.

LA GOUVERNANTE.

C'est un noble jeune homme, et il fera pour toi volontiers, avec bienséance, ce qu'il pourra.

SCÈNE II.

LES PRÉCÉDENTS, LE GOUVERNEUR, OFFICIERS.

EUGÉNIE.

Oserai-je t'arrêter au passage? Pardonneras-tu à une audacieuse étrangère?

LE GOUVERNEUR, *après avoir observé Eugénie attentivement.*

Qui se recommande, comme toi, au premier regard, est assuré du plus gracieux accueil.

EUGÉNIE.

Elle n'est pas riante et gracieuse l'affaire que je viens t'exposer : c'est la dernière détresse qui m'amène devant toi.

LE GOUVERNEUR.

S'il est possible de l'écarter, je m'en ferai un devoir; si l'on ne peut que l'adoucir, nous y veillerons.

EUGÉNIE.

Ta suppliante est sortie d'une illustre maison; mais, hélas! elle se présente sans pouvoir se nommer.

LE GOUVERNEUR.

Un nom s'oublie; une figure comme la tienne se grave, d'une manière ineffaçable, dans la mémoire.

EUGÉNIE.

La force et la ruse m'arrachent, m'entraînent, me chassent, du sein de mon père, sur l'affreux Océan.

LE GOUVERNEUR.

Quel ennemi oserait porter sur cette image de la paix une main profane?

EUGÉNIE.

Moi-même je n'ai que des soupçons. Ce coup imprévu me vient de ma propre maison. Conduit par l'intérêt et par de mauvais conseils, un frère a médité ma perte, et cette femme, qui m'a élevée, prête, sans que je devine pourquoi, son assistance à mes ennemis.

LA GOUVERNANTE.

C'est elle que j'assiste, et j'adoucis une grande souffrance, que, par malheur, je ne puis guérir.

EUGÉNIE.

Il faut que je m'embarque : elle l'exige. Elle m'emmène sur l'autre bord.

LA GOUVERNANTE.

Si je l'accompagne dans un tel voyage, c'est une preuve de mon amour, de mes soins maternels.

LE GOUVERNEUR.

Ne soyez pas offensées, femmes estimables, si un homme qui, jeune encore, a beaucoup vu et observé le monde, demeure en suspens à votre vue et à vos discours. Vous semblez toutes deux mériter la confiance, et vous vous défiez vous-mêmes l'une de l'autre. Il le semble du moins. Comment dois-je entreprendre de démêler les fils mystérieux de l'étrange nœud qui vous enlace ?

EUGÉNIE.

Si tu veux m'entendre, j'espère davantage.

LA GOUVERNANTE.

Je pourrais aussi expliquer bien des choses.

LE GOUVERNEUR.

Comme un étranger nous abuse souvent par des fables, la vérité doit aussi en souffrir, quand nous la voyons sous un voile bizarre.

EUGÉNIE.

Si tu te méfies de moi, je suis sans ressource.

LE GOUVERNEUR.

Et, quand je m'y fierais, te secourir est néanmoins difficile.

EUGÉNIE.

Veuille seulement me renvoyer chez les miens.

LE GOUVERNEUR.

Recueillir des enfants perdus, même détournés; protéger ceux qui sont repoussés, attire peu de reconnaissance à l'homme bien intentionné. Aussitôt est soulevé, avec fureur, un débat sur la fortune et l'héritage, sur la personne, sur son identité, et, lorsque des parents disputent inhumainement sur le tien et le mien, l'étranger qui s'y entremêle s'attire la haine des deux partis, et il n'est pas rare que, la preuve rigoureuse ne lui ayant pas réussi, il figure enfin, avec confusion, devant la justice. Pardonne-moi donc, si je ne puis d'abord accueillir favorablement ta requête avec des paroles d'espérance.

EUGÉNIE.

Si une telle crainte sied à l'homme éminent, à qui un opprimé doit-il recourir ?

LE GOUVERNEUR.

Du moins tu m'excuseras sans doute, en ce moment où une affaire m'appelle, si je t'invite à te présenter chez moi demain matin, pour m'instruire plus exactement du sort qui te menace.

EUGÉNIE.

Je m'y rendrai avec joie. Reçois dès à présent mes actions de grâces pour ma délivrance.

LA GOUVERNANTE, *qui présente un papier au gouverneur.*

Si nous ne paraissons pas chez toi sur ton invitation, cette feuille suffira pour notre excuse.

LE GOUVERNEUR. *Il rend le papier, après l'avoir parcouru quelque temps avec attention.*

Je ne puis en effet que vous souhaiter un heureux voyage, la résignation à votre sort et l'espérance.

SCÈNE III.

EUGÉNIE, LA GOUVERNANTE.

EUGÉNIE.

C'est là le talisman avec lequel tu m'entraînes, tu me tiens captive, et qui paralyse tous les honnêtes gens disposés à me secourir? Laisse-moi la voir, cette feuille de mort! Je connais ma misère : permets aussi, permets que je sache qui a pu l'ordonner.

LA GOUVERNANTE, *lui présentant la feuille ouverte.*

La voici! Regarde.

EUGÉNIE, *se détournant, sans lire le papier.*

Affreux sentiment! Et pourrais-je y survivre, si le nom de mon père et de mon roi foudroyaient mon regard! L'imposture est possible encore; un officier de la couronne a peut-être abusé audacieusement du pouvoir, et il me nuit, par complaisance pour mon frère : alors je puis encore être sauvée. C'est ce que je veux apprendre. Montre-moi!

LA GOUVERNANTE.

Le voilà.

EUGÉNIE, *se détournant encore.*

Le courage m'abandonne. Non, je n'ose pas. Que la destinée s'accomplisse! Je suis perdue; tous les avantages de ce monde me sont ravis: Eh bien! je renonce pour jamais à ce monde. Oh! tu m'accorderas cette faveur! Tu veux ma mort, mes ennemis la veulent; ils veulent m'ensevelir vivante : souffre que je m'approche de l'Église, qui a déjà dévoré tant d'innocentes victimes. Voici le temple : cette porte mène à la secrète souffrance, comme au secret bonheur. Laisse-moi faire ce pas dans l'inconnu. Quelque chose qui m'y attende, que ce soit mon partage!

LA GOUVERNANTE.

Je vois l'abbesse descendre dans la place, accompagnée de deux sœurs. Elle est jeune aussi, et sortie d'une illustre maison : découvre-lui ton désir, je ne m'y oppose point.

SCÈNE IV.

LES PRÉCÉDENTS, L'ABBESSE, *deux* RELIGIEUSES.

EUGÉNIE.

Vénérable et sainte fille, tu me vois ici interdite, égarée, en lutte avec moi-même et avec le monde; l'angoisse du moment, le souci de l'avenir, m'entraînent devant toi, en qui j'ose espérer l'adoucissement de mon horrible souffrance.

L'ABBESSE.

Si le repos, si le calme et la paix avec Dieu et notre propre cœur se peuvent communiquer, noble étrangère, les fidèles paroles de la science ne manqueront pas pour t'inspirer ce qui fait le bonheur de mes filles et le mien, dès aujourd'hui comme pour l'éternité.

EUGÉNIE.

Ma souffrance est infinie, et la divine puissance des paroles pourrait difficilement la guérir sur-le-champ. Oh! recueille-moi, et laisse-moi habiter où tu habites, dissiper d'abord dans les larmes cette angoisse, et vouer à la consolation mon cœur soulagé.

ACTE V, SCÈNE IV.

L'ABBESSE.

J'ai vu souvent, dans cette enceinte sacrée, les pleurs terrestres se changer en divins sourires, en célestes ravissements; mais on n'y pénètre pas par violence ; maintes épreuves doivent premièrement nous faire connaître la nouvelle sœur et tout son mérite.

LA GOUVERNANTE.

Un mérite éclatant est facile à reconnaître ; les conditions que tu pourrais exiger sont faciles à remplir.

L'ABBESSE, *à Eugénie.*

Je ne doute point que la noblesse de la naissance, que la fortune ne te permissent d'acquérir les droits de cette maison, qui sont grands et considérables. Faites-moi donc promptement connaître vos intentions.

EUGÉNIE.

Exauce ma prière; recueille-moi; cache-moi aux yeux du monde, dans la plus profonde retraite, et prends tous mes biens. J'apporte beaucoup et j'espère donner plus encore.

L'ABBESSE.

Si la jeunesse, si la beauté, peuvent nous toucher, si une noble nature parle à notre cœur, tu as beaucoup de droits, aimable enfant. Chère fille, viens dans mes bras !

EUGÉNIE.

Avec ces paroles, avec cet embrassement, tu apaises soudain tout le tumulte de mon cœur agité. Le dernier flot me baigne encore en se retirant : je suis dans le port.

LA GOUVERNANTE, *se plaçant entre Eugénie et l'Abbesse.*

Si un sort cruel ne s'y opposait!... Lis cette feuille, pour nous plaindre. (*Elle présente la feuille à l'Abbesse.*)

L'ABBESSE, *à la Gouvernante, après avoir lu.*

Je dois te blâmer d'avoir écouté tant de paroles que tu savais inutiles. Je m'incline profondément devant la main souveraine qui paraît dominer ici. (*Elle s'éloigne.*)

SCÈNE V.

EUGÉNIE, LA GOUVERNANTE.

EUGÉNIE.

Comment ? Une main souveraine ? Que veut faire entendre cette femme hypocrite ? Est-ce Dieu qu'elle veut dire ? La majesté céleste est certainement étrangère à cette violence. Veut-elle dire notre roi ? Soit. Je dois souffrir ce qu'il ordonne de moi. Mais je ne veux plus flotter entre l'amour et la crainte ; je ne veux plus, comme une femme, au moment où je péris, ménager mon cœur et ses timides sentiments. Qu'il se brise, s'il doit se briser ! Et maintenant je demande à voir cette feuille, que ce soit mon père ou mon roi qui ait signé mon arrêt de mort. Cette divinité courroucée qui m'écrase, je veux la regarder en face avec courage. Oh ! que ne suis-je devant elle ! Il est terrible le dernier regard de l'innocence opprimée.

LA GOUVERNANTE.

Je ne t'ai jamais refusé cette feuille : prends-la.

EUGÉNIE, *jetant les yeux sur le papier sans le déplier.*

C'est la destinée étrange de l'homme, que, dans la plus grande souffrance, il lui reste encore la crainte d'une nouvelle perte. Sommes-nous si riches, ô dieux, que vous ne puissiez tout nous ravir d'un seul coup ? Cette feuille m'a enlevé le bonheur de la vie, et me laisse encore appréhender de plus grandes douleurs. (*Elle déplie la feuille.*) Eh bien, courage, mon cœur, et ne frémis pas de boire le fond de ce calice amer. (*Elle jette les yeux sur le papier.*) La main et le sceau du roi !

LA GOUVERNANTE, *reprenant la feuille.*

Chère enfant, plains-moi, en pleurant sur toi-même. Je me suis chargée de ce douloureux office ; je n'accomplis l'ordre de l'autorité souveraine que pour t'assister dans ta détresse, pour ne pas t'abandonner à une main étrangère. Ce qui afflige mon âme, ce que je connais encore de cet affreux événement, tu l'apprendras plus tard. Maintenant pardonne-moi, si la nécessité, avec sa main de fer, nous force de nous embarquer sans délai. (*Elle s'éloigne.*)

SCÈNE VI.

EUGÉNIE, *seule*.

Ainsi donc le plus beau royaume, ce port, animé par des milliers d'hommes, sont devenus pour moi un désert, et je suis seule. Ici de nobles magistrats sont les organes des lois, et des guerriers ont l'oreille attentive à des ordres précis ; ici des solitaires adressent au ciel de saintes oraisons ; la foule occupée court après le gain : et l'on me chasse sans droit et sans jugement ; pas une main ne s'arme pour moi ; on me ferme tout asile ; nul n'ose faire quelques pas en ma faveur. L'exil ! Oui, le poids de ce mot terrible m'écrase déjà de toutes ses souffrances ; déjà je me sens un membre mort de la société ; le corps, qui est sain, me rejette. Je ressemble au mort qui a conscience de lui-même ; qui, témoin de sa propre sépulture, paralysé, dans un demi-sommeil, reste couché, frissonnant d'horreur. Affreuse nécessité ! Mais quoi ? Un choix ne m'est-il pas offert ? Ne puis-je saisir la main de l'homme qui, seul, m'offre noblement son secours ?... Et le pourrais-je ? Je pourrais démentir la naissance qui m'avait élevée si haut ? Répudier pour jamais tout l'éclat de cette espérance ? Je ne le puis. O tyrannie, saisis-moi avec tes mains de fer ! Aveugle fatalité, entraîne-moi ! Le choix est plus cruel que le mal lui-même, lorsqu'il hésite et balance entre deux maux. (*La Gouvernante passe dans le fond, avec des gens qui portent des bagages.*) Ils viennent, ils emportent mes effets, tout ce qui m'est resté de mes précieux trésors. Cela m'est-il aussi enlevé ? On l'emporte, et il faut que je le suive. Un vent favorable tourne les pavillons du côté de la mer ; je verrai bientôt toutes les voiles enflées. La flotte quitte le port. Voici le tour du vaisseau qui emportera l'infortunée. On vient. On m'appelle à bord. O Dieu ! Le ciel est-il d'airain sur ma tête ? Ma voix de douleur ne peut-elle y pénétrer ? Eh bien, je pars ! Mais le vaisseau ne m'engloutira pas dans l'enceinte de sa prison : la dernière planche qui m'y conduira sera le premier degré de ma liberté. Recevez-moi, vagues émues, enveloppez-moi, et, me pressant de vos étreintes, plongez-moi dans l'asile funèbre de votre paix profonde! Et, quand je n'aurai plus rien à craindre de ce monde injuste, poussez enfin mon pâle cadavre vers le rivage, afin qu'une âme pieuse et charitable me donne la sépulture dans la terre natale. (*Elle fait quelques pas.*) Allons! (*Elle s'arrête.*) Mon pied ne veut-il plus obéir? Qui me retient ici? Misérable amour d'une indigne vie, tu me rappelles pour un rude combat! Le bannissement, la mort, la dégradation, m'enveloppent et m'assiégent à l'envi; et, quand je me détourne de l'un avec horreur, l'autre m'adresse un affreux sourire avec un regard infernal. N'est-il donc pas un secours humain, un secours divin, pour me délivrer de ces mille tortures? Oh! si, du milieu de la foule, une seule parole prophétique retentissait par hasard à mon oreille! Oh! si un oiseau de paix passait près de moi, d'une aile légère, pour me diriger! J'irai volontiers où le sort m'appelle. Qu'il m'indique seulement ma route, et j'obéirai avec foi. Qu'il me fasse seulement un signe, et je me soumettrai soudain avec confiance, avec espoir, à ce signe sacré.

SCÈNE VII.

EUGÉNIE, UN MOINE.

EUGÉNIE. *Après être restée quelque temps les yeux fixés devant elle, elle aperçoit le moine.*

Je n'en puis douter! Oui, je suis sauvée! Oui, voilà celui qui doit me décider. Envoyé sur ma prière, il m'apparaît, cet homme respectable, ce vieillard, au-devant duquel, dès le premier coup d'œil, mon cœur vole avec confiance. (*Elle va à sa rencontre.*) Mon père!... Ah! laisse-moi te le transmettre, noble étranger, ce nom de père, qui m'est désormais refusé, ravi, défendu! En peu de mots apprends mon malheur. Ce n'est pas dans le cœur de l'homme sage, réfléchi, mais du vieillard favorisé de Dieu, que je le dépose, avec une douloureuse confiance.

LE MOINE.

Découvre-moi franchement le sujet de ta peine. Ce n'est pas sans une direction d'en haut que l'affligé rencontre celui dont le premier devoir est de soulager les afflictions.

EUGÉNIE.

Tu vas entendre une énigme au lieu de plaintes; et je te demande un oracle et non un conseil. Deux chemins s'ouvrent devant mes pas, pour me conduire à deux buts détestés, l'un par ce côté, l'autre par celui-là : lequel me faut-il choisir?

LE MOINE.

Tu m'induis en tentation! Dois-je prononcer comme le hasard?

EUGÉNIE.

Comme un hasard sacré.

LE MOINE.

Si je te comprends, ton regard s'élève, de sa détresse profonde, vers les régions supérieures. La volonté propre est morte dans ton cœur; tu attends la décision du Tout-Puissant. Oui sans doute, le moteur éternel fait agir, d'une manière qui nous est incompréhensible, une chose ou une autre, comme par hasard, pour notre bien, pour le conseil, pour la décision, pour l'accomplissement, et nous nous trouvons comme portés vers le but. Sentir cette vocation, c'est le suprême bonheur; ne pas la demander est le devoir de l'humilité; l'attendre est la plus douce consolation dans la souffrance. Oh! que ne suis-je trouvé digne de pressentir maintenant pour toi ce qui te serait le plus avantageux! Mais le pressentiment est muet dans mon sein, et, si tu ne peux m'en confier davantage, reçois pour adieu une stérile pitié.

EUGÉNIE.

Naufragée, je saisis encore la dernière planche : je t'arrête et te dis, à contre-cœur, pour la dernière fois, le mot sans espérance. Sortie d'une illustre maison, je suis rejetée, bannie au delà des mers, et je pourrais me sauver par un mariage, qui me fait descendre dans les rangs inférieurs. Que dit ton cœur, maintenant? Est-il encore muet?

LE MOINE.

Qu'il se taise, jusqu'à ce que la raison, qui juge, doive elle-même se déclarer impuissante. Tu ne m'as fait que des confidences générales, je ne puis te donner qu'un avis général. Si tu es forcée de choisir entre deux maux détestés, regarde en face l'un et l'autre, et choisis celui qui te laissera le plus d'indépendance pour agir et vivre saintement ; qui borne le moins ton esprit ; qui enchaîne le moins tes actions pieuses.

EUGÉNIE.

Je le vois, tu ne me conseilles pas le mariage.

LE MOINE.

Non pas un mariage tel que celui qui te menace. Comment le prêtre peut-il donner la bénédiction, si le *oui* ne sort pas du cœur de la jeune épouse ? Il ne doit pas enchaîner l'un à l'autre, pour une lutte sans cesse renaissante, ceux qui ont une mutuelle répugnance : combler le vœu de l'amour, qui fait d'un objet unique un monde entier, du présent l'éternité, et de ce qui passe une chose permanente, tel est le divin office du prêtre.

EUGÉNIE.

Tu m'exiles dans l'infortune au delà des mers !

LE MOINE.

Va, pour être la consolation de ceux qui habitent l'autre bord.

EUGÉNIE.

Comment puis-je consoler, quand moi-même je désespère ?

LE MOINE.

Un cœur pur, que ton regard m'annonce, un noble courage, une haute et libre intelligence, te soutiendront, toi et les autres, où que tu portes tes pas sur cette terre. Si maintenant, bannie sans crime, dans tes jeunes années, tu expies par une sainte résignation des fautes étrangères : comme un être surhumain, tu porteras avec toi le bonheur et les merveilleuses forces de l'innocence. Passe donc la mer. Entre avec courage dans les rangs des affligés. Rends à ce triste monde la sérénité par ta présence Par tes puissantes paroles, par une courageuse conduite, ranime les forces propres des cœurs profondément abattus ; rassemble autour de toi ceux qui sont dispersés ; unis-les ensemble, et tous avec toi ; forme-toi ce qu'il te faut perdre ici, une famille, une patrie, un empire !

EUGÉNIE.

Te flatterais-tu de faire ce que tu commandes ?

LE MOINE.

Je l'ai fait.... L'esprit me fit passer, jeune encore, chez des tribus sauvages. Au sein de la vie grossière, je portai des mœurs douces ; je portai l'espérance du ciel au sein de la mort. Oh !

pourquoi, séduit par le sincère désir de servir ma patrie, suis-je revenu dans ce désert des villes corrompues, dans ce chaos de crimes raffinés, dans ce bourbier de l'égoïsme! Ici m'enchaîne l'impuissance de l'âge, l'habitude, les devoirs, un destin peut-être, qui me réserve tard la plus rude épreuve. Mais toi, jeune, libre de tous liens, jetée dans l'espace, avance, et fais ton salut. Ce que tu sens comme une affliction se changera en bienfait. Hâte-toi de partir!

EUGÉNIE.

Explique-toi plus clairement : que crains-tu?

LE MOINE.

L'avenir s'avance dans l'obscurité! L'avenir, même le plus proche, ne se montre pas à l'œil du corps, à celui de l'esprit. Lorsque, à la clarté du soleil, je parcours ces rues avec admiration ; que je contemple la magnificence des édifices, ces tours élevées à la hauteur des rochers, l'étendue des places, la noble architecture des églises, ce vaste port et sa forêt de mâts : tout cela me semble fondé et établi pour l'éternité ; cette foule active et laborieuse, qui flotte çà et là dans ces espaces, elle promet aussi de se maintenir éternellement sans s'épuiser. Mais, quand, la nuit, cette grande image se réveille au fond de ma pensée, un bruit d'orage gronde dans l'air ténébreux ; le sol s'ébranle, les tours chancellent, les pierres assemblées se déjoignent, et cette magnifique apparence s'écroule en informes débris. Quelques êtres vivants gravissent avec douleur des collines nouvellement formées, et chaque ruine signale un tombeau. Un peuple humilié, amoindri, n'est plus capable de dompter les éléments, et le flot, qui revient sans relâche, remplit de sable et de limon le bassin du port.

EUGÉNIE.

La nuit commence par désarmer l'homme, ensuite elle le combat avec de vains fantômes.

LE MOINE.

Hélas! le regard triste et nébuleux du soleil ne descendra que trop tôt sur notre misère. Fuis cependant, toi qu'un bon ange a bénie en t'exilant. Adieu. Hâte-toi. (*Il s'éloigne.*)

SCÈNE VIII.

EUGÉNIE, *seule*.

On me détourne de ma propre souffrance, et l'on me prophétise des maux étrangers! Mais serait-il étranger le malheur qui frapperait la patrie? Cela tombe sur mon sein avec un nouveau poids. Avec le mal présent, faut-il que je porte les alarmes de l'avenir? C'est donc vrai, ce qui a retenti dès mon enfance à mes oreilles, ce que j'ai d'abord entendu, découvert, et même appris enfin par la bouche de mon père et celle de mon roi! Une ruine soudaine menace ce royaume; les éléments combinés pour la vie de ce grand corps ne veulent plus s'unir mutuellement, par la force de l'harmonie, en un tout renouvelé sans cesse; ils se fuient, et chacun se retire froidement en lui-même. Qu'est-il devenu le puissant génie des ancêtres, qui unissait dans un même but ces adversaires acharnés, et qui se montrait à ce grand peuple comme chef, comme roi et comme père? Il s'est évanoui! Ce qui nous en reste est un fantôme, qui, par ses vains efforts, s'imagine qu'il ressaisira la possession perdue. Et j'emporterais avec moi sur l'autre bord un pareil souci? Je me déroberais au danger commun? Je fuirais l'occasion de me montrer hardiment digne de mes illustres ancêtres, et d'humilier, en les secourant à l'heure de l'adversité, tous ceux qui m'ont injustement outragée? Terre de ma patrie, c'est de ce jour seulement que tu es pour moi un sanctuaire; c'est de ce jour que je sens la vocation pressante de m'attacher à toi. Je ne te quitterai point, et, quelque lien qui puisse me retenir, il est désormais sacré. Où trouverai-je cet homme affectueux, qui m'a offert sa main avec confiance? Je veux m'attacher à lui. Il me gardera cachée, comme un pur talisman; car, s'il se fait un miracle dans le monde, il est l'ouvrage des cœurs aimants et fidèles. Je ne considère pas la grandeur du danger, et je ne dois pas m'arrêter à ma faiblesse : un sort favorable conduira tout vers de grands effets, lorsqu'il en sera temps; et, si mon père, si mon roi, m'ont un jour méconnue, rejetée; s'ils m'ont oubliée, leurs yeux étonnés s'arréteront sur Eugénie sauvée, qui, du fond de sa misère, s'efforce d'accomplir ce qu'elle avait promis dans son bonheur. Il vient! Il m'est plus doux de le voir s'approcher que de le fuir. Il vient! Il me cherche! Il croit que je le quitte : je resterai pour être à lui.

SCÈNE IX.

EUGÉNIE, LE CONSEILLER, *suivi d'un jeune garçon, qui porte une élégante cassette.*

LE CONSEILLER.

Déjà les vaisseaux partent l'un après l'autre, et bientôt, je le crains, tu seras aussi appelée. Reçois encore un adieu cordial et ces dons champêtres, agréable rafraîchissement, pendant une longue traversée, pour le voyageur souffrant. Souviens-toi de moi. Oh! puisses-tu ne pas t'en souvenir avec regret en de mauvais jours!

EUGÉNIE.

J'accepte ton présent avec joie; il m'est un gage de ton affection, de tes soins : mais renvoie-le sur-le-champ dans ta maison. Et, si tu penses comme tu pensais; si tu sens ce que tu sentais, si mon amitié peut te suffire, je t'y suivrai.

LE CONSEILLER. *Après une pause, il fait signe au jeune garçon de s'éloigner.*

Est-ce possible? En quelques moments ta volonté aurait changé en ma faveur?

EUGÉNIE.

Elle est changée; mais ne crois pas que ce soit la crainte qui m'entraîne vers toi. Un plus noble sentiment.... laisse-moi le cacher.... me retient dans ma patrie, auprès de toi. Maintenant réponds-moi : peux-tu, avec un noble courage, vouer le renoncement à celle qui renonce? Peux-tu promettre de me recevoir en frère, avec une affection pure; de m'assurer à moi, ta tendre sœur, conseil et protection, avec une vie douce et secrète?

LE CONSEILLER.

Je crois pouvoir tout supporter; te perdre, après t'avoir trouvée, me paraît seul insupportable. Te voir, être auprès de toi, vivre pour toi, serait mon unique et suprême bonheur. Ainsi donc, que ton cœur seul fixe les conditions de notre alliance !

EUGÉNIE.

Il faut que désormais, connue de toi seul, évitant le monde, je vive cachée. Si tu possèdes une campagne tranquille, éloignée, veuille me la consacrer et m'y faire conduire.

LE CONSEILLER.

Je possède un petit bien, agréablement situé; mais la maison est vieille, à demi ruinée. Tu pourras bientôt trouver dans ces environs l'habitation la plus belle : elle ne sera pas chère.

EUGÉNIE.

Non, laisse-moi me retirer dans la maison qui tombe en ruine : elle répond à ma situation, à mes sentiments. Et, s'ils redeviennent sereins, je trouverai d'abord une matière prête pour mon activité. Aussitôt que je t'appartiendrai, permets que, suivie d'un serviteur vieux et fidèle, je m'ensevelisse dans l'espérance d'une heureuse résurrection.

LE CONSEILLER.

Et quand oserai-je y paraître pour te rendre visite?

EUGÉNIE.

Tu attendras patiemment mon appel. Ce jour aussi viendra, pour nous unir, peut-être plus étroitement, par une sérieuse chaîne.

LE CONSEILLER.

Tu m'imposes une dure épreuve.

EUGÉNIE.

Remplis tes devoirs envers moi. Sois sûr que je connais les miens. En m'offrant ta main pour me sauver, tu risques beaucoup. Si je suis découverte, si je le suis trop tôt, tu pourras beaucoup souffrir. Je te promets le plus profond silence. Nul ne doit apprendre d'où je viens; mes amis éloignés, je ne les visiterai eux-mêmes qu'en esprit; pas une ligne d'écriture, pas un messager, ne me nommera dans le lieu où peut-être une étincelle pourrait s'allumer pour mon salut.

LE CONSEILLER.

Dans cette grave circonstance, que dois-je te dire? La bouche peut souvent jurer avec effronterie un amour désintéressé, lorsque, dans son cœur, le monstre de l'égoïsme ricane en se tenant aux aguets. Les seules actions prouvent la force de l'amour. Au moment où je t'obtiens, je dois renoncer à tout, même à ta vue !... Je me soumets. Telle que tu m'apparus pour la première fois, tu m'apparaîtras toujours, un objet d'amour, de respect : c'est pour toi que je souhaite de vivre ; tu règnes sur moi. Et, si le prêtre se prosterne toute sa vie devant l'invisible divinité, qui, dans un moment fortuné, passa devant lui comme type suprême de la perfection, rien ne me distraira désormais de ton service, de quelques voiles qu'il te plaise de t'envelopper.

EUGÉNIE.

Apprends si j'ai la confiance que ton extérieur, que ton doux langage, ne peuvent mentir ; si je sais reconnaître en toi un homme juste, sensible, actif, sincère, et reçois-en la preuve la plus forte qu'une femme prudente puisse donner : je ne balance point, je m'empresse de te suivre. Voici ma main : nous marchons à l'autel![1]

---

1. Ce dénoûment fait attendre une suite, qui était dans la pensée de Gœthe, et qu'il n'a jamais donnée.

FIN DE LA FILLE NATURELLE.

TABLE DES MATIÈRES.

	Pages
LE FRÈRE ET LA SŒUR, comédie en un acte	1
LE GRAND COPHTE, comédie en cinq actes	25
LE CITOYEN GÉNÉRAL, comédie en un acte	129
LES RÉVOLTÉS, drame politique en cinq actes	189
PANDORE	251
TORQUATO TASSO, drame	285
LA FILLE NATURELLE, tragédie	377

PARIS. — IMPRIMERIE DE CH. LAHURE ET Cⁱᵉ
Rues de Fleurus, 9, et de l'Ouest, 21

www.ingramcontent.com/pod-product-compliance
Lightning Source LLC
Chambersburg PA
CBHW060515230426
43665CB00013B/1527